belle vue

人生風景 · 全球視野 · 獨到觀點 · 深度探索

belle vue 34

權力遊戲
馬斯克與特斯拉的世紀豪睹

作　　者　提姆‧希金斯（Tim Higgins）
譯　　者　潘昱均
執 行 長　陳蕙慧
總 編 輯　曹　慧
主　　編　曹　慧
編輯協力　陳以音
封面設計　比比司設計工作室
內頁排版　楊思思
行銷企畫　陳雅雯、林芳如、汪佳穎
社　　長　郭重興
發行人兼
出版總監　曾大福
編輯出版　奇光出版／遠足文化事業股份有限公司
　　　　　E-mail: lumieres@bookrep.com.tw
　　　　　粉絲團：https://www.facebook.com/lumierespublishing
發　　行　遠足文化事業股份有限公司
　　　　　http://www.bookrep.com.tw
　　　　　service@bookrep.com.tw
　　　　　23141新北市新店區民權路108-4號8樓
　　　　　電話：（02）22181417
　　　　　客服專線：0800-221029　傳真：（02）86671065
　　　　　郵撥帳號：19504465　戶名：遠足文化事業股份有限公司
法律顧問　華洋法律事務所　蘇文生律師
印　　製　呈靖彩藝有限公司
初版一刷　2022年6月
定　　價　550元
I S B N　978-626-95845-5-0
　　　　　978-626-9584574（EPUB）
　　　　　978-626-9584567（PDF）

歡迎團體訂購，另有優惠，請洽業務部（02）22181417分機1124、1135

權力遊戲：馬斯克與特斯拉的世紀豪睹 / 提姆‧希金斯（Tim Higgins）著；潘昱均譯. -- 初版. -- 新北市：奇光出版：遠足文化事業股份有限公司發行, 2022.06

　面；　公分

譯自：Power play : Tesla, Elon Musk, and the bet of the century.

ISBN 978-626-95845-5-0

1. CST：馬斯克（Musk, Elon.）　2. CST：特斯拉（Tesla Motors.）　3. CST：企業家　4. CST：傳記　5. CST：美國

785.28　　　　　　　　　　　　　　　　111005395

線上讀者回函

Power Play

Tesla, Elon Musk, and the Bet of the Century

權力遊戲

馬斯克與特斯拉的世紀豪賭

《華爾街日報》汽車與科技記者
提姆‧希金斯 Tim Higgins —— 著　潘昱均 —— 譯

Power Play
Tesla, Elon Musk, and the Bet of the Century

PART III
為大眾而生的汽車

獻給我的父母

序幕

2016年3月的一個晚上，微風徐徐吹著，伊隆‧馬斯克在特斯拉設計工作室登上舞台，面對一群支持者。他穿得像007電影裡的反派，一件黑夾克，領口豎起，他即將實現一個費時長達十年的美夢，這是他身為著名企業家勞心勞力花了好長時間才達成的目標：今天是他的電動車Model 3的盛大亮相。

特斯拉設計工作室位於洛杉磯機場附近，和馬斯克的私人火箭公司SpaceX位屬同一群集合式建築。這裡是特斯拉創意的泉源，一個神奇之地，由重新設計福斯金龜車且讓馬自達起死回生的設計師霍爾茲豪森（Franz von Holzhausen）領導的團隊將馬斯克的發想付諸實踐。他們齊心協力，打造具有革命性、酷炫耀眼的電動車，極力避免電動車長成一副科技人的書呆樣，他們的競爭對手長期以來將這類車視為實驗性的創新奇技，特別偏好那副調調。

那天活動來了數百人，誰會錯過馬斯克的派對！無論活動主題是特斯拉還是SpaceX，都吸引一票標新立異的矽谷企業家、好萊塢名人、忠實客戶和愛車玩家。到目前為止，特斯拉還只是小眾奢侈品牌 —— 它從加州環保主義者的幻想，搖身一變成為富人的流行潮物，有人錢多到車庫裝滿

BMW、賓士和其他象徵身分的燃油車，特斯拉當然也不可或缺。

Model 3的起售價為35,000美元，依規格而有不同。這價格體現了馬斯克要將純電動車推向大眾的企圖心。這是一場在四門小型車上的賽局：看看特斯拉在銷量和獲利上能否比拚各家龍頭車廠，是否夠格和福特、豐田、福斯、賓士、BMW，當然還有通用汽車一較高下。Model 3將決定特斯拉是否能成為一家真正的汽車公司。

馬斯克比亨利‧福特在108年前推出福特T型車時還小一歲。那晚，他站在台上，在電子樂音隆隆和粉絲尖叫聲的歡迎下改寫歷史。他的到來是為了迎接新時代。

改變世界是他的使命，或說拯救世界（而且同時致富），這吸引到一組執行團隊幫他將願景變成現實。這些關鍵副手被馬斯克從汽車業、科技業、創投界挖角過來（包括馬斯克最信任的知己，他的弟弟金博爾〔Kimbal Musk〕），他們現在就在人群中，一個個樂不可支。

馬斯克在台上一邊對著全球二氧化碳上升圖比畫，一面哀嘆碳排放對地球環境造成的破壞。「我們對世界未來真的很重要。」說得台下觀眾一陣歡呼。

一段高質感的影片播放出來，讓人先睹Model 3的樣貌。這部車看來就像未來的指標，內外皆是。流線車身包裹著內裝，與市場其他車款全都不同，汽車典型的儀表板消失了，取而代之的是駕駛艙中央裝著一塊類似平板的大螢幕。影片中，汽車沿著加州海岸蜿蜒道路疾馳而過，眾人再次鼓譟，一位觀眾尖叫著：「你做到了！」

馬斯克在台上指揮若定，告訴觀眾，每台車1000美元的預購金，他們已經收到超過11萬5千筆，這為公司增加了1.15億美元的現金收入。預計幾週內，特斯拉就會收到超過50萬筆預購訂單。這是一個驚人的數字，比豐田的經典房車Camry那一年在美國的熱銷總額還高出32%。而且這還只是預購，有些人在Model 3生產前兩年就開始在排隊了。

特斯拉團隊擬定的生產計畫一開始進行得很緩慢，預定在2017年底只要先備貨幾千輛，然後每週增加產能，並維持這樣的生產節奏直到2018年，到該年中就可達到每週生產5000輛的目標。

每週生產5000輛，每年26萬輛車，這是車廠產能的公定標準，要達到這樣的產能這個車廠才夠格稱為有穩定生產能力的大型車廠。如果馬斯克和特斯拉能達到這個目標，他們就可能成為汽車界的新勢力。

但這對馬斯克來說並不夠。他已誇下海口，特斯拉到2020年，光是他在矽谷外頭的那個汽車組裝廠就能達到一年50萬輛的產能 —— 這是美國大多數汽車廠產能的兩倍。

這實在太誇張了，還好這些話是馬斯克說的，如果換成別人說，就別提聽起來有多瘋狂。

車廠從設計新車到交貨到客戶手上大約需要五到七年，程序繁瑣複雜，要經過幾代改良。新車進到經銷商的展示間前，要在沙漠、北極和山區進行試車。這中間還要結合上千家供應商的力量，以驚人的精準度製造汽車零件，最後在工廠以快穩準的模式做出第二輛。

即使馬斯克滿腔創業幹勁、野心勃勃、目光遠大，即使預購訂單大量

湧入，那一天走下舞台的他，也無法擺脫一個無情的財務邏輯 —— 一個通用、福特、BMW等汽車大廠走過一世紀所學到的相同教訓：汽車製造這個產業不但殘酷，而且昂貴。

馬斯克的設想是一場災難。特斯拉一直在燒錢，平均每季燒掉5億美元，而他手上只有14億美元的調度金 —— 這意味，如果沒有戲劇性的變化，特斯拉將在2016年底前破產。

但他已胸有成竹，這不過是賽局中的一部分，如果他想做出全世界最值錢的車廠，他就必須賭下去。信念創造願景，願景創造市場，市場創造金錢，有錢就能造車。他賭上公司，放空公司股票，只是這件事的規模必須做大，大到超乎想像，而且要做得快，如此才能比競爭對手、債權人、客戶和投資者早一步先放空，所以如果特斯拉的股價暴跌，他就大賺了。

也就是，他早就了然於胸，這場比賽賭得是誰最敢。

或說，就算擋在他面前的是高山險路，最終也只是一場「膽小鬼賽局」。

2018年6月，在馬斯克風光推出Model 3兩年多後，我到距離矽谷半小時車程的特斯拉公司去訪問他。穿過巨型廠區走到最深處，在廠房的小隔間裡，馬斯克看起來很疲憊，他穿著黑色的特斯拉T恤和牛仔褲，弓起185公分身高的骨架，幾乎整個人縮在一台iPhone上。他的推特帳號不斷收到有人做空他股票的嘲諷，世上最具權威的投資人都賭他就快倒了。電子信箱傳來新訊息，寫著離職員工指責執行長偷工減料，讓他們的生命暴露在危險中。

從他肩頭望去，背後林立著車身焊接裝備，這是馬斯克願景的最大展現：它們是一端吃進零件、一端吐出汽車的機械獸。廠房是兩層結構，內有一千多隻機械手臂固定在地板上或懸掛在天花板上，對鑄好送來的車架展開一場交錯射擊。機械手臂猛地撲來將金屬板材焊接到車架上，火花四濺，刺鼻的氣味彌漫空氣中，金屬敲擊聲如震耳欲聾的節拍器陣陣迴盪。

汽車從車身焊接區移動到塗裝區，在那裡被噴上珍珠白、午夜銀，或是特斯拉的官方標誌色：賽車紅。然後送到總裝區，在那裡裝上千磅電池，以及構成汽車的所有組裝——座椅、儀表板、顯示器。

就是這個關頭出現了問題，這也是為什麼馬斯克會獨自一人長期睡在工廠的原因。裝配線總是出小紕漏。他說，他太過依賴機器人造車了。十萬個零件來自上百家供應商，造成複雜性無限循環。看來看去，總發現有些地方不太對勁。

馬斯克為自己蓬頭垢面的樣子道歉——棕色的頭髮好久沒梳了，T恤也三天沒換。再過幾天，他就四十七歲了。Model 3的產能儘管調到最高，仍比預定計畫落後一年，這台小型房車對特斯拉而言，真是成也是它，敗也是它。

馬斯克坐在一張空桌子前，旁邊的椅子放了才睡了幾個小時的枕頭，沙拉吃了一半。有個保鏢站在一旁。公司在破產邊緣。

但對於這一切，他的鬥志卻出奇高昂。他向我保證，一切都會解決的。

幾週後，他打電話給我，心情明顯沉鬱許多。全世界都出動找他，「這個角色可不是我哈得要死想做的。」他說：「我做，是因為我相信這他媽的

是我的使命，我認為永續能源需要普及。」

看來伊隆‧馬斯克似乎已在人生谷底，但並不是。

馬斯克和特斯拉發展過程中最核心的關鍵是：一家新創公司能否攻克全球經濟體制下最大、最根深蒂固的行業？汽車改變了世界。除了它為個人提供自主性和移動力之外，借汽車之力發展的整個現代文明都在車業的脈絡下孵化連接，它已自成一個經濟體。有底特律才有中產階級，財富才得以累積，它所觸及的所有社會群體才得以穩定。汽車也成為美國最大的產業之一，每年創造近2兆美元的收入，聘雇了二十分之一的美國人。

通用汽車、福特、豐田和BMW已長成為全球標竿，每年設計、製造、銷售數千萬輛汽車。這些汽車的銷售不僅代表某種器具的交易，它們傳達了獨立和地位，是美國夢的象徵，或說它代表了全球夢。

但缺點，隨著這些夢想在全球蔓延，汽車在製造和使用過程中造成了壅塞、污染和氣候改變，規模前所未見。

回到馬斯克，一個白手起家的千萬富翁，從二十多歲起就夢想著用他新得的財富改變世界。他對電動車的信念如此堅定，將自己的財富押在特斯拉的成敗上，甚至瀕臨破產邊緣，一路走來也讓他的婚姻飽受煎熬（他的三段婚姻有兩次是和同一個女人）。

有一種情況是如果你想創建社群網路，而現任對手是MySpace；或是你想做個線上平台解決車輛和公寓過剩的問題，目標對準計程車租賃或旅店住宿市場，這些都算一回事；但如果你盯上的是世上最大的公司，這些產業一

世紀以來用費盡千辛萬苦學來的製造方式打下江山，而你想搶的是他們的地盤，這又完全是另外一回事了。

這一行通常利潤率很低，一般說來一輛汽車可能只有2800美元的營業利潤。要達到這點，必須先做到極大的商業規模，包括工廠每週要達到5000輛車的產能。就算產能達標了，還必須確保會有人買。

產銷兩端發生任何差錯都會遭致災難：工廠閒置，車無法送去給經銷商，顧客沒有把車開回家，但成本還是每天在增加。從消費者到經銷商、再到製造商的現金流是汽車產業的命脈；這些錢回過來還會成為公司的研發基金，投注到下一代車，或某種需要大量投資、花錢如流水的東西。

通用汽車在2016年和2017年共花了139億美元開發新產品，而且還是在獲利大幅波動的前後兩年間做的投資（通用汽車在2016年獲利90億美元，但在2017年虧損39億美元）。車業龍頭離不開大量資金，這一點也不奇怪：2017年，通用汽車手頭上有現金200億美元；福特有265億美元；豐田和福斯在2017會計年度結束時，銀行賬戶裡都是430億美元。

進入汽車業的門檻如此高，以致最後一家成立並活到現在的美國汽車製造商是克萊斯勒——成立於1925年。雖然馬斯克總把話說得太滿，但或者就像他喜歡提醒人們的，只有兩家美國汽車公司**沒有**經歷破產：福特和特斯拉。

所以，會參加這種競賽的人必定是癡心妄想吧！有些人認為馬斯克就是這樣的人。但他並沒有從挑戰中退縮，相反地，他執意把公司和自己從矽谷

遠大的願景帶入底特律的嚴酷現實中。他的雄心壯志是：借特斯拉之手讓電動車真正被大眾所用。特斯拉絕對可以超越他們高耗油的表兄弟，它的性能表現更好，車款更新潮，科技更先進；可以每年替客戶省下好多汽油錢，唯有如此才能拯救世界。

但這種許諾有時會掩蓋無情的商業野心──而且勢在必行，這些野心就藏在馬斯克與特斯拉的操作模式下。或許我們許多人都誤會或低估了特斯拉的結局，或許只把特斯拉視為某人的玩具，認為特斯拉若不是都市精華區裡那些有環保意識、有大把錢可燒的家庭會玩，就是股市裡那些態度積極、愛玩對沖基金的顯貴能玩。要不然，特斯拉不過就是火車站前停在你車旁的那台新法拉利，屬於某個步入中年危機的人。

但是，這些小眾利基真的存在嗎？這絕對不是特斯拉的目的，這也是為什麼公司的命運取決於Model 3，一台為大眾而生的電動車。正如多年前某位華爾街銀行家的哀歎：「他們要嘛就成為保時捷或瑪莎拉蒂那樣小眾車款的製造商，每年只需生產5萬輛高級車；要嘛就要破解3萬美元賣價的車，讓車子進入大量製造的轉折點。」

這個轉折點就是Model 3。

馬斯克拚了命地要做出Model 3，為了達成目標不擇一切手段，這讓競爭對手和市場觀察家疑惑不安。與大多數汽車產業的經營者不同，馬斯克的決策哲學都來自他在加州的生態系統：與其花時間把點子想到盡善盡美，倒不如很速戰速決，就算決策錯誤，也可很快撤銷。對於一家新創公司來說，時間就是金錢，對於新興車廠更是如此，因為基本上它從成立第一天起就每

天燒掉數百萬美元。

馬斯克堅信趁勢而為的力量，一場勝利會帶來另一場勝利。隨著他開發model系列的電動車並且做一輛賣一輛，他已破除人們對電動車的刻板假設。毫無疑問，他的確得到連串勝利。

特斯拉早期豪華車款的成功讓他的對手也開始動作。根據一項研究顯示，2018那一年，全球各大車廠都爭先恐後地趕做自家的電動車，總投資超過1000億美元；到了2022年底，市場上的純電動車與油電混合車會有75款。分析師預測，到了2025年，將有500款新型電動車上市，且電動車會占全球新車銷量的五分之一。

但馬斯克已經闖出領先品牌的優勢，他幾乎單槍匹馬創造出我們這一代電動車的時代精神，他也成為這股精神的真人體現。對很多人來說，他就是電動車的代名詞。

這就是為什麼在2018年，被馬斯克願景熱情鼓動的投資者會把特斯拉的市值推到比美國任一家車廠的市值都要高 —— 在此之前特斯拉僅售出少量汽車，當年還沒有獲利。不斷上漲的股價表示投資人押寶特斯拉，看好它領導電動車革命的潛力。特斯拉獲得數十億美元的注資，這些錢挹注了公司成長，也讓特斯拉存活下來。

投資人一直將特斯拉評估為科技公司，而不是典型的汽車製造商，因為若被視為汽車製造商，就會依據各個季度表現做評估，也會因為成長低於預期而受到嚴厲批評。科技公司的定位對2018年的馬斯克來說是件好事。如果投資人拿估算福特汽車的方法去估算特斯拉，特斯拉的市值就只有60億美

元，而不是600億美元；若投資人以評估特斯拉的態度去評估福特汽車，福特汽車的市值將達到3400億美元，而不是430億美元。

但儘管一片熱絡，特斯拉還是得遵守與其他汽車製造商一樣的財務邏輯——每一款新車都代表著一個極難達到的目標，更可能成為致命的絆腳石。事實上，有鑑於它的車款不多，這個邏輯對特斯拉來說更是如此。隨著特斯拉的規模越來越大，賭注也從幾百萬增加到數十億。

雖然馬斯克的遠見、熱情和決心支撐著特斯拉；但他的自我、偏執和器量小也可能破壞這一切。

他的支持者和批評者對他都不夠了解。十年來，他的臉出現在雜誌封面上，他是小勞勃・道尼扮演鋼鐵人史塔克的靈感。他在Twitter十分活躍，會與意見不同的政府監管機關吵架，和賭他股票下跌的做空者對罵，還會與他的粉絲開玩笑，議題從日本動漫到嗑藥無所不包。但有越來越多的人看到他的另一面：疲憊、壓力大、煩燥、憂鬱、沒有安全感。總而言之：脆弱。

馬斯克想顛覆汽車產業的赤裸野心，是會讓他能人所不能？還是帝國會因傲慢而毀於一旦？

評議近年來出自矽谷的爭議人物，你不禁懷疑：伊隆・馬斯克是失敗者、反英雄、騙子，或三者皆是？

Part I

A REALLY EXPENSIVE CAR

昂貴的車

1

這次不一樣
This Time Could Be Different

2003年的一個夏夜，史特勞貝爾（JB Straubel）輾轉難眠，腦中想的都是電動車。那天晚上史丹佛大學太陽能車隊才從芝加哥參賽回來，全隊擠在他洛杉磯小小的租屋處。兩年一度的太陽能車挑戰賽鼓動著一項在年輕工程師間逐漸興起的運動：開發取代燃油車的交通工具。史特勞貝爾自願讓他母校的隊伍借住休息，辛苦賽事讓很多人一躺在地板上就睡著了。

史特勞貝爾一向只專注於自己的研究項目，在史丹佛大學工程學院的六年間從未加入過這個團隊。但他的興趣與客人的興趣一致，都對以電力驅動汽車的想法非常著迷，這是從他在威斯康辛州的童年時代就覺得有趣的事。畢業後，他在洛杉磯和矽谷間來來往往，汲汲營營，尋找自己的歸屬。史特勞貝爾看起來一點都不像那種想改變世界的瘋狂科學家，反而帶著一股安靜的氣質，就像出身中西部兄弟會的白淨男孩。但是他內心深處始終有一種渴望，不想和朋友一樣，只待在Google這樣的新創公司謀生路，或者加入波音

或通用汽車這樣的官僚機構求職位。他想要做出某種翻天覆地的東西，無論這東西是用在汽車上或飛機上；他想追逐夢想。

和其他參賽隊伍一樣，史丹佛大學的團隊也設計了一款太陽能車，用太陽能板收集太陽能當做動力，還用小型電池把能量儲存起來，以備夜間或陰天時使用。然而，這樣的賽事比的是太陽能，主辦單位對電池的使用是有限制的。

但是史特勞貝爾認為這個限制是錯誤的，近年來，隨著個人電子產品的興起，電池技術有顯著進步。比起主辦單位設定的武斷規則，史特勞貝爾對電池的應用想得更遠。更好的電池意味著車子不需依賴條件嚴苛的太陽能板和陰晴不定的天氣就能跑得更長更久。所以，為什麼不強調電池電能呢？管它電能從哪來，別再牢牢盯著太陽了。

他一直在研究某款前景看好、以鋰離子發電的新型電池，一開始鋰電池會流行是因為Sony十年前就拿它做錄影機電池，然後才普及到筆電和其他電子消費產品。與當時市場上大多數充電電池相比，鋰電池的重量更輕，能量更高。史特勞貝爾知道舊款電池在應用上的阻礙：使用鉛酸、是顆又笨又重的大磚塊，而且能量相對少。也許車子才跑20英里，就必須找地方充電。然而，隨著鋰電池的興起，他看到了更多潛力。

史特勞貝爾並不孤單：當天晚上和他一樣睡不著的還有史丹佛太陽能車隊的一名年輕隊員，吉恩‧伯迪契夫斯基（Gene Berdichevsky），他對電池也很感興趣。聊著聊著，他對史特勞貝爾的想法感到十分興奮，兩人就這樣來回對各種想法聊了數小時。如果他們將數千個小型鋰電池串在一起，產生

啟動車子的足夠能量，這時候還需要收集太陽能嗎？他們計算了一下，想弄清楚車子充電一次從舊金山開到華盛頓特區需要多少電池，又勾畫出一輛符合空氣動力學的魚雷形車體草圖。他們認為若有半噸電池和一個輕便的驅動器，這台電動車可以跑2500英里。試想一下這會受到的關注 —— 這種特技絕對能激發全世界對電動車的興趣。受到這番談話的激勵，史特勞貝爾建議史丹佛車隊從太陽能轉向遠程電動車，還可以從校友會那裡籌到資金。

太陽在後院升起，兩人已經興奮得暈頭轉向了，把史特勞貝爾留著做實驗的鋰電池拿出來亂搞，還用攝影機錄下來：他們把手指長的電池充滿電，史特勞貝爾拿了錘子就對電池一陣猛敲。敲到電池起反應著火，像火箭一樣發射出去。前途一片光明。

「一定要做到，」史特勞貝爾告訴伯迪契夫斯基：「我們一定要把這件事做成。」

史特勞貝爾在威斯康辛州度過的童年夏日時光，會去垃圾場翻找機器用品，把它們拆開分解。父母為了滿足他的好奇心，就把地下室變成家庭實驗室。他做出一台電動高爾夫球車，用電池做實驗，對化學非常著迷。高中時，有一天晚上，他想分解過氧化氫製造氧氣，但忘記燒瓶裡還剩有會引爆的丙酮，當場炸出一團火球，房子震動，玻璃碎片四散。他的衣服著火，煙霧警報器大響。史特勞貝爾的母親衝到地下室，發現她兒子的臉上都是血，結果縫了40針。到今天，史特勞貝爾看來依舊很有中西部人的特色，一張娃娃臉面容嚴肅，但左臉頰直長的一道疤痕讓他更帶著神祕感。

史特勞貝爾對化學的危險性學得新的尊重，也引領他1994年前往史丹佛大學就讀。在那裡他對能源工程興致濃厚，喜歡探究高深科學與工程在真實世界的應用。他對能源儲存和可再生能源發電、電力電子學和微控制器等學科特別熱愛。很諷刺地，他選擇不修車輛動力學這門課，因為課程內容多半圍繞著汽車懸吊技術和輪胎運動的運動學，他覺得這些細節很無聊。

史特勞貝爾與其說是「汽車人」，不如說是「電池人」，他的工程大腦認為以汽油驅動的各類汽車效率低下。石油是有限的，燒汽油作為動力會將有害的二氧化碳排放到空氣中。對他來說，設計一輛電動車並不是要做出一種全新的車，這本來就是用爛方法解決一個工程問題。就像天氣冷，發現房裡有張桌子，就把桌子燒了取暖。是的，它產生熱能，但你的房間裡也充滿了煙，還沒了桌子，所以必須有更好的解決方法。

到了大三暑假，一位教授推薦他去洛杉磯羅森汽車公司（Rosen Motors）實習，這是一家新創公司，由哈洛德‧羅森（Harold Rosen）和他的弟弟班‧羅森（Ben Rosen）於1993年創立，哈洛德是航太工程領域的傳奇工程師，而班‧羅森除了是創投家外還是康柏電腦（Compaq Computer Corp）的董事長。他們想出一款幾乎無污染的車並致力開發混合動力系統。他們想將燃氣渦輪發電機和飛輪配在一起。所謂的飛輪是一個旋轉物體，轉得越快能量產生越多。這樣的設計可提供車子在引擎啟動後行進間所需的電力。

這次實習是史特勞貝爾在汽車業的敲門磚。哈洛德‧羅森很賞識他，對他很照顧。不久，史特勞貝爾很快被派去研究飛輪的磁軸承，也開始幫忙測

試各種設備。夏天很快就過去了；這次實習讓史特勞貝爾意識到他必須回學校利用大四時間修習更多汽車電子的相關知識。

回到學校後，他還是為羅森遠距工作，直到接到令人失望的消息：公司倒閉了。對史特勞貝爾來說，這是剛入行就學得的教訓，讓他知道從無到有創辦一家汽車公司是多大的挑戰。羅森汽車燒掉近2500萬美元。他們把自家的動力系統裝在一台Saturn SC上證明自己的概念可行（還拆了一輛賓士），承諾他們車子的起步加速是6秒即可達0-60km/h，帶著希望，最終找到願意跟他們合作實踐他們技術的車廠。

即使新聞做得很大，前路仍茫茫。汽車業有個由來已久的笑話：要在這行發小財，必須先參加大賽。班‧羅森，這位部分財富來自成功投資康柏電腦的公司創辦人，在公司的訃聞中對他們的努力感到欣慰：「對一個重要產業，你並沒有太多機會可以改變它，沒什麼機會做一些有益社會的事，無法改善空氣，無法減少汽油使用，」他說：「但這是一個改變世界的機會。」

回到史丹福大學，史特勞貝爾和六位朋友一起在校外合租了一棟房子。那年夏天的經驗給他一個啟發，他懷疑羅森的飛輪計畫是否玩太大了，實施起來難度太高。他占了車庫，把一輛二手保時捷944改裝成一輛純電池驅動的汽車。他有一些初步的斬獲，由鉛酸電池驅動的拼裝車跑得像魔鬼一樣快，燒胎狂飆了四分之一英里。史特勞貝爾不覺得自己需要在意操控和懸吊系統，相反地，他把心力都放在汽車的電子設備和電池管理系統。這才是關鍵，他試圖弄清楚如何在不報銷馬達或燒毀電池的情況下獲得足夠電力。他向其他在矽谷志同道合的工程師討教，他們跟史特勞貝爾提到了電動車賽

車。就像一百年前亨利・福特每個週末都在賽道上展現實力，史特勞貝爾也和他的朋友開始賽車。他發現，賽事只有一個訣竅，只要電池不會過熱和熔化。

史特勞貝爾一邊拼拼湊湊組裝電動車，同時結識了工程師亞倫・喬柯尼（Alan Cocconi）。當年通用汽車有一款失敗的電動車EV1，喬柯尼就是這款車的承包製造商。他的公司AC動力（AC Propulsion）就在距離洛杉磯市中心30英里的聖迪馬斯（San Dimas），那時是1996年，喬柯尼接了電動車的案子，就想找這領域還有什麼好東西來做做看。他們採用個人組車者最喜歡的款式做了一款自組拼裝車，是一台用了玻璃纖維車架、低底盤的兩人座敞篷跑車。車子沒有裝上燃油引擎，而是在車門上安裝了鉛酸電池。結果，這款性感改裝車的起步加速只需4.1秒就可達0-60km/h，比起超級跑車毫不遜色，但一次充電只能走70英里左右 —— 遠遠不及普通汽車用一箱油可以行駛的距離，但畢竟是個好的開始。更令人印象深刻的是，他開始在拉力賽中擊敗法拉利、藍寶堅尼和雪佛蘭Corvettes等旗艦跑車。他將他的亮黃色跑車命名為tzero —— 源自一個數學符號，表示起始時間為0。

到了2002年底，喬柯尼的公司處於艱難時期。車廠客戶對於將汽車改裝為電動車以討好能源監管單位的做法興趣缺缺，因為監管單位已把興趣從電動車轉到其他零排放的科技。事實證明，tzero的製作成本太高又耗時，但喬柯尼並沒有因此打消念頭，他原來就為了做遙控飛機一直在研究鋰電池，從而就想把tzero的鉛酸電池換掉。

這個想法引起史特勞貝爾的注意，他畢業後就常常在喬柯尼的公司出

沒，有時人在洛杉磯有時待在矽谷。他向喬柯尼提起他與史丹福大學太陽能車隊在2003年那個漫長夏夜中討論的想法，想做一台有跨州能力的電動車。他算出來做一台試乘用的展示車大約需要串連10,000個電池，花費大約十萬美元。AC動力的團隊感受到史特勞貝爾熱情，也很想做這個案子，但前提是史特勞貝爾必須先找到資金。事實上喬柯尼想聘請史特勞貝爾，但AC動力已經請不起他了。

對史特勞貝爾而言，他也不確定自己是否已經準備好接受一份真正的工作。他那時還與七十多歲的老東家哈洛德·羅森來往，而羅森想要做的是另一個瘋狂案子：一架混合動力的高空飛機，用作無線上網的熱點。史特勞貝爾認為鋰電池也可能是羅森需要的解決方案。

當羅森和史特勞貝爾正為他們的航太企畫尋找投資者時，史特勞貝爾想起了他在帕羅奧圖（Palo Alto）聽過的一個人。當時史特勞貝爾只知道馬斯克是當地機場飛行俱樂部的會員，但似乎不太合群。有一次馬斯克遲還飛機，惹惱了其他預約飛機的成員，然後他送了一大束鮮花去服務台。最近馬斯克一直上新聞，因為他的新創公司PayPal被eBay以15億美元收購，然後用這些錢又創辦了一家火箭公司。他似乎對那些不可能達成的遠大想法很有興趣，很可能就是他們需要的投資者。

那年10月，史特勞貝爾跑到史丹福大學參加某個創業系列講座，去聽當時才32歲的馬斯克演講。「如果你喜歡太空，你會喜歡這個演講。」馬斯克如此開場。在介紹自己如何創立太空探索技術公司（Space Exploration

Technologies Corp.）也就是SpaceX 這家火箭公司前，馬斯克先講述了自己的創業經歷，聽起來很有霍修瑞·愛爾傑（Horatio Alger）少年小說的感覺。他在南非長大，17歲時獨自移民加拿大，然後到了美國，在賓州大學念完大學。之後不久，馬斯克和他最好的朋友任宇翔（Robin Ren）開車橫越美國到史丹佛大學念書。馬斯克想深入研究能源物理，認為自己可以讓電池技術有根本性的進步，但只念了兩天，他就放棄學業。那時正是1990年代末，即將爆發「.com」網路狂潮，正要進入網路淘金熱的年代。

史特勞貝爾聽著馬斯克演講。一身黑衣，襯衫沒扣的馬斯克穿得好像在歐洲的夜店，詳述了他的發跡故事。他說，當時在矽谷桑德希爾路上的風險投資家沒有幾個願意聽他對全球資訊網的看法。馬斯克認為，最快的賺錢方式是幫助現有的媒體轉型為網路企業。也基於此，他和他的弟弟金博爾創立了Zip2，這是一個可以提供兩地間資訊的線上導航地圖，這個破天荒首次出現的網路應用軟體引起人們注意，後來這個想法變得遍地開花。對新聞業來說這是很吸引人的功能，當時有興趣的公司包括奈特里德報業（Knight Ridder）、赫斯特媒體（Hearst）和《紐約時報》，他們都想開發城市導覽的網頁。這兩個年輕人很快賣掉公司換現金（「我強烈推薦這種貨幣。」馬斯克語帶嘲諷地半開玩笑），而這個銀行戶頭有了2200萬的創業新貴馬斯克只有一個目標：創辦另一家公司。他的下一次豪賭是在1999年初，他想做一個可以取代ATM而且安全可靠的線上支付系統，這家公司最後取名為PayPal，也給他帶來真正的財富，成為馬斯克雄心壯志的資金來源。

有個問題一直困擾著他：為什麼太空計畫停滯不前？「在60年代，我們

幾乎從零開始，從無法將人送入太空到將人送上月球，從頭開始開發所有技術來實現這目標，但在70年代、80年代和90年代，我們有點偏離軌道，目前我們甚至無法將人送入地球低軌道。」馬斯克說，航太科技與其他晶片、手機等科技不一樣，隨著時間過去，晶片手機等只會變得更好和更便宜，但航太技術為何衰落？

馬斯克的話引起了史特勞貝爾的共鳴，他覺得汽車產業也一直有類似的問題。會議過後，史特勞貝爾衝上前與馬斯克攀談，他與羅森的關係是很好的引薦，因為在現代通信衛星技術的開發上，羅森在航空界大有名氣。馬斯克邀請史特勞貝爾和羅森來參觀他在洛杉磯附近的SpaceX火箭工廠。

史特勞貝爾看著羅森走過SpaceX的辦公室，這裡以前只是位於艾薩貢多（El Segundo）的一間倉庫。羅森似乎興趣缺缺，不斷指出馬斯克火箭計畫的缺點，認為造火箭的花費怎麼可能只占成本的一小部分。「這將會失敗。」羅森這樣告訴馬斯克。令史特勞貝爾沮喪的是馬斯克對羅森的無線網路熱點飛機的想法也持批評態度：「這個想法很愚蠢。」到了大夥要坐下來吃午餐的時候，史特勞貝爾確信這次會面就是一場災難。

為了讓談話繼續，史特勞貝爾把話題轉到了他自己的心頭好，一輛可以跨州移動的長途電動車。他向馬斯克說明他與AC動力合作開發鋰電池的過程，而這個電池正可能是他需要的突破口。這是史特勞貝爾的孤注一擲，多數人都覺得他瘋了，但馬斯克不是多數人。打中了。史特勞貝爾看著他的臉就知道了。那張臉上寫著認同；眼睛瞪大似乎在處理資訊。他點頭贊同。馬斯克完全掌握到了。

史特勞貝爾離開時感覺自己找到知音，找到一個和他有共同願景的人。午餐後，他緊接發了一封電子郵件，建議馬斯克如果有興趣看一看這台以鋰電池驅動的展示車，可以聯繫AC動力。馬斯克沒有遲疑，回信說，他想捐10,000美元給史特勞貝爾在做的長程展示車，並承諾與AC動力連絡。「這東西真的很酷，我認為我們終於快接近把電動車作為交通工具選項的那一刻了。」馬斯克寫道。

　　史特勞貝爾並不知道他很快就要爭奪馬斯克的注意力了。

2

EV1的鬼魂
The Ghost of EV1

特斯拉汽車（Tesla Motors）的想法不是從馬斯克或史特勞貝爾開始的，而是源於一個叫馬丁‧艾伯哈德（Martin Eberhard）的男人。他的中年運勢不順，新的千禧年才開始，壞事就接踵而至。他賣掉自己剛起步的生意，與結褵14年的妻子離婚。她拿到他賺的大部分錢，他保住了他在矽谷山坡上的房子，那是他的建築師哥哥幫他造的，天氣晴朗時，從這棟房子還可以看到太平洋。艾伯哈德在一家新創孵化器（也就是輔助新創公司成立的單位）找到工作，他每天都要長途開車才能到達新的工作地點，途中會經過一條蜿蜒山路、穿過茂密紅衫林，這讓他有足夠時間思考下一步該做什麼，無論關乎個人還是事業。艾伯哈德43歲了，卻還不確定人生方向，只知道他想自己開公司，開一家重要的公司，或乾脆……開一家法學院好了？

事情只能慢慢籌畫，艾伯哈德心如慢火煎熬，就想來點即時滿足的東西，就像陳腔濫調：他想買一輛跑車，又快又酷的跑車。

艾伯哈德的頭髮鬍鬚都花白了、看來就像1980年代情境喜劇《家庭老爹》（Faimily Ties）的那個老爹，每天午餐時分，這位已是老爹的艾伯哈德還不斷和他的老友馬克‧塔本寧（Marc Tarpenning）爭論要買哪輛車。五年前，也就是1997年，他和塔本寧共同創立了一家新媒體（NuvoMedia）公司，公司目標相當大膽，意在擊垮圖書出版業。兩人都很愛看書，經常旅行，厭倦了在長途飛行時抱著一大本書。他們靈機一動：為什麼不把書做成數位的？

應運而生的產品是「火箭電子書」（Rocket eBook），它是亞馬遜Kindle和其他同類型產品的前身。2000年，在網路泡沫破滅前，他們用1.87億美元的價格將這門生意賣給一家對專利比對數位革命更感興趣的公司。由於這兩人在開公司時就非常依賴外部投資者，例如思科（Cisco）和巴諾書店（Barnes & Noble），因此兩人手上也沒有太多股權，這意味著他們不會像馬斯克賣PayPal那樣變得超級有錢，且艾伯哈德得到的東西有很大一部分都將流向那個即將成為他前妻的女人。

艾伯哈德看著市面上這些林林總總的跑車不禁向塔本寧抱怨，這些車的燃油效率有問題。2001年的保時捷911配備著手動變速箱，開起來爽度破表，但它的幫浦好像會吸油。在市區開車，每加侖只能行駛15英里；在高速公路上好一點，每加侖23英里。同時，法拉利和藍寶堅尼的平均油耗可能是每加侖11英里。更主流的車如2001年BMW 3系列房車，在市區和高速公路的綜合駕駛油耗平均是每加侖20英里。

2002年，全球暖化還沒有在文化論述中占據中心位置，但艾伯哈德已在

研讀支持暖化的研究報告。他的頭腦傾向相信科學的理性論證，他說：「我們認為可以把二氧化碳持續排放到空氣中而不會有任何影響，這實在有點蠢。」除此之外，他也一直認為，美國的麻煩之所以在中東，是因為美國依賴石油的副產品所致，而塔本寧也抱持這樣的看法。

作為工程師，艾伯哈德開始研究在假設情況下哪種汽車效率最高，是電動車還是汽油車？他準備了詳盡的表單，計算「油井到車輪」（well-to-wheel）的耗能效率（也就是汽車所用的總能量比上它的溫室氣體排放量）。他開始相信電動車是必定走向，唯一的問題是他找不到符合他需求的電動車——尤其沒有像保時捷那麼性感的。

艾伯哈德並不孤單，加州有越來越多這樣的少數聲音呼籲要有更好的電動車選項。艾伯哈德在創業孵化器的同事史蒂芬·卡斯納（Stephen Casner）就是其中之一。卡斯納租了一輛通用EV1，這是通用進入未成熟電動車市場的敲門磚。這也讓卡斯納一腳踏入電動車愛好者的次文化圈，他參加年度電動車協會舉辦的聚會，在那裡看到一位史丹佛大學畢業生（不是別人，正是史特勞貝爾）把一輛保時捷改裝成電動車，後來這部車子在沙加緬度（Sacramento）拉力賽中創下速度紀錄而聲名大噪。

艾伯哈德坐進EV1先試乘，仔細感受了一下這部車。它看起來肯定不像跑車，更像是一艘奇怪的兩人座太空船。因為空氣動力學要求流線，EV1有著淚滴形的車身，底盤低到快接地，後輪有一部分被車身面板蓋住，從側面看就像半睜著的眼睛。與其他量產車相比，這些設計讓這部車減少25%的風阻，反過來說也表示它可以更節能、需要更少的電池。

重量和效率是電動車製造商的持久戰。EV1的電池組重達半噸，一般轎車平均重量只會略高於1.5噸，而此時EV1的電池重量已相當可觀。兩個座位中間突出一個矮牆般的塊狀物隔在車子中間，讓這輛小車更加幽閉。艾伯哈德的右手邊有數十個按鈕，一個個繞著排檔，就在電池組上面，讓這部車看起來像是某種科學計算器，而不像典型的跑車。

儘管如此，艾伯哈德還是對它的加速驚嘆不已，一踩踏板，速度瞬間爆發。通用汽車聲稱這輛車可以在不到9秒的時間就從零加速到每小時60英里。沒有燃氣發動機的轟轟聲，行進間很安靜，只有馬達輕柔的嗡嗡聲。

這不是艾伯哈德要的車，不是他想要的性感跑車。無論如何EV1只證明了是笑話一場。通用汽車收回了所有車輛，也砍了生產線，認定它就是個賠錢貨。但就在聊天時，卡斯納提到了他的鄰居，湯姆・蓋奇（Tom Gage），此人在洛杉磯一家叫AC動力的公司替EV1的原始工程師工作，AC動力的老闆喬柯尼組裝出一台叫做tzero的電動車。

艾伯哈德早已讀過相關訊息。很快，他就登上飛往洛杉磯的班機去看它。

當艾伯哈德到達AC動力，他得知三台tezros已被喬柯尼和蓋奇以每台8萬美元的價格賣出兩台。這台車是亮黃色的，看來有點卡通，是前端前傾、車尾長方形的車體。在我們一般說的車子門片內堆疊了28個鉛酸電池，駕駛座很小，需要艾伯哈德爬進爬出，很有《飆風天王》（Dukes of Hazzard）影集裡那台「李將軍」車的風格。精緻度、舒適度都不夠，但這方面的缺陷完全被加速彌補了。沒有離合器、沒有變速，只有純粹的腎上腺素。

儘管如此，它與EV1都有一個共同的問題：tzero仍然依賴又大又貴的電池，電量提供的里程數又很小。艾伯哈德回憶，在他們交換意見時，他提出用鋰電池的想法，因為他做過電子書，最熟悉的就是鋰電池了。根據他所說，當他分享他的想法後，房間裡靜默到令人不安，幾乎就像他打中了某條神經。喬柯尼很快地結束這一天。

當艾伯哈德回來以後，喬柯尼說有東西要給他看。原來兩人的想法類似，身為遙控飛機的愛好者，喬柯尼也注意到如果把飛行玩具的鎳氫電池換成鋰電池後，好處多多。電池更便宜，性能也更好。喬柯尼用了一小筆資金開始測試他的預感，他的構想是把很多筆記型電腦的電池串起來，數目從60個起跳，組成一個可以釋放更多能量的電池組。接下來，兩個人就開始討論要如何把tzero的電池換成鋰電池了。

如果喬柯尼可以把tzero的鉛酸電池用6,800顆廉價的筆記型電腦電池代替，理論上他們可以有一輛更輕、跑更遠、性能更好的車子。唯一的問題是AC動力的資金用完了。當時加州監管單位已經不再強力推廣電動車，AC動力最大的客戶福斯集團也退出合約（他們和福斯一直共同努力，想將福斯汽車改裝成電動車，幫助增加福斯在加州的銷售量，避免因汽車排放而出現的罰款）。現在AC動力只能說前途黯淡，只能一邊努力挽救業務，一邊裁員。

艾伯哈德想買tzero，錢都準備好了。他同意用10萬美元的價格來買，並且額外再給他們15萬美元讓公司營運下去，如此才能把tzero 改成用鋰電池。艾伯哈德心裡盤算著：說不定他還能幫這家公司轉型成一家真正的汽車

公司。要解決問題，最該想的就是如何讓東西在現實生活中更實用，就像書太厚重無法帶著旅行，他才會和塔本寧創辦以前的公司。也許現在他可以處理這個新問題，正好開一家新公司，還一併解決他的中年危機。

電動車的想法與汽車本身一樣古老。早在1800年代中期，當時車匠敲敲打打就能裝出用電池驅動的車子。亨利‧福特的妻子則在1900年代初就擁有一輛電動車，當時女性不太接受沒有馬在拉，卻有手搖桿、冒著噪音和汽油味的汽動車款，所以這項技術最受女性喜愛。她的丈夫在T型車上取得成功，做出一款適合一般大眾的汽油動力車，從此對汽油車與電動車的爭辯也幾乎停歇。當時中產階級不斷增加，福特汽車以中產階級都能負擔得起的成本大量生產汽車，從而創造了製車產業鏈，以及一個以石化燃料為基礎的油業產業鍊。而一輛電動車的價格可能是普通油車的三倍，而且續航里程只有50英里，這並不是一個吸引人的方案。

直到1990年代，全電動車才似乎有捲土重來的可能。通用汽車於1990年在洛杉磯車展上推出了一款概念車，令業界大吃一驚，然後在1995年通用將這個想法付諸於世，就是EV1。

EV1先天不足的地方就是一道數學題。在電動車製造商面臨的種種挑戰中一定會有電池成本的問題，任何純電動車的電池成本都會使車子價格增加數千美元。大型車廠的財務部門是錙銖必較的，為了區區幾塊錢的差異也寧願去掉配備，絕不可能自行砍價。特別是當電動車要賣到消費者手上還有好多關卡，車子成本一開始就高了數千美元，那連做都不用做了。在這些挑戰

中更明顯的是車子要怎麼充電？加油站系統遍布各城各鎮已是發展了近一世紀的結果，電動車幾乎無法從這個系統中得到幫助。

為了製造EV1，工程師們受制於這樣的公式工作：更少的電池會降低成本，但這又反過來縮短了里程。如此，這題就無解了。

即使鋰電池動力可以解決里程數的問題，艾伯哈德還得面臨另一個事實，即使電池再便宜，電動車仍有後續的錢要花，油車相形之下就不必花那麼多錢。艾伯哈德研究這個問題，得出的結論是，包括通用汽車在內的多數車廠，都因為強調電動車的適用客群是日常買家而失敗了。車廠試圖擴大客群規模以降低電池成本，結果就是一輛充滿妥協的車 —— 沒有讓人驚艷的點，無法滿足高端買家，也無法在中低端市場競爭。

自從艾伯哈德研究消費電子產品那天開始，他就看到車廠走錯路。最新科技一推出當然是奇貨可居要高價出售，然後價錢才會走低，適合普羅大眾。想嘗鮮的客戶願意付更多錢來買酷炫的高級貨，東西應該一下就被搶光了，之後才會變成主流跟著做的平價套組。為什麼電動車會有所不同？

他從豐田Prius的銷售得到啟發，Prius是一台油電混合車，使用機載電池存儲電力，存下來的電就可以供給煞車或引擎發動汽車，從而降低整體油耗。Prius基本上就是一台低端Corolla，消費者會買它是因為它配有昂貴、使用綠能的動力，它的客戶多半就像那些會買豐田豪華房車品牌凌志（Lexus）的人，比如電影明星，他們為了展現環保態度會開著這台車出現在好萊塢。艾伯哈德開車經過帕羅奧圖的高級街道，拍下他看到的豪宅車道，Prius與BMW、保時捷並排停著。他打賭，那些人就是他的潛在客戶。

他們擔心開車對環境的影響，但同時仍然很在意外表。

若目標是開發高價的電動跑車，艾伯哈德就沒有那麼大的壓力一定要降低電池成本。艾伯哈德從自身經驗就知道，如果大家認定這台車性能優異，品牌很酷，那麼跑車買家的包容性極大，願意忽略很多事情，甚至包括可靠性。

艾伯哈德對潛在市場愈來愈興奮，說服塔本寧和他一起開辦汽車公司，由他命名為「特斯拉汽車」（Tesla Motors），名字取自設計出交流電系統、成就全球家用供電的科學家尼古拉‧特斯拉（Nikola Tesla）。就在2003年7月1日，也就是尼古拉‧特斯拉147歲冥誕的前九天，兩人在特拉瓦州完成公司註冊，這時才開始釐清進入汽車業界需要知道的知識。

無可否認，他們所知不多，但他們知道這些知識就是資產。汽車產業正在經歷結構性的變化，業界龐然巨獸如通用就努力求變，試圖適應不斷改變的消費者喜好，處理債務問題，調整高勞動力成本和面對不斷縮小的市場占有率。歷經數代，汽車製造商是垂直整合營運的開拓者，從汽車製作到產業終端零售，都有內部供應商配合生產所需的組件設備。為了削減成本，這些零件製造商被拆分出去成為第三方衍生企業且遍布世界各地。艾伯哈德打賭，理論上來說，那些業界大老做自家跑車時會生產零件，小小特斯拉只要買他們的零件就可以了。

在「造車」這件事情上，幹嘛自己「造」呢？他們在創辦新媒體公司做電子書閱讀器時，也沒有自己組裝這些小工具啊。相反地，就像多數做消費電子產品的公司一樣，他們將工作外包給第三方。但他們發現，幾乎沒有

汽車公司提供此項服務，但的確有一家廠商引起他們的注意：英國跑車製造商，蓮花（Lotus）。

蓮花最近才推出新改版的Elise，如果特斯拉只是簡單地去訂幾輛Elise，然後要求蓮花調整一下設計，調整到讓它們看起來很獨特，然後把車子的汽油引擎換成喬柯尼製造的電動引擎，那會怎樣？他們手上就有了一輛高級的電動跑車了。

其他人想的都是以工程技術做出一台電動車，但沒辦法賺錢；艾伯哈德想的卻是徹底顛覆汽車產業以造車為本的想法，讓百年產業見識到矽谷實業家是如何開創事業的。特斯拉的策略在於輕資產營運，專注於品牌和客戶體驗。而此刻真是天賜良機。

到了2003年9月，AC動力完成了艾伯哈德委託的改裝車，成果讓他覺得他們將大有可為。新型tzero因為配備鋰電池，重量顯著減輕了500磅。0-60km/h的加速度提高到令人難以置信的3.6秒，晉升為世上最快的車之一。這次改裝還提高了車輛的續航里程，一次充電可跑300英里，相較於喬柯尼和蓋奇從舊款測到的80英里可是有了大幅躍進。

艾伯哈德找了他的鄰居、也是業餘賽車手伊恩‧萊特（Ian Wright）來試車，而這台車與萊特之前開過的任何一款車都不一樣。一般說來，油車要做到超快速啟動需要厲害的車和厲害的駕駛，駕駛要催出速度就必須抓準時間收放離合器，離合器鬆太快車子會熄火，因為沒有送出足夠的扭矩來推進汽車；鬆太慢，輪胎就冒煙。整個過程的時間點都必須抓得恰到好處，輪胎

只有在引擎動力操到剛好達到啟動點的那一刻才會準確起跑，正所謂江湖一點絕。自動變速器雖然可以幫助駕駛，但其實都要靠車子的燃氣動力系統。

但tzero不是這樣。艾伯哈德和萊特發現，油車還在進行這些步驟時，電車已經衝了比對手快了整整一個車身。之後汽車加速，加速度也沒有減弱。「感覺就像這輛賽車只有一檔，這一檔就是一直催、一直催，一直催到速度變成100mph。」萊特後來寫道。他很快就放棄了自己創業的想法，加入艾伯哈德和塔本寧。

艾伯哈德對跑車的一切需求在tzero身上都放大了，但對蓋奇和喬柯尼來說，tzero也展現了另一種走向的可能性。他們想用這套新的電池技術來做日常電動車，鋰電池提供的行車距離可讓這項科技從玩具變成日常通勤車。

雖然雙方合作讓車子得到長足的進步，但很明顯地，雙方都有自己的路要走。蓋奇和艾伯哈德達成共識，如果他們不能同在一家公司做生意，至少可以**合作**做生意。艾伯哈德會買蓋奇的馬達和電機設備做他自己想做的跑車，但不限制專賣：AC動力可以自由做自己想做的事。

然而，雙方面臨的挑戰是，無論想得多麼美，這兩家公司在銀行都沒有夠厚的家底來做車。他們需要募資數百萬美元才能起步。雙方達成君子協議，不要搶一樣的投資者。

很快地，AC動力的潛在投資者出現了，也就是馬斯克，部分要歸功於史特勞貝爾的推薦。那時候，網路搜尋引擎Google才推出幾年，蓋奇還找了Google的創辦人謝爾蓋‧布林（Sergey Brin）和賴利‧佩吉（Larry Page）來看車，在這個場合居然也出現了馬斯克的名字。看車時，兩人對蓋奇的

tzero留下深刻印象，但他們拒絕投資，因為他們的公司還有幾個月的時間就要上市了。布林推薦找馬斯克，他說：「伊隆有錢。」

「你對造車了解多少？」口袋設計（Packet Design）的合夥投資人茱蒂·艾斯特林（Judy Estrin）這樣問艾伯哈德，口袋設計是艾伯哈德之前工作的新創孵化器，他辭職之後就全職全力做特斯拉。艾斯特林認真地聽他大肆宣傳特斯拉。她一直很佩服艾伯哈德作為創業家的智慧和冒險精神，也不懷疑他的理論，電動汽車的時代已經來臨。但說的客氣一點，開一家汽車公司不是那麼容易的。

艾伯哈德和他商業夥伴一樣，在尋找資金時也遇到類似阻力。他在口袋設計的同事兼朋友勞麗·約勒（Laurie Yoler）在投資界人脈很廣，一直安排他們在矽谷到處拜會，幫忙媒合。新創公司通常由一些種子資金開始 —— 這些錢可能是創始人自己掏腰包，或是從親朋好友那裡借來的，這些資本是公司成立初期的強大支持，然後才會一輪一輪募集更多資金。在每一輪募資中，創始人會放棄一些公司股權，其他人會買入這些股權；公司當時的投資者要不是得增加投資，就是得面臨稀釋。與此同時，風險資金也會出現，創投公司或基金（Venture Capital，簡稱VC）募集龐大資金投資這些新創公司，然後套現 —— 這些新創不是被大公司收購，就是在基金生命週期的某個時間點自己出來公開募股，時間通常為8年到12年。

早期像Facebook這種做軟體的新創公司，評估公司營運是根據不斷擴大的用戶群而不是利潤。祖克柏（Mark Zuckerberg）的社群網路是他在哈佛大

學宿舍開始做的，做了五年才開始賺錢，但離它公開募股（IPO）還有好幾年。亞馬遜走了快十年才做到有年度盈餘；但這個十年，它花了大把鈔票來擴大用戶群、建造無人能比的物流和數位化系統。而這些就是成功案例；不斷撒錢、一直撒錢，直到某個時刻錢忽然轉彎了。

大多數投資人不會把汽車公司當成經常性投資標的。首先，已經好幾個世代都沒有新的汽車公司成功。只要簡單算一下數學，投資人很快就會知道此類產業屬於資本密集型，也意味著他們獲得巨額回饋的可能性很小。即使作為車廠的供應商，就像AC動力的經營方向，也很令人擔憂，做出來的小零件可能都要花十年或更長時間才會用在造車上，這遠遠超過了普通風險投資的時間範圍。但在2004年3月下旬的某個星期二下午，艾伯哈德打開他的電子郵件信箱看到蓋奇寄來的一封短信，副本欄位寫著馬斯克，表示他會知道兩人的聯絡，蓋奇寫道：「你想在特斯拉做的事，他一定會有興趣。」

艾伯哈德看了信，立刻想起了多年前馬斯克在史丹福大學的演講，內容有關他對太空旅行和登陸火星的願景。顯然，馬斯克對做大事的想法並不過敏。

但有些事沒有在信中提及；馬斯克並不認為AC動力的生意做得起來。或說，馬斯克不知不覺呼應了艾伯哈德的觀點。馬斯克告訴蓋奇，他認為讓電動汽車變酷的最好方法是從高端開始，然後才走向主流。要不然請AC動力改裝英國車廠Noble做的跑車怎麼樣？他正考慮進口一個沒有引擎的。那輛車肯定很性感。但是蓋奇和喬柯尼對這條路不感興趣。

因為想法一致，小小特斯拉團隊和馬斯克很快安排了會面。塔本寧家

裡有聚會，所以只有艾伯哈德和萊特帶著已經寫好幾個月的企畫案飛往洛杉磯。他們已經算過了；他們想做一台叫Roadster的跑車，每台車造價49,000美元，這個數字的最大部分，將近40%，是做電池的成本，但他們希望產量增加，成本就可以降下來。電池供應商若聽到居然有一家公司的產品不像數位相機或手機那樣只用一個電池，而是用數千個電池，想必會樂壞了吧。做這輛經典跑車還需要從蓮花車廠等第三方廠家購買底盤和組裝零件，這些大約需要23,000美元。然後他們一轉手，會以64,000美元的價格賣給少數的特約經銷商；經銷商再一轉手，可以79,999美元的價格賣給客戶。這個數學計算表示每輛特斯拉的毛利為15,000美元，若每年售出300輛，或是能攻占美國高級跑車市場的1%，也許就能損益兩平。

他們預計，若特斯拉這個公司要繼續，必須籌到2500萬美元資金，然後在2006年達到平損，之後公司就會有獲利。他們計畫首輪募資700萬美元，作為雇用工程師及製作手工原型車的費用，然後能在年底前再募到800萬美元，用來支付車輛的最終開銷和製作額外原型車的費用，九個月後再募500萬美元來支付工廠工具及準備庫存，最後在2006年3月（也就是獲得首輪投資的兩年後）籌到500萬美元正式生產上市。

他們的計畫非常直接，就是製造一款可以打敗世上最佳跑車的超級跑車，以79,999美元的價格出售，在四年內賣出565台，賺取利潤，改變世界。還有什麼比這件事更容易？算數學很簡單，但是那時候的兩人並沒有想到他們用了錯誤的數字。

馬斯克很熱情但也持懷疑態度，他們坐在艾薩貢多SpaceX廠房的一間

玻璃會議室開會，這間房間就在馬斯克的小辦公室旁邊，裝飾著飛機模型。馬斯克對他們說：「說服我你知道你在說什麼。」他詢問他們需要多少資金，「為什麼不是兩倍、五倍或十倍？」

　　這兩個人也沒什麼好的答案，只好說他們一直與蓮花車廠有接觸，之後參加LA汽車大展時找過製作人才，在資料中讀到Elise的開發成本不到2500萬美元……馬斯克看來沒有被說服，他告訴他們，最大的風險 —— 事實證明這是先見之明 —— 是他們可能需要比預期更多的錢。儘管如此，馬斯克對這個企畫案還是很感興趣。

　　他們討論Roadster之後的計畫。艾伯哈德提議，可以做一款Roadster的超級版，配備兩速變速箱及更好的內裝，和那些賣六位數的豪華高級車競爭。或者把市場定位稍微調降，瞄準奧迪A6的買家，製作四人座的雙門轎跑車。再不然也可能做一款SUV？一旦公司開始量產，就可以買到便宜的零件，降低製造成本，他們那時就可策畫較低價的Roadster「改良版」。艾伯哈德的特斯拉代表著一張進入未來電動車市場的路線圖，就像一張破舊的藏寶圖，某些部分是模糊的，並且建立在一個假設上：這條路可能對，也可能錯。然而，就問題核心來看，前進的道路很清楚，Roadster可能是起點。

　　兩個半小時後，馬斯克說他想做，但他仍然想和沒來的塔本寧談一談。他也有條件：他要做公司董事長；此外，要在十天內完成交易，因為他的妻子潔絲汀馬上要剖腹產生下雙胞胎男孩了。艾伯哈德和萊特興高采烈地離開會議室。「我們剛剛拿到了公司資金！」艾伯哈德這樣告訴新的合作夥伴。

　　馬斯克做了最後的盡職調查（due diligence），特斯拉團隊也是。特斯拉

的風險評估調查人約勒向人打聽馬斯克的情況，她向艾伯哈德報告說，馬斯克以難相處和固執著稱。但當時少為人知的是，馬斯克在擔任PayPal執行長的那段時間正是PayPal走向結束的日子。董事會在馬斯克度蜜月的時候把他一腳踢出，因為對他的管理風格不滿意。這些事就發生在PayPal被賣給eBay前沒多久，公司賣掉雖然鞏固了他的財富，但也讓他覺得失去了對自己創作物的控制權。這段經歷對馬斯克來說是一段性格養成期，他永遠不會忘記失去公司的感覺，或者那種金錢廝殺的感覺。

約勒很擔心，因為艾伯哈德也很難相處又很固執，這是企業家的共同特色。當一群人跟他們說這個想法太冒險、不明智、不確定時，他們必須相信自己有氣魄力抗眾人。艾伯哈德跟約勒說：「那妳和他談談。」她和馬斯克通了電話，很快就放心了。約勒說：「他真的讓我留下深刻的印象，他對我說：『我將會成為非常有錢的董事和投資者，這就是我想要的。』」

因此，他們迅速完成交易。在公司首輪募資取得的650萬美元中，馬斯克投入了635萬美元，艾伯哈德貢獻了7萬5千美元，其餘來自各個小股東。艾伯哈德成為公司執行長，塔本寧是總經理，萊特是營運長。約勒被任命為董事會成員，艾伯哈德的老朋友和心靈導師伯尼・謝（Bernie Tse）也在董事會成員中。在新任董事長支票存進去的那天晚上，除了馬斯克之外，所有人都聚在艾伯哈德在門洛帕克（Menlo Park）租的一間小辦公室裡，傳著一瓶香檳，為公司的起步乾杯。對一家前景看好，前途真的掌握在自己手中的公司來說，這真是一個祥和的開始。

3

玩火
Playing with Fire

　　史特勞貝爾在門洛帕克租了一棟有三個房間的屋子，屋外放著一堆二手電動馬達，一個個用大木箱裝著，幾十個箱子堆了一地，這和對街鄰居家的白色圍欄、整齊草坪形成鮮明對比。多年來，史特勞貝爾一直在收集通用EV1報廢的電機設備。

　　一開始，他會收集電動馬達是出於好奇心。當通用汽車在2003年取消EV1生產計畫時，這家底特律汽車大廠召回所有汽車，運往廢棄場壓爛，這引起客戶的集體恐懼和抗議。進行回收前，史特勞貝爾想知道有沒有備用的EV1零件倖存下來，也許剛好放在鈺星汽車（Saturn）的經銷處那裡，因為通用把汽車維護的相關工作都包給鈺星。這些零件可能對他把油車改裝成電車很有幫助，就像他改裝保時捷那樣。他的預感證明是對的；他在當地的鈺星汽車服務處後面發現報廢的電動馬達。史特勞貝爾嚇呆了，這是天上掉下來的禮物，但一位業務員正一屁股坐在這個稀有寶物上，他鼓起勇氣跑

去和他好好談一談。沒想到那位業務難以置信地看著他說：「拿去！這是垃圾。」

很快地，史特勞貝爾把美國西部所有曾為EV1做後續維修的針星經銷處都標在地圖上，開始一個個打電話。等到全部聯絡完，他已經收集了將近一百台電動馬達。他拆開幾個研究箇中奧祕，也賣了一些給其他電動車愛好者，還計畫將剩下的電池拿來完成他的電動車改裝工程 —— 就像改成賣給馬斯克的那台，這部車是那天他們與羅森徒勞無功的午餐約會後唯一的成果。

2003年初，史特勞貝爾帶著馬斯克投資的10,000美元搬回矽谷，開始研發一款充一次電就能橫越全國的原型電動車。他特意把自己租屋處選在靠史丹佛太陽能車隊車庫很近的地方，希望能在那裡召募到熱心的學生。一等安頓下來，他就開始整理他的汽車收藏品，把車庫改成工作室，並開始測試怎麼把鋰電池接在一起變成供給汽車動力的電池組。他還不知道馬斯克最近花了數百萬美元投資了一家電動車公司，他們用的技術基本上與他正在改良的技術非常相似。

所以，當他在2004年接到艾伯哈德打來的電話時感到非常驚訝，艾伯哈德表示他剛剛創立了一家叫做特斯拉的電動車公司，想知道史特勞貝爾是否有興趣到他那裡工作。史特勞貝爾難以置信，電動車這個圈子的每一個人他都認識，但幾乎從來沒聽過艾伯哈德的名字。更令人驚訝的是，特斯拉的辦公室離他家只有一英里，驚呆的史特勞貝爾騎了自行車就過去了解狀況。

他在那裡見到了艾伯哈德、塔本寧和萊特，他們正在召募員工幫**他們**實

現電動車的夢想。他們的確需要幫助 —— 很多幫助。這群人都自以為是汽車人，就憑著多年前，艾伯哈德在伊利諾大學宿舍修過一台1966年的福特野馬，萊特的空閒時間都花在賽車上；但他們對汽車製造的經驗有限。

特斯拉在初創時期的挑戰是造出一頭「騾子」、一台可以付諸生產的原型車。叫它「騾子」的原因是它混雜了蓮花車廠的車架和AC動力的電動馬達，而由數千個筆電電池串出電池組提供動力。AC動力做的tzero已說明鋰電池可以成功。而現在，這頭騾子可能要花他們一整年的經費才能拉得動，但如果做成了，就有了籌集下一輪資金的希望，可以帶它去向投資人展示，也可以開始交付蓮花車廠做出一台真正的車。如果一切按計畫進行，它將在2006年開始生產，距離這個目標只剩不到兩年的時間。

當時才28歲的史特勞貝爾是AC動力的人推薦給特斯拉的，他和艾伯哈德初次面談，就發覺他們兩人像兩條平行線，不知彼此卻追求著相同的理念。兩人也有很多共同認識的朋友；他們都與AC動力的喬柯尼和蓋奇有交集，也都與馬斯克達成協議。

史特勞貝爾離開會議室時還有些迷糊，這一切都發生在他的後院，牽涉他認識的人，而他之前連一點風聲聽都沒聽過？他打電話給馬斯克說：「這聽起來不太真實。」他連珠砲似地向馬斯克提問：這合法嗎？這真的是你在做的嗎？你真的想資助這項計畫嗎？你會長期參與嗎？

馬斯克向他保證那是真的。「我對此感到非常興奮。」他說：「我們要這樣做……你要嘛去做特斯拉，要嘛就加入SpaceX。」

史特勞貝爾選擇了特斯拉；他被聘為工程師。

除了史特勞貝爾，艾伯哈德替特斯拉找員工多半透過朋友介紹，不然就是找他在新媒體的前同事，這讓這家汽車公司充滿消費電子思維。從技術上講，公司總經理塔本寧負責軟體開發並在找到合適人選前擔任財務長，萊特總管工程，艾伯哈德的鄰居羅伯·費伯（Rob Ferber）負責電池開發。

團隊成立之後，史特勞貝爾的第一項任務是親手把特斯拉的支票拿給AC動力作為技術轉移的部分費用。他到了聖迪馬斯後，找了一家離AC動力不遠、每晚只要40美元的汽車旅館住下，這段期間他要對AC動力的電動馬達及其他系統做逆向工程分析。在很多方面，史特勞貝爾都夢想成真，不但可以和AC動力的朋友一起工作，而且還有人為此付錢給他。艾伯哈德和萊特去了英國和蓮花車廠敲定協議，蓮花已經把第一台Elise運往聖迪馬斯了。史特勞貝爾和AC動力的團隊仔細研究後，首先拆掉燃油引擎，為電動馬達和電池騰出空間。史特勞貝爾很快就遇到特斯拉的第一個障礙。

堆在門洛帕克史特勞貝爾家中的EV1馬達展示了大車廠的精準度和統一性，但AC動力做的馬達就是另一回事了。每一個都是一顆寶石，他覺得。精雕細琢且獨一無二，但這就是問題了。艾伯哈德計畫一年銷售數百輛Roadster，但史特勞貝爾無法把珠寶帶回團隊；他需要的是機器的齒輪。

船到橋頭自然直。眼下，在他們考慮量產前，特斯拉只需做出一頭騾子，而且時間和金錢有限。無論電動馬達是否具有一致性，史特勞貝爾都要讓動力系統正常運作。理論上，做頭騾子應該很容易，畢竟AC動力已經替tzero做出了一個電池組。但AC動力並不像特斯拉一樣有時間壓力，相較於Tesla Roadster，他們似乎更有興趣把豐田Scion改成電動車，或把心思放在

他們想做的其他案子上。AC動力並沒有把Tesla Roadster放在第一位，但這也不足為奇，因為在某種情況下，特斯拉是他們的競爭對手。

艾伯哈德的運氣也沒多好。在被蓮花一通電話痛苦地叫醒後，他和萊特垂頭喪氣地從英國回來。艾伯哈德計畫中最關鍵部分就是把Elise做根本地改裝，讓它自成一格變成Roadster。然而，他們卻驚訝地發現，居然改一輛車子要花這麼多的時間和金錢，就連改個門都又貴又耗時，而且**一切**都算在他們帳上。叫蓮花改裝的錢遠比他們企畫案設定的要多更多。開完會離開時，他們已意識到可能要比預定計畫更早再去募款了。

如果募不到錢，萊特輕描淡寫地下結論：「就做不出來了。」

這個小團隊間的氣氛越來越緊張。到了2004年秋天，特斯拉決定將Elise的車身從洛杉磯向北運到矽谷。艾伯哈德找了一家五金倉庫舊址當新辦公室，如此就有了空間可以做廠房。在史特勞貝爾的推薦下，他們又聘請了曾在著名設計公司IDEO任職的大衛・里昂斯（Dave Lyons）為團隊增添戰力。

最後證明電池組的項目大到超出預期，所以史特勞貝爾只好拿之前為展示車做好的電池組直接拿來裝在騾子上。也因為他介入太多電池與馬達工程，開始承擔更多電池工作。他向史丹佛大學的朋友尋求幫助，而這些朋友又希望他能帶領他們。他家的車庫變成了特斯拉占領區：工作間堆滿他們需要的工具，客廳變成辦公室。伯迪契夫斯基是史丹佛太陽能車隊的成員，對電動車滿懷熱情，就與史特勞貝爾當年一樣，他輟學（但向父母承諾會回來完成學業）加入特斯拉；每天伯迪契夫斯基休息時就在史特勞貝爾家的小廚

房吃喜瑞爾，史特勞貝爾就在後院游泳池旁對著電池徒手上膠。

　　人事傾軋的問題早早透露跡象，團隊中有些人覺得史特勞貝爾這批史丹佛子弟兵人數漸多，影響力日增，明顯威脅到萊特的地位。這兩人在技術議題上也有分歧，例如電池冷卻系統要用空氣冷卻還是液體冷卻。萊特甚至質問這位年輕工程師：你是不是在想我的位子。史特勞貝爾被這樣的問題弄到心煩意亂。對他來說，在特斯拉工作就是去完成夢想，沒時間搞政治。

　　萊特不只是與史特勞貝爾處得不好，當團隊開始做電機工程時，萊特作為賽車手的經驗就逐漸顯現出來。一些工程師認為萊特希望他們像完全摸熟機械的賽車維修技工，例如，當萊特要求他們計算汽車的重心時，工程師就不知道要怎麼回應，只能上網求助找指導。電機工程組只不過成立幾個月，就已經看到離職潮了。

　　每到喝咖啡休息時間，史特勞貝爾和塔本寧就在猜著，這幾個大頭會在一起多久。艾伯哈德顯然與萊特不合。艾伯哈德有工程師性格，喜歡涉足細節，而萊特則認為艾伯哈德是CEO就專心做CEO，少管閒事。他還質疑艾伯哈德對電動車的看法，懷疑純電動車除了做超級跑車之外還有其他市場。

　　那年年底，史特勞貝爾接到馬斯克的電話。馬斯克想知道事情進展如何，特別是艾伯哈德和萊特。史特勞貝爾天真地告訴他，萊特狀況不太好，和工程師的互動都是用錯誤的方法。艾伯哈德似乎還好，史特勞貝爾跟馬斯克說，他很喜歡和艾伯哈德一起工作。

　　第二天史特勞貝爾得到消息：萊特離開了，他才知道馬斯克打這通電話的用意。他後來才曉得，原來萊特之前曾祕密飛往洛杉磯與馬斯克會談，要

馬斯克解雇艾伯哈德，並想取代他擔任執行長。這家公司成立才一年不到，就開始上演內鬥的戲碼 —— 而這也成為特斯拉未來幾年企業文化的重要特徵。這次開除事件告訴史特勞貝爾和其他人，為了了解自己投資事業的內部實情，馬斯克並不怕把觸角伸進工程下屬收集情報。

就在那天，萊特走後，團隊大大鬆了一口氣。他們在艾伯哈德的家中過節慶賀，艾伯哈德與IDEO的朋友已經為量產車的最終外觀定好了幾個設計主題，在派對上展示介紹，由團隊投票選出最愛。他們避開了像Prius那種高科技感的設計，選擇了更像馬自達Miata的外觀，只是前面大燈的角度更大。

不過，生產汽車需要時間，首先要做的事情是：他們要搞定那頭騾子。

為了製造電池組，艾伯哈德從韓國科技大廠LG化學（LG Chem）那裡搜刮到7000多顆電池，每個電池單獨用塑料包好，一個個放在棧板上運來。那天，特斯拉的辦公室助理克萊特·布里奇曼（Colette Bridgman）點了一大疊披薩當午餐，整個辦公室人員都拿著X-Acto小刀忙著把電池從包裹中取出，要很小心不能刺穿，否則電池會著火。

到了那年春天，大夥的努力得到回報，騾子差不多完成了，他們成功地將Elise的引擎換成電動馬達和電池組。

對史特勞貝爾來說，試駕那天心裡一開始七上八下。這輛車的外觀看來就像Elise，他們已經盯著它看了幾個月了。史特勞貝爾之前也開過很多電動車，但因為特斯拉的未來取決於這輛車的表現，所以當公司人員聚集在五金廠房外準備車子的首次運轉時，史特勞貝爾的心裡莫名沉重。

史特勞貝爾壓低身子坐進這台低底盤跑車，車窗拉下以便與工程師交談。要開始了，一踩加速踏板，車子在倉庫林立的街道上向前飛駛，聚集的眾人全驚呆了，被它的速度還有安靜嚇得目瞪口呆。艾伯哈德看著車子，淚流滿面，說：「這是特斯拉能夠成功的第一個證據。」輪到他開車的時候，他抓著方向盤不想鬆開。雖然比計畫晚了幾個月，能用的預算又很少但**這部車** —— 就是里程碑，一個能讓他們找到投資者拿到資金的關鍵。除了欣喜若狂之外，團隊湧現如釋重負的感覺。

馬斯克對這個成果很是高興。幾個月前，當艾伯哈德帶著令人沮喪的消息從英國回來，跟他說公司需要比預定更多的錢時，馬斯克很不高興；但他也不意外。他從一開始就告訴他們，他們把車子造價設定為2500萬美元，對做一輛新車來說太少了（他心裡覺得這團隊只有10%的成功機會）。但由於團隊在騾子上取得的進展，他同意當特斯拉要做B輪募資、再募1300萬美元時，他會出大部分的錢。這一輪募資也為公司帶來新面孔，包括安東尼奧・格拉西亞斯（Antonio Gracias），他位於芝加哥的投資公司成了馬斯克之外的最大投資者。

史特勞貝爾的努力也得到了認可；他被晉升為技術長。

他們下一個挑戰是開發真正的Roadster，這一版的車會移到蓮花車廠開始生產。但就在團隊慶祝又募到資金時，出現了一個問題 —— 如果置之不理任其坐大，甚至連公司都可能毀去。

一封來自LG化學的信風風火火地寄到特斯拉，文中提出嚴峻的要求：

歸還電池。

正當特斯拉證明它可以自己做鋰電池組時，電池業正在努力應對電池處理不當帶來的危險。幾個月前AC動力才學到痛苦的教訓，越來越多的意外讓電池業者心驚膽顫。一架裝載著AC動力電池、從洛杉磯飛往巴黎的聯邦快遞飛機於途中在孟菲斯加油時電池爆炸起火，引發國家運輸安全委員會介入調查，也引發日後如何運輸電池的疑慮。因此，像蘋果公司（Apple Inc.）這樣的電子產品製造商因為擔心鋰電池會有過熱著火的問題，正召回配有鋰電池的電子產品。在2004和2005兩年間，Apple召回了超過15萬台筆記型電腦，這些電池都是LG化學製造的。

所以當LG化學知道它有一大批電池賣給一家矽谷新創公司，而這家新創公司又計畫把所有電池都用在單一產品上，更不巧的是這項產品還是一輛車子，LG法務部門立刻致函要求歸還電池。這家電池製造商不想參與一項有爆炸風險的實驗。

艾伯哈德置之不理。他別無選擇。之前他還對特斯拉找電池供應商的事信誓旦旦，但事實證明，這件事比他預期的要難得多。沒有這些電池，可能就沒有第二次機會再拿到了。

正當大家對鋰電池眾說紛紜時，史特勞貝爾回想起他曾在洛杉磯的家裡和伯迪契夫斯基一起點燃電池慶祝他們想出電動車的新構想，當時只是用錘子敲打，就敲出一片火光秀。但車子一定會有撞擊的危險，更可能有一些肉眼看不到的毛病。他開始想知道，車子電池組因緊密堆疊變得過熱時，電池組中的單個電池會如何？

2005年某個夏日，他和伯迪契夫斯基決定把它弄清楚。他們花了一整天把辦公室清空，帶著一大塊電池磚（就是一堆電池黏在一起）去了停車場。他們用電線把其中一個電池纏起來，讓他們能夠遠距加熱。然後兩人躲在安全距離外，打開加熱器。這顆電池很快攀升到超過130℃；當溫度飆升至800℃時，電池燒成無法直視的火焰，然後整塊爆炸，燒光後電池外殼像火箭一樣射到空中；接著另一個電池著火，射到空中。很快地，所有電池都著火了。砰！砰！砰！

史特勞貝爾體認到他這場業餘煙火秀會帶來的後果。這場爆炸雖是人為的，但如果有類似的意外發生在野外，特斯拉就完了。第二天，他們向艾伯哈德說明實驗，帶他去看燒焦的地面，上面全是前一晚炸出來的坑坑疤疤。艾伯哈德敦促他們要更小心，也不能否認需要更多測試。他召集團隊去他矽谷山上的別墅，要他們做更多實驗。這一次，他們挖了一個坑，把電池磚放在裡面，上面用有機玻璃覆蓋。加熱其中一個電池，同樣地，電池著火，引發一連串爆炸。史特勞貝爾是對的：情況不妙。他們需要向外求援，才能真正理解他們正面臨的問題 —— 團隊需要電池專家。

幾天後，一個電池顧問小組聚在一起討論某件一看好像很容易解決的問題：是的，即使是最優良電池製造商生產的電池，也會隨機出現幾個有問題的電池引發短路著火。但機率很小，「這種情況真的、真的很少發生。」一位顧問這樣說。「我認為電池發生著火情形的機率是百萬分之一到千萬分之一之間。」

但特斯拉的計畫是單一輛車就會放7000多個電池。伯迪契夫斯基坐在

史特勞貝爾旁邊，拿出計算機，計算每輛車單一電池偶然著火的機率。「各位，這相當於每150輛到1500輛車就有一輛會起火。」他說。

把這些有缺陷的電池做成車子，不僅是製作不良的問題，如果引燃，更可能產生連鎖反應。只要他們的車在某位富豪家的車庫裡爆炸──燒毀的不僅是豪宅，也引爆了當地的電視新聞。房間裡的氣氛發生變化，問題變得更加緊迫：是否有任何方法避免電池出問題？

沒有。電池一定會隨機出現過熱的問題，然後引起溫度失控──基本上電池爆炸就是因為過熱引起的。

史特勞貝爾和電機團隊回去時垂頭喪氣，特斯拉出問題的機率太高了。現在要解決的不是一個工程難題，而是會耗盡有限資源、拖垮Roadster發展的威脅。如果他們制定的解決方案只是好像有效，但只要特斯拉的車子在未來幾年內爆炸了，公司一定完蛋。而且，這不僅是特斯拉的失敗，是他們對電動汽車的夢想都可能會倒退一個世代。不但有人會死、會受傷，同時間他們也殺死了電動車。

如果特斯拉想真正成為一家汽車製造商，就必須面對通用、福特和其他車廠百年來一直在應對的挑戰：確保上路的車都是安全的車。特斯拉真正的突破在於解決電池溫度失控的問題，這才是它在未來幾年能與傳統車業區別開來的關鍵。電動車用鋰電池似乎是個聰明的主意，但許多聰明人都想得到；只有找到方法讓電動車不但用鋰電池、而且不會變成一輛行走的定時炸彈，這才是最大的創新。

他們停下了Roadster的各項工作，成立特別專案小組尋求解決方案。專

案小組擺出白板，列出他們已知的和要學的。每天都進行測試，他們會把電池組裝好，每組的電池間距都不同，看看能否找到可以控制連鎖反應的理想間距。他們嘗試不同方法讓電池冷卻，例如以氣流冷卻或以液體管路刷過電池。他們把電池組放在訓練當地消防員的隔熱墊上，點燃其中一個電池，希望能對引爆過程更加了解。

測試過程中，某個危險狀況被開回家了。他們從IDEO請來的里昂斯聞到他的奧迪A4後車廂冒出煙味，他在那裡裝了一組測試電池。有煙味就表示電池溫度正在升高，就要熱失控了。他馬上停車，在汽車起火前將電池從車上拉出來扔到地上 —— 真正是一秒之差。

最後，史特勞貝爾決定縮小範圍趨近議題。如果他們不能阻止電池發熱，也許他們可以讓電池不要燙到引發連鎖反應。經過不斷嘗試錯誤，專案小組發現，如果他們將電池排好，每個電池相距幾公釐，中間插入一條液體管路，然後將一種長得很像巧克力麵糊的礦物質混合物倒進去，這樣的電池組就是一個防止過熱的系統。如果裡面有不良電池溫度過熱，能量很快就散到相鄰的電池中，以致沒有單個電池會達到燃點。

就在幾個月前，他們還在為成立工作室掙扎，現在他們已做出全新的事物。史特勞貝爾忍不住激動，現在他只要想出如何說服電池供應商信任他們就好了。史特勞貝爾從艾伯哈德那裡聽說老牌製造商對他們的業務不感興趣，正如一家供應商的某位承辦人員對艾伯哈德說的：你們這些人的口袋淺，我們的口袋深；如果你們的車爆炸了，被告的可是我們。

那個供應商是對的，而且不是只有他們家這樣說。艾伯哈德剛開始做的

企畫案假設有供應商願意提供電池；事實上，他們興趣不大。即使一輛車有數千個電池，特斯拉的購買量與其他電池買家相比也太小了，而且這家新公司要活到能到處跑、能付錢的可能性太低，失敗的可能性太高。

　　但有一樣東西是特斯拉手中有的，就是它的Roadster。如果它能引起注意，或許能說服供應商他們是玩真的。他們必須向世界展示電動車不是幻想。

4
一個不那麼祕密的計畫
A Not-So-Secret Plan

當時還在加拿大安大略省皇后大學念書的馬斯克，正盯著一位年輕女生潔絲汀·威爾遜（Justine Wilson），她走在回宿舍的路上。好想約她出去，馬斯克走向她，編了一套故事說他們曾在派對上見過面，他想請她去吃冰淇淋。她接受了，卻放他鴿子。幾小時後，馬斯克在學生中心找到弓身窩在書裡讀西班牙語的潔絲汀，他禮貌地咳了一聲，她抬頭，一眼看到他，手上正拿著兩個快融化的冰淇淋甜筒。

「他不是一個會接受你說NO的男人。」她後來寫道。

然後他轉到賓州大學完成大學學業。但兩人一直保持聯繫，最後成為情侶。她跟著他去了矽谷，兩天後他從史丹佛退學，很快創業成功。他用賣Zip2賺到的錢買了一間約50坪的公寓和一輛價值100萬美元的麥拉倫F1跑車。對一個直到近日都睡在辦公室地板並在基督教青年會館洗澡的年輕人來說，這是一種罕見的放縱。1999年，麥拉倫跑車運到那天，馬斯克整個人都

飄飄然了起來。CNN攝影團隊捕捉到矽谷新貴暴富的故事，在他們的鏡頭中，禿頂的馬斯克與記者尷尬地交談，說著他的夢想，包括有一天他會登上《滾石》雜誌的封面。

他將賣公司賺來的大部分錢都投入X.com，到了2000年X.com準備與競爭對手Confinity合併，最後成為PayPal。那年1月馬斯克完成交易，準備與潔絲汀結婚，新郎官在結婚前一天才抵達聖馬丁島（St. Marrten）。有好多細節都趕到最後一刻才要解決，包括婚前協議。但兩人花了幾小時在島上找來找去，都找不到公證人見證婚前協議的簽署。他們在婚宴上跳舞，馬斯克在新娘的耳邊輕聲說：「我才是這段關係的老大。」

為了管理剛合併的新公司，馬斯克將蜜月延到當年9月，但就在兩人抵達澳洲時，就聽到PayPal董事會居然把他執行長的位子給拔掉，他立刻趕回加州。幾個月後這對夫妻才再次去度蜜月。這一次，馬斯克在南非染上瘧疾，這場病差點要了他的命，也讓他調整心境，重新評估自己的生活意義。

帶著他的新娘，馬斯克離開洛杉磯，逃離矽谷，重新開始。在那裡，馬斯克興起做SpaceX的想法，他打心底相信他能做出可重複使用的火箭，能將太空旅行的成本降到極小，降到只占航太工業支出的很小部分。馬斯克全心全意投入航太科技領域，建立了愛標新立異的名聲，是個極度有錢的怪咖，願意把錢賭在異乎尋常的事情上，而那些事對住在矽谷著名富豪街沙山路上的風險投資家來說，卻是避之惟恐不及的。

除了SpaceX和特斯拉之外，馬斯克後來還鼓勵他的表弟林登和皮特‧里弗（Lyndon Rive & Pete Rive）開一家做太陽能板的公司，這也呼應了他

認為特斯拉是正確方向的想法。在他的想像世界裡，裝太陽能板的客戶能幫特斯拉電動車充電，兩者結合才能創造一個真正零碳排的系統。

隨著艾伯哈德和史特勞貝爾等人在2006年初做出成果，馬斯克對特斯拉的野心不斷增強。團隊做出騾子後，就到了開發下一個里程碑的時候，他們要做一台Roadster的工程原型車。內部人員都叫它EP1，目標是把這台車做成最後能夠量產的車，建構一張在量產車最後定稿前的草稿。更重要的是，EP1就是一部原型車，不僅可以拿它向早期投資者和供應商推銷，還可以賣給客戶。

馬斯克已經在策畫Roadster的下一步。兩年前，艾伯哈德提原始企畫案時曾簡單提及公司的未來。然而他的計畫充滿期待，缺乏事實，許多假設很快證明是錯的，最明顯的錯誤是成本估算。原本一直以為特斯拉只需籌到2500萬美元，撐到2006年推出Roadster，之後利潤就會滾滾而來。但到了2006年初，投入特斯拉的資金已達2000萬美元，但要滿足真正需求，這些錢仍遠遠不夠。到了2007年要啟動新的生產計畫時，特斯拉已經預算超支且進度落後。

很多人鼓勵馬斯克向外找錢，董事會成員勞麗·約勒是其中之一，她勸馬斯克，除了從自己口袋和找相熟的網路富豪朋友拿錢外，外面還有資源。對於一個愛標新立異的有錢人來說，投資某個虛榮品是一回事，但如果獲得沙山路上某個大人物投資，不僅會給公司帶來金錢，更會讓公司建立某種正當性——這是特斯拉非常需要的，特別是在招聘員工和爭取供應商方面。

投資者想知道做出Roadster後，特斯拉的下一步是什麼？如果真想吸引

到所需資金，特斯拉就不能只做拋棄式拍立得那種一次性的汽車公司。在特斯拉原始企畫案中，預計2007年會有2700萬美元的收入。預估營收如此之少，這樣的汽車公司對那些動輒數千萬美元進出的投資者來說不會有吸引力；投資回報率完全與風險不成比例。特斯拉需要重新制定商業計畫，一個把預期營收放得更大的企畫 —— 每年起碼要有10億美元的銷售額。

因此，馬斯克專心訂出策略，之後公布於世，稱為「特斯拉汽車祕密宏圖」（The Secret Tesla Motors Master Plan）。但這個計畫幾乎簡單得可笑：

第一步：做出起價約89,000美元的昂貴跑車，藉此引起關注。

第二步：做出可與德國豪華轎車競爭的豪華轎車，每部車售價約為原本跑車的一半，定價45,000美元。

第三步：做出價格更實惠、對大眾更有吸引力的第三代車。

在公司營運企畫更新版中，預定2008年Roadster將會帶來1.41億美元的收入。然後隨著豪華轎車推出，公司的總營收將在2011年增長到近10億美元。這個計畫具有「寫在餐巾紙背面的簡單性」，也成為特斯拉未來十年的發展藍圖。

馬斯克不僅想改變汽車業的銷售車種，他也在思索改變業界的賣車**模式**。他認為消費者購車的行為模式已經成熟到可以改變了，他希望這種模式是掌控在特斯拉手中。艾伯哈德探聽到的資訊也支持這些想法。幾個月前，艾伯哈德坐在比爾·斯邁思（Bill Smythe）的對面。斯邁思是個很成功的賓

士汽車經銷商，有一輩子的賣車經驗。因為特斯拉想知道經銷模式的複雜性，就有人想到斯邁思，認為可以問問他的意見。長時間以來，艾伯哈德都向這位矽谷汽車經銷商諮詢，了解更多汽車零售的相關知識。

艾伯哈德原本的計畫是想找富豪聚集處的經銷商，給予特許讓他們賣Roadster，例如矽谷、比佛利山莊，或是紐約，甚至拓點到邁阿密。就像有些經銷商會從國外進口豪華品牌如賓利（Bentley）和蓮花的車，他們有熟練的技工，習慣維修高級車輛，特斯拉想要借助這些經銷商的經驗。特斯拉希望Roadster在經銷端的售價可以賣到79,999美元，與賣給經銷的原廠價相比就有15,000美元的利差。讓業務賺到比一般行情都高的毛利，他們就有足夠的動力幫這家新公司擴展業務。

長期以來美國的汽車製造業者要賣車必須依靠第三方商店網絡，這些店家根據特許合約進行販售，合約中詳細列出雙方將如何開展業務。這是代代相傳的系統，從亨利・福特時代汽車大量生產開始就是如此，而且這個系統在很大程度上讓製造商受益。當車廠把車子運給銷售商時，車廠也預定了車子的銷售量；之後車子從銷售商賣到消費者手上，期間的所有財務支出則完全由這些商家自行承擔。

這套系統源自一種想法：車廠要大量造車，造得越來越多而達到規模優勢時，車廠的利潤最大，這樣，福特汽車就不需要提供基金或成立部門在美國各個城市開設直營店了。

所以，福特汽車擴張成福特帝國靠的不僅是平價轎車Model T的車輪輾壓，還依靠全國各地的小商家，而這些商家賣車子就像賣現在的iPhone，一

個個指望能靠它賺錢。隨著這個新行業爆發，經銷商起初蓬勃發展，但在大蕭條期間遇到了麻煩。福特不肯讓工廠閒置，因為這樣只會耗費他的現金。因此，他不僅積極地把汽車強推給每個銷售商，還急劇再擴大他的經銷商網絡，甚至希望每個街角都有店在賣福特的車子。

福特是惡意擴張經銷。對照百年之後，當星巴克發現展店過多超出消費需求時，它的措施是以賣咖啡機緩和關店對財務的正面衝擊。但這些汽車經銷店是個人擁有的，在經濟蕭條時幾乎求助無門。如果經銷商要撤回訂單，汽車製造商只要選擇到年底不和你續約就好了，毫不理會經銷商已投入昂貴資本卻幾乎無法回收。在二戰後的年代，福特和通用汽車展開一場銷售競賽；誰推的強，誰的銷量就大，於是都逼著經銷商拿下車子，到頭來經銷商也只好把車子強推給客戶。為了避免虧本，經銷商會提供極大折扣，然後希望能從其他地方把這塊補起來，不是對客戶減少舊車換新車的折價，就是對於車貸收取更高的利息，種種手段如果做得不好，很容易讓客戶留下惡評。

經過幾代人的倒行逆施，經銷商開始團結起來向全國各地方議會尋求保護。在一個小鎮上，賣雪佛蘭或福特車子的經銷店老闆可能是當地最成功的商人，提供諸多工作機會，支付高額廣告費用，還捐款給慈善團體和體育機構。有時，這些經銷商也是各州立法機關的成員。因此，相關的法律法規在全國各地出現 —— 有些法規限制製造商的開店位置，有些則確保製造商不能直接向客戶銷售車子。

到了快要進入下一個世紀時，這種相安無事的關係已經到了一種令人不安的狀態。事實是，這兩邊彼此需要。但就像任何百年體制一樣，中間勾

連狀態已如拜占庭政治般極其複雜且不透明。這樣的關係本質在於緊張。許多經銷商認為自己獨立創業、白手起家，應該可以照自己的意思經營自己的店。汽車製造商對此則有不同看法，他們想要強加管控權，好像連每家經銷商所在的那塊地都是他們家的。就像通用汽車希望雪佛蘭的客戶可以有跨品牌的一致性體驗 —— 所謂品牌形象，可是這家車廠花了數十億美元、透過產品及行銷手段打造出來的。

但是迷失在這一切的是消費者，對大多數消費者來說，購車體驗僅比去看牙醫好一點。

艾伯哈德和斯邁思坐在一起，聽著這位賣車已經賣了好久好久的業者告訴他為什麼需要對特許經銷商下功夫，他說，特許經銷商會是特斯拉對買家的品牌代言人。斯邁思賺的錢都是靠賣賓士這類的車賺來的，所以他承認自己有偏見。他好好警告了艾伯哈德一番，有些經銷商並不可靠。

好吧，艾伯哈德問，他該信任哪些經銷商？

斯邁思頓時沉默，看著桌子……「None，沒一個可以相信」。

艾伯哈德向董事會匯報，他的訪談內容影響了董事會：只能走自己賣車這條路了。不過，特斯拉就得再次進入未知領域。造電動車是一回事，畢竟各界對電動車的嘗試已經做了快幾十年；但是直接向客戶出售汽車，這簡直聞所未聞。

馬斯克認真看待特斯拉必須改變購車模式的第一個跡象，是他把西蒙・羅斯曼（Simon Rothman）拉進董事會。這位哈佛高材生、前麥肯錫顧問在矽谷的成名作，是在快速爆發的網路零售業中開拓出eBay的汽車市場。

eBay在網站上賣二手車，每月有10億次瀏覽量，創造140億美元的銷售額，交易額度約占公司整體商品銷售額的三分之一。羅斯曼向董事會提出許多有別於業內既定銷售模式的新觀念。

對於Roadster的銷售，馬斯克和他的董事會成員爭論特斯拉是否需要成立實體店，或者只要在網路上賣就夠了。馬斯克力主只在網路上賣，但艾伯哈德和其他人擔心電動車的買家剛入手會需要一些幫手教他們掌握新技巧。他們需要一個銷售團隊指導客戶如何充電、操作汽車，因為很多方面都與以往開車的習慣不同。成立一家直營店還可以傳達新品牌的信任感，讓買家放心，如果真的出現問題，路上總有人在那裡。

律師建議他們，技術上來說，特斯拉在加州可以直接銷售：特斯拉這家汽車製造商從來沒有簽過任何特許經銷商，因此不會削減經銷商的銷售額度。至少，這是他們要建立的論點。現在他們只需要弄清楚其他49州的規定。

所以現在的計畫是：完成Roadster；研發一台高端的後續轎車（他們最後稱之為Model S）；成立公司的官方網路賣場 —— 這些事情加一加，需要的錢可能是連馬斯克名下的巨額財富也無法支持的。馬斯克和團隊開始想矽谷還有誰可以給他們資金。

在沙山路上，沒有誰比凱彭華盈（Kleiner Perkins，簡稱KPCB）的名聲更響亮了，凱彭華盈風險投資公司是Google和Amazon的早期投資者，史特勞貝爾在進特斯拉工作前，也和他們有一點關係，他曾在裡面做些諮詢工作

貼補生活。KPCB的公司合夥人雷蒙‧連恩（Raymond J. Lane）曾是掌管甲骨文軟體公司（Oracle Corporation）的第二把手，他來與艾伯哈德開會。連恩很快和艾伯哈德稱兄道弟了起來，他對艾伯哈德在會談中展現的聰明和思緒敏捷印象深刻，甚至會議結束後兩人還持續在聊，最後連恩決定找一組人對特斯拉做盡職調查。對連恩的基金公司來說，投資汽車公司的想法是陌生的，但他知道投資一家汽車公司比起它們以前的投資標的要花更多的錢，而且需要好幾年才能看到回報。儘管如此，他還是為看到的一切感到興奮。連恩從他在甲骨文公司開始就認識很多底特律汽車業的高階主管，包括福特汽車前執行長雅克‧納賽爾（Jacques Nasser）和福特旗下、林肯水星汽車（Lincoln Mercury）的總裁布萊恩‧凱利（Brian Kelley），連恩請他們來評估特斯拉。

盡職調查的本質就是找出公司的漏洞，但根據某位參與者聲稱，艾伯哈德似乎很討厭部分調查程序。「馬丁變得抗拒對立，充滿敵意……這簡直是一團糟。」納賽爾警告艾伯哈德，利用蓮花平台工作會出現問題。再談到特斯拉不走特許經銷這條路時，他也警告，在福特時，他犯過與特許經銷商對抗的錯，那是他人生最大的錯誤之一。

儘管如此，據連恩表示，談判進展順利 —— 直到最後馬斯克參與了公司的評估。馬斯克告訴KPCB，他們收到另一家投資公司VPCP創投（VantagePoint Captital Partners）的報價，VPCP對特斯拉的估價為7000萬美元，但連恩這方對特斯拉的估價僅有5000萬美元。[1]

至於KPCB是否要往下提出正式投資案，連恩的合夥人沒有達成一致意

見。連恩回憶說，有一半人反對。他們質疑艾伯哈德是否適合擔任執行長。「他看起來就像個瘋狂的科學家。」有人告訴連恩，當大家與特斯拉團隊開會時，只要是底特律那些經驗老道的車業前輩提出的友善建議，艾伯哈德就當面反對，這樣開會可讓人覺得不太愉快。

這些雜音並沒有澆熄KPCB執行長約翰・多爾（John Doerr）的興奮，但最後他把合夥人的位子留給連恩決定 —— 如果連恩覺得可以，他就會進行投資。那天晚上連恩睡在床上左思右想，第二天早上，他打電話給馬斯克和艾伯哈德，告訴他們：這個計畫不會往下走了。

「我真的很興奮，我很想做。」連恩回憶道：「但我覺得，當對方並不是真正想合作時，我就不會去投資了。」

所以馬斯克轉向另一家的提案，VPCP創投，特斯拉吸引他們的原因很簡單：特斯拉其實並沒有推出什麼了不得的新東西。電池是一項經過驗證的技術，大家也了解人們對汽車的需求，特斯拉的創新只是以不同方式調配這些元素。所以這一輪的融資他們以4000萬美元投入，高於馬斯克投入的錢，而馬斯克讓VPCP占有一席特斯拉的董事席位 —— 這件事讓馬斯克後悔了一輩子。

---

1 作者註：馬斯克後來表示，他告訴KPCB的董事長約翰・多爾，如果那時加入董事會的不是連恩而是多爾，他願意接受較低的報價。但多爾支持他的同事。

5

特斯拉先生

Mr. Tesla

「伊隆是完美的投資者。」艾伯哈德和馬斯克兩人還在蜜月期時，艾伯哈德曾向一位同事這麼說。早期，馬斯克也似乎對艾伯哈德有高度評價，對他稱讚有加。某天晚上他們合力解決了某個問題後，馬斯克在筆記中是這樣描寫艾伯哈德的：「世界上優秀的產品工程師很少，我認為你就是其中之一。」他們的職涯道路類似，儘管成功規模不同；他們之所以開新創公司，概念都起自於媒體界 —— 馬斯克效法黃頁簿，艾伯哈德望眼出版業。他們思考消費者需求，尋找工程上的解決方案。他們都相信電動車是未來。兩人都可以很迷人、很有趣 —— 要求很高。他們也有固執的一面，而且都受不了笨蛋。

員工不常見到馬斯克，除了偶爾開董事會時他會出現；但他對工程細節很感興趣，經常夜深了還與艾伯哈德傳電子郵件分享想法。他極力主張Roadster的車身要用碳纖維這種用在超跑上的輕量化材質，他不要用價錢相

對便宜的玻璃纖維。「老兄，只要你買了像我們在SpaceX用的那種軟烤箱，你每年至少可以做出500台車子的汽車面板。」在寫給艾伯哈德的信中，馬斯克是這樣說的：「烤箱大概只花了我們5萬美元，然後真空管、冷藏室、一些雜七雜八的東西弄一弄又花了我們5萬美元。如果有人跟你說這東西很難做，那就是他們在唬爛。你當然可以用家用烤箱做高質量的複合材料。這種事情只要做過一兩次，你就會知道膠水和繩子並沒有什麼神奇之處。」

就是這種異想天開的思維方式讓彼此都覺得相處起來很過癮，當他們邁入汽車業踏出第一步時，也是以同樣的思維讓Roadster與眾不同——這也註定了彼此的工作關係。兩人在彼此家中用餐，慶祝個人重要事件，消沉時彼此鼓勵。馬斯克的生活重心主要在洛杉磯的SpaceX，努力做出起飛時不會爆炸的火箭；而特斯拉是艾伯哈德的生命，活動地點遠在矽谷北邊350多英里。

艾伯哈德不是傳統的汽車人，但周遭人普遍對他的工程技術感到驚嘆。他表現出一種不可思議的能力，能夠深入問題鑽研出解決方案。有時與同事意見不合時，難免執拗。就像他們剛搬到公司原址附近的聖卡洛斯時，有人在會議上提議可以在新辦公室上面安裝太陽能板，艾伯哈德回嗆：「我他媽的為什麼要這麼做？」但這些突發性的摩擦也會被他的熱情和老掉牙的冷笑話平息。**「如果尼古拉·特斯拉還活著，你覺得他現在會說什麼？」**艾伯哈德打了個哈哈：**「為什麼我會在這個棺材裡？」**

新創公司的創辦人多半是這樣的，艾伯哈德將自我和特斯拉交織在一起。週末，他會興奮地呼朋引伴招呼大家進公司車庫炫耀他的寶貝——

Roadster的第一台工程原型車。2006年初正是它剛開始成型的時候，卡斯納就是當時親友參訪團中的一人，他是艾伯哈德在口袋設計的前同事，也是他介紹艾伯哈德去找AC動力的，當Roadster的原型快接近完成時，卡斯納就跟著大夥一起來偷窺特斯拉在做什麼。在這段研發過程中，特斯拉團隊把時間都耗在這裡，大夥也越來越有向心力。辦公室助理布里奇曼星期一來上班，發現史特勞貝爾、伯迪契夫斯基和公司其他史丹佛校友發動了一場射擊戰，天花板上全是BB彈頭，這是長週末被關在辦公室的怒氣宣洩。

艾伯哈德很依賴布里奇曼，她如同橡皮圈一樣把公司的工程師全綁在一起，安排員工每週開談話會，分享個人生活經驗。艾伯哈德要辦第二次婚禮，把幾年前鼓勵他前進特斯拉的女友娶進門時，甚至還詢問布里奇曼的意見。婚禮就在矽谷山上艾伯哈德最愛的家中舉行，在一片如茵綠草地上，史特勞貝爾見證了婚禮。（婚禮有邀請馬斯克但沒能趕上。）

到了2006年夏天，特斯拉準備Roadster的首次公開亮相，但大家議論的重點卻放在這家車廠經驗太嫩，另一個焦點話題是汽車的變速箱，這也是特斯拉不斷被挑戰的地方。

汽車的變速箱將馬達產生的動力轉換成驅動車軸的扭力，車軸受力旋轉車輪。一年前的那頭特斯拉騾子用的是單速變速箱，而且是從一台本田汽車那兒拼湊出來的。特斯拉在英國的工程團隊由蓮花車廠的前工程師組成，他們接到從頭開始設計雙速變速箱的任務。但這是一個有爭議的選擇。Roadster在設計時就定好這部車的重要特色是有快速的起動加速和極高的行車極速，他們知道它不需要像傳統汽車那麼多檔（變速箱齒輪組）。一般燃

油車的變速箱有各式各樣的齒輪，組成大約六檔，用來傳動，控制車子在加速與高速行駛時的動能 —— 打低檔時產生扭矩讓車加速，打到較高檔時讓車子維持高速行駛，就算當車輪的轉速比引擎要快很多時，都需要變速箱作動力傳遞。但電動車與燃油車不同，本質上扭矩幾乎瞬間產生，不需要用多個檔位就能達到最高速度。

英國工程團隊爭論，如果沒有配備雙速變速箱，系統不太可能在4.1秒的時間內達到0-60Km/h的速度，也很難維持極速。他們在電腦上模擬雙速變速箱在一檔和二檔間平穩傳輸的狀態，提出設計案。

他們做好的變速箱原型於2006年5月運抵聖卡洛斯，但才把東西從箱子裡拉出來，那位從IDEO挖來、作為美化加州團隊資歷的工程師里昂斯就發現了問題。

「致動器在哪裡？」變速箱在這裡，但是要把變速箱連接到車軸的組件則不見蹤影。

他們打電話到英國，兩邊當下就吵了起來，很明顯雙方都以為對方在做致動器。可是這部車在夏天就要推出，連新車發表會的時間都已經敲定，車子一定得上場。眼看最後期限就要到了，他們不得不先找個方法應急，回頭再替變速箱找一個比較長久的解決方法。

特斯拉就要讓Roadster首次登場了，馬斯克為了車子的預售價與艾伯哈德進行商榷，並告訴艾德哈伯，他一直跟朋友講這款車的起價是85,000美元。艾伯哈德提醒馬斯克不要把價錢說得太死，他們找電池供應商有成本，變速箱的狀況又不確定，這些問題凸顯他們之前估計的80,000美元恐怕太

低。他建議只說個大概，例如把價格定在85,000美元到120,000美元之間。

「把價錢定在85,000美元我不太放心。」艾伯哈德告訴馬斯克，強調了這一點。

在過去的三年裡，特斯拉一直處於「隱身模式」（stealth mode），這是一段矽谷新創公司必經的蛻化過程，在這段期間，創始人試圖站穩腳跟——籌集初步資金，避免過度暴露在刺眼的聚光燈下，放大了公司成立初期無可避免的錯誤。走出隱身模式往往有熟悉的劇本，無論最後目的是籌集更多資金還是獲得客戶，目標都在於把曝光率擴張到最大。就特斯拉而言，他們的目的很簡單：預售Roadster，向零件供應商秀出厚厚一疊訂購單，這才是特斯拉真正的盤算。

但這並不是毫無風險。與軟體不同的是，在Roadster真正準備好之前，特斯拉還有許多重要步驟要走。即使艾伯哈德和馬斯克希望盡快把Roadster帶給客戶，一張由典型特斯拉釋放出的路線圖已經形成：

定出車子的最初樣貌，展示車子原型。
完成真實車子背後最重要的引擎，做出來
讓它可以上路。
投入生產。
上市，希望獲得好評
尤其是看車看到煩的評論人或挑剔的顧客，

他們可能已經花了錢但還沒買車。

然後重複路徑做出下一輛車。

就像一套複雜的舞步，任何地方都可能被絆倒。這次曝光更是無比重要，公司有些人驚訝地發現，艾伯哈德對這次發表非常緊張，非常希望馬斯克會滿意。

馬斯克想辦場**派對**來展示Roadster。從派對擺設到食物，沒有一件細節是馬斯克的私人助理覺得太過細碎而不用管的。嘉賓名單來自馬斯克，這是再自然不過的事。活動計畫在聖塔莫尼卡機場舉行，租一個停機棚，把一紅一黑兩台已經完成的Roadster原型車開出來兜風。客人被告知帶上他們的支票簿，寫上10萬美元的訂金，只要車子在2007年準備就緒，就立刻送入他們的汽車收藏清單。他們的目標是在活動後兩三個月內預售100輛汽車。

在新車發表之前，負責特斯拉行銷工作的潔西卡·史威策（Jessica Switzer）找了底特律一家公關公司統包汽車媒體上的宣傳。馬斯克一知道這件事，立刻把他們解雇了。在車子完成前，他不想在行銷上花錢；他認為有他參與以及Roadster本身，就夠吸睛了。馬斯克先前對史威策已經感到不滿，因為她在艾伯哈德的同意下，決定花錢找焦點團體（focus group）測試汽車和品牌。馬斯克叫艾伯哈德把她開除。艾伯哈德很震驚，雖然有點傷心，他還是照做了。

於是，一直希望在特斯拉有更好發展的辦公室助理布里奇曼升任新角色：行銷，她被賦予的任務是監管整個活動。他們找來另一家公關公司，但

這家公司就在發表會前幾天被馬斯克盯上。當時幾家主要報紙開始發布有關特斯拉的新聞，其中《紐約時報》刊出一篇報導，文中稱艾伯哈德為公司董事長而非執行長，而且對馬斯克隻字未提。馬斯克氣到七竅生煙，發給公關公司一封電子郵件：「《紐約時報》的報導對我來說是難以置信的侮辱和尷尬。只要再發生類似事件，你就該知道你和特斯拉的關係結束了。」

新車發表會到了，馬斯克對著350位客人施展他古怪的魅力，說著他妻子隨時可能生下三胞胎（這是繼雙胞胎之後的下一胎）。賓客如雲，包括迪士尼執行長麥可·艾斯納（Michael Eisner）、eBay總裁傑夫·斯克爾（Jeff Skoll）、影集《白宮風雲》演員布萊德利·惠特福（Bradley Whitford）、電影製片李察·唐納（Richard Donner）、演員小艾德·貝格雷（Ed Begley Jr.），甚至當時的加州州長阿諾·史瓦辛格也出席了這次派對。然而當天晚上真正的明星是艾伯哈德，他將汽車和公司介紹給世界，滿腔熱情地解釋為什麼現在是推出純電動車的最佳時機。「電動跑車會從根本上改變我們在美國的駕駛方式。」艾伯哈德向大眾宣告。

布里奇曼在停機棚內設置多個展位，安排工程師講解車輛各部分。這項技術太新，他們認為需要對客戶加強教育，才會讓他們對巨額投資感到放心。每個員工的任務就是自然而然地完成交易。發表會上新車銷售的狀況會被追蹤放到銀幕上。

但說到底，不管是艾伯哈德、馬斯克或工程師，對這些賓客來說都不重要，重要的是Roadster。這輛車看起來一點也不像引起電動車界注意的業

餘電動車tzero，它看起來就是一輛真正的跑車，是有錢富豪可以想像自己開著它上羅迪歐大道向旁人炫耀的東西。史特勞貝爾穿著一件寬鬆的黑色壓釦襯衫，上面繡著特斯拉的「T」，他的任務是帶著州長去試駕。一群人排隊看著史特勞貝爾把車安靜地開出停機棚，讓魁梧的史瓦辛格塞進狹小的副駕座，他的膝蓋還抵到副駕前的儀表板。「催下去。」群眾中有人高喊著。史特勞貝爾沒有一開始就這樣做，他知道他得先把車子開上飛機跑道，拉正車身，給車子一點空間。他調了調位置，踩下加速踏板，車子加速，馬達像宇宙飛船一樣嗡嗡作響，然後，**咻**！一小團煙塵揚起，車子從視線中消失，只剩下輪胎摩擦聲和眾人「哇！」的齊聲驚呼。

這不是高爾夫球車，艾伯哈德、馬斯克和史特勞貝爾的夢想已經實現。他們打造出一輛真正的、非常昂貴的電動跑車，這正是艾伯哈德四年前就在尋找的夢中物，只是當時還不存在。就像駕著一道閃電，當史特勞貝爾停下，他看到州長臉上掛著燦爛的笑容。

那天晚上餘下的時間，這輛車仍然是賣點。繞著臨時軌道的猛爆加速、瞬間的扭力，這些是任何銷售技巧都做不到的事。派對進行到一半，特斯拉已經接到20張預購單，買家將10萬美元的支票放在一個小錢箱裡。

那天晚上不僅是Roadster的促銷大會，馬斯克還揭示了特斯拉的宏大計畫。買家在車子上花的錢不僅是買了一台特級跑車，這些錢也是投資資金，有助於開發其他綠色汽車。幾天後，馬斯克更進一步在特斯拉的官網上發布他對公司的願景，詳細闡述了他簡單明瞭的三階段規畫，或者就像他說的「特斯拉汽車祕密宏圖」。

「作為一家名副其實快速發展的科技公司，所有自由現金流都會重新投入研發，藉以降低成本，並盡快將後續產品推向市場。」他寫道：「當某人買了特斯拉Roadster跑車時，實際上他們也幫忙支付了低成本家用汽車的開發費用。」他又增加了一個目標：提供「零排放」的電力生產。部落格上引述他最近對太陽能板公司太陽城（SolarCity）的投資，這是他與兩個表弟的合資企業，這也是繼特斯拉與SpaceX之後，由他出任董事長的第三家公司。公司的營運目標在於安裝家用太陽能板，對此他寫道，產生的電力每天可以供給特斯拉50英里左右的行駛里程。馬斯克賣的不僅是一輛很酷的跑車，他還賣概念：不用石化燃料就可以提供車子動力的概念。

這個想法對很多加州人來說非常有吸引力，即使在活動結束後，所謂的Signature 100（最初限量簽名版）的訂單也源源不斷。色情網站Girls Gone Wild的老闆喬・法蘭西斯（Joe Francis）派了一輛裝甲車到聖卡洛斯，直接開去辦公室投遞訂金10萬美元。（由於特斯拉手頭一下有這麼多錢，還驚動共同創始人塔本寧衝到銀行去處理。）史瓦辛格在舊金山車展上吹捧它，自己也掏錢買了一輛。演員喬治・克魯尼也是如此。三週內，特斯拉的最初限定100台車就被搶購一空。

Roadster的開賣成功也把艾伯哈德推成了風雲人物。他是黑莓機大型行銷案中的廣告主角，是NBC晨間新聞《今日秀》的受邀來賓，是企業論壇經常出席的與談者，每每與會都因為對汽車未來的想法而受到追捧。艾伯哈德變成特斯拉的門面，就像那個結婚賀禮，他的老婆在他們結婚時買了一個豪華車牌給他，上面寫著「特斯拉先生」。

現在，他只需要讓Roadster投入生產。

對特斯拉而言，隨著訂單和關注而來的是一種新的審核態度。一位潛在客戶發了一封電子郵件給VPCP創投：「我討厭問你這個問題，但希望得到有用的回答⋯⋯如果我要預訂一輛特斯拉電動車，如果你是我，你會擔心這家公司破產，我的大筆訂金會泡湯嗎？⋯⋯部分的我在說，直接去預訂就好了，然後就等著它漲價。」

這件事傳到馬斯克、艾伯哈德和吉姆‧馬弗（Jim Marver）的耳中，馬弗是VPCP創投派到特斯拉董事會的新任代表。「我不知道該如何處理這樣的要求。」VPCP創投的分析師在轉發信件時擔憂地寫道：「我需要告訴他，他的錢有風險，他應該等待，或者我們需要提供客戶一些保護。」

馬斯克的回應強而有力，「我一直很清楚這個情況，我認為特斯拉有極大機會成功，我們將交付一輛很棒的車，這筆錢並沒有被託管，也不需要以其他方式擔保。我的建議是大家趕快去買Sig 100珍藏版，因為隨著時間過去它們會最值錢。」

但在這件事情幕後，VPCP創投的人警覺到他們的錢其實並沒有被放在託管帳戶，而是與公司的運營現金混在一起。VPCP創投的執行長艾倫‧薩茲曼（Alan Salzman）擔心這會帶給他們不必要的風險，他毫不留情面地表達自己的不滿，這是VPCP和特斯拉互起摩擦的第一個跡象。

然而在車子原型出現後，馬斯克心中卻有了更迫切的問題。他第一次終於看到並感覺到這輛車會是什麼樣子，他發現自己並不滿意，他開始要求做

更多的變動。但與2005年不同的是，那時他對即將發生的事情充滿樂趣和興奮，而現在他卻越來越挫折，因為艾伯哈德似乎沒有和他一樣的急迫感。馬斯克認為這輛車很難爬進去，座椅很不舒服，內裝與其他高價車相比也不夠精緻。2006年秋天，馬斯克因儀表板的品質問題對艾伯哈德大發雷霆，「這個問題很嚴重，但你居然沒有這樣的認知，這讓我非常擔心。」馬斯克在一封電子郵件中這樣告訴他。

艾伯哈德持不同看法，他說只有在其他更急迫的問題得到解決後才會處理儀表板的問題，特別是特斯拉在2007年夏天就要開始生產，時間已不到一年。他解釋說：「我只是看不到方法；看不到任何可以在車子生產前改好它，而不會對成本和進度造成重大影響的方法。」「為了讓汽車投入生產，我們有一大堆難題需要解決 —— 從嚴重的成本問題到供應商問題（變速箱、空調等），到我們自己設計不成熟的問題，還加上蓮花生產線穩定性的問題。我晚上失眠一直擔心，只求車子可以在2007年的某個時間點投入生產。」

艾伯哈德繼續懇求道：「為了我自己、也為了整個團隊，我不會無限迴圈一直想著儀表板和其他我希望在〔開始生產〕後再修改的項目。只要開始發貨，我們有一長串要思考的事情，我如果有時間，我會思考這些事情。」

他可能希望能拖延或安撫馬斯克，但這樣只是更加激怒他。「我想從你那裡聽到的是，這問題將在〔開始生產〕之後得到解決，而客戶會被告知『在他們收到汽車之前』車子會被升級。我從來沒有要求在生產前完成它，所以我不知道你為什麼要曲解我的意思。」

2006年底，不斷擴大的特斯拉工作團隊可能都看出艾伯哈德承受的壓力。他坐在辦公室，雙手抱頭，眼睛直視前方，揉搓著鬍子。深夜，艾伯哈德絕望地打電話給董事會成員勞麗・約勒，訴說馬斯克要求的一切改變以及對他施加的壓力。某個週末在馬斯克試駕Roadster原型車後，他認為蓮花跑車的座椅不舒服，但客製座椅會增加100萬美元的開發成本，而他們幾乎已經沒有錢可以再丟進去了。還有，馬斯克覺得很難鑽進車子，尤其是對馬斯克的妻子潔絲汀而言。座椅只比地面高一點，也就是說，駕駛坐著時膝蓋不太能彎曲，這也更像坐在一輛大功率的雪橇上，而不是坐在典型的跑車裡。蓮花的Elise跑車本來在門框上設計了一個突起，進車子必須爬過去。馬斯克希望這條突起要降低5公分，但這會讓成本增加200萬美元。馬斯克想要特殊的大燈，批准了50萬美元去做；馬斯克不要機械門鎖，想要特殊的電子門閂，又加100萬美元；加上之前把車身的玻璃纖維改成碳纖維，每輛車的成本增加了3000美元。

　　馬斯克想要插手管車子大小事，並不是說他錯了，而是他管太多了。「伊隆什麼都想做，只是我動作不夠快。」艾伯哈德向約勒訴苦。

　　2006年11月下旬，艾伯哈德送給董事會一份報告，說明每輛Roadster 的成本已從最初估計的49,000美元增加到83,000美元。這個數字是基於明年秋天開始生產預估的數字，而不是計畫中明年夏天開始生產的數字，然後預計到明年的12月底每週生產30輛車。但就算是預估，也充滿警訊 —— 他們連很多零組件都沒有最終定案，更沒有挑選零件供應商，但艾伯哈德希望在明年能將成本降低6000美元。

剩下的挑戰還包括電動動力系統，也就是電池和馬達，這是汽車最昂貴的系統。電池成本已變成預估的兩倍，雖然特斯拉成立的基礎在於可以找到便宜的商用電池，但事實上工程師發現，即使電池販賣的型號都一樣，它們並非完全都一樣，就像有各種18公釐×65公釐的18650號電池。加上每家公司製造電池的方法都不同，這也會影響汽車。在測試了業界提供的各個樣品後，史特勞貝爾的團隊發現電池效果較好的只有少數幾家公司，包括三洋。如果電池公司發現了自家產品奇貨可居，特斯拉將失去所有談判能力。但就目前而言，供應商還認為特斯拉手中掌握了整個世界的發財機會。但私底下，包括伯迪契夫斯基在內的不少員工都擔心能供貨的電池供應商太少，他們想爭取資金開發其他選擇。艾伯哈德告訴他們沒辦法，原因只有一個：沒有資金。還有變速箱，艾伯哈德的團隊也一直努力找能符合特斯拉規格和價格的變速箱供應商。動力系統是汽車最核心的關鍵，但它現在並不牢靠。

艾伯哈德在2006年11月董事會上的表現，讓馬斯克與VPCP創投的吉姆・馬弗進行損害控制，特別是艾伯哈德無法解決有關成本的問題。「在上次董事會上我們問過馬丁，並不是說他不知道這輛車的成本是多少，而是他沒有把握在某個特定季度確定可以生產，也就不能隨便說個確定數字。」馬斯克這樣告訴馬弗，打了個圓場。但馬斯克沒有說的是，他也開始懷疑公司內部到底是怎麼回事。幾週後，馬斯克飛往蓮花車廠 —— 這次會議並不包括艾伯哈德。馬斯克希望能知道蓮花對特斯拉時程安排的看法。

「我相信你可以想像，這是一個多麼尷尬的狀況，居然伊隆想從蓮花這邊知道蓮花對生產時程的看法。」蓮花的董事西蒙・伍德（Simon Wood）

在會議前寫信給艾伯哈德說，他也在會議中提出模糊預測。「我覺得你們團隊的研發計畫與排定時程相衝突。」

PowerPoint從第一張開始就在警告馬斯克，伍德的看法「雖然悲觀，但反映了參與該企畫的蓮花人員的普遍感受。」他公布蓮花列出的850個問題，從會讓汽車完全喪失功能的問題、到安全管控問題、再到影響客戶滿意度的問題，還有需要小小修改的問題。伍德計算出他們每週可以解決25個問題，但這會讓他們多花30週的時間才能投入生產。這一切表示蓮花認為它可以在 2007年聖誕節前做出28輛Roadster，但特斯拉的計畫是要求到2007年年底**每週**增加30輛產能。

然而，即使問題堆積如山，特斯拉董事會在2007年初仍對隔年就讓公司上市的計畫保持樂觀態度。1月時馬弗建議董事會開始與銀行人員會面。大家討論的結果是以某個特定股價的股權向銀行借錢，他們希望這個計畫能避免付出昂貴的債款，同時也是公司上市前的一個過渡。馬弗建議艾伯哈德去即將在紐約舉行的投資會議上進行遊說，但馬斯克不喜歡艾伯哈德把時間花在這件事情上，認為他應該把注意力集中在Roadster上，而不是他認為的低價值公關和融資會議。「現在Roadster有幾個非常急迫的問題需要馬丁來關注，」馬斯克告訴董事會。「我們的交貨量已經明顯不足，而且還可能要再下修。」

隨著日子一天天流逝，董事會開始縮小計畫。那年春天，馬斯克告訴董事會，他認為特斯拉如果要能營運到2008年的3月或4月做首次公開募股，就

需要再籌7千萬至8千萬美元，而且下一個最後期限似乎也趕不上了。馬弗警告不可以挪用Roadster收到的訂金，「很多人認為，在Roadster交貨之前，我們不應該花這些錢，而交貨時間定在10月，」他告訴董事會：「例如，我們在企畫案中預定要交25輛Roadster，今年就可以花掉250萬的訂金。如果我們知道私募基金會在秋季給我們一個很好的估價，那麼我們現在當然可以做較溫和的融資。」但他擔心交貨一直延遲，投資者投資或借錢的意願會改變。

最後董事會決定籌錢，但金額比馬斯克建議的要少，因為對特斯拉的估價為2.2億美元，決定籌集4500萬美元。這一決定讓人們相信當年特斯拉並不一定有投入生產的能力。

時間表緊迫到不行、最後期限不斷跳票、生產受挫、資金不足 —— 這一切都擺明特斯拉的核心出了問題。但到底是什麼？對馬斯克來說，他很幸運，因為他知道該問誰。

6

黑衣男子
The Man in Black

　　在安東尼奧・格拉西亞斯（Antonio Gracias）還沒有成為特斯拉投資者的六年前，他搭乘從芝加哥飛往瑞士的班機，開啟一趟將改變他人生的旅程，而未來的幾年，他會成為電動車製造商。時間是在1999年春天，格拉西亞斯來到瑞士小鎮德萊蒙（Delémont），剛好趕上吃晚飯。他來考察最近才加入他工廠帝國的新成員，他有一個越來越興盛的小型工廠帝國，他從四年前還在念芝加哥大學法學院時就開始收購這些小工廠。

　　1990年代後期的世道對一些小型零件製造商不太好，這些工廠的供貨對象多是一般車主和電器行，但大公司用大規模擠壓小傢伙，以致零件價錢越來越低，生意越來越難做。在這種情勢下，讓格拉西亞斯看到了機會，他可是從小在密西根大急流城工廠附近長大的孩子。這些由老爸老媽經營的家庭工廠可能只需要一點現代化、重新規畫降低成本，加上一些新的經營重點，生意就能好上許多。這一切讓他來到德萊蒙的這家工廠參觀，這是他買下芝

加哥附近一家沖壓廠時，包在大筆交易中的一部分。

　　格拉西亞斯與工廠經理一起晚餐，一名叫作提姆・瓦金斯（Tim Watkins）的工程顧問也加入。瓦金斯幾個月前才進工廠幫忙處理廠房運作。起初，格拉西亞斯不知該如何看待瓦金斯，這位英國出生的工程師將一頭長髮紮成馬尾，看起來有點像電影《燃燒的天堂》（Medicine Man）裡的史恩・康納萊，除了他穿了一身黑、掛著一個腰包。然而在晚餐時，格拉西亞斯很快知道他和瓦金斯對世界的看法是相似的，他們閱讀相同的書籍，分享彼此對管理和科技的想法。

　　28歲的格拉西亞斯走了跟別人不一樣的路，他進入製造業。他出生在底特律，跟著移民的父母在密西根西部長大。他父親是神經外科醫生，母親經營一家內衣店，格拉西亞斯放學後就在母親的店裡幫忙。當他十幾歲時，別的男孩收集棒球卡，他用收集棒球卡的精神買股票，他最自得的資產是蘋果。1995年，在高盛工作兩年後，他考上法學院，並不是因為他夢想成為律師，而是因為他的母親去世了，而他父母的夢想是看到所有孩子都成為醫生和律師。

　　他在求學時，就無法擺脫想做生意、**做點**什麼的渴望，所以成立自己的投資公司：MG創投（MG Capital，公司以他母親的名字Maria Gracias命名）。到了1997年，他在高盛的一位朋友來合夥，公司增資27萬美元，加上格拉西亞斯從自己口袋掏出來的13萬美元，他們就開始做生意了。他們的第一次收購似乎太好了，好到如夢一場。有一家位於加州加迪納（Gardena）的電鍍公司，由一位有整頓危險公司經驗的經理管理 —— 也就是說，格拉

西亞斯應該可以毫無牽掛地繼續在法學院念書，但這家公司的生意受到破產案牽連，變成沒人想要的孤兒公司。於是，兩人借了好大一筆錢，不走慣常的公司估值（也就是以公司年營收一千萬美元的若干倍來計算公司價值），而是以公司資產的價值把它買了下來。

然而他們很快就發現扛下的是會讓自己滅頂的大麻煩。格拉西亞斯仍去學校註冊，但幾乎沒有辦法去上課，他跑去加州工廠工作，功課就靠自己的哥們大衛·薩克斯（David Sacks）告知他芝加哥這裡的情況，還幫他準備期末考，補習每科學業。格拉西亞斯在加迪納的時候，每天喝著星巴克咖啡，與拿時薪的工廠員工一起努力工作，想辦法逐次拉高公司產量，特別是在電子業，電鍍需求比以往都大。然後，這件一開始看來很魯莽的舉動很快變成一台印鈔機，工廠年營收額達到3600萬美元，這也點燃MG創投收購工廠的熱情。到了格拉西亞斯在德萊蒙吃飯時，MG創投已經收購了五家工廠。

工廠的收益甚至讓MG創投投資了一家新創公司Cofinity，他的法學院兄弟薩克斯曾在那裡工作。然後這家公司與馬斯克的X.com合併，變成PayPal，這就是格拉西亞斯和馬斯克認識的緣由。

晚餐結束後，經理和瓦金斯帶著格拉西亞斯參觀他的新工廠。時間已來到星期六晚上很晚，當地勞動法禁止晚間和週末工作，設備應該處於休眠狀態，正是看工廠的好時機。但他們靠近門口時，格拉西亞斯驚訝地聽到漆黑的廠房傳來沖壓機的嗡嗡聲。走進去，打開燈，眼睛適應一下，他簡直不敢相信眼前的景象：一個全自動化的工廠，機器在運作，但沒有人在機器周圍監管。

格拉西亞斯曾周遊世界到處看工廠，研究能提高生產速度和流程的最新技術，但這是全新的做法。在一個連個人電腦都很少出現在工廠的年代，瓦金斯已經想出如何實現自動化，他用演算法來調控，找出系統何時需要關閉進行維護。他給機器定時，讓機器自行運轉4小時，然後工人會回工廠輪班再做8小時，然後再讓機器自己運作。

瓦金斯以創新思維想出如何在一天最多可工作16小時的地方，讓工廠一天運作24小時。利用這樣的排程，就能降低運營成本。

「我在地球上其他地方都沒有見過這種事。」格拉西亞斯回憶道。

格拉西亞斯偶然發現在他職業生涯的最大祕密 —— 不是工廠，而是工廠背後的創新者。接下來的幾個月，他都在說服瓦金斯加入MG創投，幫他去升級他那些橫跨美國不斷增加的廠房。最後他成功了。他們的關係幫助了格拉西亞斯和他的合夥人以九倍價錢賣出MG創投旗下的公司組合，業績紀錄幫他們募得1.2億美元的投資基金。MG創投更名為Valor創投，瓦金斯以合夥人的身分加入。他們是密切的生意夥伴、交心的朋友，甚至兩人還在芝加哥當過一段時間室友。兩人有一起打拚的強烈願望。他們想的並不是買下更多陷入困境的工廠並繼續經營；他們希望的是投資這些公司，並以他們的專業去改進它們。

他們計畫的關鍵是做幕後不走幕前。他們不想養出會嚇跑公司創辦者的名聲；他們盡可能不做公關宣傳。他們尋求的著力點是平順地以專業知識切入，例如自動化，而這一過程可能成就一家公司，也可能毀掉公司。2005年，馬斯克向格拉西亞斯（和其他朋友）提議投資特斯拉時，他欣然接受。

因此，當馬斯克在2007年打電話給格拉西亞斯請他幫忙時，也就沒有什麼好奇怪的了。特斯拉出了一點問題，那一年格拉西亞斯也加入董事會，他已經感覺到艾伯哈德好像對這家不斷增長的汽車公司有些應付不來了。原始管理者已經心有餘而力不足的情況越來越明顯。

　　這就是格拉西亞斯和瓦金斯派上用場的地方。馬斯克要他們深入研究公司的帳本，找出特斯拉真正的問題所在。

　　一家新創公司的規模和複雜度會成長到超過公司創辦人的能耐，此事在矽谷並不罕見。艾伯哈德在2007年到了臨界點，他知道這一點，馬斯克也知道。他們開始談論要找新的執行長加入，並首次聘雇了財務長，正如他們成立之初的打算。這可以讓艾伯哈德騰出時間專注去開發特斯拉繼Roadster之後的下一款車 —— 目前特斯拉做的車本質上是富人的玩具，如果特斯拉想要從這樣的車廠變身成一家真正的汽車公司，一定要邁出這一步，依循馬斯克去年那份不怎麼祕密的祕密宏圖前進。但馬斯克越來越擔心Model S的進展，目前公司內部仍以代號「白星」（WhiteStar）稱之，它是特斯拉發展軌道上的關鍵轉折點。即使在最好的情況下，會開Roadster的也只是市場上少數喜歡新產品的早期採用者，但Model S是一款主流車，目標客群設定是主流大眾，它需要向公眾展示特斯拉所代表的一切，沒有滑跤的餘地。

　　Model S的負責人是來自科技業的羅恩・洛伊德（Ron Lloyd），但他找的團隊主要都是傳統的汽車人，甚至在底特律郊區成立了一間大型辦公室。馬斯克第一次去那裡就處處不滿意。（在眾多過失中還包括一位工程師做簡

報時，連資料上的字都拼錯。）這個新團隊都是之前在底特律車廠和供貨商工作過的人，他們發展的文化與史特勞貝爾在矽谷帶領的工程師團隊不同，矽谷團隊多是史丹佛校友，特斯拉是他們的第一份或第二份工作。雖然特斯拉一開始避開了底特律的工程師，但現在的挑戰是從無到有造出一輛全新的車，以致越來越依賴底特律那邊的老經驗。在2007年，對底特律這邊的工程師來說，加入加州一家做電動車的新創公司是很激進的念頭，畢竟底特律近幾年行情看俏，銷售額創下新高。雖然近年通用和福特的基礎開始出現小小裂縫，但錢仍是大筆大筆地賺。在通用汽車、福特和戴姆勒克萊斯勒等公司做事的工程師和高階主管都盼著終身職和豐厚的養老金，通用汽車的名字General Motors還常被開玩笑說成是Generous Motors，說他們是一家慷慨的公司。要這些人放棄這些，去一家可能不會成功的新創公司，這想法在那個年代很難被買單。但另一方面，這觀念對矽谷這邊的團隊來講也是難以理解，因為在矽谷，潛在的報酬一定有失業的風險，這是一種常態。矽谷是獎勵風險的環境，失敗被視為遊戲的一部分；只要你有更好的點子，一下就能反彈。

「把他們全開除，每個人都給我走。」馬斯克在他們離開辦公室時告訴艾伯哈德。但就像馬斯克的許多命令一樣，艾伯哈德這一次也沒有照做，他仍然需要他們。

對馬斯克來說，底特律團隊太過聚焦在車輛的成本，以致損害了品質。就像有一個企畫是和福特汽車商談用他們房車Fusion的零件，這個團隊就對談成交易感到十分興奮。但做Roadster的經驗已經讓特斯拉明白，它不能只

是從另一家車廠買個車身，做一些調整，就希望一切都能解決。為了讓車子更像特斯拉，每一次對車身做的改變都會增加成本。而底特律團隊做的事就是大型車廠一直在做的事：根據現有的零件目錄製造汽車，覺得這樣會比自己從供應商那裡買獨特的更便宜，因為供應商已經不願意和新冒出頭的小廠合作了。基本上，底特律團隊做的就是把一輛樂高汽車拆開，再根據自己的認知想像把它拼起來。問題是馬斯克對他們召喚的形象並不滿意。

馬斯克向艾伯哈德表達他對洛伊德的不滿，艾伯哈德承擔一項沒有人羨慕的工作：試圖平衡極少的預算與馬斯克的奢侈品味。「很多時候，我聽到羅恩暗示〔Model S〕沒有辦法看起來像其他5萬美元的汽車，因為我們的成本在做電池之後就沒剩下多少了。」馬斯克在2007年春天的某個深夜寫道：「如果我們太過依賴這隻拐杖，就會出現一台爛車，這就是為什麼我不去管豪華車款傳動系統的成本估計。我非常有信心，我們的動力傳動系統和豪華汽車間的成本差異並不像我們想的那麼大。」

考慮再三，伊隆做了結論：「我最主要想確定的是，我們的人知道大多數美國車都很糟嗎？他們知道該如何改變嗎？……他們有很好的產品判斷力嗎？」

儘管馬斯克對底特律團隊不滿意，但也明白做車經驗對公司來說是寶貴的資產。找經驗豐富的執行長用很少的錢做出很酷的車，馬斯克很喜歡這個想法。Roadster的經驗告訴他成本失控的速度有多快，即使額外花了錢，馬斯克對Roadster的元素仍然不滿意，總抱怨它有豪華車的標價卻配上廉價的內裝。

在評估公司可能的執行長人選時，馬斯克看到媒體對福特汽車一位產品研發人員的報導，就對這位叫做唐浩泰的人充滿好奇。2005年唐浩泰聲名鵲起，因為福特Mustang有一項一直保密的新開發案最近公布並被媒體大肆報導，而這項開發案就是唐浩泰所負責。馬斯克安排這位福特高階主管趁著週末來矽谷參觀特斯拉，請他試駕他們的車。艾伯哈德回憶說，他很少看到開車開得如此激進的人。唐浩泰開完車，開始滔滔不絕提出一堆在開車動作間需要解決的問題——懸吊系統錯誤，後面重量過重，以及這個、那個。但他對車子很讚賞。「這台車真的很棒。」他告訴他們。

但最後唐浩泰卻讓特斯拉失望了，他不想離開福特[2]。但不管如何，馬斯克和艾伯哈德還是獲得正面回應，表示他們走在正確的道路上。而且唐浩泰還以另一種方式提供幫助：他推薦獵頭公司幫忙找執行長。

特斯拉想找人取代艾伯哈德的消息最後還是走漏了。到了6月，兩名記者聯繫公司的公關部門求證，消息曝光讓艾伯哈德感到心情沮喪。他透過電子郵件向董事會抱怨。「我不知道消息是如何洩露的，但只可能從董事會這裡或是從我們的獵頭公司出去的。」他寫道：「沒說麼好說的，把這件事公開在大眾眼前，讓媒體打電話來問特斯拉員工我的去留，這讓我很難做事，我承認，這讓我的士氣非常低落。」

馬斯克掃去他的擔憂，他告訴艾伯哈德，考慮到特斯拉被公審的情況，

---

2 作者註：2007年春天，唐浩泰被福特外派去南美主管產品開發，這是預備讓他更上層樓的晉身階。到了2019年，他已成為福特產品開發部門的最高主管。

這並不是什麼「大驚嚇」。馬斯克寫道:「最好的策略是站到前面擁抱它,就像Google的賴利‧佩吉和謝爾蓋‧布林做的那樣。」馬斯克提醒他Google創辦人已經把一般管理權交給執行長艾立克‧史密特(Eric Schmidt)了。「每個人都知道他們一直在找執行長,已經找了好久,但在賴利掌舵期間,Google的運作也都很好。」

兩人私下的聯繫還是有來有往的。艾伯哈德告訴馬斯克,他認為董事會有人洩露了消息。「只是略施一點小惠就讓事情變得一發不可收拾。」他告訴馬斯克。「過去五年來,特斯拉汽車一直是我的命,現在居然從報紙那兒聽到董事會說要解雇我(用的就是這字眼),實在很傷心。」

馬斯克試著安慰他,說他很樂意改正艾伯哈德認為自己被解雇的看法。「客觀事實是你幾個月前就已經提出要找執行長的提案,」馬斯克寫道:「順道一提,我確實鼓勵你自某個時間點保持開放態度,儘管我沒有推動這個議題。」

艾伯哈德知道他需要幫助,但他想以自己的方式進入新角色。拿他與Google的聯合創辦人進行比較並不恰當,當然,Google創辦人把位子給了一位經驗豐富的管理者,但在公司上市後,他們靠著雙重股權制獲得多數股權,依然牢牢控制著公司。但艾伯哈德沒有辦法這樣做,因為特斯拉最大股東依然是馬斯克,他的手中掌握了艾伯哈德在公司的未來。

艾伯哈德雖然面子掛不住,但仍然戴上堅強的假面具。到了6月19日,他召開全員大會,為公司凝聚力量。在開始生產之前,有一長串需要解決的問題。他們需要改善汽車變速箱的瑕疵;他們一定得架構出一個小型網絡商

店；他們需要專注在汽車的可靠性，把工程問題一一排除，向英國工廠交付零件。

「專注你的首要工作。」他告訴員工，每項工作都很可能失敗，更不用提什麼「電動車的可行性」和「運輸的未來」了。

他怕傳達的訊息還不夠清楚，在會開完不久又發一封電子郵件跟進加強他的態度。「通用汽車的執行長里克・瓦格納（Rick Wagoner）在去年11月表示，現在是汽車的轉折點 —— 從內燃機驅動到電力驅動的轉變，就像當年從馬匹到汽車馬力的轉變一樣關鍵。如果Roadster很成功，歷史將記住你和特斯拉汽車是這一變革的推動者。如果不成功……好吧，想想唐克（Preston Tucker）[3]和德羅寧（John DeLorean）[4]吧，我們起碼比他們好，Roadster也比他們的車好很多。讓我們來證明吧！」

提姆・瓦金斯可以非常有禮貌，但也直率得嚇人。他有一種很少人能做到的精確和紀律。在飲食控制成為時尚之前，他就相信血糖忽高忽低對健康有害，因此他嚴格監控全天的飲食量。他的腰包裡習慣放著一包燕麥，那是從英國他母親家附近的小店買來的。近年來他被格拉西亞斯派去各個熱點考察，生活大部分都在路上。這工作吃力不討好；它通常意味著公布讓人不安

---

3 譯註：唐克在1948年成立車廠發表Tucker 48，因為車型如魚雷般流線所以暱稱「Torpedo」，無論動力懸吊煞車等設計都大幅超越當時年代，但公司只生存一年，只做了51台車。
4 譯註：德羅寧原是通用汽車的工程師，在1975年成立自家車廠，做出DeLorean DMC-12，就是電影《回到未來》中用來做時光機的車，但只做了9000多台車，車廠於1982年倒閉。

的事實，會讓人們失業。這些年來，他的怪癖又更進一步了。他赴任後，會去當地連鎖店買一整包黑色T恤和黑色牛仔褲，工作完成後，他就把衣服全扔掉，去做下一個任務，就好像脫皮一樣。

2007年7月瓦金斯抵達特斯拉的聖卡洛斯總部，發現自己又一腳踏入一個爛攤子。他立刻打電話給格拉西亞斯，告訴他：特斯拉的零件設備沒有一件有對帳資料或單據，也就是說，對於裝進車裡的每個零件，公司和零組件廠談到了什麼價格、要怎麼買，總要有一個簡單的核算，但特斯拉沒有，他必須建造一個。還有其他隱憂：蓮花那邊的人警告說，Roadster會錯過原定8月下旬的產線，因為特斯拉這邊還沒有決定零件的最終設計，零件廠不知道要做哪一款。而且特斯拉團隊仍然沒有找到雙速變速箱的可行解決方案。

當瓦金斯對特斯拉進行考察時，艾伯哈德的團隊也在做同樣的事，兩邊像比賽一樣，看誰先弄清楚公司的財務狀況。特斯拉已經開始為財務部增添新人手，因為他們要準備公司上市。剛從哈佛商學院畢業的萊恩·帕波（Ryan Popple）就是來替公司的公開募股做準備的，但從工作的第一週開始，帕波就發現事情並不像從外面看來的那麼美好。他的第一項任務是建立公司的財務模型，就是一份說明業務狀況的檔案，所以他要求看一下現在用的財務模型，「那個模型是唬爛的啦。」別人輕蔑地告訴他。帕波只好去每個部門四處打聽，向史特勞貝爾和其他同事詢問他們的預算，但他從其他人那裡聽到類似的回答：「什麼？我不知道，從來沒有人跟我談過這件事。」

到了7月底，財務部門在外派顧問的幫助下，對業務有了新的估算。他們把報告送去給董事會。上面寫著，他們最初要做的50輛車，每輛車的材

料成本總計為11萬美元。工程部門的里昂斯和史特勞貝爾正在想辦法削減成本，他們預計每部車的成本可能會在產量增加後下降。報告上寫著：「他們會努力改進，希望在幾週內有更新的數據，只要車子達到每一批次的生產水平，我們就能對這部車的『真實』成本有更好的了解。」

報告還寫了對今年餘下時間現金流出的預測。在5月籌措了4500萬美元後，公司會在9月前把現金用光，這些錢不包括銷售團隊收到的3500萬美元的客戶訂金。然而到年底，如果沒有劇烈變化，這筆錢也會消失。

換句話說，特斯拉「再次」陷入財務危機。董事會並沒有像馬斯克建議的在5月前籌措8千萬美元，而是押注特斯拉只要一輪較少的融資先撐過一年再說，但這想法是根據對實際成本的估算不明，而現在情況已攤在他們眼前。他們正在學習汽車業的殘酷現實：工業化立基於大量現金。

這個發現也凸顯了另一個隱憂：他們依然沒有聘請經驗豐富的財務長估算公司可能會發生的各種問題。除此之外，也沒有全然應用會計系統正確地追蹤及估算成本。在某次員工會議上，艾伯哈德明顯地對這些恐怖的預測感到不安。

艾伯哈德告訴製造部門主管：「如果這是真的，你和我都會被解雇。」

到了7月，艾伯哈德面對一個怒氣沖沖的董事會，他們拒絕接受光是一組電池組的成本就要超過20,000美元時，居然還把Roadster的價格定在65,000美元的建議。而一個月後，艾伯哈德的情況變得更糟。瓦金斯的初步調查結果交到董事會了，描繪出的景象遠比特斯拉自己內部估算的還要慘。他算出如果Roadster在生產100輛後，每輛車的成本會落在12萬美元，這還不包括間

接費用。隨著產量的增加，成本可能會下降，但永遠不會有盈利。並且按照公司預計的交貨量，初期生產的每輛車加上間接費用，將花掉驚人的15萬美元。雪上加霜的是，瓦金斯根本不覺得車子可以在當年的秋天開始生產。

董事會驚呆了。艾伯哈德與調查結果辯駁抗爭，但最終他的命運已註定。到了8月7日，馬斯克打電話給艾伯哈德，當時艾伯哈德正在洛杉磯，準備出席一個向記者團體演講的行程。這是個不好的消息 —— 馬斯克告訴他，他已經被換掉了。由麥可‧瑪可士（Michael Marks）接任臨時執行長，此人在最近一輪的融資中有投資。瑪可士曾經是電子設備大廠偉創力（Flextronics）的執行長，他把偉創力變成全球電子產品的製造之王才退休，而特斯拉引誘他再次出馬。

艾伯哈德對這個消息感到震驚，打電話給其他董事會成員，得知他們並沒有事先得到消息。馬斯克同意在8月12日召開董事會後再批准艾伯哈德辭去執行長的人事案，並宣布他將改任技術總監的新職位。在馬斯克看來，此事木已成舟。在開會前一晚馬斯克諮詢董事會某些成員的意見，談到：「馬丁似乎把焦點放在他在特斯拉的公眾形象和地位，並沒有專心解決公司的關鍵問題。如果你該找馬丁談談，請力勸他全力以赴，確保Roadster準時做出來。他似乎不明白，提升他名聲和公司地位的最好方法是達成這個目標。」

不過在正式發布之前，瑪可士就已經進駐特斯拉在聖卡洛斯的辦公室，準備接手這個爛攤子。8月8日晚上，他給馬斯克寫了一封信，說他們必須盡快談一談。「這家公司有很多問題，誠如你所知，但有些問題比我想的更可怕和緊迫。」

7

白鯨
White Whale

　　史特勞貝爾坐在特斯拉執行長瑪可士的商務專機上飛往底特律，同機的還有剛被降職的艾伯哈德。一張橢圓臉，後退的髮際線，還有拜經營全球大廠所賜的倦容，瑪可士在特斯拉的房間看著就像個大人──特別是帶著數十名剛從史丹福畢業的年輕工程師一起工作，對他們很多人來說，特斯拉是他們第一份真正的工作。瑪可士花了十多年力氣經營偉創力，為微軟製造Xbox遊戲機，替惠普做印表機，幫摩托羅拉做手機。他就是做第三方製造廠的，就是艾伯哈德和塔本寧在構思Roadster時，認為在造車業界會存在的第三方零件供應商，但沒想到在現實世界這樣的公司竟如此之少。

　　新官上任三把火，瑪可士在公司會議上斥責員工，因為他們看起來一點都不忙。「我注意到這家公司有些問題，它如此備受期待，但員工並不努力工作。」他告訴他們：「我規定公司有正式的上班時間，希望在上班時間內大家能坐在辦公桌前工作。」

很顯然，Roadster並沒有在那年8月推出，瑪可士把時間推遲了六個月，給團隊時間解決問題，找降低成本的方法，他建立「瑪可士的清單」，要大家把立即需要解決的問題列在清單上。最重要的項目是變速箱，它持續困擾工程部。瑪可士熟悉製造業，但對汽車不熟悉。幸運的是，他知道該問誰：通用汽車的執行長里克·瓦格納是他在哈佛商學院的同學，瑪可士還在偉創力工作時就找過瓦格納。也因為這樣，電池好手史特勞貝爾現在坐在瑪可士的私人飛機上飛往底特律。

特斯拉團隊在機場受到黑色轎車的歡迎，呼嘯前往通用汽車位於城區的總部 —— 文藝復興中心（Renaissance Center），隱約可見樓群矗立在大半廢棄的市中心。這座城市曾經是西方的巴黎，目睹了一座又一座的宏偉建築人去樓空。有些樓很多年沒有人照顧了，屋頂已長出了樹，一株株橫空離地幾十層。

大禮車停在通用汽車高階主管專用的車庫，一行人被送上私人電梯，一路直達大樓最頂層、通用汽車執行長的辦公室。一進門，底特律河便盡收眼底，窗邊擺著通用汽車的小模型。瓦格納向三人打招呼，他曾在杜克大學打過大一新鮮人籃球賽，在通用汽車度過了他的成年人生，從財務部一路往上爬，外派到世界各地、歷練各種角色後，養成如今的執行長。

2007年特斯拉團隊來訪時，通用汽車的業務正處於危急關頭。多年來債務不斷攀升、勞動成本增加、退休金一直膨脹，讓人開始懷疑公司的未來。同時銷售額也在下降。儘管如此，瓦格納仍然滿懷信心，認為這家車廠「再次」走在修正問題的正軌上，即使刻薄的報導一直預測他們最終一定會破

產。

史特勞貝爾從來沒有見過這樣的事 —— 不是瓦格納似乎住在一個專為處理業務而建的辦公泡泡裡，也不是幾乎找不到一件適當夾克出席這種場合的他，居然已經身處豪華會議室吃完了一頓豐盛的午餐；而是他第一次親眼看到特斯拉的對手是一家怎樣的公司，與前不久他和朋友在自家車庫做的手工業相比，這家龐大的公司似乎全然陌生。談話進行中，瑪可士向瓦格納提到特斯拉的變速箱有些問題，希望他的朋友能提供幫助。

「是的。」瓦格納說：「過去80年裡，我們也一直遇到傳輸動力上的問題。」

史特勞貝爾完全不清楚瑪可士想從這次旅程中獲得什麼。儘管如此，他還是能感覺到瑪可士和艾伯哈德間的緊張關係正在升級。兩人在旅途中的大部分時間都在吵架，艾伯哈德從執行長降級到總監的過程並不平和，員工總覺得夾在中間左右為難。很多人長期和艾伯哈德相處，對他像朋友一樣忠心；也有其他人認為現在是新人領政的時候了。

他們的衝突針對另一個正在成形的裂口。當艾伯哈德將他的電動車想法帶給馬斯克時，兩人似乎對公司可能的未來有共同願景。但隨著每個得來不易的里程碑一一建立，公司和馬斯克的野心都變得越來越大。這些野心一頭栽進當下的現實：Roadster根本一團糟，所有未來計畫都可能受到它的拖累變成泡影。為了回應特斯拉在**此關鍵時刻**的狀況，瑪可士坐上這個位子。他沒有什麼餘裕思考特斯拉可能變成什麼樣，因為他今天就得救下它。他要建議一條與馬斯克所想的不同的路，做了，他很快就能確定自己的命運。

瓦格納對特斯拉的業務感興趣，不僅是為了想和老友一聚。一年多前，Roadster的首次亮相引起了通用汽車極大關注。早在2001年，瓦格納就延攬了之前在克萊斯勒成功推動毒蛇超跑Viper的巴伯・盧茲（Bob Lutz）擔任副董事長，希望借助他的力量重振通用汽車。盧茲做的第一件案子就是從加州辦事處找來年輕設計師法蘭茲・馮・霍爾茲豪森（Franz von Holzhausen），讓他設計一款雙門跑車，結果就是龐帝克（Pontiac）的Solstice。（之後霍爾茲豪森快速竄起，不久就成為馬自達北美設計部的主管。）盧茲的希望是讓Solstice在2002年的底特律車展上亮相，讓業界留下深刻印象，證明通用汽車公司這個龐然大物也有迅速行動的能力，它裡面還是有火花的。

　　然而盧茲看著特斯拉的純電動跑車問世 —— 同樣來自加州一家不知名的新創公司 —— 他對他的團隊為什麼做不到同樣的事感到憤怒。「我傷心極了，」那時已經75歲的盧茲回憶道：「如果區區一個矽谷新創公司就能解決這個方程式，沒有人可以再跟我說做這個不行。」

　　盧茲是前海軍陸戰隊戰鬥機飛行員，你絕對不會把他誤認為是珍惜樹木的環保人士。他很有名的事蹟是把全球暖化的概念稱作「一缸屎」，似乎為了強調這一點，他在辦公室放了一台巨大的V16引擎，但他的確像他那一代人懂行銷。他知道通用汽車已經棄守了 —— 不是向小小特斯拉，沒幾個底特律人認為那家公司會有機會成功，而是向更強大的敵人：豐田。通用已在全球最暢銷汽車品牌的王位上坐好坐滿76年，卻在2006 年一夕被豐田趕下台。豐田的Prius混合動力房車幫助這家汽車品牌樹立了創新前衛的形象，而通用汽車則被視為恐龍。甚至在當年的紀錄片《誰殺了電動車？》（Who

Killed the Electric Car?）中還把這家底特律大廠描述成惡人，在車商身上打上陰暗的光，由他拔去通用EV1的插頭。

就在史特勞貝爾訪問底特律的幾個月前，盧茲穿著一身無可挑剔的灰色西裝、漿得硬挺的白襯衫、繫著紫色領帶，參加2007年底最受記者期待的底特律車展，公布通用汽車對電動車概念的實踐：雪佛蘭Volt。這款轎車可以在充飽電後行駛40英里，然後用車載的汽油引擎啟動發電機發電，讓車跑得更遠。對於一直困擾史特勞貝爾的高電池成本問題，通用提出的解決方案是油電混合。

然而Volt和Roadster屬於不同重量級別的車。Roadster追求性感和拉風，而Volt追求平易近人。特斯拉的用度需要精打細算，但通用汽車擁有豐富的資源和數十年的造車歷史可供借鑒。儘管如此，對於任何關注特斯拉的人來說，這個訊息很明確：巨人歌利亞已從沉睡中醒來。

特斯拉還沒有辦法讓Roadster投入生產，但它已經把更多精神聚焦在下一步上。他們從外面聘了一家設計公司：費斯克汽車設計公司（Fisker Coachbuild）幫忙設計Model S的外觀。這家走精品路線的公司兩年前由丹麥設計師亨利克・費斯克（Henrik Fisker）創辦，曾經指導過英國車廠Aston Martin的設計部門，設計出V8 Vantage概念車，並將DB9 coupe推向市場，這兩款車都引起很多關注。至於選擇費斯克的原因，特斯拉遵循既定的路線：車款設計與其說要召喚尖端科技，到不如說要喚起腎上腺素飆升的刺激。

這次他們會從頭開始造車，自己做很快就會弄清楚成本。董事會希望花

1.2億美元把Model S做出來，而洛伊德正忙著找法子達成目標。特斯拉已經學到了，很多做Roadster時所設想的捷徑，包括找外部供應商合作、以量制價等，並沒有如預期發揮作用。於是他們開始找新的捷徑，想找到一種方法可以製造自己的車，卻不必自己蓋昂貴的工廠；或者可以從現有車廠的零件目錄中抽取所需，組裝出自己的車？就像底特律團隊在他們的提案中一直想做的，去和福特合作？這些都是開箱即用的想法；也因此衍生開箱即用的問題。

雖然特斯拉的成立都基於「純電動車是未來」的理念，但Model S的團隊卻隱然覺得，這個未來是不可能的 —— 至少對這家新創公司的下一步動作是不可能的。續航里程和電池成本之間的平衡難以達成；通用汽車對混合動力車的論點是不可避免的邏輯。洛伊德跟費斯克說明用插電式混合動力車的提案細節 —— 特斯拉嚴密保護這個計畫，但設計部門一定得知道這個企畫，才能在電池和電動發動機外，設計出容納傳統油箱和發動機的地方。

隨著Model S的企畫持續進行，特斯拉團隊對他們從費斯克那裡收到的設計感到困惑。洛伊德向他的同事表達失望，他指著費斯克提案的車頭，車頭前端居然是圓形的網格，完全不像費斯克之前設計Aston Martins那種流暢、誘人的線條。「我真是不明白設計這個東西做什麼？」洛伊德跟一位同事說：「怎麼這麼醜！」

馬斯克在和費斯克工作室討論設計案時，也呼應了洛伊德的不滿。有一次馬斯克秀出一張低底盤的雙門麥拉倫F1跑車的照片，然後把這台車用Photoshop拉到看起來像一輛四門房車。馬斯克秀出想法後，費斯克也來秀

一段，他走到白板前，在白板上畫了一個傳統的美女身形。根據某位與會人士透露，費斯克是這樣說的：「這是所有設計師設計時尚穿著時根據的形象。」然後，他又畫了一個梨形女人的輪廓，說道：「但最後，設計師會製作適合這個女人的衣服，這樣他們才可以把衣服賣掉，這可不是同一件事。」馬斯克氣到滿臉通紅。

費斯克為他的設計辯護，說問題出在特斯拉的任務要求。特斯拉希望車子類似BMW 5系列的中型車，希望電池放在汽車下方。所以車頂弧線一定會被抬高，看起來就不會討人喜歡。特斯拉的一些經理開始把這台車改稱為「白鯨」，因為它的外型像顆球。

但不重要了，如果公司資金已經見底，連支付工程款和造車費都沒有錢時，車體外觀也就不那麼重要了。瑪可士查看特斯拉的財務狀況，很快得出結論，特斯拉無法獨力支付Model S的開發費用。他指示洛伊德尋找合作夥伴解決錢的問題，這又把特斯拉帶回底特律的老路上。Model S團隊開始向克萊斯勒求愛，希望可以在那裡達成協議。特斯拉把他們的計畫攤開展示，讓克萊斯勒高層深入研究他們的技術。雙方討論成立一個汽車共同開發平台：特斯拉可以得到他們的斜背式原型車，克萊斯勒也有技術來開發自己的房車。

但在2007年克萊斯勒陷入困境，公司所有者、德國的戴姆勒克萊斯勒股份公司把公司拆分賣給私募股權的買家。公司易手後，到了秋天，克萊斯勒放棄與特斯拉的合作企畫。（克萊斯勒的高階主管後來表示，無論他們對合作有多麼認真，但從未上達到公司總裁這一層。）

合作中斷對洛伊德和團隊來說是一記重拳。特斯拉覺得自己被耍了，覺得克萊斯勒只是拿特斯拉的技術做自己的電動車[5]。就在洛伊德的團隊得知克萊斯勒的決定時，他們從費斯克那裡收到同樣令人不安的消息。這家自2007年2月就一直致力開發Model S造型的設計公司透露，它也在開發自己的油電混合動力車，直接變成特斯拉的競爭對手。

特斯拉對這一發展驚到一身冷顫。特斯拉寫著2010年推出Model S的發展圖被費斯克捏在手上了。幾個月來，他們已經和這個合作夥伴分享了工程技術、設計理念，討論了混合動力車在設計上的種種限制，還告訴他們把車子做成具有跑車性能的最好方法。但費斯克和他的團隊連一次都沒有提到他們也想開發一款類似的車。特斯拉團隊趕忙查看與費斯克簽的合約，裡面有一項非排他性協議，允許費斯克可以為其他客戶（包括潛在競爭對手）進行設計，但合約中沒有提到費斯克可以製造自己的車。特斯拉又怎麼可能事先知道費斯克想要自己造車呢？費斯克沒有開發電動車的經驗，它是一家設計公司。兩個團隊還想著要替Model S安上一個徽章，上面寫著「費斯克設計」，還想著可以替這家精品設計公司做行銷。

費斯克似乎在複製特斯拉，但在很多方面，他的策略與馬斯克相反。相形之下，馬斯克現在對產品的控制似乎要比之前做Roadster時管得更多。而費斯克打算專注在汽車外觀，將大部分工程業務都外包給供應商。他的策略

---

5 作者註：克萊斯勒團隊在2008年秋天宣布電動車生產計畫，其中包括一款以蓮花Elise為基礎開發的車，這部車同樣以鋰電池驅動，不過這款車從未按計畫生產。

更貼近艾伯哈德一開始為特斯拉設想的戰略，而不是特斯拉目前事必躬親的做法。這件事還戳到特斯拉另一個痛處，更讓他們覺得自己遭到背叛。費斯克的資金來自凱彭華盈，就是馬斯克在一年前拒絕的那家風險投資公司。

史特勞貝爾發現自己處於辯論中心，題目是「特斯拉的未來想要長成什麼樣子」。他的電池組團隊具有管理電池的能力，可以讓上千個電池運作卻不引發煙火秀，這是特斯拉最獨有的技術。有些人，比如說VPCP創投的投資人，想知道這項技術是否是他們近期的未來 —— 他們想將電池組賣給其他汽車公司。艾伯哈德在被降職的幾個月前更新了營業計畫，準備賣電池組，預計收入可以每年替公司增加8億美元。團隊在向其他公司試水溫時也得到初步的成功，挪威的電動車新創公司Think與特斯拉簽下4300萬美元的合約，替自家的小型電動汽車準備電池組；通用汽車在做Volt的企畫案，也對特斯拉的電池很感興趣。史特勞貝爾已經帶著團隊打出市場了，他準備再做一次。

但馬斯克持懷疑態度，他認為這樣做浪費史特勞貝爾的時間。瑪可士也認為公司需要專心先把Roadster推出去，特斯拉已經接到上百個訂單，箭在弦上了。另外，馬斯克擔心如果客戶遇到問題會影響特斯拉剛建立起的聲譽，馬斯克對艾伯哈德說：「如果他們的動力系統出問題，第一個反應一定是先怪我們的電池，我們應該如何處理呢？」

格拉西亞斯和瓦金斯在支付貨款上有更多壞消息。他們的團隊在研究成本結構時發現，比起不了解Roadster的製造成本，特斯拉明顯還有更大的問

題。事實證明，公司整個金融結構基本上都是建立在流沙上，一旦他們開始在蓮花工廠製造汽車，公司就可能破產。

問題出在這裡：特斯拉從日本買電池，運到泰國組裝成電池組，再運到英國裝進Roadster，然後再把車裝上船送往加州，這一趟需要幾個月。與此同時，特斯拉將欠所有零件供應商的錢，而此時車子還沒有賣出去產生現金。瓦金斯算出，整個週期需要數億美元來維持，但特斯拉甚至連幾千萬美元都沒有。他們的問題不僅僅是成本，而是現金流。

團隊討論可能的應對方案。馬斯克想關掉泰國廠，把電池組轉到加州生產；英國做好的車也可先走空運送到舊金山機場，要是先裝上電池，飛航法規就不允許它飛了。空運節省的時間會使特斯拉更快地扭轉局面，而且不用準備這麼多現金。他敦促史特勞貝爾的團隊在矽谷開設據點，自己做最重要的電池組。但同時間，瑪可士則主張將**更多**工作轉移到亞洲，他想利用低成本勞動力。這就是為什麼，史特勞貝爾和他的電池組處在拉鋸戰的中心。

業務討論只是強調兩人已經清楚的事：瑪可士不適合在特斯拉擔任最高職位。他在特斯拉擔任執行長的短暫任期最終將成為公司發展史的一個註腳，儘管他在公司有危機、可能每況愈下的時候介入，但很快地他就只留在記憶中了。

關於特斯拉的第三任執行長，馬斯克請來他在比佛利山莊的朋友，一位來自另一時代的科技界大老：澤夫・德羅里（Ze'ev Drori），他創立半導體公司MMI（Monolithic Memory），率先在半導體領域開疆闢土，然後公司於1987年被AMD（Advanced Micro Devices）收購。之後他將握有控股權的克

里福電子（Clifford Electronics）做成先進的汽車報警器供應廠，再賣給全州保險（Allstate Insurance）。他很想當個汽車人，所以也涉足一級方程式的賽車。

新的領導層進入，就開始清理艾伯哈德的人，這可以幫忙公司削減成本，甚至連艾伯哈德本人也未能倖免。2007年秋末，艾伯哈德被自己創立的公司掃地出門。

幾個月以來，艾伯哈德的不爽已經十分明顯，所以這個動作也不讓人意外，但還是不好受。一個月前，馬斯克一直要求聯合創始人下台，瑪可士接到最後一項任務就是通知艾伯哈德他在公司的位子不保了。馬斯克給了他一份遣散費讓他辭職，但艾伯哈德堅持不走。

幾週後，馬斯克更加直接。根據艾伯哈德的說法，特斯拉有八個董事席位，馬斯克已經直接控制了四個（包括他自己作為董事長的席位），他威脅要將他手中一定數量的特別股選擇權轉換為普通股，如此就有權力再選三個董事席位，所以八個席位中馬斯克會拿到七個，將可完全控制公司決定，換句話說，他將擁有除掉艾伯哈德的所有權力。

大致說來，在創立特斯拉的過程中艾伯哈德多半都是對的，例如看到鋰電池的潛力；看到了高級電動跑車領域尚未開發所以有發展的可能性。但他犯了痛苦而幼稚的錯誤，他小看了造車的複雜性，他對組織財務不斷增加的狀況完全無法控制。然而，之後幾年一直折磨他的、也是他最大的絆腳石是：他失去對董事會的控制權。每次馬斯克為公司籌更多錢，他對公司的掌控就又更緊。特斯拉是一場控制權的比賽，而艾伯哈德輸了。

三年半前馬斯克的第一張支票送達，艾伯哈德才與伯尼·謝、勞麗·約勒一起喝香檳慶祝，這些是他精心挑選一起進入董事會的朋友，而三年半後，局勢已天翻地覆地轉變。雖然有一段時間特斯拉似乎是艾伯哈德的公司，但馬斯克的影響力一直增長；從如何設計Roadster到公司未來該如何發展，它從一家跑車製造商發展成面向全球的低成本電動車製造商 —— 無論好壞，特斯拉現在都是馬斯克的了。

　　根據艾伯哈德的說法，馬斯克向他下了最後通牒：六個月的薪水10萬美元，以及可以買25萬股的認股選擇權，用這些換他的退出。但如果那天他不簽協議書，馬斯克就行使股票選擇權，艾伯哈德將一無所獲。他簽了字，開著他的Mazda 3回家，依然帶著他老婆送他的車牌「特斯拉先生」，然後陷入深深的黑洞。他給董事會的一些成員打電話、寫電郵都沒有得到回覆。他在特斯拉粉絲的網絡聊天室找到一些安慰，幾天後他回應有關他離職的傳言：「是的，這是真的 —— 我不在特斯拉汽車了 —— 我既不是董事會成員，也不是公司的員工，什麼都不是。」艾伯哈德寫道：「我還與特斯拉簽了禁止貶抑協議，所以根據協議，我必須注意我的發言」。

　　「但我也不會撒謊，我對自己受到的對待非常不高興，我並不認為這是處理過渡時期的最佳方式 —— 對特斯拉汽車來說不是最好的，對特斯拉的客戶來說也不是最好的（我仍然對他們有強烈的責任感），對特斯拉的投資者來說也不是最好的。」

　　幾週之後，艾伯哈德的知交好友，特斯拉另一個聯合創始人塔本寧也決定離開。他說他已經完成了他想做的事，Roadster已經準備好投入生產（但

是特斯拉若要在不破產的情況下讓它進入生產，仍需要更多工作）。對於艾伯哈德的眾多盟友來說，沒有他，特斯拉就沒有那麼有趣了。

德羅里也許是執行長，但馬斯克顯然在爭奪權力。馬斯克宣布聘用德羅里的那一天，兩人與史特勞貝爾和里昂斯一起搭乘馬斯克的私人飛機前往底特律，他們計畫在那裡開會討論棘手的傳輸問題。在夜間飛行中，馬斯克顯得心煩意亂。

「他真的走火入魔了，整個局勢都失控了。」里昂斯回憶道：「而他必須重新掌控，因為他不明白發生了什麼，他基本上已經賭上全部家當，他讓他每一位朋友都買了這部車，他必須兌現他的承諾。在那一刻，他幾乎無可救藥地連個人的信譽資產都投下去了。」

在史特勞貝爾看來，特斯拉成功的可能性越來越小。他越來越累；部分原因是他要負責開發供應商網絡，得頻繁飛往亞洲。艾伯哈德當初以為供應商一定非常想和特斯拉做生意，這個期待證明是錯的。電池製造商根本不想接近電動車新創公司，更不想觸碰隨之而來的潛在法律問題，還有名譽受損、賠償責任。

松下電器（Panasonic）就是這樣一家保持懷疑態度的電池製造商，就像松下矽谷分公司的庫特·凱爾蒂（Kurt Kelty），他當時在松下負責開發鋰電池的新業務，就以拒絕特斯拉等新創公司的請託而聞名。直到2006年初某位特斯拉的工程師另找法子接近他，才被趁隙而入。凱爾蒂在研討會上認識了一位朋友，當時也不清楚他在哪家車廠做事，不過這位朋友拿給他看了一

張照片，是當時還未公開的Roadster。凱爾蒂一看，興趣來了，這部車與他之前拒絕的各家新創公司的電動車都不一樣，看起來真是酷斃了。

就這樣，造就特斯拉傳奇的關鍵中，一個對的人出現了，無論個人經歷和技術專業都正是特斯拉需要的，而且來得正是時候，把特斯拉往有利的方向推上一把。但凱爾蒂的家人和老闆都嚇了一大跳，他居然辭去松下的職務跑去特斯拉工作，成為史特勞貝爾求之不得的祕密武器。

史特勞貝爾在加入特斯拉之前從未到過亞洲，去中國和日本等地尋找供應商對他來說是遠超出威斯康辛州和史丹福校園的世界。但凱爾蒂不一樣，他和日本文化的緣分深深牽繫。這位年輕企業家在帕洛奧圖度過少年時代，在斯沃斯莫爾學院拿到生物學學位，他的第一輛車是一台1967年的福特野馬，從頭到尾都是自己修好的。之後跑去日本留學一年，認識一位年輕的日本女子，但兩人關係才剛萌芽，就被女方的父母發現——他們不准兩人交往，迅速澆熄女兒想和外國人約會的念頭。

兩年後，凱爾蒂在舊金山一家魚貨出口公司做事，時不時就要去日本一趟，因此有機會見到舊情人和她喝個咖啡。很快重燃愛火的兩人不顧女方父母反對一起私奔到了美國。在舊金山待了一年，凱爾蒂覺得儘管他們彼此深深相愛，但他一定要贏得女方父母的支持，這件事才能真正繼續下去。於是他違背女友意願，獨自前往日本想在當地找工作。那時他會的日語只夠他點啤酒，於是去上日語課，從初級開始學。他把眼光放在日本大製造商的工作機會，他知道在日本大公司上班是一種身分地位的象徵，女方父母絕對會有好印象。最後他在松下電器找到工作，女友也回到日本和他在一起。在日本

作為一個gai-jin（外人／外國人），不但日語說得流利，又精通日本文化，在日本企業很快出頭。凱爾蒂在這家科技大廠一待就是15年，妻子一直在身邊。更重要的是，他贏得岳父母的認可。最後他帶著妻子和兩個年幼孩子回到美國，搬到帕洛奧圖，替松下成立矽谷研發實驗室。

凱爾蒂41歲時進入特斯拉，他是史特勞貝爾通往新世界的嚮導。表面上，他們是一對奇怪的搭檔：愛家好男人和漂泊大光棍，這個大光棍在門洛帕克的院子仍然堆滿EV1的發動機。但他們對世界有共同的好奇心，對能源產品有共同的興趣，相處反倒很契合。兩人一組變成很得人緣的銷售團隊：凱爾蒂有企業人脈，可以約到人見面。他會先用日語開場介紹自己和史特勞貝爾，再由史特勞貝爾介紹特斯拉的技術，同時凱爾蒂一面翻譯。史特勞貝爾向客戶展示他對這項技術的理解，讓對方印象深刻、讓人信服，而凱爾蒂則掌握日本商業文化的錯綜複雜。

凱爾蒂評估各種選項後，覺得他的老東家松下是特斯拉買電池的優先選擇，次好的選擇是三洋。

但對史特勞貝爾來說，他覺得無論和**哪**一家的磋商都好像沒有進展 —— 多半與低階職員開會，他們對電池既沒有經驗也沒有專業知識，這一切都讓人越來越覺得是在浪費時間。但凱爾蒂向他保證，事情正在好轉。他明白，要與日本企業取得突破通常得先建立長期的關係，要先培養共識，這些往往比這筆生意是否有最好的商業點子或技術更重要。凱爾蒂在玩一個特斯拉的理工文化完全不理解的遊戲，他每兩個月都會飛去亞洲進行一輪拜訪，利用他在前個工作建立的人脈，看看有沒有法子與人見到面。開會總是

行禮如儀但不著邊際 —— 幾乎都是模稜兩可的。最後，松下電池事業部的總監寄信給艾伯哈德，表示松下永遠不會把電池賣給特斯拉，請他們不要再問了。

就算以日本的商業標準，這樣一封信也很不尋常，但凱爾蒂似乎並不擔心。他反而要大家有點耐心，那時正是松下缺貨的時候。然後就在他們與第二順位三洋開過會後的數月後，三洋來電了。這一回態度明顯不同，他們被領進了三洋大阪總部頂樓的一間大會議室，按照傳統，桌子一邊坐著三洋，另一邊是凱爾蒂和史特勞貝爾。但這一次，他們面前的不是幾個低階職員，隔著桌子看去，多達三十多名三洋資深經理和高階主管排排坐，前排座位坐滿了，還在後面放了折疊椅才夠容納所有人。

凱爾蒂和史特勞貝爾依照慣例說明，對方提出的問題多半集中在大家都會關心的問題上：熱失控。特斯拉如何確保電池組不會因為某些瑕疵電池而造成毀滅性的爆炸？和之前的會議一樣，史特勞貝爾有答案。然而這一次，房間後排某位中階主管搶著在史特勞貝爾說話前回答了他的同事。此事雖一開始讓人詫異，但稍稍一想就想通了：三洋方面對熱失控的問題**一直在掌握中**。史特勞貝爾提出的解方並不是什麼特別難懂的方案，他只是第一個想出如此優雅答案的人。失控電池周圍的電池可以將熱能從失控者的身上傳導出去，這想法是前所未有、令人震驚的。到了2007年，協議達成，三洋將為特斯拉提供所需要的電池。

但已經太遲了嗎？三年來，特斯拉一直是史特勞貝爾的家，他與凱爾蒂、伯迪契夫斯基和團隊其他人建立了友誼。無論他賺到多少錢，他都拿去

買特斯拉的股票。Roadster代表了他長久以來的夢想，但有多少成就，背後就有多少的傷。無論他和他的同事多麼努力，度過多少個不眠之夜，經歷多少趟疲憊的旅行，似乎都不足以將特斯拉從永無止境的困境中拉出來。史施特勞貝爾覺得特斯拉越來越可能會走上羅森汽車的道路，羅森是他在汽車業的第一份工作，當創辦人發現他們只是在燒錢後就把公司結束了。

又一次從日本長途飛行後回家，史特勞貝爾把車開進他在門洛帕克的家。屋裡一片漆黑，這才意識到他已經很久沒回家了，又加上在遠行，他忘記付電費。他打開冰箱，聞到食物腐臭的味道。他在黑暗中跌跌撞撞，直到找到一罐鮪魚罐頭，他跌坐在地上，吃起了他的晚飯。

特斯拉會成功嗎？

資金仍是最重要的考量。他們需要籌集更多資金來修補七零八落的供應鏈，才能把上市時間定在2008年底的Roadster打高檔加速生產。董事會沒有找投資人籌集資金，而決定發行公司債，等到公司變得更有價值時，公司債則可轉換為股票。馬斯克再次從他不斷縮水的財富中掏出錢來。到2008年初，特斯拉總共募到1.45億美元，馬斯克個人投資的金額就有5500萬美元，同時間SpaceX也在努力造火箭。

銀行裡沒剩多少錢了，現在準備動用歐洲買家的訂金，也要對車子做一些改良，證明最後售價變貴是合理的。馬斯克和董事會看到擺脫財務困境的脫困之路，他們希望，如果Roadster可以成功，就能幫特斯拉在2008年底募到最後一輪資金，再加上即將問世的Model S又能造成一股興奮和承諾，隨

後就可在2009年讓特斯拉上市了。費斯克似乎耍了他們，但這樣反而最好。馬斯克越來越相信特斯拉應當把命運掌握在自己手中，不能依賴他人。

艾伯哈德的團隊大部分都被淘汰了，新的執行長德羅里和馬斯克開始重建領導層，但關注點不同。比起汽車本業，艾伯哈德似乎更喜歡從科技業招聘人才；但德羅里和馬斯克卻很快瞄準了經驗豐富的汽車業高階主管。他們從福特汽車的財務部門找來迪帕克·雅胡亞（Deepak Ahuja）擔任財務長，自公司成立以來，這個職位基本上一直出缺。前通用設計師霍爾茲豪森後來跳槽到馬自達當設計經理，也被他們挖來接手費斯克留下的工作，統籌設計。他們還想找一位經驗豐富的產品經理持續Model S後續的工作，並希望他能帶領Roadster越過終點線。

到了3月，德羅里打開《華爾街日報》看到底特律克萊斯勒車廠人事異動的消息。被《華爾街日報》稱為克萊斯勒最優秀工程師的麥克·多諾（Mike Donoughe）離開了，他在克萊斯勒服務了24年，但在新老闆兼執行長上任後突然辭職。根據不願具名的消息人士透露，克萊斯勒為了與豐田Camry競爭，正在進行名為Project D的中型車開發案，多諾對此重大開發案的方向及步調與公司有了歧異後，他就離開了。

德羅里動作很快，立刻找到他。儘管特斯拉團隊之前與克萊斯勒有過糾葛，但雙方到6月達成協議，讓當時49歲的多諾加入特斯拉，擔任車輛工程和製造部門執行副總裁。他的薪資讓人一窺新創公司在招聘經驗豐富的高階主管時面臨的挑戰；多諾的年薪為325,000美元，高於前任執行長艾伯哈德的收入，還授與他每股90美分的50萬股公司股票選擇權，他可在四年約中

部分行使。更重要的是，如果這次轉職會讓新雇主成為舊公司的競爭對手，以致違反他離職後的競業禁止協議，特斯拉同意支付他部分的遣散費。然而，按照底特律的標準，這份薪資方案並不優渥，尤其是考慮到在矽谷生活增加的成本。[6] 但對特斯拉而言，他代表著重要的補給人力。

多諾將負責公司的大部分業務，包括Model S的開發。然而，他很快發現必須將注意力放在改正Roadster的計畫上。

現在是重新計算Roadster和車子成本的時候了。史特勞貝爾把車拆開，把每一塊擺好，貼上便利貼，寫下他們為這一塊付出的價錢以及還需要付出的價錢。他們每週都向多諾報告，然後試圖找出降低成本的方法，設計出更便宜的解決方案，不然就要找到更便宜的供應商。

多諾每天都召開一次晨會，規畫團隊最重要的任務。他想在早上6點開會，但最後妥協定在7點。但在其他方面，多諾並不隨和。想讓Roadster的生產速度從他加入時的每月5輛增加到每月20輛以上，就像在玩一場打地鼠遊戲的終結之戰。特斯拉團隊以前的策略基本上是問題從哪裡冒出來就把它打下去，但不會阻止它們再冒出來。多諾的策略不同，他想砍掉它們的頭，這樣它們就再也回不來了。

他在克萊斯勒花了很多年才爬到上層，他一開始是在斯特林高地的汽車裝配廠擔任監工，也就是在車身產線做車身零件的焊接組裝。在艱苦的環

---

6 作者註：根據《底特律自由報》（*Detroit Free Press*）的報導，相比之下，克萊斯勒在2008年承諾50多名高階主管有留任獎金，因為它在2009年破產重組前可能會有員工想離職。多諾前同事的正常工資多是20萬到200萬美元，而留任獎金則在正常工資的基礎上再多加紅利。

境中他每小時要交出68件，如果少了一件，就會被罰到下地獄都不夠賠。他希望特斯拉也有相同的責任感，但團隊不習慣如此嚴格。有次開會開得特別緊張，有位工程師報告了他計畫和供應商如何解決問題。多諾聽了，保持沉默，會中也沒有人接話，等著那位工程師回應。時間一秒一秒流逝，彷彿永恆。最後，多諾問那個人：供應商說了什麼？工程師說他還沒有打電話。多諾又問了一次：供應商說了什麼？工程師這回說他打算去打電話了。但多諾不想要這樣的藉口，如果這家供應商是讓Roadster無法提高產量的問題，那還等什麼！**現在就去打電話！**

特斯拉的麻煩部分在於他們需要的零件不是遲到，就是設計有問題必須改正。特斯拉本來想用蓮花車廠開發的零組件，但這個計畫早已取消。現在Roadster和Elise兩邊可以共用的零件只剩不到10%左右，必須重整車體結構，才能安頓中間那組一千磅的電池組和後面那顆像西瓜一樣大的馬達。（他們在後車箱留了一個小空間，據說夠大，剛好可以容納典型的跑車配件：高爾夫球袋。）Roadster整個車身比Elise約長15公分，基本上，汽車組件僅有擋風玻璃、儀表板和前叉臂懸架，以及可拆卸的軟車頂和車子的兩側後照鏡，但這些組件的開發和安全測試成本很高。

傳輸系統仍是橫在面前的一根大木。特斯拉經歷兩代版本，依然沒有找到解決方案。特斯拉還為了這件事與零件供應大廠麥格納（Magna）打官司，特斯拉委託麥格納製作變速箱，但覺得對方沒有派出最好的工程師參與這項企畫。特斯拉Roadster延遲推出的消息很快傳到底特律，也傳到汽車零件商博格華納（BorgWarner）公司，工程師們聚在走廊上紛紛議論這家新創

公司是如何敗在變速箱上。一位特斯拉的粉絲向博格華納的資深高階主管比爾·凱利（Bill Kelley）建議，希望他的動力傳輸系統研發小組能夠幫特斯拉一把。凱利一直在為電動車的到來做準備，想把公司往那個方向推進，但一開始的失敗讓公司董事會不願投資新業務，凱利覺得如果與特斯拉做成生意，或許是讓董事會支持他論點的一種方式。

凱利按特斯拉官網上的網址發了一封電子郵件表示可提供幫助，很快接到了回電，最終收到去加州團隊拜訪的邀請。他懷著盛情而來，沒料到卻獲得冰冷的接待。馬斯克在會議桌另一端安靜坐了大約30分鐘，低著頭，看著他的手機，最後終於開口：「我為什麼需要博格華納？」

凱利大吃一驚，博格華納是世上最好的動力傳動系統供應商之一，它的名字還因此出現在印第安納波利斯500大賽（Indianapolis 500）的得勝獎盃上。凱利回答說，博格華納擅長工程技術的挑戰，就像Roadster目前面臨的挑戰一樣。「而且我們做得很好。」他說。

馬斯克此時才藉著機會透露，他已經與另一家供應商里卡多（Ricardo）簽了做變速箱的約。凱利問特斯拉付給他們多少錢。

「500萬美元。」

「我50萬美元就做得出來。」凱利說。他提議：讓兩家公司競爭，誰拿得出最適合特斯拉需要的變速器，哪家就贏得生意。

這就是馬斯克想的，他一直叫底下部門與電池供應商要這樣談生意，他不喜歡過度依賴單一方。因此，博格華納與里卡多兩邊各研發一款變速箱，最後博格華納做到了，從這場競爭中勝出。

隨著障礙清除，正當工人準備適度增加生產量，卻不知怎麼回事產量又變成**少於**適度了，馬斯克打電話給芝加哥的提姆‧瓦金斯。因為特斯拉簽約做車身面板的英國供應商在只生產了幾個面板後就放棄了，沒有車身面板，特斯拉就不能上蓮花的生產線做車，但無論有做沒做，特斯拉都必須為這條生產線付費。這是一場災難。但馬斯克似乎已經控制住了。他甚至和瓦金斯開玩笑說，這讓他有機會去法國喝葡萄酒，他們在那裡找到另一家供應商做面板。他跳上飛機，飛到芝加哥先去接瓦金斯，然後飛往原來的面板供應廠。他們親手拽著模具把它救回來，再拿去給新供應商，瓦金斯想出更能持續的方法：倒不如讓工人手工做面板好了。

像多諾這樣的傳統汽車人認為，如果目標是做出 Model S 這樣的未來車，那麼在 Roadster 上還有這麼多挑戰要處理，根本是分散力氣。而且第一輛車的失敗會毀掉第二輛車，並可能會讓公司倒閉。出身底特律的汽車製造商自然不願談論下一步的生產計畫，因為擔心下一部車會蠶食他們當前這一部車的銷售。

但馬斯克並沒那個閒情逸致去擔心。不管生產與否，Roadster 都已經達到它的目的。很大程度就像 tzero 把概念賣給馬斯克一樣，Roadster 也讓馬斯克把概念賣給其他投資者。現在他需要 Model S，不僅僅是為了增加銷售，也是為了讓更多人了解他的公司及使命。

對於 Model S 原型車的爭論仍在繼續，特別是它應該是什麼尺寸。多諾承襲原先底特律辦公室的想法推動這台車，儘管馬斯克早些時候向艾伯哈

德表示那群人都應該被解雇。與此同時卻讓加州這一方很挫折，其中包括史特勞貝爾。底特律這組人看起來很神祕，而且過於自信 —— 甚至對史特勞貝爾團隊已經取得的成就不屑一顧。在史特勞貝爾看來，他們講究的太細微末節了。他們一直爭論汽車的尺寸，而史特勞貝爾想要的是回到特斯拉的本質，也就是創作的興奮。「我只想把那輛該死的車造出來！」史特勞貝爾想。因此他與他在聖卡洛斯的團隊一起悄悄地研究**自己的**Model S原型 ——一款純電動車，一樣使用他開發、與Roadster同型的電池技術。

賓士CLS大型房車似乎是正確的參考點。史特勞貝爾買來一台，拆掉引擎和油箱，把它轉換成一輛純電動的原型車，就像他之前做過的一樣。但這一次不同，這是一輛真正的豪華轎車。他的團隊保留賓士一切的洗鍊工藝，小心翼翼地保持內裝完好無損。完成之後，試駕的狀況甚至讓史特勞貝爾感到驚訝。Roadster只是初生之犢；而這台新的原型電動車已入化境。這是一台大型房車卻擁有跑車的衝力。不像Roadster跑起來奔騰震動，這台賓士電動車憑著微調的懸吊系統，開上路就像在水面滑行。

馬斯克對這台車的興奮程度不亞於史特勞貝爾 —— 事實上，他樂得暈頭轉向。他開過幾次，**這就是Model S該有的樣子**。特斯拉的帳冊上可能一團糟，但在路上，在他們的原型車後面，特斯拉有了新的希望。

「如果我們能讓人們體驗這部車，就會知道它會改變世界。」史特勞貝爾說：「只要我們能將它真正變成產品，把它做出來。」

8

吃玻璃
Eating Glass

　　馬斯克小時後在南非長大，從他開始有閱讀習慣，知道如何吸收資訊後，他的媽媽就叫他百科全書。「我們可以問他任何事情，」她後來寫道：「記住，那是在網路出現之前，我想現在我們會叫他網路吧。」根據馬斯克自己的說法，他童年有很多煩惱；多年來，他在幾次訪談中都提到他與父親的問題，也談到他去上學時，同學有時候會欺負他。他的父母在1979年離婚，然後打了很多年的監護權官司。十歲時，馬斯克告訴正在為生活費掙扎的母親，他要搬去和父親一起生活。「他父親有大英百科全書，我買不起，」她後來告訴記者：「他父親還有一台電腦，這在當時是非常罕見的，這就是伊隆想去的原因。」

　　這段時間明確地塑造馬斯克成年時的模樣。小時候，他可能懷疑自己是不是腦袋有問題才有那些瘋狂的點子，自此之後，他學會反抗，找到追求這些想法的自信，即使別人告訴他這些點子很瘋狂。從各方面來說，他的人生

與財富都投資在為人類即將到來的災難做最後準備。發展SpaceX是為人類移居其他星球開創一條路，以備地球變成無法居住；而發展特斯拉是為了開發新科技，拯救地球免受氣候崩壞的影響。

一開始做特斯拉只是興趣，變成第二份全職工作。多年後，特斯拉高階主管私下開玩笑說馬斯克的初戀是SpaceX，他和那家公司的關係就像一場婚姻。特斯拉是火辣的情婦，為他提供高潮和激情。但在2008年他並沒有拋棄特斯拉，並沒有在財務不穩定時，像羅森汽車背後兄弟檔必然的處置一樣，而是更加堅持到底。儘管很棘手，但他無法放棄特斯拉。

到了2008年夏天，特斯拉和馬斯克最糟的時期似乎已經過去。四年來他在公司事必躬親，無疑付出了代價。他與潔絲汀的婚姻已經破裂到無法修復的地步，那年春天他靜悄悄地提出離婚。他的前商業夥伴艾伯哈德因為被解雇傷痛難平，在一個針對特斯拉爆料扒糞的部落格上抨擊馬斯克，不斷放消息餵新聞給矽谷的媒體，把馬斯克描繪成一個惡霸。

客戶仍然擔心訂金可能會泡湯。馬斯克則告訴他們，他以個人擔保。「毫無疑問，公司有任何需要我都支持到底。在錢成為問題之前，我還有好長一段路要走。」他說。他的保證收到效果；已經下訂的數千名客戶中只有30名想要退訂。這輛車太誘人了，買家無法放棄。即使是艾伯哈德的好友卡斯納，就是多年前曾叫他聯繫AC動力的那位朋友，也很高興能拿到Roadster。「我真的很想要這輛車，」卡斯納說：「我想如果我的原則再堅定一點，再加上我與馬丁的友誼，我可以、或許也應該取消訂單，因為他們這樣對待馬丁，但這些原則並沒有我想擁有這輛車的意志那麼強。」

當然，幾個月前第一台Roadster的真正到來也有幫助。當年2月，馬斯克與特斯拉團隊一起迎接第一台量產車，也就是高階主管慣稱的P1。車身從英國運來，工程師們急忙安裝電池組。「我想把事情說得非常清楚：我們將生產數千輛車。」馬斯克對著一群工人和聚集的記者說，在議定的計畫裡接下來將是Model S。「除此之外，還有Model 3。」他告訴圍觀者：「我們將進行平行投資，不會拿Model 2的錢用在Model 3上。」

除非路上每輛車都是電動車，特斯拉是不會停下來的。他繼續說：「這是開始的開始。」

早期對這部車的評論都把它說得很厲害（如果沒有用星號標記的話），也有人擔心特斯拉的償債能力和它們的變速箱。《汽車趨勢》（*Motor Trend*）雜誌的一位編輯在試駕過後，將這種體驗比作「瞬間轉移到磁軌炮的槍管下，頭部被一股猛烈、穩定的加速往後拉」。還有一篇評論來自麥克·巴扎里（Michael Balzary），他更為人所知的名字是搖滾天團「嗆辣紅椒」（Red Hot Chili）裡的「跳蚤」，他在部落格裡po出他試駕這部原型車後的感想：「令人無法置信！我從來沒有開過這種車，它讓我的保時捷感覺像高爾夫球車！」主持《今夜秀》的傑·雷諾（Jay Leno）是著名的愛車人，馬斯克開著他的車去給傑·雷諾試駕，雷諾驚嘆道：「你已經成功製造出一輛真正的跑車。」

這條路曾經崎嶇不平，但終點就在眼前。馬斯克與高盛達成協議，募到1億美元，資金主要來自中國投資者。現金注入讓特斯拉在上市的路上減輕部分財務壓力，只要上市就能籌到做Model S需要的巨額資金。那年夏天馬

斯克甚至在倫敦一家夜店找到新的愛人，英國女演員坦露拉・萊莉（Talulah Riley）引起他的注意。正是改變的好時機。

但就在特斯拉的命運好轉之際，市場跌入谷底。

金融海嘯始於2008年9月初的一個週末，雷曼兄弟倒閉，這是美國歷史上最大的破產案之一，全球金融體系一片混亂，信貸市場凍結。通用汽車、福特和克萊斯勒開始談論政府救助汽車業的必要性。

如果連通用汽車都陷入困境，特斯拉就該完蛋了。公司和投資者控制支出，馬斯克與中國人的交易似乎處於危險中。馬斯克向同事抱怨，說高盛幫他聯繫的銀行家沒有回電。9月底，高盛宣布向巴菲特（Warren Buffett）的波克夏・海瑟威公司（Berkshire Hathaway）注資50億美元穩定業務。等到馬斯克找到他在高盛的聯絡人時，經濟前景黯淡。

奇蹟般的，在馬斯克緊迫催促下，高盛願意投入自己的錢，但提出的條件很糟，把特斯拉的價值低估到馬斯克吞不下去。

馬斯克召集高階主管在聖卡洛斯會議室傳達這個消息。很明顯，他不得不從自己的荷包掏出更多錢。隨著這個決定而來的是另個決定 —— 誰該成為公司執行長。他決定拔掉德羅里，自己當執行長（馬斯克成為第四任執行長，大概每任執行長只會在這個位子坐一年）。馬斯克告訴高階主管，為了保留現金，可能大規模裁員，他們必須早做準備。Model S是他們的生存關鍵，有一個冒險的策略，但執行時每個部分都必須無縫銜接。

簡言之，這個計畫的機制是這樣的：特斯拉會竭盡全力節省現金，希望

Roadster的預訂者不要驚慌要求退還訂金。他們要盡快公布Model S的設計，激起大眾對特斯拉進一步的興趣，然後再一次先收訂金。他們希望可以藉此撐久一點，撐到可以拿到進一步的投資。如果計畫成功，他們可以勉強完成Model S的生產；如果失敗，不斷增長的客戶群就會對他們心死，也就意味著特斯拉的滅亡。

行銷部門負責人達里爾·西里（Darryl Siry）反對這個計畫，他告訴馬斯克，他認為公司在還沒有前置作業真的要做Model S前就收訂金，是不道德的。

「我們如果不收訂金，就是死。」馬斯克告訴他。

特斯拉風暴式地採取行動。首先裁減25%左右的員工，而且不可避免地，消息流出。專門爆料矽谷八卦的網站Valleywag在2008年10月登了一篇報導，稱特斯拉正在裁員100人，德羅里已經離職。為了澄清報導，馬斯克在公司官網上發布一條訊息，宣布特斯拉在進行公司重組，正集中精力推出Roadster，也會向其他公司提供動力系統。

「這是非常時期，」馬斯克寫道：「全球金融體系經歷了自大蕭條以來最嚴重的危機，影響才剛剛開始，一定會波及所有經濟面向。可以毫不誇張地說，幾乎所有企業都會受到過去幾週的影響，矽谷也是如此。」他補充說，特斯拉的員工人數將「適度減少」，他將這件事描述為「將特斯拉員工的績效標準提高到極高的水準」。

「要釐清的是，這並不是說，因為表現不好而離開特斯拉的人，就不會被多數公司認可 —— 其他公司都會覺得他們不錯的，」馬斯克寫道：「但

是，如果我們希望成為21世紀最偉大的汽車公司，我認為，特斯拉在這段生命周期必須緊貼特種部隊的哲學。」

對許多員工來說，馬斯克已從背後捅了他們一刀，現在居然詆毀他們的工作表現，無異於把捅進去的刀又轉了一下。馬斯克召集留下來的人，直接跟他們說明公司的狀況。很明顯、時局艱難，但在場的每個人都不清楚麻煩有多大。他透露，公司手上只剩900萬美元現金 —— 而且已經把Roadster的訂金花掉數百萬美元了。

這次說明並沒有讓大家都安定下來；會議提及的訊息很快又傳到Valleywag網站，還放上一封公司內部人士的電子郵件，它猶如警鐘，上面寫著對現金餘額太低的苦惱以及對存款支出的擔憂。

「事實上，我遊說了我的好朋友投了6萬美元給特斯拉Roadster，」電子郵件上寫著：「我不能再極力遮掩做個旁觀者，讓我的公司欺騙大眾，欺騙我們親愛的客戶。我們的客戶和大眾是特斯拉受歡迎的原因，事實上他們都被騙了，這件事是錯誤的。」

這件爆料不僅讓馬斯克尷尬，更破壞了他想利用下訂Model S籌措現金的計畫。如果潛在的新客戶知道特斯拉對管理他們的訂金是這麼不用心，他們會有什麼感受？憤怒的馬斯克想知道是誰背叛了他。他請來私家偵探採集職員指紋。幾天後，馬斯克向全公司發出一封電子郵件，裡面附了研發總監周鵬的訊息，他為披露公司財務狀況而道歉。「過去的一個月非常艱難，坐在企畫會議上，看著員工在裁員名單上進進出出。一週內失去87名員工真是太悲哀了，」周鵬寫道：「我變得非常沮喪，做了一件非常愚蠢的事，寫了

一封信給Vallywag。我從沒想過這封信會給特斯拉造成這樣不安的局面，我不應該寄出那封信的。」

周鵬的懺悔並沒有拯救他，他被開除了。

到了11月3日，馬斯克發表聲明表示公司已收到「4000萬美元的融資承諾」。除了說公司董事會已經批准了新的債務融資計畫外，其他細節很少。聲明表示，融資是基於與「幾乎所有當前主要投資者」的約定，同時表示該輪融資也將對少數的投資者開放。「4000萬比我們需要的多很多，」馬斯克表示，「然而，董事會、投資者和我都認為有大量現金儲備很重要。」

事實上，事情並沒有那麼明確。是的，馬斯克要求他的投資者投入更多資金；但在幕後，他面對反對聲浪。特斯拉首席風險投資者VPCP創投的負責人薩茲曼幾個月來一直對馬斯克不滿。他對馬斯克利用權力任命自己為執行長的作為感到憤怒，他擔心馬斯克對SpaceX和對他表弟的太陽能公司太陽城做了太多承諾。薩茲曼威脅不再提供更多資金，但在一些特斯拉高階主管看來，薩茲曼自己想做執行長和董事長。

一段時間以來，兩人的關係越來越緊張。今年早些時候，VPCP創投的董事會代表馬弗曾質疑艾伯哈德對財務的掌握程度，擔心公司挪用了Roadster的訂金存款，後來馬弗發生一場可怕的自行車相撞意外，在醫院住了好幾天，從那之後薩茲曼開始在特斯拉董事會扮演更重要的角色。到了馬弗康復，VPCP決定是時候該退出董事會了，因為對進展覺得沮喪。「我們想法不同，在風險和機會的平衡上，還有其他一堆想法上，兩邊都不同

調。」薩茲曼表示。

儘管如此，薩茲曼仍然對他的投資非常關心。在這家車商的辦公室裡，員工無意間聽到他和馬斯克進行一場「看誰聲音大的吼叫比賽」。爭論焦點沒有別的，就是對公司未來的歧異。馬斯克想把特斯拉變成一家跨國汽車製造商，就這樣，簡單明瞭，變成可以與底特律巨頭競爭、迫使汽車業不得不進入電動車行列的公司。而特斯拉有人認為VPCP想要賭得安全一些，希望公司成為其他汽車公司的供應商就好，或者可被其中一家收購。特斯拉的某位高階主管表示，VPCP創投團隊經常使用一句話是：特斯拉「正在製造汽車，而不是汽車公司。」這無疑強調了他們的論點。Roadster的成功推出，正可向其他汽車公司展示特斯拉電動系統的威力。Roadster就像是一個滾動的廣告牌，但目標客群不應該是消費者，而是其他的汽車製造商。

正如這位內部人士所見：VPCP創投認為特斯拉應該是下一個博格華納，但馬斯克認為它可能是下一個通用汽車。薩茲曼後來反駁這個說法，他沒有不支持特斯拉眼光放遠變成一家汽車公司，但他指出在2008年要賣一輛還沒有辦法獲利的車是一件很難的事情。「做生意的首要規則是留在業界，」他說。他還指出，把電動車的內臟賣給其他車商的想法是艾伯哈德在2006年營業企畫的一部分，「這似乎是一個可以造橋鋪路直達重要資金的想法。」

在馬斯克的核心圈子之外，很少有人知道馬斯克承擔了多大的個人風險。一天晚上，馬斯克正和他人仔細琢磨最新的財務預測時，電話響了，是馬斯克的私人理專。「是的，我知道現在沒有人在賣東西，」馬斯克對著電

話說：「但特斯拉必須付工資，去找一些可以變現的東西。」他寫個人支票來支付員工的工資，用個人信用卡付他們的工作開支。

馬斯克回到洛杉磯後，與一位朋友在比佛利山莊的牛排館共進晚餐，他是特斯拉的早期投資人卡拉卡尼斯（Jason Calacanis）。馬斯克坐在暗處，他的第三枚火箭剛在升空時爆炸，如果第四枚又爆，SpaceX就萬劫不復了。卡拉卡尼斯看新聞報導說特斯拉只剩下四個星期的錢了，他問馬斯克這是不是真的。

馬斯克說，不，剩三週。

馬斯克透露，有位朋友借錢給他，讓他支付個人開支。還有其他恩人：前副總統高爾的女婿比爾·李（Bill Lee）投資了200萬美元，謝爾蓋·布林投資了50萬美元。一些員工甚至在開自己的支票付錢，也不確定他們是否會再看到這筆錢，事情看起來很慘。儘管如此，馬斯克說他想讓卡拉卡尼斯看些東西。他拿出他的黑莓手機，露出了一張Model S的黏土模型照片。

「這太棒了，」卡拉卡尼斯說。「做一部要多少錢？」

「嗯，它可以跑200英里，」馬斯克說：「我認為我們可以用5萬美元或6萬美元的價格製造它。」

那天晚上，卡拉卡尼斯回到家，開出了兩張5萬美元的支票，給馬斯克寫了一封短信：「伊隆，它看起來像一輛不可思議的車。我要兩台！」

公司資金只夠付幾週工資，馬斯克就快完成融資合約的文書工作了，這可以拯救公司，但發現VPCP創投沒有簽署所有文件。他打電話給薩茲曼，

據馬斯克說，薩茲曼告訴他，他們對條款列表中提出的估值有疑問。薩茲曼建議馬斯克在接下來的一週發表說明才能解決問題。

特斯拉已經處在如此緊要關頭，馬斯克認為如此要求是對公司生存及對未來發展的威脅。馬斯克告訴他：「根據我們現在銀行裡的現金，薪資支票下週就要跳票了。」你要聽說明，我明天就發。但正如馬斯克說的，薩茲曼拒絕了。這是一場幾乎從一開始兩人就在醞釀的戰鬥 —— 硬碰硬的戰爭，兩人都是硬幹到底的個性。馬斯克懷疑這個拖延是想讓特斯拉破產的戰略，薩茲曼和VPCP才可奪取馬斯克剛剛建立的業務控制權。

這擺明了是一種邊緣策略，想以極端手端來威脅對方。如果沒有薩茲曼的錢，馬斯克一定要找另一種方式來籌錢。但VPCP作為投資者，很可能會阻止馬斯克從外部投資者那裡籌集資金。馬斯克決定加倍豁出去，從自己的SpaceX那裡借錢，雖然這樣可為特斯拉延命，但如果未來出現問題，個人損失就更重了。他向其他投資者提議以貸款形式對特斯拉提供資金，為了強調機會難得，馬斯克還告訴他們，如果他們反對，他會在沒有他們的情況下籌到全部的4000萬美元。

這是一記險招，但確實有效。馬斯克沒有看錯，他投入2000萬美元，投資者選擇投入與他相對的錢。最終，薩茲曼讓步了。他也不願意讓投資破產收場，並且否認他想接管特斯拉。交易在平安夜結束。

馬斯克去了科羅拉多州波德市，在他弟弟家中淚流滿面。大難臨頭，他幾乎沒躲過，這場危機仍然可輕易地讓他的電動車夢想破滅。一開始這只是做SpaceX的斜槓，一個副業，但四年多來已變成磨損他時間、金錢和愛情

的巨大消耗。現在，他所有財產都岌岌可危。在大蕭條的深淵，他做了其他美國汽車製造商做不到的事情：避免破產。那年12月，國會拒絕對通用汽車和克萊斯勒的救助，雖然布希總統曾以臨時貸款讓他們暫時免於破產，但兩家公司很快就到了那一步。

但特斯拉沒有破產。如果不是剛上任的馬斯克以自己想法重塑公司，特斯拉一定做不到。

特斯拉還有一件討厭的事情要處理：他們必須以有效的方法提高Roadster的價格。這是一場賭博，因為很多客戶已經對延誤交貨不耐煩了，更不用說擔心美國經濟正在衰退。數百名付了訂金的客戶已經取消了訂單，公司的金庫正面臨擠兌。現在馬斯克想對僅剩的400筆訂單提高價格，這些潛在客戶不僅承諾買車，而且還存入3萬到5萬美元不等的押金（前一百名客戶買特別款則要付10萬美元），如今還要他們花比預計價格更多的錢來買車（2008年款Roadster的起價應該是92,000美元）。對很多人來說，這可能是最後一根稻草。

到了1月，馬斯克向客戶發了一封電子郵件，解釋為什麼公司必須採取這種引人注目的做法。其中數百人接到特斯拉業務的私人電話，告知他們車子的配備需要重新安排。之前多半是標準配備的東西，現在都變成附加配件，而之前的附加配備變得更貴。這樣看來，Roadster的起價會變成109,000美元，並提供20,000美元的附加選項。與2006年Roadster初登場時80,000美元就有細部配備的定價相比，這是巨大的增長。

結果反應不一。甲骨文的聯合創辦人、億萬富豪賴瑞‧艾里森（Larry Ellison）告訴特斯拉團隊，他想讓他的車子裝上配備，怎麼豪華怎麼裝，希望能幫他們籌集製造車子的任何收入。但也有位客戶在個人部落格上po出漲價的電子郵件及他的包容回覆。「我們抱怨了很多，但最後還是選了一組配備選項，同意漲價，因為我們希望特斯拉能成功，希望我們的車能盡快做好。」湯姆‧薩克頓（Tom Saxton）寫道，他是直言不諱的早期預訂客戶，組成特斯拉的周邊社團已在網路聊天室和部落格上扎根。「花一星期時間抱怨和爭論似乎不值得，不是在我們車子準備好生產時該做的事。」

然而負面反應增加，特斯拉內部的態度很明顯，馬斯克需要與客戶舉行一輪面對面的說明大會，回答問題並消除疑慮。在解雇艾伯哈德後，馬斯克曾開過一次且進展順利。一般而言，在客戶大會上他會受到英雄式的歡迎，然而這一次，客戶表現出他們的沮喪。

馬斯克想讓他們知道，他們不是唯一因為合約延遲而難受的人。「為了讓這件事情做成，我無法低估我個人所經歷的悲痛程度和許多特斯拉人經歷的痛苦。」馬斯克在洛杉磯對一群人說：「當我說這就像吃玻璃時，我的意思是我每一天都在吃玻璃三明治。」

到了2009年初，特斯拉終於把營業重點從Roadster的銷售轉向增產，而同時史特勞貝爾策畫的Model S原型工作也得加速。馬斯克需要一輛閃亮亮的新車來賣。就車廠可供生產的車種而言，他們遠遠短缺，但馬斯克想要一台他至少可以拿出來秀的東西，一台至少看起來、開起來、都像他夢中汽車

Model S的東西。他們沒有時間可浪費：馬斯克已在3月下旬安排了一場揭祕派對，時間就在幾個月後。

前通用汽車設計師霍爾茲豪森準備在SpaceX火箭工廠的一隅工作，用白色帳篷作為特斯拉工作區。特斯拉工程師又找了一台全尺寸的賓士轎車，把它拆開。他們要用賓士車身下方的底盤和布線作為車子的基台，然後和已經悄悄確定的Model S玻璃纖維車身做結合。團隊各有分工，史特勞貝爾的團隊必須想辦法把Roadster現有的電池組和電動馬達裝到他們的臨時車輛中，白天霍爾茲豪森要做設計，而晚上就由工程師研究如何將Model S的車身固定在賓士的底盤上讓它運行。

他們以嚴苛的速度工作，撐到最後一分鐘。在揭幕之夜，馬斯克召集了Roadster的客戶和貴賓來看他的最新作品。派對安排在SpaceX，展示空間有橘子樹裝飾。當晚的重頭戲是馬斯克把這台如創作科學怪人般造出來的車子緩緩開出。

Model S令人驚嘆，一款時尚轎車，讓人聯想到Aston Martin的流線輪廓，但內部空間可與SUV媲美。他們聲稱山地越野車、衝浪板和50吋大電視都可以平放裝進這台車子 —— 而且是同時。和Roadster的電池擺放位置不同，這次史特勞貝爾團隊沒有將電池組放在後車箱的巨大盒子中，而是將它們排得好像一個方型淺盒放在車體下方，一個比典型燃油引擎小得多的電動馬達安裝在後輪間，因為大部分的動力傳動系統都放在車子下方而不是引擎蓋下方，所以它開放了大量的內部空間。

馬斯克從車裡出來，引發一陣歡呼聲、恭喜聲和「哇」，聲音蓋過派對

奏起的迎賓重低音。「我希望你們喜歡你們所看到的。」馬斯克對眾人說，史特勞貝爾在他身後，雙手插在口袋裡，緊張地坐立不安。

「你們看到的是世上第一輛將大規模生產的電動車，」馬斯克繼續說道：「我認為，它能真正展示電動車的潛力。」他繼續說著，這部車可讓五個成年人舒適地坐在裡面，另外還有兩個面向後的兒童座椅。前排座位有一個大型螢幕取代中控台。那個不是收音機，是觸控平板，功能和兩年前才發布的蘋果iPhone相同（特斯拉的平板螢幕是在蘋果發布iPad前一年推出的）。這款車似乎可以與賓士E系列或BMW 5系列媲美，但如果馬斯克對性能做出的承諾屬實，它將會遠遠超過這些車。Model S的起動加速為0-60Km/h不到6秒，一次充電可行駛300英里。起價定為57,400美元，這意味著 —— 在新的聯邦抵免稅金政策下，購買電動車的客戶可以享受7,500美元的折扣 —— 消費者實際上只需支付不到50,000美元。馬斯克表示，Model S將於2011年開始生產。

「你更喜歡這台還是福特Taurus？」他開玩笑地問。

馬斯克為他的電動車之夢奠定了基礎 —— 如果這還不是一款適合大多數人的電動車，起碼適合的人也不在少數。現在，他只需要想清楚如何讓它成真。對於汽車業內人士來說，馬斯克的願景在最好的情況下是做不到，最壞的情況就是一則笑話。底特律曾試圖製造消費大眾付得起的電動車，世界已經看過情況有多糟。

但他們很快就笑不出來了。

Part II
THE BEST CAR

最好的車

9 特種部隊

Special Forces

彼得‧羅林森（Peter Rawlinson）要飛到洛杉磯國際機場再直接轉往聖塔莫尼卡趕赴晚餐約會。飛機才剛從倫敦起飛，他並不餓，生理時鐘還認為現在是半夜，但他興奮異常，因為很想聽聽馬斯克會說什麼。就在兩天前，馬斯克第一次打電話給羅林森，他住在離倫敦西北兩小時車程才會到的沃里克郡（Warwickshire），他在那裡有間農舍，這位倫敦帝國學院的校友就在這地方做起汽車工程的顧問生意，想嘗試新技術的汽車公司都可找他合作。其實在馬斯克打電話之前，羅林森就在關注特斯拉陷入困境的消息。創立汽車公司一直是他的夢想，幾年前，他甚至自己設計並親手打造了一台跑車。

2009年1月中旬，馬斯克躲過破產，但劊子手仍等著他。擔任執行長三個月後，他有三項艱鉅的任務需要權衡處理：第一，Roadster要持續交貨給客戶，保持現金流入；第二，要建立一支團隊，這個團隊必須能實現他對Model S的願景；第三，找到錢來做這一切。所以羅林森與馬斯克和他新聘

的汽車設計師霍爾茲豪森坐在一起，不確定要如何契合這些需求。他認為，馬斯克就像他之前的所有客戶一樣，想要知道如何用電腦設備設計汽車的新方法，或者如何在沒有標準材料的情況下造車。

當然，那是在正常時期，但那段時期並不正常。汽車業在去年秋天金融市場崩盤後經歷痛苦變化。通用汽車在美國政府支持下走向重整 —— 這一行動會減少數十億美元的債務，但需裁員數千人，這也意味著數百家特許經銷商注定終結。剛當選的歐巴馬政府對汽車業表示支持，但也急著把這份支持形塑成是他們建立節能汽車的手段，包括把工廠改造成電動車工廠就能從能源部獲得貸款。幾年來，特斯拉一直試圖從政府那裡獲得資金。比起Roadster，一輛售價約為5萬美元的Model S更適合普羅大眾，這點可能會打動能源部，向他們爭取財務支持。

馬斯克在幾個月前曾瞥見深淵，這也讓他更加務實看待在賣高級車之外的其他周邊盈利可能。雖然在2006年他只想專注完成Roadster，沒有興趣成為零件供應商，但自事情發生後，他對合作夥伴的關係看得更加開放。正逢油價飆升，高油耗汽車變得更難賣，大型汽車製造商突然意識到對自己電動車的需求。但馬斯克對合作夥伴很挑剔，認為與豪華品牌合作才可能有好處，例如戴姆勒公司旗下的賓士。經過幾個月的洽談，就在馬斯克與羅林森共進晚餐的幾天前，他公布了一項可為特斯拉賺進數百萬美元的生意，特斯拉將為戴姆勒的小型車品牌Smart提供一千個電池組。

一切都從他們會面的那個晚上起在背後醞釀，但那也不是馬斯克的重點。他想的是組織Model S團隊。隨著資金到來而車也真正開始交貨了，特

斯拉需要重新啟動 —— 如果它最終要與戴姆勒這樣的公司競爭，並發展成馬斯克想要的企業，生產大家都負擔得起的電動車，一切就得重新來。從一開始，做Roadster是為了證明電動車可以很酷，但它做了許多必要的妥協，從舒適性到功能性都是。如果它要擊敗大型汽車製造商，下一步行動就不能妥協。馬斯克希望Model S成為目前最好的車，而它恰好是電動車。致勝之道就在於此：向大眾展現不需要犧牲任何車子性能，就能擁有一輛對環境更好的車。事實上他想要辯證，電車比油車的整體體驗更好。

然而要做到這一點，就需要一個不被過去束縛、不受傳統約制的團隊。必須有個創新團隊執行Model S的設計和電機工程、製造和銷售，公司需要從每月20輛車的產量增加到每月生產2000輛車。

坐在馬斯克旁邊的是霍爾茲豪森，他顯然與新老闆建立了融洽的關係。而羅林森不知道的是，馬斯克對另一位新聘員工麥克‧多諾產生懷疑。多諾原是克萊斯勒的執行總工程師，曾幫助拯救Roadster，並負責將Model S投入生產。但兩虎相爭，既然發生衝突，馬斯克想另找一位總工程師，將霍爾茲豪森的設計付諸實踐。

總工程師和汽車設計師的角色是很緊張的，因為他們要權衡什麼是酷的（也就是設計師想要的）和什麼是做得出來的（工程師認為可以合理執行的）。如果一切順利，這兩組人馬就像一對密合的齒輪一樣協同工作；如果配合得不好，就可能會（且經常會）發生衝突，就像車子異常點火，然後熄火 —— 更糟的就拋錨了。

羅林森這名字是霍爾茲豪森的組員提起的，這名團隊成員多年前曾和他

一起做過某個委託案，此人拍胸脯保證，羅林森絕對值得信任，是可以實踐設計師夢想的工程師。但馬斯克要的不是普通工程師，因為就算霍爾茲豪森畫出不用時會回縮的車門把手是一回事，但是能不能造出這樣的東西又完全是另外一回事。

乍看之下，坐在桌前選晚餐的羅林森與他面前說話粗魯的火箭製造商幾乎沒有共同之處。馬斯克穿著T恤，羅林森喜歡運動外套。羅林森彬彬有禮，喜歡滑雪，身高比馬斯克矮上30公分。但兩人聊天時，很明顯聽出他們對汽車業有同樣的不屑。羅林森談到他在業界25年，對業界效率低落很挫敗，談到在職涯過程中如何力求改進，強調用電腦精算加速設計和工程，他還曾實驗性地用較小的團隊打破企業的官僚作風，並從繁瑣的造車過程精簡數月的工作量。

羅林森一開始是在Rover汽車集團做事，很快發現大公司遲鈍、緩慢，保守、不願走在時代尖端的問題。他花了很多時間研究如何用電腦做工程設計，他的眼睛變得越來越不好也是因為一次就要盯著單一綠色的螢幕看幾個小時造成的。他最後去了捷豹汽車（Jaguar）工作，那時候的捷豹還是一家獨立公司，團隊已經開始用電腦輔助汽車開發，這在1980年代很罕見。他覺得那時候的工作很有挑戰性，團隊規模雖然小，但他可以獲得各種經驗。他對車身工程特別感興趣，但車身幾乎涉及車輛的其他所有功能，所以他對整個車子的製造過程有通盤了解。他了解懸吊系統、變速箱、傳動系統、引擎製造，以及這所有的零件如何像巨大拼圖一樣嵌入車體中。捷豹給了他難得的機會，因為現代汽車公司的發展往往讓工程師的職涯局限在單一領域，例

如，某人可能被期待成為最重要的門鎖專門技師，卻永遠沒有機會仔細研究汽車的其他部分。

然而福特汽車在1989年收購捷豹，他看到這家美國車商的官僚氣息滲透到公司運作。之後他就離開了，去開發自己的汽車。他在沃里克郡的自家車庫設計了一款兩人座跑車，這部車還曾被《Road & Track》雜誌報導，放上車架的照片。一年後他接到蓮花公司的電話，因為蓮花遭逢資金短缺，正尋找快速有效開發新車的方法。他給蓮花看他設計的汽車照片，回報的卻是主管們紛紛投來的奇怪眼光。羅林森後來才知道，他的設計看起來很像當時蓮花正在祕密開發的車款：Elise跑車。

他最後被蓮花聘為首席工程師。他終於有權力也有經驗可將自己的想法付諸實踐，有效地將車輛開發時間從幾年縮短到幾個月，而且需要的人手極少。後來羅林森的老闆離開蓮花轉而自己接案，他也跟著離開了，有機會與世界各地的汽車製造商合作，最後終於自己開業。

那天晚上在聖塔莫尼卡的首次會面，馬斯克詢問羅林森對一般車子各部組建的了解，例如，問他會使用哪種懸吊系統。多年後羅林森對那個夜晚是這樣回憶的：他熱切地拿起空盤子當作道具告訴馬斯克懸吊系統的運作原理。然後馬斯克又問了材料，問了焊接技術。羅林森覺得，馬斯克好像要找一位對基礎知識瞭如指掌的工程師，熱衷研究汽車原理和機械應用，也知道該如何調整修正使車子變得更好。羅林森在馬斯克身上看到熱情支持者的潛力。

晚餐繼續進行，羅林森忙著說話而顧不上進食。輪到馬斯克說話了。接

下來的談話，他向羅林森透露，他的底特律工程團隊已經擬好一份企畫案，計畫在今年聖誕節前招募一千名工程師，他們聲稱需要一支大軍來做一台稱為Model S的汽車。粗略估計，如果他們要召募一支像底特律傳統主管已習慣差遣的造車大隊，每年將在工程師身上花超過一億美元，「我沒有這方面的預算，我甚至連找**召聘人員**來徵召人都做不到。」馬斯克說：「你覺得你要幾個人？」

「讓我想想，」羅林森一面心算，一面想著他在蓮花跑車的案子用了多少工程師，接著說道：「到6月我大概要20個吧，到了7、8月要25個⋯⋯我想在聖誕節前大概會用到40、45個吧。」

「那是二十分之一！」馬斯克說：「汽車業出了什麼問題？⋯⋯為什麼他們需要這麼多人？」

「讓我告訴你汽車業是如何運作的，」羅林森說，雙手一叉就像教授要開始講課一樣。「它的運作還像第一次世界大戰開打時那樣。」在羅林森看來，汽車公司就像軍隊，雇了一批沒有準備、沒有訓練的部隊，讓他們當炮灰以換取前進，而將軍們則在敵後方數英里處指揮，對前線地形條件一無所知。

馬斯克想知道羅林森會有什麼不同。「精銳戰鬥部隊，」羅林森說：「帶傘兵團出去。特種傘兵最大的不同就是指揮官在地面上⋯⋯隨時依戰地情況直接調整作戰。」

馬斯克瞪大了眼睛。「傘兵！你是說**特種部隊**？」

「嗯，」羅林森頓了頓，發現自己搔到癢處。「是的！」

馬斯克在SpaceX的小辦公室迎接了羅林森，他到特斯拉任職剛好一週，已經去底特律郊區繞了一趟回來，他去那裡巡視正在做Model S的工程團隊（這班人在艾伯哈德時代，馬斯克就想解雇他們卻未果，這會兒還待著）。羅林森回來後告訴他，他認為兩人應該坐下，讓馬斯克好好說一說他對Model S的一切期待。「我要你把大腦想到的一切都告訴我。」羅林森說。

　　在辦公桌前，馬斯克從電腦螢幕轉向這位新主管，「我要擊敗5系列。」說完，又轉向他的螢幕。

　　對馬斯克來說，沒有什麼比擊敗BMW的暢銷中型車更簡單的目標了，BMW 5這款房車介於小型房車3系列和大型房車7系列中間。如果說BMW 3是Toyota Corolla的豪華版，那麼5系列就是豪華房車版Camry了。

　　羅林森猶豫了一下，思索著他剛從底特律辦公室了解的情況。為了弄清楚Model S的進展，他在那裡待了幾天，與不久之後將成為前員工的團隊成員會面，深入研究他們設計的Model S企畫。到那時候為止，工程師大約已花了一年時間做這個案子，成本也花下去6000萬美元。羅林森開始擔憂他看到的，因為底特律團隊關注的重點好像在節省成本而不是性能表現。例如，團隊很高興與福特談成一筆生意，準備替Model S買前懸架，事實上，因為交易很划算，所以他們打算連後懸架也用它。羅林森認為這會讓開車時感受很不好，他知道馬斯克不會接受那種犧牲。

　　羅林森將馬斯克的注意力從電腦上移開。他說，他看到正在進行的Model S，但狀況並不好。「我很抱歉，但必須停止，我們不得不停止這項企畫案。」

馬斯克再次轉身面對他。「全部？」

「是的，全部，」羅林森很有信心地說，他們需要重新開始，從頭開始打造Model S。他停下來觀察新老闆的反應。馬斯克沉默了片刻，頭微微上揚，眼光凝視遠方，拇指扭動著。在羅林森的信心之下冒出一絲懷疑，他的新老闆會因為他不跟著做而解雇他嗎？

馬斯克轉向羅林森，眼睛直視著羅林森的眼睛。「我也是這麼想的。」

在那一刻，羅林森開始重新評估自己的角色。這不是他接到的一般案子，一般案子他會做上六個月，再繼續下一次冒險。馬斯克在汽車行業是個異類，他不關心以前的事情是怎麼做的（尤其之前的成果是一輛他覺得很爛的車）。馬斯克似乎只關心盡他所能做出最好、最酷的車。

上吧，他心想。這是一個天大的機會。

羅林森加入特斯拉，最驚訝的應該是麥克・多諾了吧，他表面上是受雇來開發Model S的。現在羅林森來了，馬斯克親自去找的，把他放在「產品開發」這個模糊的位子上，他還花時間去了解多諾手下的工程師和開發計畫。對這位前底特律高階主管來說，這並不是一個好兆頭。

更令人驚訝的是新的一年開始，多諾的「砍地鼠計畫」開始顯現成效。碳纖維面板的問題正在解決，其他供應商問題正在得到解決。現在，Roadster的產量可以從他去年夏天加入時的每月5輛增加到第一季度每月20至25輛，到了第二季度居然有35輛。與他在底特律郊區、斯特林高地汽車裝配廠的日子相比，這是完全不能比的工作速度，當時工廠高度運行時一天的生

產量就遠超過這些數字。但對於特斯拉來說，這是一個值得慶祝的里程碑。一天下午，他拖了好幾個酒桶到廠裡慰勞團隊，為他們的勝利乾杯。

當然，這種狂歡對多諾來說是短暫的，他已看到不祥之兆。到了夏天，他精心安排了優雅的退出。與特斯拉近期其他人的離職不同，他沒有在出門時痛罵馬斯克。他已經看夠了，認為特斯拉可能有機會。

他不是唯一這樣想的人。戴姆勒對Model S的興趣超出預期，馬斯克一直吸引他投資。這家龐大的德國汽車製造商旗下有個子公司奔馳技術（MBtech），這個公司就像承包單位，專門接案，替汽車製造商做困難造車企畫。因為母公司對特斯拉的興趣日增，MBtech的底特律辦事處接到命令，來遊說馬斯克把工程開發案交給他們。他們認為，特斯拉缺乏時間、金錢和專業知識來製造如此有野心的汽車。他們在SpaceX 開了一整天的會，戴姆勒團隊建議特斯拉用他們的基台造車，他們的基台造出Mercedes-Benz E-Class，一台絕對可媲美BMW 5系列的中型房車。當初為了做Model S展示車，霍爾茲豪森和史特勞貝爾還曾經駛進去這個基台觀摩了一下。

這就很有意義了，這樣的交易也符合特斯拉最初的商業計畫，就是聯合創始人艾伯哈德多年前的想法。那時的特斯拉連跟蓮花這樣的小車廠談判都很難，現在特斯拉得到了地球上第二大豪華車商的關注。當初對Elise做的事，現在可以再做一次，只是用更奢華的汽車為基礎。

羅林森從頭坐到尾聽完戴勒姆團隊的說明。他才來幾週，本來可以從頭開始設計汽車的機會現在處於危險中。戴勒姆團隊講完後，馬斯克轉向羅林森：「你會怎麼做？」

羅林森不喜歡，連客套假裝一下都不想。他開始提出一個讓德國團隊難以置信的其他計畫，要求一個可讓電池組整合到車輛結構的全新基台，就像馬斯克公開表示特斯拉會做到的一樣。羅林森更進一步表示，只要能用創新方法，電池組在理論上可以幫助車輛承受撞擊力。這想法太激進、太亂來了，MBtech的團隊氣到不能自己，跟特斯拉說，如果他們執行羅林森的計畫，公司一定會倒的。

接下來幾天，馬斯克都在評估這兩種可能性，特斯拉內部其他人也在評估羅林森的方法。羅林森的提議很大程度跳過長期以來被大型車廠視為神聖必做的步驟，包括市場調查、發展幾輪原型車。他想直接用電腦模擬，在電腦上盡可能的進行測試，他認為這不僅可以節省時間，還可以節省人力。

曾在福特工作的財務長迪帕克·雅胡亞仔細檢查了他的數字並留下深刻印象。如果他們可以用這麼少人就能設計出一款車，這可以讓特斯拉在成本上與更大的玩家競爭。「這是革命性的，」他告訴羅林森：「我從來沒有見過這樣的事。」

特斯拉決定了，他們從製造Roadster的經驗中學到了教訓。他們最後還是要把Elise的結構零件全部換掉，才能得到他們想要的車子性能和外觀。為了施展新的電池組科技，特斯拉圍著電池做出一輛車，而不是把它硬塞進現有的東西中。

後來羅林森特地飛往底特律，拜訪MBtech辦公室的負責人，他利用M-Benz E-class的基台做了一個電動車的企畫。他要這位初出茅廬的特斯拉主管跟他說說為什麼他們的計畫行不通。羅林森走向前，仔細琢磨那份大約

300個組合細節的清單。他坐在地板上，解釋為什麼每個組件都不合適，大概過了幾小時說到第65個時，羅林森被打斷了。

　　「我看夠了，」德國人說：「你說的對，這永遠不會有意義。」他打電話給馬斯克撤回他們的提議。現在是羅林森的個人秀了，他拿在手上的若不是策馬長奔的韁繩，就是一條用來上吊的繩索。

10

新朋友、舊敵人

New Friends & Old Enemies

2009年1月27日，潔絲汀·馬斯克的律師向洛杉磯家庭法庭提出動議，辦理她與伊隆的離婚。她的法律團隊想把特斯拉和馬斯克的其他公司都加入離婚協議中。在那之前，馬斯克原以為他們的離婚會很明快。潔絲汀在2000年結婚時就簽了一份財務協議，趕在他們結婚前擬好，保護他當時相對比較少的財產。[7] 如果兩人有了孩子然後離婚，潔絲汀可以得到在貝萊爾的家以及子女撫養費，總價2000萬美元。然而九年後，她覺得她有權得到的不該僅是房子。

婚姻的結局從來都不美好。從她的角度看，出售PayPal、生活披上財富的外衣後，他們的關係起了變化。他們從山景城的一間小公寓搬到比佛利山的豪宅。2002年，因為第一個孩子死於嬰兒猝死症而痛苦難熬，然後生了一

---

7 作者註：原始的協議是在婚禮前才寫的，但他們直到正式結婚後才簽署正式文件。

對雙胞胎,然後是三胞胎。潔絲汀開始覺得相較於馬斯克其他成就,自己是次要的。她說馬斯克經常批評她,他會說:「如果你是我的員工,我會解雇你。」

馬斯克的離婚律師陶德‧馬龍(Todd Maron)告訴法庭,把特斯拉放入離婚案將威脅到公司的生存;這只是潔絲汀想要達成和解的無恥嘗試。

馬斯克擔心實際上的影響,如果她成功了,她可能可以參與公司每一個重大決策的決定。馬龍在法庭上表示:「如果潔絲汀成功地讓特斯拉捲入了這場離婚官司,特斯拉基本上就會進入準接管狀態,伊隆和其他324名股東可能會失去他們的投資。」那時馬斯克已經將他所有財富都投進特斯拉、SpaceX和太陽城。馬龍提出警告,一場代價高昂且公開在大眾眼前的離婚大戰對特斯拉公司會有影響。

對馬斯克來說,幸運的是這些文件當時並未引起注意。這種喧鬧的確會阻礙特斯拉,因為那時他正試圖從一個個被嚇得半死、擔心特斯拉能不能活下去的合夥人那裡搬救命錢。

當馬斯克極力保全特斯拉並在當年春天試圖以Model S引人注意的同時,新任總統歐巴馬正採取進一步行動拯救通用汽車,舉措包括拔掉執行長瓦格納,並宣布政府正在考慮一項計畫,讓這家汽車製造商在政府支持下破產重整,希望重整後會是更靈巧的通用汽車 —— 不再有那麼多的品牌、經銷商和工人。

幾個月來，美國一直在爭論政府在拯救通用汽車和克萊斯勒上應該扮演什麼角色。在2008年底，國會未能在紓困計畫與布希總統的臨時貸款上達成一致決議，歐巴馬則提出進一步的貸款。為了尋找出路，這些公司向聯邦政府提出重整計畫。

劇變中，馬斯克看到特斯拉的機會。幾個月來，他的重要副手戴姆德．歐康諾（Diarmuid O'Connell）一直在國會遊說，希望能將特斯拉納入能源部（DOE）補助美國綠色科技公司的貸款計畫。歐康諾曾是美國國務院轄下處理政軍事務助卿的幕僚長，在2006年Roadster發布前不久才加入特斯拉，動機無它，他希望能貢獻己力減緩全球暖化。他的加入為這家加州新創公司帶來了亟需的華府經驗。

當時的執行長艾伯哈德非常贊同歐康諾的想法：透過遊說訂立一條法規：讓購買零排放汽車的消費者可享稅收抵免，藉以刺激電動車銷售。遊說成功，這項立法成為有力工具，可讓Model S以更低價格買到，在行銷上更為有利。（馬斯克在汽車發表會上宣稱，在獲得政府稅收抵免後，Model S的售價將低於5萬美元，他暗示正是這條補助方案。）

2008年底全球經濟崩潰、通用汽車開始倒閉時，布希政府已經實施一項政府貸款計畫，交付美國能源部進行。那年冬天，馬斯克和財務長雅胡亞向美國能源部提交一份貸款提案，希望籌集超過4億美元來支持Model S的開發。

SpaceX手工打造的Model S在3月做展示車發表，為歐康諾提供了前往華府遊說的完美道具。這部車於3月下旬在洛杉磯向客戶和媒體展示後，也

是同一台車迅速運往全國各地在東海岸進行巡演，其中一站是大衛・賴特曼（David Letterman）曼哈頓的攝影棚，登上他廣受歡迎的CBS節目《大衛深夜秀》（Late show）。《紐約客》一名專欄作家緊追跟上，寫了一篇長文在數月後發表，上面還放了馬斯克和他年幼兒子的照片，媒體關注讓他的新車企畫重獲可信度。

也許最重要的是，歐康諾替Model S安排了一趟華盛頓巡迴之旅。車子被帶到能源部總部，直接讓負責發放貸款的小組人員試駕，其中包括剛從哈佛大學法學院畢業的雅內夫・蘇薩（Yanev Suissa）。當他走向這部車，他注意到辦公大樓的同事全探出頭來望著他，好像看到了什麼不尋常的景象。這些官僚不習慣這種關注。蘇薩坐進Model S，對寬敞的駕駛座和儀表板上的大平板印象深刻。

蘇薩小組的目標是向有機會還債的公司發放貸款。對於特斯拉，他們不太確定。蘇薩回憶說，特斯拉不在熱門的考慮項目之列。「一開始並不清楚特斯拉是否會完成它。」他說：「這是非常危險的，他們不是在做已經經過證明的新版產品，而是在創造一個全新的產業。」

政府不想成為特斯拉的唯一投資者，所以告訴特斯拉需要找更多支持者。令特斯拉沮喪的是，能源部放款小組並不是唯一一個表現出不願意的團隊。

在戴姆勒集團負責高級工程發展的主管赫伯特・科勒（Herbert Kohler）在特斯拉發展早期曾與馬斯克碰過面，他希望促成戴姆勒投資這家新創公

司。然而很多新創公司並不願意讓此類企業投資，會擔心才起步的公司將淪為大公司只用於炒作的輔助案子，或者更糟——必須優先考慮贊助人的需求，而不是自己的業務。馬斯克對此不感興趣。

然而到了2008年，馬斯克的想法改變了。在尋求募資可能時，他前往德國拜會戴姆勒的主管，得知他們正在為Smart車系的電動車版本找一家電池組供應商。幾個月後，科勒透過電子郵件表示，他會在六週後到矽谷，而且對特斯拉的電池技術持開放態度。馬斯克向史特勞貝爾求助，因為他的專長之一是：將戴姆勒的小型雙人座Smart改裝成電動車，只是這一次必須在短短幾週內完成。

幾個月前馬斯克還不想把電池組賣給通用或其他公司，但現在別無選擇。此外，若和賓士搭上關係可能會有好處。首項挑戰純粹是後勤問題：戴姆勒還沒有在美國銷售Smart，特斯拉能找到最近的Smart銷售據點在墨西哥。他們到公司財務部請款，拿了2萬美元現金，找了一個會說西班牙語的朋友去墨西哥買了一輛二手Smart，然後開回矽谷。等汽車到手，工程組就會盡快改裝它，並特別注意在拆解汽車時不會傷到內裝。

和戴姆勒團隊會面的那一天來臨，馬斯克感覺到德國人對他的投影片說明不感興趣。他打斷會議，問他們是否想看實際展示，把一群人帶到公司的停車場，一台曾被駭客入侵的Smart汽車就等在那裡。德國團隊一個個興高采烈地試駕史特勞貝爾的發明，這台小小Smart經過電動馬達的瞬時扭矩轉換，突然變成嗆辣車款，讓戴姆勒這方印象深刻。

兩家公司在2009年1月建立供應商關係，戴姆勒也在考慮現金投資特斯

拉。然而戴姆勒斯圖加特總部有些人並不情願，他們就像美國能源部一樣，擔心特斯拉的財務未來。

馬斯克面臨一個難題：要如何讓戴姆勒有興趣投入資金？要如何讓美國政府願意借錢給他？這兩方都不想單獨行動。

時機終於站在馬斯克這一方。在通用汽車和克萊斯勒垂死掙扎之際，歐巴馬政府向美國能源部貸款辦公室施壓，要求他們開始公布成果 —— 即使這些交易尚未準備好、還沒有獲得最終批准。因此能源辦公室宣布，矽谷一家太陽能公司Solyndra獲得資金，不久之後也傳出特斯拉會獲得貸款的消息。

戴姆勒緊隨其後。2009年5月，他們宣布投資特斯拉5000萬美元，持有特斯拉10%股份。

但事情說也奇怪，能源部公告的並非真正的貸款核准案，只是有高度核准可能的申請者清單。「但它變成了新聞稿，」蘇薩表示：「人們認為貸款案已經核准，但其實還差得遠呢。」細節仍需釐清，這個過程就需要幾個月。但這對雙方來說都是公共關係上的勝利，政府似乎在投注資金拚經濟，而特斯拉則獲得了政府的支持。無論如何，這家常年現金匱乏的新創公司會有一些額外的補貼。

雖然馬斯克一直防著他和潔絲汀亂糟糟的離婚官司被大肆張揚，但他過往的另一次分手紀錄即將公開。艾伯哈德被馬斯克從自己創辦的公司趕下台，痛苦氣憤了將近一年。創立最原始團隊的是艾伯哈德；在2006年推出

Roadster的原型車買給客戶是艾伯哈德。是他，最符合特斯拉先生描述的，是艾伯哈德，而不是馬斯克，這個名字在他的車牌上閃閃發亮。

然而，在他離開後的幾週、幾個月裡，他看到他之前雇用的許多朋友遭到解雇或自行離職。艾伯哈德仍然愛特斯拉，但他鄙視馬斯克。他在部落格一直發文宣洩怒氣，詳細描述公司的變化——直到特斯拉董事會成員勞麗·約勒要求他平靜下來。她說，他的憤怒正傷害公司。特斯拉的律師比約勒更直接，告知他公司認為他違反了禁止貶抑協議，所以他們撤銷了他25萬份股票選擇權的歸屬權。

2008年年中一連串的媒體報導進一步激怒艾伯哈德。在報紙和雜誌的報導中，馬斯克把特斯拉的所有問題都歸咎於艾伯哈德。最後一根稻草在那年夏天稍遲來到。在公司成立初期，馬斯克和艾伯哈德還開玩笑地爭論誰可以拿到進入生產的第一號Roadster——他們想著，如果把它當成收藏品，有朝一日一定會漲到銷售價格的很多倍。兩人達成協議，馬斯克可以拿到Roadster 1號，艾伯哈德拿到2號。但拿車經過也是數月的折騰，車子開始生產後，艾伯哈德在2008年7月接到特斯拉的來電：他的Roadster 2號在車子耐力測試時撞進卡車的屁股，幾乎完全歸零。再一次，他終於了解，他並不會像承諾那樣拿到Roadster 2號；最後拿到車子的反而是格拉西亞斯——就是這位董事會成員的盡職調查讓艾伯哈德在2007年被趕下台。

2009年春天，艾伯哈德以誹謗、中傷、違約等告訴進行反擊。這是直指馬斯克虛榮又沒有安全感的猛烈攻擊。艾伯哈德質疑馬斯克居然自稱是特斯拉創始人的說法，還對別人經常傳頌馬斯克的故事表示質疑，包括他搬到加

州去史丹佛念博士，念了兩天就輟學，開了一家軟體公司等等。「馬斯克早就開始在改寫歷史了。」訴訟開始了。

這是對前搭檔的一次完美攻擊。馬斯克對自己在矽谷的歷史地位向來是出了名的臉皮薄。當爆料網站Valleywag暗示他不夠格稱為PayPal創辦人時，馬斯克寫了超過2000字的長文反駁，還附有腳註。馬斯克沒有等他和艾伯哈德出庭的那一天，他在公司的網站上直接回應，大量描述透過他的眼睛看到的特斯拉成長史，並指出當他第一次與艾伯哈德見面討論特斯拉時，艾伯哈德「沒有自己的技術、沒有原型車、沒有與電動車相關的知識產權，他有的只是看了AC動力tzero電動車、想把這個概念商業化的企畫案。」[8]

一場文書大戰開打了。馬斯克的助手瑪麗貝絲·布朗（Mary Beth Brown）努力找到文件資料，證明事實上在那段短暫時間裡，馬斯克真的有被史丹福錄取。雖然這樣的八卦在科技界引人入勝，但事實證明，這些事讓馬斯克的助手們分心了，他們應該把心思放在籌集必要的資金上。當法院駁回艾伯哈德主張馬斯克不能稱為特斯拉創始人的說法時，馬斯克發表聲明宣布勝利。「我們期待盡快在法庭上證明事實，澄清歷史紀錄。」公司還發了一篇聲明補充，該裁決「符合特斯拉對創始人團隊的認定，所謂的創始人包括公司現任執行長兼產品架構師伊隆·馬斯克和技術長史特勞貝爾，他們都是特斯拉一開始的創始元老。」

---

8 作者註：儘管艾伯哈德在2003年已經提交文件註冊teslamotors.com的專利，但馬斯克後來表示，這個網域名是他向沙加緬度一名男子以75,000美元買到的，他那時還有備用選項：法拉第。

但私底下有人提醒對這種事要謹慎。在艾伯哈德遭降職後曾短暫接任臨時執行長的麥可‧瑪可士在那個夏天寫信給馬斯克和董事會，敦促他們謹言慎行。他表示公司對艾伯哈德的陳述「非常不厚道」和「很傷人」。「也許其中最糟糕的是關於艾伯哈德向董事會撒謊的敘述，你們可以想像這對他的就業機會有什麼影響。」瑪可士寫道：「這些事，連我都不相信是真的。」他繼續說，艾伯哈德面臨的挑戰是特斯拉沒有一個經驗豐富的財務長，而且他對管理團隊和對成本與時間的期待不切實際。「我並不是說馬丁不該為這些事負責，他免職是因為缺乏管理這些問題的能力，而且他作為執行長本該為處理這些事情負責，我支持這個想法。雖然我到公司之前，我對發生的任何事情一無所知，但我要補充一點，在我在公司的頭幾個月裡，馬丁仍在公司就職，那時候他也向我匯報，他做了我要求他做的一切事情，且非常熱心。這也應該成為他紀錄的一部分。」

無論馬克斯的訴願產生什麼影響，到了當年9月，艾伯哈德和馬斯克的爭端獲得解決，儘管條款是保密的。據知情人士透露，兩人之間簽訂了禁止貶低協議；艾伯哈德得到他的股份，更重要的是，他拿到一輛Roadster。特斯拉發表聲明稱兩人是「特斯拉的兩位聯合創始人」，其他創始人還包括馬克‧塔本寧、伊恩‧萊特和史特勞貝爾。雙方都發表聲明，他們的客套熱情與幾個月前的尖酸刻薄形成鮮明對比。艾伯哈德的聲明寫道：「伊隆對特斯拉的貢獻非凡」；馬斯克則說：「沒有馬丁不可或缺的努力，特斯拉汽車不會有今天。」兩人已經從口水戰中撤退了，但痛苦傷害會持續很多年。

總而言之，馬斯克和他前商業夥伴和前妻之間的法律糾紛，說明了他剛

愎的個性總會留下一堆麻煩。他在2008年全心全意讓特斯拉免於破產，但也讓親近的人受到附加傷害，這在未來會給馬斯克帶來新的威脅。隨著特斯拉將大眾車款推向市場，這樣的鬥爭會引發更大的後果 —— 賭注越來越大，犯錯的餘地越來越小。

11

路演
Road Show

　　雅胡亞繼福特汽車最為自誇的財務部門工作之後，於2008年加入特斯拉，當下就接受作為新創人的魔鬼訓練。

　　他成長於孟買，父母在服裝業做過牛仔褲和內衣等不同生意。他是天才學生，就讀於巴納拉斯印度大學，獲陶瓷工程學位，然後去美國攻讀材料學博士，預計念完書就要回印度和他的父親一起開工廠，做電網用的陶瓷絕緣體。他落腳在芝加哥郊外的西北大學，才發現竟有如此酷寒嚴冬，與寒冬一樣讓他驚訝的是學校隨他取用的學術資源。他以前在印度寫程式都是在大型電腦上操作，從未用過個人電腦，他甚至找不到電腦的電源按鈕。他找人求助，但遭到質疑的眼光；他的口音非常重，重到別人都聽不太懂他在說什麼。

　　但雅胡亞很快就安頓下來，遇到他未來的妻子，最後決定不讀博士了。他跑去匹茲堡、到一家替汽車開發陶瓷複合材料的肯納金屬公司

（Kennametal）做工程相關工作一邊也在卡內基梅隆大學念MBA。1993年，他在福特集團找到一份工作，福特很有名的是它對財務人員的密集培訓。他先被派到福特集團的一間沖壓廠工作，學習美國車商如何開展業務，然後在接下來的15年一直往上爬，到了2000年，他已經升到在福特與馬自達合資的公司擔任財務長了，後來被調到南非分部做同等職位。2008年才剛回到密西根任新職，這時候特斯拉的招聘人員打電話給他，最後在金融崩盤前加入特斯拉，頭幾個月還擔心他的職位會因為馬斯克消減支出而被裁掉。

雅胡亞看著馬斯克自掏腰包支付特斯拉的帳單，他沒有告訴妻女情況有多糟。他努力削減Roadster的成本，為即將到來的未來準備好特斯拉的帳本，希望特斯拉活到那一天，也就是成為上市公司那一天。這對他和特斯拉來說都是一次學習經驗，公司將被迫承擔公開交易帶來的所有壓力 —— 有季報，要面對華爾街預期。但它也可以為這家常年資金短缺的車商解鎖數百萬甚至數十億美元的資金。

華爾街銀行家長期以來都想與特斯拉發展關係。

然而到了2009年中，市場對於特斯拉能否上市進行公開募股都抱持懷疑，起碼特斯拉的員工是這樣想的。當時通用汽車正要步入破產，已經裁掉上千名經銷商和數萬名員工。汽車銷售低迷，整個汽車業都受到市場衝擊[9]。但是，那年秋天似乎為特斯拉這種剛起步、想要上市的公司帶來一線希望：

---

9 作者註：根據研究單位Autodata Corp的數據顯示，2009年美國汽車的銷售量為1040萬輛車，創下27年來最低，比2003年，也就是特斯拉剛成立那年的汽車銷售量減少38%。

小型汽車電池廠A123把原訂2008年上市的計畫，延到2009年9月下旬重回華爾街做首次公開募股。這消息震動市場，開盤當天股價飆升50%，這個前例讓特斯拉財務部門相信馬斯克的計畫也許會成功。

儘管雅胡亞在福特有豐富的經驗，但他與華爾街直接打交道的經驗有限。他曾經從銀行家那裡了解到，特斯拉的上市有幾個障礙要跨越。馬斯克與潔絲汀離婚的影響與特斯拉缺乏生產Model S的工廠，只是其中兩個。

銀行家在乎第二項，他們認為特斯拉在首次公開募股前，應該先找到一家造車的工廠。特斯拉之所以要公開募股，就是要籌錢推出Model S。但公司上市需要獲利預期，獲利預期主要基於賣車。他們跟馬斯克爭論：當你連造車的工廠都沒有，你怎麼去找到投資者並對他說：「我們算出這些數字。」

特斯拉好像也不是沒考慮過這件事情。多年來，特斯拉一直為Model S的生產工廠傷腦筋，主因在於特斯拉根本買不起工廠。他們本來打算在新墨西哥州建工廠，但放棄了，這讓當地開發商很不高興。另外一個興廠計畫是在聖荷西，但這項計畫也在馬斯克接任執行長時終止。然後，每到週末馬斯克就與房產經紀人一起在洛杉磯附近逛來逛去做短程旅行，看能不能找到一個合適的點。後來馬斯克在離SpaceX霍桑新總部約13英里的唐尼市（Downey）找到一處NASA廢棄的工業用地，占地廣、廠區大，但在1999年關閉。馬斯克向來對航太歷史很感興趣，事實上這個地方也離他家也不遠。

但並不是每個人都愛這處地點，因為這裡的廠房需要大量翻修整理才能

變成汽車工廠。特斯拉內部還有人擔心這個地方可能要拖很久才會拿到工廠許可,特別是要替車體上漆,所以連申請許可證都可能要很久很複雜。儘管州政府官員承諾會加快處理,但特斯拉主管擔心等到許可證發下來幾年都過去了,而特斯拉的現金一直在失血。

還有一個替代方案:舊金山隔著海灣對面有一家通用和豐田合資公司的舊廠房,做車的相關許可都已完備,因為豐田的合資夥伴通用破產,現在這個廠正被豐田封存中。最近才從豐田集團跳槽到特斯拉的吉爾伯·帕辛(Gilbert Passin)過去曾管理過豐田凌志汽車(Lexus)在加拿大的組裝廠,他認為目前有誘因可讓他的老東家把工廠讓給特斯拉。因為豐田為了鞏固美國的業務,一直往德州建廠房。帕辛和其他人推測,這家日本車商可能正在找一種優雅的方法脫手他們在這裡的工廠 —— 豐田的企業文化對關廠的想法很排拒,認為關廠就是企畫失敗的標誌,也與日本終身就業的理念相抵觸。

儘管這件事對大家都有利,特斯拉派出的洽談人員並沒有引起豐田太多的興趣。馬斯克甚至去找他在比佛利山莊的醫生幫忙,因為這位醫生認識豐田集團的執行長豐田章男。2010年初,特斯拉收到回覆,令所有人驚訝的是,豐田章男期待開會一談,會議很快在馬斯克位於貝萊爾的家舉辦。一行人浩浩蕩蕩抵達豪宅,馬斯克將這位貴客,也是豐田創始人的孫子,請進Roadster的副駕駛座,載著他在貝萊爾豪宅區到處兜風。身為賽車手的豐田章男心上大樂,也因為喜歡特斯拉的企業家精神。當馬斯克詢問不知有無可能讓特斯拉買下工廠時,豐田章男很快就同意了。不僅如此,豐田章男還想

投資。

　　當然，錢是實質幫助。但讓馬斯克真正高興的是，此投資案會讓大眾認為，世上最好的汽車製造商都很看重特斯拉。在上市前獲得豐田**和**賓士的認可，這對一家年輕的車商來說，是非常讓人羨慕的。

　　工廠交易案讓唐尼市的行政官員措手不及。他們一直認為特斯拉要來他們社區，對馬斯克的背叛非常生氣。

　　史特勞貝爾也對這筆交易感到驚訝。小小特斯拉一直在找可以戰勝巨人的籌碼，無論那籌碼是什麼。所以當特斯拉和戴姆勒建立關係時，歐洲區的經理也順道拜訪了BMW，特意將Roadster停在某個顯眼的地方，希望可以讓八卦媒體捕風捉影放個消息。同樣，當馬斯克尋求與豐田建立關係時，他也派史特勞貝爾去和另一家大眾車商、德國福斯汽車尋求合作。馬斯克派他去德國賣電池，特斯拉想做這家德國公司的供應商，就像和戴姆勒談的那樣。史特勞貝爾的團隊把電池動力系統裝在Volkswagen Golf上，把車子運到德國好好展示Golf搭配鋰電池的好處。還帶了一台Roadster去，讓福斯汽車執行長馬丁·文德恩（Martin Winterkorn）在測試跑道上全速狂飆。

　　特斯拉與豐田簽約那天，剛好史特勞貝爾也在和福斯汽車開會，文德恩把史特勞貝爾叫到他的辦公室。「剛才傳來的消息到底是怎麼回事？」他問道。史特勞貝爾啞口無言，不知道該說什麼，兩家公司之間存在的任何默契都立刻夭折。其實文德恩的團隊在私底下也不贊成合作，部分原因是對鋰電池的安全性有憂慮，但也因為Golf電動車的點子並不是公司內部發想的。史特勞貝爾和他的團隊收拾行囊，沮喪地返回聖卡洛斯。

「我沒有時間管這個，」伊隆・馬斯克大吼：「我要發射該死的火箭！」說完衝出SpaceX的玻璃會議室，這次會議本來要討論特斯拉首次公開募股的市場資料，就這樣突然結束。

雖然馬斯克已證明他是奈米管理（nano manage）[10]的長才，但他也缺乏耐心。他就像興致勃勃的作家，會和律師爭辯募股說明書的文句用詞，經過高盛和摩根士丹利等銀行工作人員九個月的推敲琢磨後，募股說明書終於在2010年1月上旬發布。馬克・戈德堡（Mark Goldberg）是其中一名銀行員，當年才24歲，在摩根士丹利工作的他因為對再生能源有興趣，所以也參與了這次不尋常的募股企畫，只是在過程中，總讓他覺得自己是不是太嫩了。

馬斯克不僅一次威脅要解雇他們。「這裡要弄得更有渲染力一點。」他告訴他們，要加強特斯拉將拿下整個中高級房車市場這類的說法。還有，在做競爭對手的分析資料時，馬斯克也叫他們把簡報投影片中的奧迪拿掉，因為他對奧迪很火大，他只是想在電影《鋼鐵人2》裡免費置入特斯拉，這家車商就用行銷優勢把特斯拉踢出電影（但這並沒有阻止他在電影中客串扮演自己）。「為什麼奧迪會出現在競爭對手裡？」他在看簡報時說：「他們甚至連一個因素都算不上……我們要粉碎奧迪。」

這種行為是大家對新創公司創辦人的期待，但不是上市公司C字輩高層會做的事，這些頭銜為某某長的主管心中最在意的是廣大股民對公司的買與

---

10 譯註：管理學中曾流行micro-manage，也就是老闆大小事都管的「微管理」，而馬斯克2015年接受《華爾街日報》訪問時，說他不止微管理，micro只是千分之一，他是奈米管理Nano-manager，連小到十億分之一的事都要管。

賣，為了避免不必要的風險，溝通已如公式化。如果馬斯克對上市的機會感到惱火，那麼當特斯拉被千萬股民擁有時又會如何？馬斯克會任由他們一時興起地擺弄？但馬斯克別無選擇。公司上市才能募得他需要的錢，讓他可以管理特斯拉像管自己個人領地一樣。另外還出現其他不正常的事，摩根士丹利一開始被定為第一順位的主辦承銷商，但之後卻跌至第二位，次於高盛。後來在交付審查的文件中發現，高盛給了馬斯克一筆個人貸款，這是馬斯克個人財務已變脆弱的初期徵兆。

為了幫助公司上市，雅胡亞聘請了皮克斯（Pixar）的前高階主管嚴安娜（Anna Yen）來監督投資者關係。這項工作涉及大量繁瑣的文書工作，必須向證券交易委員會（SEC）提交大量報告。在整理文件的過程中，雅胡亞的團隊發現當年特斯拉沒有向環境保護署（EPA）提交適當文件，這一錯誤可能讓特斯拉之前的每輛售車都被罰款37,500美元，或說在已經難以承受的資產負債表上增加2400萬美元的重量。在2009年的最後幾天，他們急於拿到文件，與美國能源部（DOE）達成和解，談成只需支付275,000美元的固定罰款。更重要的是，環境保護署同意溯及既往涵蓋2009年售出的所有車輛，就好像它們從一開始就通過認證一樣。（馬斯克親自打電話給美國環保署署長麗莎‧傑克遜〔Lisa Jackson〕，請求加快處理，因為擔心可能會拖數月。）

正是在這段期間，馬斯克聘請了一名法律總顧問，但他只做了幾週，就眼睜睜地看他離開了。這個職務是出了名的難做，馬斯克要找到人來填補幾乎是在開玩笑，他似乎不太甩律師建議。

但是特斯拉在準備公有產權時,有一件事情它並沒有做:沒有採用雙重股權制,這會在幾年後造成影響。雙重股權制就是讓Google的佩吉和布林,或兩年後Facebook的祖克柏能夠僅靠持有公司一小部分股票就能控制公司的原因。目前尚不清楚為什麼特斯拉在2010年1月提交的上市文件中沒有包含馬斯克繼續監督公司的規定,之前參與初次公開募股的人說,這個想法被否決了,部分原因是要賣特斯拉的股票已經夠難了,如果再有一個緊抓不放、不可預測的領導者與公司綁在一起,可能會使公司上市更具挑戰性;加上,馬斯克的弟弟金博爾也在董事會中,已經加深了公司裡有親戚裙帶的問題。)

但馬斯克拿到一樣最好的東西:一個條款要求股東若想要強制改變任何舉措,例如收購或出售,必須有三分之二的流通股通過才行——這一絕對多數的條款有效地讓馬斯克對他不喜歡的條款擁有否決權。馬斯克只要維持他對公司的持股(在2010年1月有20%左右),其他股東將需要得到85%的流通股協議才能超過他——當一家公司的發展越來越朝著公司領導者定義的路線走時,這樣的規定其實是極高的高標。

他也有另一形式的保障,至少在幾年內不變。他與戴姆勒達成協議的條款,有效確保馬斯克在2012年前將繼續擔任執行長——這是戴姆勒默認的,它認為馬斯克是特斯拉未來的關鍵。

在交出首次公開募股文件後幾週,公司發生了悲劇。一組工程團隊從聖卡洛斯搭乘私人飛機前往霍桑開會,飛機起飛時不幸墜毀,機上三名特斯拉工程師全數身亡。馬斯克原定當天也要去霍桑,但臨時接到通知,金博爾在

科羅拉多滑雪橇時發生意外摔斷了脖子，讓他不得不在最後一刻取消行程。當員工跟他報告這件意外時，馬斯克感到驚惶不安。

兩天之後，特斯拉又遭受一次打擊，雖然沒有上次那麼悲慘，但也給它的公開募股蒙上一層陰影。報導矽谷動態的網站VentureBeat爆料稱，馬斯克的離婚訴訟出現了意想不到的轉變，因為馬斯克、人稱的億萬富翁，居然以貧窮作為訴訟條件。「大約四個月前，我的現金用完了。」馬斯克用書面告訴法庭。自2009年10月以來，他一直靠朋友的借款維生，每個月都要花20萬美元[11]。馬斯克的妻子潔絲汀更一直在倫敦《泰晤士報》的部落格寫他們夫妻離婚的事，放大了他們的口角爭執。馬斯克發現自己遇上麻煩了，特斯拉倖存下來是因為他的錢；在幾年前，他還向客戶承諾，如果特斯拉破產，他會用自己個人的錢把訂金退還給他們。

公司律師進行損害控制，他們更新特斯拉首次公開募股的資料，表示特斯拉「不再依賴馬斯克先生的財務資源」，並且「我們不認為馬斯克先生的個人財務狀況對我們有任何影響。」然而在幕後，幫特斯拉辦理上市的銀行人員擔心離婚可能擾亂正在萌芽的公開募股。例如，如果潔絲汀突然擁有特斯拉股票的所有權且不遵守鎖定期的規定（就是一段股東不能馬上賣股票的時間，因為上市後賣股可能會使剛發行的股票貶值），潔絲汀可能會讓公開募股受到影響。所有一切都給馬斯克壓力，他必須迅速解決離婚問題。

---

11 作者註：馬斯克後來抱怨說，每個月20萬的費用是包括17萬的離婚相關法律費用，然後剩下的錢大部分用於保姆工資和支持潔絲汀的家庭開銷。他指出，他們共同擁有五個孩子的監護權。「幾乎所有的非工作時間，我都和我的孩子們一起度過，他們是我一生的摯愛。」在2010年他如此寫著。

後來當潔絲汀不想糾纏、丟出婚後協議書後，才解決了彼此的爭端。至少，這種威脅暫停了。

馬斯克證明自己是他最大的敵人。他是喜劇演員史蒂芬‧柯柏（Stephen Colbert）的粉絲，想去柯柏在喜劇中心頻道（Comedy Central TV）製播的節目《柯柏報到》（The Colbert Report）當來賓。特斯拉的律師和銀行人員請他不要去，因為特斯拉在發行初始股之前有一段緘默期（quiet period），他說的任何話都可能導致文件重來和進一步的延誤。馬斯克非常憤怒，居然有人想限制他的行動。他威脅要把負責公開募股的團隊全都解雇，甚至開始自己籌備路演說明會，準備自己面對美國東岸的潛在投資者。銀行人員要求他對這次投資之旅的談話進行排演，馬斯克拒絕了，他不在乎他們的意見。最後馬斯克被說服，如果銀行銷售團隊採用他的意見向潛在投資者推銷特斯拉，他就可以接受。

馬斯克不想要一場典型的路演：一場無聊的說明會，一家渴望上市的私人公司在投資會議室中進行沉悶的宣傳，中間再放個PowerPoint點綴一下。當然，他也會做那些事，但他希望投資者能真正感受他這輛未來之車的魅力。年輕的戈德堡交涉了數週，才獲得摩根士丹利的准許，讓他把時代廣場辦公大樓的玻璃門給拆了，這樣就可以把Model S帶進大廳，而重要投資者可以去附近展示店進行試駕。戈德堡回憶：「我以前從沒見過投資者笑得如此開心，笑得嘴角都裂到耳朵去了。」

說明會吸引了那些想親眼見見馬斯克的好奇人士，那時他還沒像現在這麼出名，但已在科技界樹立了反骨的名聲。那年夏天，馬斯克已經開始用新興社交平台Twitter展現行銷實力了，那時候Twitter才剛開始，只能讓他用智慧手機發140個字的短文。在他的演講中，馬斯克鼓勵投資者以不同角度看待特斯拉。「把我們想成蘋果或Google多一點，而不是想成通用汽車或福特。」馬斯克說。為了強調這一點，他製作了一張投影片，讓觀者看到特斯拉矽谷總部被科技巨頭團團圍住。儘管與底特律相距甚遠，但他確實想利用戴姆勒和豐田為特斯拉背書。他在一次演說中指出，戴姆勒發明了汽車，現在卻向特斯拉尋求幫助，「就像古騰堡說，你能幫我做個印刷機嗎？」他開玩笑地說。

　　投資者心中總有關注主題，其中明顯膠著在：作為特斯拉和SpaceX兩家公司的執行長，更別提還有一個角色是太陽城公司的董事長，馬斯克將如何平衡時間？每一次他從潛在投資者那裡聽到一些他覺得很愚蠢的問題，他都會對雅胡亞和團隊生氣，告訴他們應該提前做好教育工作。

　　對於那些已在業界的人，馬斯克讓他們重新想像汽車業的前景，就如摩根士丹利的分析師亞當・喬納斯（Adam Jonas）。喬納斯開始做這行是受到史蒂夫・吉爾斯基（Steve Girsky）很大的影響，吉爾斯基在通用汽車破產後，加入通用董事會重整公司，成為業界的權威領導，贏得各方敬重。他看到馬斯克的願景，不覺興奮不已，激動到讓他中斷倫敦洽公的行程返回美國。喬納斯的工作是觀察很多汽車公司，基於各車廠的業績表現向投資者提供公正的建議。他會研究各公司的財務狀況和在整體業界中的位置，定期發

布對公司的預期與他們的合理股價。就特斯拉而言，他認為隨著時間進行，特斯拉股票價值有可能上看至每股70美元。單就這點，可以說是前景樂觀。

像喬納森這樣的看法漸漸形成一股圍繞公司業績的輿論風向。特斯拉會達到市場預期、還是不會達到預期？這個問題的答案會影響股價，若市場失望則股價下跌；若迎來意外的好消息，則股價上揚。

喬納森看到特斯拉車子的潛力從「有錢人的玩具轉向大眾市場」，他如此告訴投資者，並警告特斯拉的長期獨立性只能透過馬斯克設定的長期目標才能達成，也就是推出定價在3萬美元的電動車。不過風險很大。他警告，如果Model S的推出有任何閃失或延誤，這一雄心壯志必受阻礙，更可能影響到更有經驗的汽車製造商進入電動車市場。

「這在新創企業中並不少見，最大的問題是特斯拉是否有足夠的償付能力，撐到即將到來的技術突破。」喬納斯開始將特斯拉納入觀察對象，數月後，他寫下分析報告提醒金融界的投資者，在最壞的情況下，該公司的股票可能一文不值。

潛在投資者主要分為三個陣營：第一種人質疑為什麼要在特斯拉證明自己有能力推出Model S之前買它的股票？第二種人覺得現在正是買入的時機點，因為一旦等特斯拉證明自己就太遲了，再想以便宜價格買入股票就不可能了。第三種，更不尋常的一群人，Roadster的早期客戶。馬斯克把這項條件當作上市條款的一部分，堅持要求銀行保留大量股票給早期買Roadster的客戶來認購，讓他們有機會購買這家他們已經用購買行動支持的公司股票。這是一種承認，沒有他們，沒有他們的耐心和支持，就不會有特斯拉。他們

將在未來幾年擔任特斯拉的唱頌者，就如希臘歌隊一般應和馬斯克的一舉一動。

夾著投資者適時追捧的熱度，馬斯克忙著與他的銀行人員通電話，討論特斯拉股票的定價。銀行人員建議從每股15美元起。

馬斯克說：「不要，要更高。」

戈德堡替客戶執行公開募股的時間不長，但在他從事公開募股的三年中，從未見過任何執行長如此推高股價。畢竟，高盛和摩根士丹利的這些銀行人員才是專家，但現在專家們驚呆了，他們把手機關靜音，在討論下一步行動時，銀行人員的對話是一連串的詛譙：**他媽的他以為他是誰？這裡有誰可以說服他的？這整件事會失敗吧？現在退出是不是太晚了？**

但已經到最後了，這件事情已走得太遠，無法回頭，馬斯克讓他們別無選擇。幾個月來銀行人員也在觀察他，他們知道每次馬斯克不甩慣例，多半是因為這件事會讓馬斯克得不到他想要的，但這也是這場公開募股最重要的部分，所以只要牽扯上特斯拉會從這次上市案中拿走多少錢的問題上時，馬斯克就不甩別人。到目前為止，他都是對的，所以銀行讓步了。

股票最終定在每股17美元。依照這個價格，這家蓬勃發展的汽車製造商將會籌到公司亟需的2.26億美元。在特斯拉上市的那一天，馬斯克和他的團隊坐上Roadster，抵達曼哈頓下城的那斯達克證券交易所。陪在身旁的是他的女朋友，兩年前在倫敦夜店認識的坦露拉．萊莉，她即將成為馬斯克的第二任妻子。馬斯克敲響市場開市的鐘聲，特斯拉在當天股價就上漲41%。他站在交易所外面接受CNBC記者菲立普．勒博（Phill LeBeau）的電視採訪，

勒博長期跑汽車線，對這位新加冕的上市公司執行長並不友好，他問這家汽車製造商什麼時候會賺到第一筆錢，並指出很多業內人士都懷疑特斯拉能否按照承諾提高Model S的產量。「在這一點上，人們應該對特斯拉的未來更樂觀一些，因為我們動不動就讓批評者感到困惑，一直看錯的人們總有一天會發現自己總是看錯。」馬斯克典型高調地回應。

然後他和雅胡亞登上私人飛機返回加州弗里蒙特，在公司新收購的工廠內大開派對。雅胡亞看著團隊手舉香檳，那一天不僅代表數月準備的辛勞，更是特斯拉多年創業維艱的高點：公司現已成功上市。對於任何新創公司來說，這都是一個巨大的里程碑。

馬斯克為此舉杯，祝賀道：「去你媽的油！」向大眾敬酒。

12

就像Apple
Just like Apple

　　幾張圖表就把事情講清楚了，特斯拉Roadster每週的銷售量屈指可數。產品企畫總監扎克‧愛德森（Zak Edson）在特斯拉總部簡報了結果。馬斯克檢查了數據，「賣得很糟，」馬斯克說：「不只是糟 —— 爛到像被猴子幹過一樣。」這群人試圖吞下他們尷尬的笑。

　　對於公司日益嚴重的問題來說，這只是個輕描淡寫的評語。在特斯拉成立的前七年，這家車商的主要重點一直是打造Roadster：設計、工程、採購零件，最後是製造汽車。但到了2010年情況有變。**銷售**Roadster變得很重要 —— 這是公司缺乏經驗但需要加速學習的技能。

　　2006年這款車的亮相激發出早期客戶的興趣，2008年特斯拉開了直營店，而Roadster的功能是名片，召喚那些主要住在加州或其他富人區、對電動車新創公司感興趣的人。2009年的漲價事件幫公司解決了成本問題，甚至漲價對某些買家來說也只是打個小嗝。但它在銷售上也沒有費太多事。這些

買家是市場上喜歡新產品的早期購買者，對價格的敏感度低於普通消費者。在許多方面來說，這部車是自己賣的。

2010年的問題是，特斯拉花了過去一年時間審閱已實付訂金的訂購人名單，種種跡象讓他們覺得現在要把車再賣一波會更難。在特斯拉與蓮花約定製造的2,500輛車中，有1,500輛沒有被領走，公司得找地方放。但特斯拉正為開發Model S籌集資金，種種努力都是建立在他們可以把Roadster在產品流程中全數賣掉的假設上。他們競相向市場推新車時，馬斯克希望用賣Roadster的錢來支付公司的運營成本，但2009年第四季的收入比第三季的收入降低了60%。雖然投資和公開募股緩解了一些財務緊迫性，但這些車是特斯拉從成立一開始就計畫生產的車，如果連一半都賣不出去，就很難證明特斯拉的平價車計畫將能引領風潮。有些事情需要改變。

但是要改變什麼？馬斯克自己就是高級車的消費者，自認很懂汽車銷售端。他對硬推銷沒有興趣，很討厭做廣告。PayPal的推廣就是建立在病毒式行銷，由覺得產品不錯的客戶向朋友和家人介紹這項新服務。這就是馬斯克對特斯拉的設想，產品品質好自然就會賣；如果賣得很慢，那這個產品必須被砍掉。基於這些強烈的主張，馬斯克往往對行銷業務的基礎細節覺得無聊、沒什麼興趣。

為了尋求解決之道，馬斯克求助董事會成員安東尼奧·格拉西亞斯和他在Valor創投的夥伴提姆·瓦金斯（就是那位綁馬尾、戴腰包、永遠一身黑衣的男子）。他們解決了Roadster成本過高的問題，也疏通了供應鏈的問題。在這段過程中，三人對彼此都有極深的敬意。

起初認為這可能跟品牌認知度有關，但數據表示問題在其他。瓦金斯調查時發現，對特斯拉有興趣的人很多 —— 多虧了圍繞著特斯拉和馬斯克的各種宣傳，公司有30萬個潛在客戶線，但在結案上做得很糟。

格拉西亞斯和瓦金斯的理論是，特斯拉需要聚焦在他們所謂的「銷售活動」，也就是客戶決定購買的那一刻。他們認為，那一刻不是在寫支票的時候，而是客戶感受到與汽車情感相連的時刻。兩人都很清楚，關鍵在試駕。就像回到艾伯哈德在AC動力試駕tzero，或是那台推銷給沙山路投資者的蓮花原型車，電動車扭矩帶來的那種興奮快感，是再多廣告文案或當面推銷都複製不來的，一定得讓消費者開車才行。

到2010年特斯拉只開了10多家直營店，他們計畫再開50家。在深入了解行銷組織後，瓦金斯提出了一個替代方案，認為他們應該暫緩開店計畫，轉而專注舉辦試駕活動。對瓦金斯和格拉西亞斯來說，這只是簡單的數學。如果在開車後買車的機率增加，那特斯拉只要專注創造更多讓人試駕的機會就好了。直營店有地理限制，需要找門市和長期員工，無法針對目標客戶做廣泛觸及。

格拉西亞斯和瓦金斯開始部署一隊特斯拉的巡迴銷售團隊，做游擊式行銷，在活動中找尋潛在買家，確定目標後跟進。兩人面試應徵者，避開以往有汽車銷售經驗的人，轉而找剛從大學畢業、受特斯拉環保使命吸引的社會新鮮人。格拉西亞斯尤其想找大學運動員，因為他們習慣團體生活。他們在第一年找了30多人，這些員工接受瓦金斯的培訓計畫。上班的第一個月，每位新員工要打三千通銷售電話，然後被派到各地。他們專注的重點不在典

型的銷售招術，如財務或推銷，而是訓練他們能廣泛談論汽車電機工程的能力。

行銷團隊開始辦電動車宣傳活動。格拉西亞斯和瓦金斯希望這些銷售新人能夠更深入地融入。那時候全國各地每個週末都有活動，有些週末可能會吸引一千名潛在客戶試駕。每個銷售人員都有一套腳本，試駕後會出現可能購買者的名單，他們會對這個人最終購買的可能性進行排序。這樣，團隊可以找到最有可能的買家先結案（尤其得考慮特斯拉那時候每月只能生產50輛Roadster）。

史丹佛大學畢業生麥琪·索弗（Miki Sofer）就是這批早期雇員之一。那年秋天，她首次向女性買家銷售商品，她先和這位客戶邦妮·諾曼（Bonnie Norman）打聲招呼，諾曼是57歲的英特爾高階主管，因為最近媒體大肆報導Model S，所以先來探聽情形。銷售專員安排她週六來沙加緬度試駕Roadster。諾曼買過保時捷和幾台BMW，但對環境的擔憂讓她選擇了豐田Prius（艾伯哈德的典型買家幾乎都是T）。

試駕很簡單。索弗把鑰匙遞給諾曼，然後開啟指向型麥克風，這樣她就可以回答問題了。但她話不多，只任由諾曼踩油門。諾曼非常驚訝，她這樣開車，都可以被開超速罰單了。後來，她們下車。索弗沒有進行推銷，而是提供細節：這輛車的續航里程可以超過200英里，但考慮到諾曼激進的駕駛風格，可能開不到那麼遠。諾曼問，她要怎麼買到這輛車。

這種方法奏效了。瓦金斯和格拉西亞斯的銷售體系投入後，季度預訂量增加了兩倍。但這終究是一個臨時解決方案。如果特斯拉計畫每年銷售幾百

輛車，尤其是進展到下個階段要銷售價錢相對實惠的Model S時，特斯拉很明顯需要可行的店銷通路。

馬斯克目睹了Apple銷售中心爆炸式的增長，他叫他的助理幫他找到裡面負責的人。

喬治・布蘭肯希普（George Blankenship）從德拉瓦大學輟學後就開始做零售業。那時他在德拉瓦州紐瓦克的Gap當儲備經理。他喜歡客戶，喜歡把時間花在他們身上，試圖弄清楚他們想要什麼以及如何打動他們。他的團隊贏得公司各種銷售比賽，其中一名員工在返校購物季贏得一輛車。他的夢想是成為店長，然後成為區域經理。

但他不擅長關注細節，例如他不太清楚商店貨架上衣服的尺寸和顏色是否正確。當公司詢問布蘭肯希普是否為下一步做好準備時，他的主管很悲觀。「他永遠不會準備好成為店經理的。」他的主管明確表示：「他花太多時間接待顧客，也沒有保持店面整潔。」

然而，他的銷售數字道出另一個故事。他很快有了自己的店，證明他成功了。最後他進入Gap的不動產事業部，大部分職涯都在這個部門，肩負快速擴張的使命。他最有名的是很會和大型購物商場談生意，他了解如何引導開發商，與他們進行談判，並為內部人事的角力運作做好一切準備。然後他一路做到公司高層，負責監督每家店的設計和規畫，總管西海岸的不動產實體店的業務，然後是整個企業的實體店營運策略 —— 這項工作讓他專注在客戶體驗，也讓他對各家店日復一日的作息生態瞭如指掌。每個聖誕假期，

公司都忙得不可開交；他會選擇一家需要額外幫忙的店，駐守在那裡，一直工作到平安夜。

在他進入公司20週年之際，他總共開了250家Gap門市。他和妻子期待早日退休，可以去佛羅里達享受陽光。沒想到蘋果的賈伯斯（Steve Jobs）一通電話打來，改變了事情的進程。布蘭肯希普在第一款iPod公布前加入這家科技公司，當時賈伯斯正在研究開蘋果直營店的策略，他每週二早上都會與賈伯斯會面三小時，規畫Apple Store的購物體驗。布蘭肯希普接受指派，到全國各地尋找具有蘋果獨特特色的門市地點，在半退休之前，他幫助這家現在已是指標性的公司開了150多家店，然後半退休、進入顧問的領域。

就在那時，他收到馬斯克那不知勞累為何物的助理瑪麗貝絲·布朗的電子郵件。但他沒注意──在公司的不動產部門工作，早就習慣信箱有很多不請自來的邀請信件，通常來自當地的購物中心。不過布朗鍥而不捨，最後她的一封電子郵件引起了他的注意，標題寫著：「伊隆·馬斯克想和你談談你在蘋果做的事，請打電話給我。」

布蘭肯希普打了電話，布朗接起並問候，然後竟發現電話就轉到馬斯克本人了。他花了一小時跟他講公司狀況，然後說他想親自和他見個面。

「很抱歉有點急，但我們今天下午見個面可以嗎？」馬斯克問道。

「當然可以，」布蘭肯希普說：「但我人在佛羅里達。」

馬斯克問可否第二天見面，「我明天中午要在卡納維拉爾角與歐巴馬會面，我們有一場演講。」他解釋。

布蘭肯希普同意了。與馬斯克的談話激起了他的興趣，做點事幫忙地

球的想法很有吸引力。在他們見面之前，布蘭肯希普先上網搜尋特斯拉已經開的幾家店——很多都是以前的汽車展示廳，不然就是設計成汽車展示廳的樣子。地點多在客戶要開車才能到達的地方，他認為這對特斯拉來說很致命。汽車客戶往往很忠誠；2010年的新車購買者大多回到他們最後一次購買的品牌，某些品牌的回購率甚至更高，例如福特汽車公司，忠誠度為63%。特斯拉不僅要讓人們相信他的品牌，還需要說服他們放棄舊品牌，他們要求買家嘗試一種新的、不熟悉的技術，開這樣的店對特斯拉的事業沒有幫助。

如果布蘭肯希普掌舵，他會想在人們**還沒有**考慮買下一輛車的時候就突襲他們，希望在舒適、非對抗的環境中教育他們，並盡可能讓更多的人站在品牌面前。他想起了他為賈伯斯做的工作。他們在2001年底要推出iPod之前開設蘋果的商店網絡，蘋果這家公司也從桌上電腦發展到行動科技，知識豐富的員工和天才吧（Genius Bar）成為教育顧客進入數位時代的工具。

他給馬斯克的建議很簡單：「我會把它當成像做蘋果一樣做。」

在佛羅里達的第一次會議進展順利。隨後布蘭肯希普就去加州與特斯拉團隊會面，並得到他第一次駕駛Roadster的機會——也是這一刻，和其他許多人一樣，在這刻他決定加入公司。在特斯拉，他看到變革的潛力，想起早期的蘋果。他認為特斯拉坐擁如此驚人的產品，他們需要做的就是解放它，讓它奔向世界。就馬斯克而言，他在布蘭肯希普身上看到特斯拉複製蘋果巨大成功的可能性。

特斯拉迄今開設的實體店通常一家需要花50萬美元。馬斯克希望在今年年底前將門市數量翻倍，目標是讓50家門市全部開張，以便配合預定在2012

年推出Model S。特斯拉不打算在現場保留大量庫存，認為空間小一點花費少一點，現場不需要裝滿汽車。

布蘭肯希普簽約了。他將領導這家車商在全球開設門市，地點主要鎖定高級購物中心。購物中心營運商一開始對車商進駐開門市的想法抱持懷疑態度，但布蘭肯希普和購物中心的長期關係打開了大門。

他接手的強大武器，是馬斯克從早期就培養的核心客戶群，他們是品牌的宣傳者。2010年底買下Roadster的邦妮・諾曼也是其中一員。買車後，她才發現網路上竟然有特斯拉車主的社團，一個叫「特斯拉汽車俱樂部」的網站，大家在那裡分享技巧並為新手回答問題。例如她想讓手機與Roadster的藍牙配對，就是去社團尋求協助。有些會員覺得女性對電動車不感興趣，她還跟他們開玩笑建議把車塗成粉紅色就好了。這群人支持著馬斯克的策略，讓他不需要花錢打電視廣告宣傳汽車。他想依靠口耳相傳，而這些人是布蘭肯希普的陸軍，把他展店企畫的效能放到最大。

布蘭肯希普開始與馬斯克密切合作，過程中他發現馬斯克與賈伯斯有一些相似之處，但也有一些關鍵上的不同。以賈伯斯來說，他同樣緊抓各項業務，他會花數小時開會，深入研究每件事情的細節，例如Apple store會擺放商品展示桌，賈伯斯連桌腳上的木頭花紋都很在意；桌上要開孔容納電線，他會一直衡量孔洞切口的位置，甚至討論孔洞的大小和形狀。

而馬斯克就很在意工程問題或汽車設計，但對其他事情就興趣不大，例如商店的外觀。他只希望門市長得像Apple store一樣就好了，更不在意桌子木紋長得怎麼樣。跟著賈伯斯做事時，布蘭肯希普在實體倉庫搭出的實景店

做了幾代更迭；對於馬斯克來說，他要的只是一些效果圖。

「這就是它應該的樣子嗎？」馬斯克認真地問布蘭肯希普。

布蘭肯希普解釋，牆上、掛衣服和放小冊子的地方都會有標誌。它的建造成本相當低廉，是以汽車為中心的開放擺設。

「好吧。」馬斯克說，然後就離開了。

布蘭肯希普和工程部的同事不同，工程部的同仁就連最基本的決定都必須好好準備和馬斯克來一場辯論，布蘭肯希普則被賦予廣泛的自由。馬斯克相信他能做好自己的工作，但如果他失敗了，那就是他的責任，而且他知道要付出慘痛的代價。

布蘭肯希普加入特斯拉近一年後，在加州聖荷西的高級購物中心Santana Row開了特斯拉新一代的首家門市。他在空曠的商店中放了一輛Roadster，四周牆上展示了特斯拉的科技，還放了一個大型的互動式螢幕，讓消費者可以查看車子搭配不同顏色烤漆和皮革內裝後的效果。一般在汽車經銷處看到的銷售人員，在特斯拉的店裡找不到，相反地，特斯拉聘請產品專家來向消費者介紹新科技。就像蘋果在開店時也從小眾市場切入，鎖定消費者對產品不熟悉的地方開始，布蘭肯希普押注品牌滿意度，消費者必須先對特斯拉這個品牌感到滿意，然後當他們決定買他們下一部車時，特斯拉就會進入必然的購買選項。

「我們正在徹底改變汽車購買和擁有的體驗，」布蘭肯希普告訴《聖荷西信使報》，「對一般典型的汽車經銷商來說，銷售人員的目標是把現場某一台車賣給你。但在特斯拉，我們向你推銷你自己設計的車，轉變在於人們

自己說:『我想要這輛車。』」

繼聖荷西之後，他很快就在丹佛南邊的高級商城Park Meadows開了一家類似的店，人潮並沒有讓他失望。在最初的興趣爆發後，聖荷西門市每週會接待5000至6000名顧客，是布蘭肯希普團隊預期的兩倍，而丹佛區的門市每週接待10,000至12,000名顧客。

布蘭肯希普的下一個目標就不只是端上這點小菜，其中一個目標鎖定在德州。德州是禁止車商直接向客戶銷售汽車的少數幾個州之一，不過馬斯克並不打算躺下認輸，特斯拉只需要找到繞過法律的方法。

2011年5月德州才開完例行的立法院會議不久，布蘭肯希普前往奧斯汀與州政府官員會面，希望能夠規避經銷商法規。他帶來一輛Roadster給監管機關人員試駕，他知道頑固的官僚只要開車在街區轉一圈，之後就變得有彈性多了。

隨行的還有特斯拉的律師，他們一起坐在州政府辦公室，一條一條對著法律條文，探索有無可能。他們提出了一個想法：我們是否能開一家純教育性的陳列室 —— 沒有銷售，只有工作人員在場向大眾介紹電動車？

一位官員查閱了現有的條文。「嗯，這裡沒有寫。」

「也就是說，我們可以這樣做吧？」

「嗯，我們還是必須……」

「不，不，不」特斯拉的律師打斷道：「現在沒有出現在條文裡的，下週也不會出現在條文裡。」

特斯拉找到了他們需要的漏洞，他們必須加速進行。他們和政府官員開會的時間正好在立法院休會後，這意味著在州議會有機會修改書面法條前，他們有整整兩年的時間。

布蘭肯希普沒有浪費時間，他著手打造一個他稱之為「藝廊」而不是「門市」的地方。這裡會像特斯拉的其他據點一樣備有工作人員，備有相同教育性的資料，但不允許在店內放上價格。如果有人有興趣買車，他們會被帶到電腦前輸入聯繫資料。科羅拉多州的待命中心將會跟進。法律規定，特斯拉的車輛在賣出前不能以實體出現在德州，但這對特斯拉來說不是問題，因為它實際上也沒有大量的庫存。客戶下訂後必須等車子製造出來，只有在德州客戶開了支票給特斯拉，車子才會進入德州。之後，這台車你想怎麼開就怎麼開了。

這是巧妙的解決方案，適用德州之外有類似法規的部分區域。藉著布蘭肯希普的創新，建立起特斯拉銷售模式的早期試金石 —— 不走特許經銷商，轉而走直銷 —— 這樣的銷售法已經到位。

布蘭肯希普越來越相信他們走在正確的道路上。每週五晚上，他和妻子通常會在聖荷西商店街附近的牛排館共進晚餐，在那之前布蘭肯希普會去特斯拉的門市研究顧客。他看著他們流連忘返，看著人們望向落地窗，看著他們試駕，看他們使用門市後面停車場的免費充電站。他也會注意聽，他聽到一小群超級愛好者在說話，這些鐵粉可能已經買了Roadster，並對接下來的一切感到興奮。

但大多數遊客只是好奇。「這裡怎麼有車？」「這是什麼？」「這裡是

臨時櫃位嗎？」很顯然，知道電動車真實樣貌的人不多。他們往往必須摒棄先入為主的觀念，可能是他們從通用EV1中知道的一些電動車內容。這一切都強化了布蘭肯希普的信念，他需要教育新一代的買家。

特斯拉準備去休斯頓開第一家展示藝廊，並以一則標語宣傳它即將到來。布蘭肯希普再次觀察消費者，停下來做筆記，傾聽他們的談話，了解他們對品牌的看法，他對消費者越來越旺的熱情感到高興。但有時熱情也會被誤導，他看著兩位女士在臨時櫃位前停下來。

「哦？特斯拉，那是什麼？」其中一人問道。

「喔，那是新開的義大利餐廳啊。」另一人回答。

13

每股50元
$50 a Share

彼得‧羅林森抵達底特律參加2011年汽車展，1月的底特律氣溫低於正常水平，凍得讓他有點受不了。與加州霍桑宜人的天氣相比，這裡真是令人震驚。他在SpaceX霍桑總部成立了特斯拉的工程部，位置很靠近馬斯克的辦公桌。羅林森和馬斯克面臨雙重挑戰，需要密切協調。他們正從頭開始設計一輛車，它將成為公司未來幾年的基礎。同樣重要的是，他們正在創造特斯拉的文化，善始令終。事情總是一開始做對了就能為後續定下基調。

羅林森在特斯拉工作快要兩週年了，主管開發Model S的事情和壓力一增加，就得了一場可怕的流感。這算是身體不好的併發症，他從清晨工作到深夜，休息時就在曼哈頓海灘的高級旅館吃晚飯，在往北搬到更靠近弗里蒙工廠的住處前，他和其他一些高階主管都住在那邊。在離開SpaceX二樓的辦公桌前，他們會先打電話給旅館的酒吧服務生，請他幫忙趕在廚房關閉前先幫他們點餐，在那裡又會重新討論這一天。一年前，羅林森在一次滑雪事

故傷到了臀部，因為他和特斯拉組裝部門的第二號人物達格‧雷克宏（Dag Reckhorn）比賽。

現在羅林森只想躺在床上。但公關負責人里卡多‧雷耶斯（Ricardo Reyes）需要他來底特律，在這場聚集了全球汽車記者的新聞發表會上說明特斯拉的最新發展。只有在中場休息時，羅林森才在會議廳的衣帽間躺下小睡。

雷耶斯已經成為工程部門的發言人了，當他離開Google來特斯拉時，馬斯克給了他一個明確的任務，要他把人們對特斯拉的注意力從圍繞特斯拉執行長的八卦轉移到汽車上。馬斯克表示，其中關鍵在於，對很多人來說，特斯拉提供的一切仍是新事物，所以懷疑是很自然的。「他們會有很難的問題，他們應該問我們很難的問題，我們應該回答每一個問題。」馬斯克這樣說。

正是這種心態讓羅林森來到底特律登上演講台，展示Model S的車體基台是長什麼樣子 —— 華麗金屬板模下的骨架。他非常謹慎地描述他的團隊所做的努力，只為確保車子的每吋空間都能獲得有效利用：因為電池組被安排在車子下方，它的內部空間很大，前端並沒有被典型的引擎占據，後端也沒有油箱。他還強調他們為確保安全所採取的措施。

在新聞訪談中，羅林森強調特斯拉與那些底特律生產的隊手車款有何不同。「在文化上，我們與傳統汽車製造商非常不一樣，傳統車廠的專業技術豐富卻各自獨立 —— 做車體的有做車體的，做懸吊的有做懸吊的，」他告訴記者：「而我們強調流程。」

在那年的汽車展上，通用汽車慶祝旗下雪佛蘭Volt贏得著名的北美年度汽車獎，Volt是插電式混合動力車（PHEV），幾個月前才在會場展示廳首次亮相。它受到2006年特斯拉推出Roadster的啟發，卻憑著通用自己做的轎車在市場上擊敗了這家矽谷車商。但特斯拉的員工看到Volt時，他們鬆了一口氣。與他們對Model S的想像相比，Volt的感覺就像經濟型車款。

如果問羅林森做Model S最難的部分是什麼？羅林森秒答：組建團隊。因為他用的人不止他在面試時向馬斯克建議的數十人，但團隊人數仍然遠少於他前任想要的。在兩年的時間裡，羅林森親自面試了數百名申請者，最終為他的團隊找了一百多人。

羅林森的方法與馬斯克的方法非常吻合，他想在各自領域找到最好的，無論是設計還是焊接，再讓他們自由發揮。一開始馬斯克會和大多數的應徵者親自面談，並經常問他們一個簡單的問題：你做過什麼非比尋常的事？工程師會驚嘆他挖掘他們工作細節的能力。一個錯誤的答案會很快結束面試──而且經常讓馬斯克遷怒那些送他們來面談的徵才部人員。

特斯拉已經籌到足夠資金來維持營運，Model S也有了開發資金，但儘管如此，現金並不能完全自由流動。特斯拉出的薪水也許能與底特律工程師的薪水相提並論，但考慮到洛杉磯或帕羅奧圖的生活成本，薪資看起來並不優；再與矽谷大型科技公司提供的薪水相比，特斯拉的薪水簡直小兒科。

這個問題落到負責招聘人才的里克‧阿瓦洛斯（Rik Avalos）身上，他多年來一直在幫企業獵頭，包括之前在Google也是，幫Google找徵才幹部。他的目的就是找到人並把特斯拉的夢想推銷給他們。對某些人來說，特斯拉

的理念有助環境；對另一些人來說，特斯拉是成就事業的機會。他告訴他們，特斯拉正處於企業快速成長的臨界點，「要是我們達到每股50美元時會怎樣？」他說。這樣的想法在2011年1月看起來幾乎是天方夜譚，當時特斯拉股票的交易價約為25美元，僅比前一年公司剛上市當天的尾盤股價略高。

事實證明，馬斯克的錄取高標對徵才團隊來說頗具挑戰性，他們很快知道需要為他們找來的應徵人員準備面試。例如，一位工程師告訴馬斯克，在Model S的車身結構中使用鋁是個壞主意，又難焊接，又很昂貴。這讓馬斯克很不高興。為了減輕車輛重量並提高續航里程，馬斯克和羅林森已經決定走鋁材路線，大約97%的汽車結構將是鋁製的，少數特定區域會以更高強度的鋼製成，包括位於車身中間的支柱、前門和後門間的支柱，計畫是自己內部進行鋁材沖壓。所以這個應徵者很快就出局了。

馬斯克在聘請新的經理人員和工程師時，他想的是要建立一種企業文化，形成一種他覺得特斯拉應該如此運作的氛圍。他贊同邏輯學上的「第一原理思維」（first principles thinking），覺得這種解決問題的方法應該起於物理學，但這說法其實來自自亞里斯多德的著作。第一原理是某些深入到最基本、不能從任何其他假設中推斷出來的想法。若把特斯拉的狀況套用在術語上就是：若另一家公司以某種方式做到，並不意味著這是正確的方式。（或馬斯克**想要**的方式。）

但他也承認，如果一個想法行不通，就需要迅速改變方向。「快速決策可能看起來不穩定，但並非如此。」馬斯克說：「大多數人不理解沒有決定也是決定。一種是單位時間內做出很多決定，但錯誤率略高；另一種是單位

時間內沒做什麼決定，但錯誤率很低。當然前者較好，因為很明顯，你未來的正確決定可能會扭轉早先的錯誤決定，前提是之前的決定不是災難性的，但這種毀滅性的決定很少。」

新員工很快學到了反覆無常的馬斯克認為什麼是重要的，他現在正密切關注支出問題，想了解什麼是一定要買的，什麼是不需要的。工程師會通過電子郵件發送撥款請求，解釋為什麼需要它，如果幸運的話，馬斯克會很快回覆一個OK。

有些人早期犯的錯誤是在請款時說這筆支出落在預算範圍內，用這說法證明這筆費用是合理的。一位工程師總是忘不掉馬斯克的回答：**永遠不要再對我用預算這個詞，因為這意味你已經關上你的大腦了。**一般來說，只要是必要的，馬斯克會同意這筆費用，但他希望確保有真正的好理由。

羅林森團隊的辦公室在霍桑，公司總部仍然在北部。馬斯克每週都會搭私人飛機從洛杉磯飛往矽谷。（僅在2009年，馬斯克搭乘私人飛機的飛行次數有189次，在空中停留518小時。）如果羅林森的工程師也需要北上，他們會通過電子郵件向馬斯克的助手詢問是否有空位，訣竅是趕在馬斯克之前抵達，因為只要他到了，飛機門就關上，就飛走了。有時他上機後一言不發，全神貫注盯著手機。其他時候，他會很迷人，會加入火星是否有生命這種腦洞大開的對話，或者討論將三枚獵鷹9號火箭捆在一起變成超級重型火箭（他稱為獵鷹27號）的古怪想法。

一位工程師回憶，他曾利用飛行時間詢問馬斯克對Model S懸吊系統的看法，這是他們一直在爭論的話題。因為特斯拉是從零開始做車，所以這些

工程問題完全取決於自己。這輛車的操控性是像BMW一樣具有動感呢？還是像Lexus一樣舒適呢？馬斯克頓了頓，直視他的工程師。「我要賣一大堆汽車，所以無論你要什麼懸吊，只要可以讓我賣掉一大堆車的，就是我要的懸吊。」

也許工程師和馬斯克談話時他心情不好，或者這個問題剛好觸及馬斯克分類優先順序的核心。他經營兩家複雜的企業，其實並不出於一頭熱的痴迷。他會給出輕率的答案，直到這件事真的成為他關注的對象，到那一刻他才會**全心**付出。在這樣的世界，他委派你工作並賦予全部權力——直到他把注意力轉向你和你的小領地。

這位工程師決定，如果想在特斯拉待下去的最好方式是避免與馬斯克一起旅行——最好不要飛得太靠近太陽。

羅林森的團隊在做Model S時，有一位前任團隊留下來的資深經理，有一天他向馬斯克建議了一個計畫，目的在幫團隊把車輛功能做優先排序，他說通用和福特也做了類似流程。就像福特正在開發Fusion，它會評估競爭車輛的特色，收集所有能收集到的數據，對每個功能進行排名，然後決定它想贏過的項目，如有需要再對某些功能做取捨。

馬斯克聽著這位高階經理一直說了20多分鐘，然後打斷對方。「這是我見過最愚蠢的事情，」他在走出去前說：「以後不要再拿給我看了。」馬斯克不想排出優先順序，他想把**每件事**都放在第一位。

大約一週後，那位經理就走了。這不是什麼新鮮事。團隊看過太多人來來去去，變動多半是因為公司財務狀況很糟糕，或需要將工程實力從底特律

轉到離總部更近的地方。這位主管離職後，馬斯克把剩下同事召集在一起。

「他們看起來是優秀的工程師，但對團隊來說還不夠好。」他說。

當羅林森把部門搬到霍桑時，史特勞貝爾的電池團隊仍在矽谷。特斯拉在2010年首次公開募股之前把公司搬進帕羅奧圖的新總部。因為和羅林森的部門並不在一地，史特勞貝爾的團隊發展出自己的文化，相比之下，史特勞貝爾這裡是穩定的堡壘，很多他透過史丹佛系統找到的早期員工都還在，不但成為電池領域的新一號人物，更研發出豐富的專業知識。

Roadster的成功加上庫特・凱爾蒂的堅持，特斯拉開始在日本打開大門。史特勞貝爾曾責備凱爾蒂每隔幾個月就要去日本拜訪松下，尤其是在找到三洋這個願意合作的夥伴後，更別提松下曾在信中表示他們無意與特斯拉做生意。但凱爾蒂仍然相信松下的電池更勝一籌，值得一而再、再而三地拜託，松下每個電池都比三洋電池的能量更多。

的確為了他們的事業，2009年凱爾蒂坐在他老東家的小會議室，旁邊坐著電池部門的總裁野口直人，牆壁因為野口不停抽菸而泛黃。凱爾蒂跪坐在傳統的日本矮桌旁，一面做簡報，一面努力擺好他用來做簡報的筆記型電腦。從Roadster持續測試和實際上路的狀況，凱爾蒂得到種種數據展示特斯拉的電池組系統是如何運作的。尤其，他能和對方說沒有一台Roadster因為熱失控而起火。

凱爾蒂有重大突破，野口直人同意提供電池樣品進行測試，野口和松下負責美國業務的山田佳彥在那一年參觀了特斯拉的總部。他們會感興趣也是

因為松下開始收購三洋（松下將在2009年12月拿到三洋的多數股權）。

就這樣，特斯拉和松下的關係轉變了。這家製造商很高興能成為備受矚目的矽谷新創公司的夥伴，願意為Model S提供電池。不僅如此，凱爾蒂和史特勞貝爾還希望松下能投資特斯拉，因為特斯拉仍然急需資金。這家日本公司同意投入3000萬美元。

為求成功，史特勞貝爾的團隊仍有一些事情有待完善。特斯拉不再是一家小型新創公司，不再只靠英國同行的經驗將蓮花汽車改裝成Roadsters，它計畫每年生產數千輛Model S —— 而且由自己生產完成。所以當史特勞貝爾的團隊開始為Roadster做電池組時，他們才真正嘗到箇中滋味。尤其到了他們開始做零件商，為戴姆勒和豐田汽車做電池組件時體會更深。他們要完成馬斯克一年前簽的救命交易，這些交易以及它們對公司文化的影響，都在特斯拉的成功上扮演了要角，重要性甚至超過金錢。

當豐田章男和馬斯克慶祝兩家車商合作開發電動車時，雖有口頭協定但尚未談到細節。當初的想法是，這家新創公司將為豐田廣受歡迎的小型運動休旅車RAV4提供電池動力系統，就和特斯拉為戴姆勒Smart做的事一樣。但對於負責執行的電池團隊來說，事情就不太明朗了。為了做Smart的電池，史特勞貝爾改變Roadster的動力系統，做出適合兩人座小型車的電池配置。但現在馬斯克希望他的團隊為一輛更新、更大的汽車做這件事，同時間還要繼續為戴姆勒研發電池組，並且也要為Model S開發新的動力系統。

史特勞貝爾這邊以為他們只需要把動力系統移交給他們的商業夥伴就好。但在處理鋰電池技術缺乏經驗的豐田這邊以為，特斯拉要幫忙從頭開始

設計電動版的RAV4。特斯拉團隊還有人懷疑豐田是否在暗中竊取他們的技術。

　　兩邊還有文化差異，正如特斯拉和豐田團隊第一次會面的狀況。豐田汽車派出的是設計出另一輛豐田車款的總工程師格雷格‧伯納斯（Greg Bernas），他隨身帶著新買的電動車基礎知識大全出席會議；同時，與會的特斯拉工程師帶了一支口琴，在會議中場吹了起來。

　　在他們準備開始工作前，已經花了幾個月討價還價。因為電池團隊只有20個月的時間改造車輛，豐田同意使用舊的RAV4基台，藉以規避大型車商的內規，避開新平台要做的一切車輛測試和研究。豐田不習慣特斯拉即時更改的做事方法──例如，電池組有狀況，就直接在控制它的電腦軟體上進行更改。有一次，團隊在阿拉斯加進行車輛的寒冷天氣測試，他們不太確定為什麼原型車會在光滑的道路上振動。特斯拉工程師立刻打開筆記電腦，做車輛的牽引力控制計算，隨時調整，然後在幾個小時內解決這個問題，而不是將數據帶回實驗室進行進一步觀察確定。

　　雖然這種速度給豐田留下深刻印象，但主管對收到的產品品質並不滿意。一輛為2011年洛杉磯車展做的展示車讓豐田主管們大為光火。當時豐田主管正在參加密西根大學橄欖球賽的車尾派對，接到洛杉磯員工的通知，說特斯拉拖到車展前週末才交出的運動型多功能車（SUV）品質很差，看起來很馬虎。對於豐田來說，這種對細節的疏忽是不會發生的，尤其這台車還要展示給媒體和大眾。他撥通了特斯拉經理的電話。「這是什麼鬼？」他咆哮著要求特斯拉工程師第二天到洛杉磯與他會面解決這個爛攤子。

特斯拉驗證自家動力系統的緊張來源出現了。令豐田氣到休克的是，特斯拉工程師告訴他們，他們做了供應商該做的事，已經做出符合要求的零組件，他們沒有必要對零組件進行品管控制和測試，也不需要保障實際使用的耐用性。這在已成慣例的汽車製造領域是犯了嚴重的大忌。

儘管令人頭疼，特斯拉的團隊也在動力傳輸研發上得到有用的入門知識，讓他們的動力系統不只為了秀肌肉，也可以在現實世界持續使用。特斯拉和豐田RAV4的合作帶來了意想不到的好處，史特勞貝爾和同事將學到的東西直接注入Model S。

馬斯克為特斯拉開了新的設計工作室，地點就藏在SpaceX霍桑總部旁邊的工業建築中。他選擇一個幾年前被改造成籃球館的廢棄飛機倉庫。兩邊距離很近，意味著他可以輕鬆地溜出SpaceX，跑去看看首席設計師霍爾茲豪森的團隊正在做什麼。

2011年，即使Model S的量產仍遙遙無期，他們已經在考慮車款陣容中的**下一款**車。馬斯克長期以來一直吹噓他的目標是做出針對大眾的第三代車，但要推行這款車進入市場還存在太多障礙。就以Model S每年僅銷售2萬台車來說，不管在收入或品牌上都沒有足夠的成長。

因此特斯拉團隊考慮替代方案，他們可以用Model S的底座製造變體汽車，例如做箱型車或SUV。特斯拉就可以節省零件和工具成本，將開發成本分攤到更多車輛上。這是大型車商多年來一直在做的事 —— 就像八年前藉由蓮花開放Elise的基台做Roadster一樣，這是特斯拉降低成本的手段，但同

時也平攤了一些蓮花跑車的開發成本。

　　那段記憶應該很有啟發性。馬斯克要求對Elise進行大幅修改以符合他心中的Roadster，導致成本飆高遠超預期。所以他要求，若車子要共享Model S的基台，就不能重蹈他的覆轍。

　　下一款車，馬斯克習慣稱為Model X，它必須是三排座椅的家庭用車。馬斯克的個人經驗嚴重影響了對這台新車的討論。設計師和工程師們並沒有忘記馬斯克的五個孩子越來越大，他有很多SUV的第一手經驗；他們知道這一點，因為他經常抱怨。

　　馬斯克有幾個明確的想法。第一，他想讓孩子更容易坐上第二排，所以推拉門的設計可能要比一般SUV的推拉門開得更遠。但大人如何讓孩子坐在位子上又不會讓自己的頭撞到車頂上，仍是一項艱鉅的任務，尤其對身高超過180的馬斯克而言。另一個考量是，後面還有第三排。馬斯克向團隊講述他是如何使用SUV的：他首先將最小的孩子放在第二排的安全座椅上，這樣他就可以從前面照顧他們，然後讓他較大的雙胞胎坐在第三排。但他不希望特斯拉的車輛像奧迪Q7那樣，必須像做體操一樣才能越過第二排到達第三排。

　　團隊想出了一款具有Model S整體曲線的SUV，但後門像鳥翼一樣向上打開 —— 有點像電影《回到未來》的DeLorean跑車。這樣可以讓車門開到最大，讓馬斯克在放孩子時不用彎腰。理論上講，這樣的門可以創造巨大的開口進入SUV的後兩排。他們把車子的設計模型做好，讓馬斯克可以實際看到、摸到後門。起初馬克斯說，門開得不夠大，他希望它像乘坐魔毯一樣更

不費力進入第三排。結果為了配合更寬的後門開口，他們畫出的概念車越來越長。

汽車設計開發會受各種因素的影響。如果是特斯拉的主要競爭對手，設計師和工程師可能會痛苦地看著公司從行銷到財務層層官僚對著車子的不同項目品頭論足，更不用說高層主管可能在最後一刻提出建議。但在特斯拉，很明顯，決定者只有馬斯克，沒別人。在早期，當艾伯哈德沒有認真對待儀表板品質時，馬斯克已經展示過他的權力。對於Model S，他個人的喜好同樣寫在整輛車上。馬斯克的軀幹很長，坐在座位上比一般駕駛者高。因此，他要求設計團隊另行設計遮陽板，工程師擔心依照他的想法設計出來的遮陽板可能對大多數駕駛沒有用處。除了手機，他很少帶其他東西，因為所有他可能需要的東西都由他的隨身助理拿著，所以他對置物箱無感，覺得卡在控制台區域是一種干擾。所以團隊沒有設計置物箱，反而在汽車前排兩個座椅間鋪了一條地毯，上面突起的扶手區形成某種槽狀。

就連外部充電口的位置也受到馬斯克的影響，特別與他家車庫的布局有關。大多數美國駕駛人停車時會把車頭先喬好位置，所以設計團隊認為將充電口設計在汽車前端比較直觀。但馬斯克希望它放在汽車後面，因為這樣才能與他家充電器的位置對齊。

這些車是依照馬斯克的想法建造的，消費者是否覺得心意相通，還有待觀察。

即使在前一年做了首次公開募股並與大車商建立合作夥伴關係，但很

明顯在2011年，特斯拉沒有足夠的錢推出Model S，除非再次注入資金。那一年，特斯拉已經發展到有1400多名員工，他們多半在加州北部，為了製造Model S，競相用昂貴的工具裝滿整個工廠；而在那一年Roadster訂單合約全交完後，它的銷售就結束了，這意味著唯一的資金來源來自與戴姆勒和豐田的交易。

羅林森的團隊正在尋找省錢的方法。他們跑了無數電腦模型來了解車子的空氣動力學和不同動力對性能的影響。然後他們會花15萬美元或20萬美元向克萊斯勒租他們的風洞，週六晚上進去，住到週一早上6點，看看這輛車在現實世界中真實的運作狀況。

他們努力尋找符合馬斯克標準的天窗，但供應商不是要價太貴，超出特斯拉所能承受的範圍，就是提供折衷版。馬斯克非常生氣，他命令團隊從供應商那裡挖角天窗設計師，並在內部製造零件，認為自己做會更便宜。

儘管如此，羅林森仍然持續開發車子，做到他們覺得車子已準備好可送去做最重要的碰撞測試。每輛汽車的製造成本為200萬美元，他將這些如昂貴珍寶的車送入裝置中摧毀。他們發現汽車焊接鋁材的地方不如預期。結構一撞，支離破碎。它需要重新設計，不但增加了時間和金錢，對羅林森的壓力也越來越重，每次測試，馬斯克都會在他身邊繞來繞去。

羅林森並不是唯一一個有這種感覺的人，一種黑色幽默凝聚了馬斯克的高階管理團隊。馬斯克把時間平均分在霍桑和帕羅奧圖，每週二早上會與執行人員召開一次會議，會議通常會持續到午餐時間。依據馬斯克的心情，團隊中流傳的笑話是馬斯克的午餐計畫：這週他會吞掉誰？

圍著餐桌旁的人都可以看到，羅林森越來越頻繁地出現在菜單上；他激怒馬斯克。那些在霍桑為羅林森工作的人也無法錯過，聽到他與執行長通電話，感覺到他壓也壓不下來的怒火。馬斯克對羅林森的憤怒也一度爆發。馬斯克有著橄欖球運動員的身材，在一次意見分歧中以大欺小。「我不相信你！」馬斯克用一根尖尖的手指戳著羅林森的胸口，尖聲大叫：「我不相信你！」

羅林森被點名的狀態依舊持續，私底下還得擔心他在英國生病的母親。她的身體越來越差，沒有其他人可以照顧她，他還要從世界的另一端努力為她安排。

馬斯克也有自己的家庭問題。他與萊莉的關係岌岌可危。他們在2010年結婚，但幾個月前已經分居。在他難得的空閒時間若要找他，可以去他在貝萊爾占地近600坪、裝潢走法國新潮流風的豪宅，他會躲在豪宅地下室玩「生化奇兵」（BioShock），一款基於安·蘭德（Ayn Rand）的意識形態創造出來的反烏托邦電子遊戲[12]。那年特斯拉的聖誕晚宴上，可以看到馬斯克昏倒在房間撞球檯上，房間入口被他的兄弟金博爾堵住了。

羅林森和馬斯克在很多問題上爭吵不休，但最重要的問題要追溯到Model S最開始、那位從設計師搖身一變成為競爭對手的亨利·費斯克。當他主導Model S時，做出被特斯拉員工嘲笑的「白鯨」，問題的根源在於電

---

12 譯註：安·蘭德（Ayn Rand），俄裔美籍哲學家，倡導極度的個人主義，將理念寫成《源泉》及《阿特拉斯聳聳肩》等書。2007年上市的射擊遊戲《生化奇兵》將理念、故事、場域、人物設定都放在蘭德描繪的世界，讓大家看到充滿個人主義的戰神與企業經濟等集體主義作戰。

池組擺放的位置是在車地板上，這增加了車輛的高度。為了解決球狀外觀，特斯拉設計師霍爾茲豪森的做法是將車身拉長，讓電池可以更好地分布在下方，讓車頂線變得較低而與時尚房車的比例一致，而不是像費斯克一樣，試圖把所有東西都融入典型的中型車線條。但馬斯克仍然擔心車頂線突出太高，他指示羅林森讓電池組盡可能地薄，但羅林森擔心路上碎片有時會刺穿車輛底部，如果電池組太薄，電池組的外殼就很容易受到碎片影響。兩人為了幾公釐爭執不休，最終羅林森讓步了。他告訴馬斯克，他會按照執行長的要求盡可能地減低厚度。他撒謊。

羅林森的團隊仍在努力開發Model X，想法子讓神奇的後門成為事實。他們研究賓士的「鷗翼」門，它與馬斯克要求的功能相似，但他們得出結論，他們需要更堅固的東西。Model X的門會更大，需要雙鉸鏈，不僅向外升起，而且可以在中途折疊，就像盤旋飛行的獵鷹。他們選擇會讓門自動升起的液壓系統，乘客不需要動手。為了測試它，他們將樣品門焊接到SpaceX大樓後面的車架上，滿懷期待地按下按鈕。

哇靠，它像獵鷹一樣升起。

「該死！」羅林森驚呼。

這是一個小小的勝利，但即使在完成之後，羅林森也自知他為馬斯克工作的日子已經數得出來了。感恩節到了，他回去英國的家。親近他的人沒人覺得他會回來。當他12月出現在辦公室時，他們都很驚訝 —— 他決定再給特斯拉一次機會。

具體來說，羅林森想向馬斯克展示Model X的概念車，想展現他的團隊

設計出的車門。「伊隆，我這樣做是為了向你證明我做得到。」羅林森告訴他，但「你不應該這樣做。」他認為這個門風險太大，給汽車增加不必要的複雜性，他們已經這麼努力讓Model S進入生產就緒的狀態了，又何必呢。兩人又陷入一場激烈的辯論，馬斯克駁斥了羅林森提出的技術問題。

羅林森擔憂的不僅是車輛堅固性，或當車頂積雪打開車門時會如何；羅林森認為這些門沒有商業意義。他開著這輛概念車兜風，這趟旅程讓他很痛苦。Model X之前的定位一直是基於Model S基台做的一頂簡單禮帽，但它正在膨脹，膨脹到遠不止如此，這表示成本和複雜度都在增加，他不想擔這個責任。羅林森又回家過聖誕節了。這一次他沒有回來。他打電話給馬斯克，告訴他這個消息：他不幹了。

他的離開讓馬斯克措手不及，他在2012年1月上旬還想懇求羅林森回來。財務長雅胡亞試圖做兩邊的和事佬，馬斯克也拜託羅林森的主要副手尼克‧桑普森（Nick Sampson）去勸他。但羅林森終究沒有回來，他在特斯拉已身心俱疲。馬斯克一怒之下連桑普森都給開除了。

羅林森離職的消息拖到星期五才洩露，導致特斯拉股價在盤後交易下跌20%，原因是投資者擔心在距離Model S量產僅剩數月之際，工程部門的領導力卻流失。特斯拉的股票現在已可公開交易，這是馬斯克的第一次嘗到公開市場有多麼無情。投資者看到兩位關鍵副手出人意料地離職，他們對馬斯克冒險的信心動搖了。特斯拉是否能如期讓Model S順利交貨？如果不行，那麼馬斯克承諾已久的經濟型電動車似乎就是幻想。

羅林森的離開並不是特斯拉第一次重大離職事件，也不會是最後一次。

在許多方面，他的命運與艾伯哈德很像。兩人起初都贏得馬斯克的青眼相看，也都為馬斯克提供他需要的東西。艾伯哈德的案例圍繞著一個概念：如何從理念建立事業，但隨著挑戰日益艱難，最後馬斯克對他的執行能力失去信心。而羅林森的案例，馬斯克找到了亟需的專業知識，但他還需要其他；他需要一名執行人員照看量產的啟動，而不僅是新車的開發。

接下來的週一，馬斯克試圖控制壞消息，在紐約市場開盤前召開與記者的電話訪問，將羅林森的離職視為公司發展的新階段，並淡化羅林森是車體總工程師的角色。

「我對下列事項非常有信心：我們首批Model S會在7月交車，交付日期甚至還會更早。」他承諾，特斯拉將在2013年至少交出2萬輛車。

隔天，萊莉提出離婚。那天深夜，馬斯克在推特上發布一則訊息：「這是令人驚嘆的四年，我會永遠愛妳。總有一天妳會讓某人非常開心。」翌日早上，他與《富比士》雜誌的記者通了電話。「我仍然愛她，但我不愛和她在一起，而且我真的給不了她想要的東西。」他告訴記者：「我認為，如果我沒有花很多時間弄清楚第三段婚姻是否可行，就跳入第三段婚姻，這是非常不明智的 —— 我從來沒有打算結一段這麼短的婚姻。最重要的是，我如果要再結婚，就要非常確定，但我當然很想談戀愛，這是一定的。」

14

超級硬漢
Ultra Hardcore

位於加州弗里蒙一個深廣延綿的巨型工廠，將是特斯拉占地550萬平方英尺的製造基地，往裡面走去，平地一個深坑，坑洞大小就像奧運規模的大型游泳池，四周留有拖曳的痕跡，以前這裡應該有做車子門板的大型金屬沖壓機。豐田在離開工廠前把機器整個拉出，留下的大洞成為明顯的標誌，似在訴說前方的挑戰有多深。羅林森的團隊必須從頭開始設計Model S；而現在，工廠團隊必須弄清楚如何造車。

即使對於經驗豐富的汽車製造商來說，開新廠也是一項挑戰，累積幾代人的開廠經驗後，開工廠才漸漸變得容易些。造車是代代相傳的知識，規則和程序刻在固定腳本中。但特斯拉什麼都沒有——除了滴答作響的計時器。特斯拉需要在2012年的夏天前弄清楚製造Model S的方法，馬斯克再次承諾，車子在那時就會出貨給客戶。

馬斯克聘請了造車專家。工廠分為兩個王國：電池部門和車體總裝部。

史特勞貝爾負責電池組的工作，車體總裝部就由前凌志工廠經理吉爾伯．帕辛（就是之前在收購工廠時充當文化橋樑的前凌志廠長）和他的副手達格．雷克宏負責，雷克宏對鋁材有製作經驗，馬斯克想借重他這方面的長才。

他們花了幾個月的時間討論特斯拉要從豐田接收哪些機器、哪些機器要搬走。他們知道，在可能情況下，豐田不會大費周章把已經裝上幾十年的機器拖走，應該會把設備以大幅折扣賣給特斯拉，因為這樣更便宜、更簡單。這對特斯拉來說是另一項天賜禮物，他們不需要從世界各地的不同工廠買來零件再組出機器，而是買下一個入門套件。馬斯克下令將工廠漆成亮白色，機器人塗成紅色而不是傳統的黃色。他與帕辛討論如何裝上巨大的窗戶，為黑暗的工作空間增添光亮。

為了填補廠中那個巨大的坑，雷克宏從密西根一家破產的車廠找到一台便宜賣的巨型沖壓機。把它運來加州的費用比買它的成本更高，但這是很重要的工具，值得付出努力，它將是工廠製造 Model S 的第一個里程碑。

製造車子要從鋁捲運來工廠開始，每個巨型鋁捲重達 10 噸，重量相當於一輛公車。先把鋁片展開，切割成又大又扁的長方形，再送入雷克宏買來的沖壓機，40 噸的模具會將每塊鋁片沖壓成一個 3D 組件，例如引擎蓋。千噸力量砸在鋁上發出如雷巨響，轟隆聲震耳欲聾，這是車廠的節拍器，經過精心調校，以最快的速度施以強力將零件形狀壓入金屬，理論上每六秒可壓出一個。

但帕辛的操作人員正在學習過小車廠的生活。一家大型車廠可能會使用一台巨型沖壓機以一致速度將金屬沖壓在一起，在這樣一個模具上可能會產

出2000個零件。然而特斯拉不需要那麼多，相反地，它要快速換模做其他東西——比如擋泥板，先沖壓出100個零件。這個過程可能需要一小時。然後再花幾個小時沖壓出一個新零件，然後再重複這樣的程序。這狀況與許多工人早已熟悉的工廠作業相比，是一種爬行，每次一連幾天在同一種零件上敲打，形成一隊零件大軍，再把這些零件送到組裝廠，最後造出數百萬輛車。

從沖壓開始，組件一個個運送到車體焊接區，在那裡焊接成車子的框架，然後與外層板材連接起來，為汽車提供皮膚。在每個階段，機械臂跳著協調的舞蹈，以閃電般的速度和精確度執行看似古怪的動作。警示的蜂鳴聲響了，車架從這個站點移動到另個站點，金屬哐噹一響、嗡一聲地焊接，火花四濺，空氣中彌漫著一股刺鼻氣味。在這裡，通過連接、鉚接和焊接，量產車形成了實體形狀。

在這裡，工作人員要學習處理鋁，鋁在當時仍然是一種少見的汽車材料。切割時噴出的碎屑可能會造成車子凹痕，還有些鋁材容易裂開，這表示工作人員無論敲擊或鑽孔都需要冒著損壞昂貴材料的風險。這一切都需要團隊找出正確的節奏。

Model S的車身完成後運送到塗裝區，浸入一個75,000加侖大的電鍍塗料箱中，所有暴露的表面都會黏上一層塗料。塗料箱有電流通過，這個過程可以保護材料免受腐蝕。車體從液體中浮出，送入烤箱加熱到350度固化溶液。之後就可塗上底漆，然後塗上鮮紅色、藍色或黑色的漆，最後上一層透明塗料，讓車體看來光澤明亮。

設置一個全新的塗裝間隨隨便便也要花5億美元，這是特斯拉根本無法

負擔的。雷克宏找到了一家工廠，以大約2500萬美元的價格翻新了原有的塗裝設備，花費比馬斯克預想的約高出1000萬美元，不過那時候團隊已經知道如何說服他們的執行長了。他們跟他說，這筆交易可讓他們擁有更好的機器人，給予未來發展更大的靈活性。「他愛機器人。」一位主管這麼說。

工廠員工越來越多，他們抓到某些關鍵字是失業的門票。「我們學得很快，不能回答『不』這個字，我們訓練員工不要說『不』。」經理說。而是，這些人員已經訓練好要告訴馬斯克，他們需要檢查他要求的所有東西，然後繼續這樣做，直到他最後忘記（或希望他會忘記）── 這是個危險的遊戲，因為他們面對的是對某些事可能有金庫般的記憶，但對其他事可能毫無記憶的人。

新塗裝好的車身離開塗裝區後會進入總裝，進行最後的關鍵步驟：添加擋風玻璃和座椅，最重要的是裝上電池組。這個階段增添難以置信的複雜度，通常需要一小群工人以手工安裝零件。帕辛的工廠需要500名工人；僅一次召募會就有上千人參加，吸引了之前曾在通用與豐田合資的這個廠工作並希望能再次被雇用的人。

無論從哪方面看，這都不是簡單的工作，對帕辛的團隊來說更是如此，因為霍桑的工程部門根本還沒有把車體工程準備好，無法進入工作站做最後組裝。

2012年2月，帕辛收到傑若米‧吉倫（Jerome Guillen）的壞消息，吉倫在羅林森缺席後領導Model S的企畫，他通知，Model S的低速安全測試出現潛在問題。雖然車子通過碰撞測試，但工程師注意到安全組件變形了，這個

部分非常重要，它要吸收發生碰撞時施加在保險桿上的碰撞力。但車子已安排好在下週一也就是僅僅四天後，要去洛杉磯郊外某機構進行更嚴格的測試，他們知道這輛車一定不會通過。

公司只有11輛原型車可拿來進行碰撞測試，考慮到每輛汽車的成本都是七位數，他們無法承受把車子浪費在他們知道明明不會過的試煉上。但要延遲也不可能，因為車子已訂在四個月後就要開始生產。

幾個月前才加入特斯拉的品保部副總裁菲立普・錢恩（Philippe Chain）知道大事不妙，從他長期在大型車廠工作的經驗來看，這種混亂不但會造成新車生產延遲，還會導致長達六個月的內部調查。如果是雷諾或奧迪那種車廠會進行痛苦的汽車屍檢，確定哪裡出錯，找出誰該負責。只要發生這種問題，就會涉及公司內部的人事鬥爭和多層次的官僚主義，過程中會一直開相互指責和浪費時間的會議。

馬斯克沒有這種閒功夫做這些事。他的回答是：「大夥，解決它。」

弗里蒙的團隊與負責設計相關零件的工程師擠在一起，集思廣益要找解決方案。共識很快出現：不需要重新設計零件，只要用強度更高的鋼材即可。一位採購經理在走廊打電話找到了材料 —— 在北卡羅來納州有個重達千鎊的線圈，他們把它在24小時內運到中西部的特殊加工廠去做切割、成型和焊接。但運送途中遇到暴風雪，飛往加州的航班全部停飛，時間又遭拖延。當零件在週六晚上終於抵達工廠要進行最後加工時，說巧不巧，固化材料的烤箱壞了，逼得修理師傅不得不從床上爬起來去修。星期天晚上，錢恩把這件摸來仍然燙手的零件裝進車裡，連夜開車趕赴星期一下午的測試。

努力得到回報：零件通過測試。最後Model S獲得美國國家公路交通安全管理局（NHTSA）的五星級評級。

這種故事最後會變成傳奇，作為特斯拉比競爭對手更靈活敏銳的例子。但它也表示，特斯拉的研發部門無法在一開始就防止這類錯誤發生，因為它優先考慮的是開發速度而不是製程，而製程在傳統汽車廠是神聖不可侵犯的。所以會有測試，那些痛苦的、反覆的檢查動作都是為了揭露錯誤，不僅是找出現在的錯誤，更是為了阻止未來的錯誤。

特斯拉當然不想在安全問題上冒險，但如果解決問題意味著放慢量產時間表並且要付出延遲的高昂代價時，馬斯克寧願稍微放過一些品管問題。例如，某德國車廠花了兩個多天把車子開了600萬英里，藉以發現可能出現的任何問題。特斯拉沒有那個時間。相反地，錢恩領命必須在六個月內完成相當於一百萬英里的道路測試，以發現潛在問題並解決。但就算是這種短期的道路測試，要馬斯克批准的條件也是在不能影響生產的情況下才可以進行。這表示在測試期間發現的問題會在車輛開始投產後才暴露出來，但後期更改就會增加成本，要把已售出的車輛召回進行修復。從各方面看，特斯拉造的是一台飛機，馬斯克正開著它沿著跑道起飛。

更複雜的是，馬斯克仍在對汽車進行個人偏好的外觀改造。在進入生產前幾週，他下令要把輪胎做得更大，因為他覺得這樣看起來更好看。這種改變引起工程師的抗議，他們擔心現在還要再去調整車輛的防鎖死煞車系統會很複雜，更有縮短電池續航里程的風險。

有幾次，他似也承認他的要求很難。那年6月，當車子就快進入生產

的一個深夜，馬斯克對全公司發了一封電子郵件，就是那種以共同使命感來團結公司發展的信。在這封和員工的談話信中，他很快就分享了這些挑戰對他的影響，他把姿態放低，而這種軟化的態度對某些人來說就是真情和激勵。對於很多人來說，這是他們第一次開發車子；他不會粉飾這有多難，Roadster的瀕死傷痕仍然深深烙印在他身上。他的郵件標題是：「超級硬漢。」隨後跟著一則警告：「在接下來的六個月，在不影響品質的情況下擴大Model S的生產規模一定需要極大努力。這件事情比你們大多數人以前經歷過的任何事情的強度更強，請你們做好準備。創新這行並不適合膽小的人，但沒有什麼比這更有價值、更令人興奮的了。」

車子設計還在不斷變化中。如果帕辛對組裝線的配置資訊什麼都沒有，只能用猜的，就算猜得神準也不夠他配置出一條昂貴的裝配線。因此他和團隊想出一個聰明的點子，用自動推車把組件從一個工作站移動到另一個工作站，讓磁帶引導推車在廠區內移動。最後證明這一解決方案十分有先見之明，因為最終設定的工作站數量是最初估計的兩倍多。車子開始生產時，組裝部門大約有500名員工，在工廠二樓也有相同數量的員工手工組裝電池組。

為了方便媒體拍攝，也為提供客戶試乘體驗，特斯拉在2011年秋季有一場試運行，邦妮‧諾曼也是當天來體驗的客戶之一，當她把車停在工廠，看到牆上特斯拉的大標誌時，她淚流滿面。在試運行之後，到了2012年7月，特斯拉組裝出10台車，是手工組的，不是機械臂做的。每一輛精品手工車都

會移交給投資者，例如史蒂夫‧尤維特（Steve Jurvet）的兒子，他是早期的董事會成員，與馬斯克關係密切，除了特斯拉外，他還投資了包括太陽城等其他馬斯克的企業。工作人員幾乎不間斷地工作了一個月，收工時間大多在凌晨3點；從沖壓機出來的每一塊面板都必須由工人揮舞著錘子敲打成形。進行總裝時，車板狀態非常糟糕，甚至連後車廂的蓋子都關不上。但他們每天都在努力變得更好更快。依據內部規畫，馬斯克的目標是到年底每週可生產500輛車。

到了8月，他們已經製造了50輛車。如果是通用或豐田，就會考慮用這些早期原型車來測試生產線，花數月時間調整流程，確保正式生產開始時，離線的每輛車都可以直接進入汽車展售廳。特斯拉不會這麼做。早期產品被認為可以銷售，但僅限於與公司關係密切的人，例如尤維特，因此工程師可以了解問題所在並繼續調整。經理人員知道這些車有問題，尤維特的車很快就拋錨了。（公司派了一輛平板卡車把它運回來，用布蓋住Model S，以免向世界宣布全球首台Model S 已經掛了的消息。）特斯拉成立一個測試團隊，讓每輛車跑100英里，尋找問題並查看電池是否過早耗盡，他們內部病態地稱此事件為測試「嬰兒死亡率」。史特勞貝爾的電池組有些存在冷卻液外洩的問題，情況一發生電池就沒用了。

車身外面的面板也有很多縫隙，這些缺陷對車迷來說是很突兀的，傳統汽車公司不可能讓這些車子從工廠出貨，但特斯拉的員工用木槌和泡棉進行補救，直到把零件安置好為止。

另一個令人困惑的問題是漏水。車子從生產線做好最後離線，再進行

漏水測試，但過程中因為漏水而毀了一些內裝。組裝部門只好重新安排組裝線，讓車子先做漏水測試，再安裝座椅。但令人沮喪的是漏水狀況很不一定，這表示可能是車子在組裝上出了問題。

為了此事，提姆‧瓦金斯回到弗里蒙來幫忙，他曾經幫忙診斷Roadster的成本問題，也在2010年組建過銷售團隊。但此時低調有禮的瓦金斯已聲名在外，他總在特斯拉倒楣的時候出現，看到他，就像是某種厄運的兆頭。有人稱他為狼，有些人在背後叫他劊子手，因為黑衣人一出現，可能就有人要被處決。

瓦金斯回頭檢視工作流程，他覺得工作站的工作沒有標準化，這是因為車輛設計也一直在變。如果沒有標準化的流程，就很難知道問題是出在組件安裝，還是出在心知肚明的設計缺陷。通常造車步驟會提前數年制定，經過無數次測試；認證後會記錄下來成為工作手冊，要工人背下來。但特斯拉沒有這樣做，所以每個工人有自己一套執行流程。

瓦金斯認為他知道答案。他去訂了GoPro攝影機，裝在工人身上記錄他們的作業步驟。然後作逆向工程，回去追查他們是怎麼造車的，這樣就可以找出解決問題的方法。他們還實施「夥伴系統」（buddy system），後面的站點要檢查前面站點的工作。品保主管錢恩後來寫下他的經歷：「任何汽車製造廠都認為無法接受的事被馬斯克視為製造進程的一部分，馬斯克相信，只要開的是一台真正創新的車子，車主的用戶體驗會蓋過車子的各種小毛病，反正到最後它們一定會被修正，也許真是如此。」

隨著時間過去，特斯拉發現自己正捲入美國政治中。2012年的總統選戰愈演愈烈。美國總統歐巴馬尋求連任，論述重點放在他救了通用汽車並殺了賓拉登。前麻州州長、共和黨參選人羅姆尼（Mitt Romney）則瞄準歐巴馬對綠色企業提供數十億美元貸款的政策攻擊，其中包括特斯拉在2010年得到的救命錢，這些錢還在付Model S的費用。在兩人第一次的辯論中，羅姆尼攻擊歐巴馬金援特斯拉、費斯克和索林達（Solyndra）。羅姆尼說：「我有個朋友說，『你不是在選贏家和輸家；你選的都是失敗者。』」

太陽能板廠索林達是特別美味多汁的攻擊目標。它同樣位於弗里蒙，是政府培植的手心肉，從歐巴馬政府手中拿到5.35億美元的貸款。但因為中國製的太陽能板充斥市場已經過剩，歐洲對太陽能板也不再補貼，以致需求減少，索林達陷入發展困境，在一年前已申請破產保護。

費斯克也同樣在掙扎，根據與特斯拉相同的計畫，能源部也向這家電動車新創公司發放了5.29億美元的貸款，但由於擔心業務的可行性，已在2011年底暫停發放這筆資金。費斯克推遲了豪華房車Fisker Karma的發布，推出後的銷量又遠低於政府貸款協議定下的基本銷量。當Karma在市場進行販售時，費斯克無法解決車子的質量問題和零件短缺的問題。它幾乎一切都仰賴零件供應商，最後走上破產之路。結論很清楚：費斯克將太多的業務控制權拱手讓給了其他人。

特斯拉與美國能源部的關係也很緊張，但它的問題不一樣：馬斯克押注把Model S的控制權盡可能地握在手上。在弗里蒙的車子生產延遲，意味著特斯拉一直押寶的收入還沒有回收。2012年夏末，帕辛的團隊拚命提高產

量，特斯拉才做出本季車輛預售額的一半。到9月底，它已將產量提高到每週100輛。但帕辛需要做得比這更好，才能兌現馬斯克對投資者的承諾，可以在今年最後三個月向客戶交出5000輛Model S。

動作緩慢的影響可以從公司的財務中看出——營運成本飆升。財務長雅胡亞曾在年初預測公司的**最壞**營收，但現在比預估還低4億美元。雅胡亞面臨的問題是，公司把營收計畫全押注在車子能夠出廠、再迅速交到買家手中，然後拿到錢，讓特斯拉在帳單到期前支付買零件的錢。但現在不但沒做到，工廠反而更努力使用零件來造車。手頭現金已少到只剩8600萬美元。為了省錢，特斯拉的帳單堆積如山，應付帳款比一年前翻了一倍。

這個情況撐不久，馬斯克不得不再次籌錢。他必須賣更多股票維持營運，直到工廠能讓Model S順利交車。但現在與2008年不同了，如果他私下尋求融資，特斯拉的行動就會被放在顯微鏡下檢視。就在歐巴馬與羅姆尼舉辦丹佛辯論的那週前，《紐約時報》對特斯拉的困境進行大肆報導，緊接著特斯拉又宣布計畫出售更多股票來籌錢，並降低營收目標。公司現在希望能在2012年的最末三個月向客戶交付2500至3000輛Model S——這個產量對這家小公司來說是驚人的增長，但仍遠低於之前的預估值。「特斯拉的故事開始出現一些嚴重裂痕，」一位分析師告訴《紐約時報》，「這表示募資是必需，不是奢侈，這就是特斯拉一貫的態度。」

總統辯論前，馬斯克試圖進行損害控制。他在公司網站上發表一篇長文，表示媒體誤解了他籌集資金的動機，這是為了應對自然災害做的準備。他指出，最近特斯拉有個供應商的工廠被水淹了，這件事影響了零件無法如

期送來工廠。

儘管馬斯克已經擺出他最好的公眾形象，但很明顯，特斯拉陷入困境，不斷被拿來與倒閉的公司相提並論，馬斯克不得不轉移注意力，他告訴記者，特斯拉的資金拿來做Model S綽綽有餘。

「你最多只能說索林達的高層過於樂觀了。」他在華盛頓特區的新聞俱樂部如此告訴記者，有意無意地秀出自己的底牌。「索林達在最後幾個月已經表現得比它應該表現的要好，但如果那時候他們不這樣做，就是一個自說自話的預言 —— 只要公司執行長說，我不確定我們能不能活下來，你就已經死了。」

15

一美元
One Dollar

　　說話輕聲細語的財務長雅胡亞已經把算數算好了。距離2013年只剩幾天，在這一年裡，特斯拉僅交付2650輛Model S —— 遠低於第四季的預測。不過，其他面向正在好轉，他們成功籌集資金，為自己爭取到時間。到了2012年底，帕辛在弗里蒙的團隊已經可以達到每週400輛車的生產速度。為了追蹤所有問題，Model S企畫總監傑若米·吉倫保留了每輛車及所有問題的巨量電子表單。工程師受指派處理這些問題，他一天檢查兩次，直到工程師解決每日功課。他們達到每週400輛汽車的里程碑，只比預期的晚了幾個月，但他們為做到這一目標感到自豪。

　　現在工廠以可靠的速度生產汽車，特斯拉必須把車賣出去。然而，儘管有數千份已經付了5000美元的訂單，但銷售團隊依然還沒有把車交給車主結案。馬斯克公開把這件事歸咎於要在聖誕假期交車給客戶實在是一大挑戰。無論這說法是真是假，但事實是這家公司自成立以來第一次手上有數百輛未

售出的車。

今年年初，馬斯克告訴華爾街，他預計特斯拉將在今年第一季開始有小幅盈利。所謂「小幅盈利」，它的意義是一種圖騰。馬斯克的話暗示，在虧損超過10億美元後，公司現在處於獲利邊緣。如果他們能夠召喚出銷售量，他們將達到一個極其重要的里程碑。這表示馬斯克的夢想是可能的，特斯拉不僅僅是一台吃錢機器。然而，另一個季度就像他們在2012年末看到的那樣，公司將再次出現資金短缺。這一次還不清楚是否有任何求助對象。若無，他對大眾市場電動車的夢想幾乎肯定結束。

雅胡亞思考這些數字的意義。如果特斯拉在2013年的前三個月交出4750輛Model S，這幾乎已是工廠能產出的全部車子數量，如此，他們將獲利一美元。沒錯，他們正是要這樣做。

馬斯克轉向主管全球銷售的副總裁喬治‧布蘭肯希普，給出明確指示：「我們只要賺了一美元，我們就有了一家公司。我們損失了一美元，就是另一個虧損的季度──也就是，這家公司就沒了。」

在許多人的身上都可看到他們多年來為推出Model S所付出的代價。負責擴充公司員工的徵才幹部里克‧阿瓦洛斯曾引誘很多家庭來矽谷特斯拉這裡工作。他看著他們埋頭苦幹卻漸行漸遠，在節日聚會上，他會遇到不開心的配偶並得到冷冰冰的回應：「哦，你就是我們來這裡的原因？」

「他們是否離婚，還是辭職離開？有很多家庭破裂，」他回憶道：「心裡真的很難受。」

許多人因為賭上特斯拉可能會變得更大而接受減薪換工作。阿瓦洛斯還提出股價會直上50美元的願景。然而就在他們為Model S奮力掙扎時，特斯拉的股票幾乎沒有提供任何安慰。阿瓦洛斯召募了一位律師，他加入時減薪近70%，股價真的必須飆升才能抵消這個損失。

儘管面臨挑戰，馬斯克還是有辦法鼓舞他的公司員工。有一天聚在一起吃蛋糕，他告訴他們，他們需要繼續往前，他們需要推出Model S，然後是它的下一代，就是可以使它成為主流的**那台車**。

「我知道我對你們要求很多，而且我知道你們都非常努力，」馬斯克告訴他們。「我也希望我能告訴你，我們不必更努力，但沒辦法，我們**必須**更加努力。如果我們不這樣做 —— 註定會失敗，我們將身陷火海。」但是，他補充，「如果我們更努力，這家公司的股價可能到達美股200或250美元。」

阿瓦洛斯看著他的經理，經理聳聳肩，好像在說「他真的他媽的瘋了」。招聘人員覺得對每股50美元就很滿意了，這是他向許多家庭承諾的價格。從2013年開始特斯拉的股價徘徊在35美元左右，也就是上漲了50%。價值250美元的股票聽起來像一種幻想，意味著公司市值會是280億美元，這是福特汽車估值的一半，完全無法想像。

如果這個企業無資財、無獲利，還有什麼企業文化可以維繫員工？有件事可以：車子。特斯拉在前一個秋天得到驚人的好消息，著名的《汽車趨勢》雜誌在比較過入圍的25款汽車後，將年度汽車大獎頒給了Model S，於

當年11月震驚汽車業界。雖然通用汽車和BMW一直在努力討好評審，但特斯拉獲得殊榮，這就像在告訴那些經典油車發燒友，馬斯克的車無法輕易忽視。

報導很精采：封面放了馬斯克、Model S，以及1月專刊的標題「電擊之神！」在文章中，他們吹捧了性能、操控性、內裝舒適性和外觀，得出結論：「特斯拉Model S的存在本身就是對創新和企業家精神的證明，這些特質曾讓美國車業成為世上最大、最富、最強的產業。在2013年的《汽車趨勢》經過11位評審投票一致通過，首次選出這款由剛入行的汽車製造商從車輪開始自力設計的車，值得大肆慶祝。證明美國仍可以製造出東西，很棒的東西。」

正當財經媒體鉅細彌遺地陳述特斯拉的財務困境時，另一邊卻好評如潮；讚譽與唱衰並行成為特斯拉未來幾年的宣傳標誌[13]。就是如此，這就是馬斯克從一開始就追求的那種讚譽，他逼著團隊不僅要製造最好的電動車，還要製造超越市場上全部車輛的好車。

在紐約市舉辦的答謝用戶活動上，布蘭肯希普和馬斯克慶祝勝利。情緒激動的布蘭肯希普談到特斯拉的使命，那些曾被認為是不可能的任務，但現在特斯拉卻站在成就大事業的交界。「我們的事業不是為了今年、明年或未來兩年，」他說，聲音因為情緒激動而破音。「這裡發生的事比那些更大、

---

13 作者註：這段時期也是馬斯克個人生活狀態得到改善的日子。他與萊莉離婚數月後，在那年秋天，她又回到他的生活，她告訴《君子》（Esquire）雜誌，她的角色是防止他會得到「成王瘋」（king-crazy）。她詳細闡述了這個詞的英文意義，「意思就是某人成為國王後就會發瘋。」他們在2013年再婚。

更大。我們做這些事是為了你的孩子、你的孫子。」

「我相信今晚是催化劑，我將它視為助力，證明我們公司已能從爬到走，更準備好要跑了。」

布蘭肯希普在全球展店計畫上做得非常出色，他擴大了特斯拉的全球足跡。到2012年底，才花不到兩年時間，特斯拉已經開了32家門市，且計畫在未來6個月內再開20家。僅在2012年的最後三個月裡，布蘭肯希普就開了8家門市，其中包括邁阿密、多倫多和聖地牙哥等令人眼花繚亂的新店。同時，銷售團隊統計2012年末三個月的來店人數超過160萬 —— 幾乎與當年前九個月的來店人數一樣多。對於一家甚至沒有在電視廣告上花錢的公司來說，這反映了大眾驚人的興趣。

但是當人們開始進入店裡評估挑選時，出於某種原因，他們並沒有轉換品牌。銷售經理查看了取消率，結果很嚴峻。特斯拉正面臨銷售負增長；訂了Model S後，取消訂單的數量超過沒取消的數量。因為害怕，即使對於那些相信特斯拉使命而且認為這部車很棒的特斯拉員工來說，購買這輛車也會感到莫名的害怕。因為對許多人來說，汽車是他們花最多錢購買的品項之一。強調性能的Model S更是如此，這款純電動車由一家剛成立不久的新車廠推出，零售價格為106,900美元，這個數字已遠遠高於馬斯克在2009年首次展示這款車時的承諾，那時車上的標價不過50,000美元。如果他們的車壞了，特斯拉還會來修理它嗎？

與賣Roadster一樣，特斯拉需要一支銷售大軍，需要他們飛身救援，減輕消費者的內在恐懼，讓那些看來臉面有難色的人變成買家。特斯拉再次求

助萬能善後專家提姆‧瓦金斯。

　　瓦金斯組織了一次全體動員的銷售活動：徵才部門的員工被派去打電話給潛在客戶，聯絡「舉手者」，就是那些只要有來探聽過想買Model S的顧客，之後再由人資部門處理訂單。與此同時，由布蘭肯希普負責交車事宜，以緊迫盯人的態度將每輛車送達客戶手上。公司會計規定，在車主拿到車之前，不能視為已售出。他用白板追蹤需要跨州運達的車輛，有一輛載有六輛車的卡車在中西部翻覆，十分鐘後，布蘭肯希普接到告知壞消息的電話，他讓助理把這批車子從白板上擦掉 —— 它們不會在本季交付。

　　幸運的是，很多客戶住在加州，能夠加快交貨速度。每天晚上午夜前，布蘭肯希普都會發給馬斯克一封附有統計數據的電子郵件。

　　「不錯，更多了。」馬斯克某一天這樣回應。

　　第二天會說，「太少了，太慢了。」

　　在本季結束前的一個星期二，布蘭肯希普覺得他們正在達標的路上，所以發了封email給馬斯克報告最新消息。

　　「這看起來很有希望。」他回答。

　　布蘭肯希普的電子郵件變成每小時更新一次，全公司收到副件的人越來越多。在本季最後一個星期六，第4750輛汽車於下午3點送達客戶。布蘭肯希普急著發出電子郵件，筋疲力盡，他在電腦上打開《洛基》的主題曲，把聲音調到最大。

　　一名助手轉頭對他說：「喬治，我們這裡才剛開始。」

　　從那天下午到復活節週日結束，他們又交出了253輛車。僅在當月，銷

售額就飆升至3.29億美元，超過特斯拉在2011年全年的銷售額，達到2012年總收入的80%。

只要銷售的水龍頭打開，就會有加乘效應。美國有些州如加州嚴格規定車廠賣車必須符合「零排放車輛計畫」（ZEV Program），未達標的公司可向其他達標公司購買超額積分以減輕罰款，特斯拉的每一筆銷售都是達標的，所以在第一季，特斯拉賣出的積分獲利約占銷售額的一半，從其他汽車公司那裡獲得6800萬美元——這是純利潤。換句話說：特斯拉在2013年前三個月賣**ZEV管制積分**的收入比去年全年高出68%。

正是這種推動力讓特斯拉突破界限，實現有史以來第一個季度獲利。這家只希望淨賺一美元的公司反而在報告上出現1100萬美元的收益。馬斯克抑制不住自己的興奮，當天晚上在推特分享一份新聞稿，隨後發了一則推文，指出他人在加州，當天是3月最後一天的晚上，所以這不是愚人節玩笑。

回應他的是，特斯拉的股價開始飆升，幾乎每天都在上漲：每股43.93美元、44.34美元、45.59美元、46.97美元、47.83美元。然後在4月22日，那天股價收在50.19美元。招聘幹部阿瓦洛斯簡直不敢相信，衝到外面呼吸新鮮空氣，淚水湧出；一股如釋重負的感覺湧上心頭。他們做到了，他沒有讓那些人誤入歧途。

公開上市顯然對特斯拉有利，就算有管制積分的幫助，特斯拉能造車也能獲利的能力證明或許其他一切都是有希望的——為大眾家庭提供他們負擔得起的電動車，這個夢想是可行的。

但前幾個月的經歷似乎讓馬斯克感到不安。再一次，特斯拉的錢又快用

完了。更糟糕的是，生產汽車的必然挑戰似乎讓投資者感到不安，這是特斯拉在2008年推出Roadster時所沒有經歷過的事。馬斯克向他的員工抱怨公司不得不迎合市場的風吹草動，一舉一動都遭斷章取義，反應過度；當他想的是未來幾十年時，大眾關注的焦點只在下一季。

監管機構也加強了審查。馬斯克的朋友兼董事會成員格拉西亞斯和他的公司Valor創投正在接受美國證券交易委員會的調查，因為他們大約在一年前把特斯拉的股票賣了一波，此舉正好發生在某位大股東拋售特斯拉股票、引起市場不安並導致股價下跌之前，而當時羅林森的意外離開已經引發關注。雖然Valor創投為自己的行為辯護，但賣股時機對某些人來說似乎太巧合。美國證交會雖然最後選擇不對Valor創投提出任何索賠，但前提是特斯拉已經被報了一輪負面新聞了[14]。

這一切都留下了不好的感受。總而言之，馬斯克似乎對公共市場有了新的想法。2013年6月7日凌晨1點，他向SpaceX的員工發出一份備忘錄，到目前Space X仍屬於私人持有，一些員工無疑期待著上市後的發薪日。但不會了，馬斯克宣布，至少不會很快上市。他寫道：「基於我在特斯拉和太陽城的經歷，我不願意把SpaceX公開上市，尤其是考量到我們的工作有長期性。」

對於那些沒有關注特斯拉連續劇的人，馬斯克闡述了他的想法。「上市

---

14 作者註：據第三方知情人士透露，那一年年末，美國證交會來信通知Valor創投，它不會對他們採取任何法律行動。

公司的股價，特別是涉及技術的重大變化，會經歷極端波動，這可能出於內部執行的原因，也可能出於與經濟無關的原因。這會讓人們被股價時躁時鬱的天性分散注意力，而不是去創造偉大產品。」

特斯拉達成了一項巨大的成就。但現在，車胎真的下地了，行與不行立刻揭曉，這些年來所有的汗水和犧牲都將受到考驗。一切都已不在特斯拉的掌控範圍，他們只能屏息，等待車主說話，並希望接下來會有更多正面的評價。

如果馬斯克是對的，竊竊私語就開始了，發起一場口耳相傳的病毒式行銷。然後《消費者報告》（Consumer Reports）出現正面評價，這是什麼背書都比不上的。《消費者報告》是消費者聯盟（CU）的非營利性刊物，報導範圍從汽車到洗衣機無一不包，目的在指導讀者了解產品。《消費者報告》與《汽車趨勢》的不同在於它以保密性和獨立性自豪，它不走免費試駕的路線，而是在不同地點祕密地以個人身分自費買車，然後測試，看車子是否通過挑戰。它對車子會做50種不同的測試，在每個測試中建立大量數據。評測結果甚至可影響汽車製造業高層主管職業生涯的成敗。長期以來，底特律的汽車公司一直抱怨這本雜誌偏愛日本車，儘管他們煞費苦心提高自己的排名。

因此，當《消費者報告》宣布Model S獲得在滿分100分中拿到99的高分時，業界無不注意，這真是驚人的結果。在這本雜誌的歷史上，只有一輛汽車獲得如此高分：凌志的大型房車Lexus LS。評論一反常態地流露興

奮感，認為 Model S「充滿創新，提供世界級的性能，並且自始至終關注細節，令人印象深刻。《回到未來》的主角馬蒂，應該會把這台車帶回去取代 DeLorean。」

去年秋天《汽車趨勢》的背書把特斯拉提升到與經典油車相提並論，但《消費者報導》這篇評論更顯重要。它向主流買家表示，Model S 不是某種科學實驗（例如費斯克的 Karma，它得到 57 分），而是一款可以與全球指標車商相媲美的車子。重要的是，這篇報導還告訴買家，這輛車有「足夠的安培力」用於日常跑腿和「走漫長而曲折的回家路」。

最後一點無疑讓有里程焦慮的消費者放心，特斯拉已經趕著在加州和美國各地的主要高速公路上建造專屬充電站，目標是讓公路旅行者可以從洛杉磯一路開到紐約市，不必擔心找不到地方充電。更好的是：特斯拉充電免費。

在馬斯克召見布蘭肯希普的那一天，特斯拉正值高點，似乎才剛實現了銷售奇蹟。儘管這些成功無可否認，但兩人都認為是時候讓布蘭肯希普放手對銷售組織的管控了。在第一季銷售幾近崩潰後，馬斯克與布蘭肯希普的關係變得緊張，執行長對他心懷怨懟，覺得自己一直被蒙在鼓裡，銷售主管沒有告知全部的麻煩。「為了讓特斯拉取得成功，你需要在每個職位都找到最好的人選，」布蘭肯希普說：「就銷售而言，我不是那種人。」布蘭肯希普覺得很累，既然功成了，就可以退休了。[15]

---

15 作者註：布蘭肯希普在替特斯拉在海外開了幾家門市後，才「再次」退休。

馬斯克可能一直很享受這一刻，但他不想再次措手不及。2013年的特斯拉已經不是2009年的特斯拉，那時它才剛走過金融海嘯。馬斯克已經著手按照自己的想法重建特斯拉，希望先推出Model S，走上通往Model 3的道路。他建立了一種由冒險者全員集合共同面對的文化，團隊膨脹到近4500人。

　　隨著成長而來的是距離：他不再像以前那樣完全掌握脈搏。他要直接控制全部已漸漸不可能，在給員工一連串的電子郵件中，他提出了他的期望，管理者不應該阻礙資訊流動。「當我說如果經理們採取不合理的行動阻止公司內部的資訊自由流動，他們會被開除，我不是在開玩笑。」他寫道。在另一封訊息中，他向員工保證，有事可以直接找他談。「你可以在未經允許的情況下與你的經理談話，也可以直接去找另一部門的副總裁談話，你可以找我談，你可以在未經任何人許可的情況下與任何人談話。」他在另一封信中又寫道：「此外，你應該認為自己有義務這樣做，直到這件事變成對的。這裡的重點不是隨意閒聊，而是確保我們執行得超級快又好。」就是如此，但在這一切的背後隱藏著一個訊息：雖然特斯拉變得更大了，但變大並不意味著馬斯克不想全面控制每一個階層。

　　為了能更有效地管控公司財務，馬斯克推行一項與政府能源部切斷聯繫的計畫。如果能源部的貸款會成為政治避雷針，馬斯克希望盡快擺脫它們。此外，他已經厭倦了政府援助對他的限制，作個商業決策還要不斷地請求批准，他要花特斯拉的錢還有一堆限制。那年到現在，特斯拉的股價已經翻了

三倍多。投資者的熱情給他機會籌到破紀錄的資金，他也把握住這機會，藉著公司債和賣股票，他大概募到了17億美元，募到資金就把向政府借的貸款提前數年償還。馬斯克宣布，剩下6.8億美元，加上他預計可以從賣Model S獲得的現金，足以讓特斯拉推出從Model S平台造出的SUV車款Model X，最後，他要做特斯拉的第三代汽車 —— 針對大眾的車，承諾售價為30,000美元，並將改變車界布局。這款大眾車款在內部稱為「藍星」，但很快改稱Model 3，馬斯克期待它的開發成本將會是10億美元。

　　這一切都為特斯拉帶來難得的勝利時刻。但很少人知道，也許更令人驚訝的是，特斯拉本可輕易走另一條路。就在幾個月前，馬斯克在公司狀況更不好的時刻，曾考慮放棄這家他為之流血流汗的公司所有權。他悄悄聯繫了他的朋友、Google聯合創始人賴利・佩吉，提議把特斯拉賣給google —— 可能以60億美元的價格，另外再加50億美元開支。作為交易的一部分，馬斯克尋求50億美元來擴建弗里蒙工廠，希望能繼續經營這家特斯拉8年，以確保特斯拉成功生產出第三代的大眾汽車，在那之後他會在特斯拉扮演什麼角色，就隨人猜測了。

　　但是當年第一季交車後，與Google的談判很快就破局了。特斯拉不需要賣掉，馬斯克又成功了一次。

16

巨人歸來
A Giant Returns

　　丹‧艾克森（Dan Akerson）不想讓人看到他開著特斯拉Model S在底特律街上跑。但2013年已經過了一半了，通用汽車執行長要知道這台電動車到底在紅些什麼，能讓它被《汽車趨勢》選上年度汽車。這個頭銜雪佛蘭Volt也拿過，那是通用汽車對特斯拉的回應，他們早在兩年前就贏過了。儘管得到巨大成功，但Volt的銷量仍然落後，而同時，Model S卻讓特斯拉的第一季產生利潤，還為Model 3增加了可能性，這讓人覺得馬斯克想為一般駕駛者推出下一代電動汽車的想法也是可信的。特斯拉在2013年上半年結束時售出13,000輛Model S，股市估值達到127億美元，是年初的三倍多。馬斯克甚至認為到2014年，Model S的年度銷量會達到35,000輛。

　　2009年金融海嘯後，通用汽車破產重組，前海軍軍官及電信公司主管艾克森銜命進入這家汽車製造商的董事會。2010年秋天，就在特斯拉首次公開募股刺激股市上揚後幾週，他成為通用汽車的新任執行長，並再次帶著通用

上市。從他在董事會上任的頭幾天開始，艾克森顯然並沒有在通用汽車裡找到什麼吸引人的東西。雖然破產消除了數十億美元的債務，也使通用汽車的財務基礎更加穩固，但艾克森確信通用一定要注入新的思維。留任的主管似乎太內向、太慢，無法適應一個不允許傳統車商緩慢前進的世界。

Model S受到底特律的祝賀，艾克森又看到了那種笑，那種當年美國汽車巨頭為豐田汽車露出的假笑，那時候日本車商還是汽車界的新貴。他看到了通用之後的下場，知道是時候該好好探查一番了。

對汽車專家來說，特斯拉會失敗的原因有一長串，在他們眼中，特斯拉只會一招半式，註定要失敗。是的，特斯拉推出一款驚人的Model S，平均售價為10萬美元。但中間花了數年時間，馬斯克和他的團隊費了好久才把這款車推到市場。下個產品將受到更多限制，為了迅速推出下一代，公司將面臨更大壓力，而且同時要繼續製造Model S。馬斯克能否讓這些大話牛皮不被吹破，不在開發新車的時候面臨破產？這不太可能。

儘管如此，艾克森仍堅信通用汽車的研發團隊太老派守舊，只會把時間花在看不到未來性的企畫上，依舊被現代歷史工業化造車的想法束縛，例如，通用EV1。通用汽車曾想過將電池放在汽車下方那塊長得像滑板的扁平車架上，但通用汽車設計Volt的工程師放棄了這個想法，轉而採用T形電池組，把它安裝在車子後艙，吃掉了後座空間。特斯拉抓住了滑板電池組的想法，用它來打造Model S的寬敞車艙，但這件事是通用先想到的，憑什麼特斯拉獲利？

成為通用執行長後不久，艾克森特意參觀了位在底特律北邊沃倫郊區占

地廣大的研發中心。他發現團隊多是碩士或博士；每一次研發出新的專利都是他們職業生涯的新高點，通用除了祝賀外還會發研發獎金。若論起全美擁有最多新專利的企業，這家汽車製造商每年都會擠進排行榜——僅2013年一年，通用在研發上就花了72億美元。艾克森身為執行長理所當然應該到沃倫研發中心祝賀新專利持有人，他與一位在通用已獲多項專利的工程師合影留念。但他們的創新並沒有用在通用汽車上。艾克森頓時心中一把火，怎麼會這樣？

另一個一直在糾纏艾克森的問題是，他認為通用汽車未能充分利用車輛內建的智慧通訊科技。面對1990年代個人科技興起，通用為此開發了OnStar系統，這是一種由汽車傳輸的電訊網絡，可以讓駕駛直接向即時客服人員尋求幫助或指示。馬斯克已經證明，車用電訊系統可以用在更多用途。特斯拉的Model S 就是利用這種方式或以家用的無線網路更新車用軟體。所以就算車子被賣出，遠端的工程師和程式設計師還是可以對它進行更新，不需長途跋涉跑到店裡去維修。例如，車子某個零件也許磨損了，但如果透過工程師更改汽車執行碼減少對它的扭矩，這個零件就可能保存下來。

這種技術在2013年秋天對特斯拉來說至關重要，當時Model S發生一連串起火事件，讓人們對它的安全性產生疑慮，畢竟這是一部有數千個鋰電池的車子。Model S第一次的起火事件發生在10月，地點在西雅圖附近。一輛Model S輾過路上不明碎片，碎屑撞到汽車底部，刺穿汽車電池組（這證明了羅林森早先的擔憂，當時羅林森就是為了這個，和馬斯克為了幾公釐的汽車高度爭論不休）。沒有人受傷，但消防單位努力撲滅大火的過程被手機拍

下來在網路瘋傳。Model S的第二次起火發生在墨西哥，第三次起火在11月發生在田納西，連串事故引起美國國家公路交通安全局的注意。這些報告引發了人們長期以來對鋰電池作為車子動力系統的安全性擔憂——這是特斯拉自己的工程師從一開始造車就一直想解決的問題。

這種爭議，也讓通用汽車的工程師開始擔心起他們自己的汽車；擔心得有理。特斯拉股價暴跌。最重要的是，那年秋天，那位早期對特斯拉懷抱熱情、總被特斯拉拿來宣傳的演員喬治·克魯尼在《君子》雜誌上大吐苦水，抱怨他的Roadster不怎麼可靠。「我有一輛特斯拉，我算是一開始就買下特斯拉的那幾隻小貓之一，我想名單上我大概排第五吧。但我告訴你，我坐進那東西卡在路邊好一陣子。然後我對他們說：『你們看看，為什麼我總是卡在這XX的路邊？把它修好啊，隨便你們用什麼方法。』」

特斯拉的工程團隊開始行動。他們研究起火事件，他們知道車子高度較低、離地面較近，碾過東西時增加了刺穿電池的可能性。其他上千部汽車可能會輾過相同的道路碎片，但由於車身底部比特斯拉高出兩三公分，因此損壞機率驟減。特斯拉工程師計算出，如果他們利用汽車的懸吊系統將車身抬起一點點，被碎片撞到的機會就會減少。他們更新軟體，在那個冬天發送給全車隊。它奏效了，給他們掙得幾個月的時間，好設計出更厚的底板保護電池組。同時間，車子起火的報導也很快消失了。

通用的電動車並不具備如此靈活性。儘管雪佛蘭Volt是通用汽車的優勝者，至少在向政府和公關領域取得資金上它是贏家，但艾克森沮喪地看著這輛車，因為它不夠潮。他有一輛Volt，並認為這部車令人印象深刻，他會向

他的高爾夫球友炫耀他很少買汽油但仍然可以把車開上公路。是的，通用汽車造出獨特的東西，但這台被他們以41,000美元（這是還沒有扣除聯邦稅收抵免7,500美元之前的價格）上市的家用房車，不管在外觀、性能和寬敞度等方面都做了妥協，後座只能坐兩個人，的確可以進行公路旅行，但並不令人愉快。

Model S就不是這樣了。它的外觀與保時捷相當，內裝與賓士E級轎車同級。真正令人興奮的是：特斯拉的電池續航里程幾乎與Volt**用油時**的續航里程一樣好。馬斯克的願景就是要讓華爾街開始懷疑這些傳統汽車製造商能否與矽谷競爭。

艾克森開著Model S，他不能否認他的感覺很好。「這是一輛美的要死的車。我們應該自己製造一台，在裡面放一個內燃機。」他第一次看到它時這樣說。「我們會做好的。」確信這是通用汽車的下一個威脅，艾克森悄悄在公司內部組織了一個團隊，專門研究特斯拉如何摺倒通用這家汽車界的巨人。

艾克森的專案小組由12名三、四十歲的經理組成，他們來自公司不同部門，每一位都被公司看好。由此可看出艾克森與他們之前跟過的通用汽車主管都不同。艾克森出身電信業，他知道，只要對的科技一出現，世界會在瞬間改變。「這群才上任的領導小組看到了世界在變。」一名小組成員說：「他們知道它來得很快。」

通用工程師們仍然對特斯拉的電池技術無法苟同，擔心電池種類還是有

起火的風險。此外他們還擔心儀表板中央巨大的觸控螢幕，覺得有分散駕駛注意力的危險。經理們也質疑特斯拉銷售策略的合法性，因為特斯拉直接向消費者銷售，不走特許經銷商的系統。

還有這個：這部車要花10萬美元。通用汽車沒有一輛車的起售價賣得比Model S貴。事實上美國很少有車商敢這樣做。賓士S-Class是這家德國車商在2012年推出的頂級大型房車，起價為91,850美元，這是在同價位區間暢銷車款中賣得最好的，2012年在美國的銷售量為11,794輛。特斯拉之前一直說Model S的定價會在50,000美元，但事實上由於電池的固定成本，要用這個價格賣車幾乎是不可能的。當特斯拉在2013年宣布達到第一個盈利季度時，它悄悄地取消了基本款Model S的計畫，基本款的Model S是一款配備更小40度（kWh，千瓦，常稱度，是每千瓦電器一小時的消耗）電池組的車型。特斯拉表示，這個平價款的車型只接到4%的訂單，希望透過這個說法證明計畫取消的合理性。這些客戶訂的Model S會變成配備更大的60度電池組，但續航里程會受到軟體的限制。

接近2013年尾聲時，特斯拉有望售出近23,000輛Model S —— 超過之前預估的20,000輛。在美國，Model S的銷量超過了賓士S-Class —— 一款更豪華、製作更精良的車。Model S正在為某些消費者重新定義**什麼是**奢侈品。特斯拉創造出一種新的市場區隔 —— 買特斯拉的人是新科技愛用者而且是願意開「綠色」車輛的高道德者。馬斯克預計，特斯拉將把Model S賣向歐洲和亞洲，2014年的銷量將增長55%以上，必會超過35,000輛。

通用汽車的工程師們看著這一切，開始抱怨。我們也可以交出定價10萬

美元的車啊。他們的產品企畫人員甚至從沒想過會有這樣的市場存在。在專案小組中，有些人認為特斯拉一定會被局限在小眾市場，對加州的富人來說這部車很棒，但對世界各地的其他人來說就不切實際。他們還質疑這家新創公司是否準備好大量生產，因為東西只要放在工廠製造，一定會放大質量上的問題。

更有可能的是，特斯拉可能是另一個威脅的預兆。資金雄厚的中國汽車製造商也許會利用特斯拉的劇本進入美國市場？多年來，業界人士一直擔心中國在得到製造力後會與美國競爭 —— 這公認只是時間問題。某些廠商甚至已經計畫好在某個特定日期前進入美國，但這些計畫似乎缺少一個關鍵部分：分銷制度。老牌汽車製造商周圍有一條巨大護城河：負責汽車銷售和維修的上萬特許經銷商。如果特斯拉已經證明，你可以透過少數公司經營的購物商場和一個酷炫的網站直接向消費者賣汽車，為什麼中國車商不可以做同樣的事情，還在定價上扼殺雪佛蘭？

特斯拉直營店成為專案小組另一個主要關注點，通用汽車派出間諜觀察購物體驗。他們注意到門市明明擺著一兩輛車子可供試駕，但特斯拉會把客戶送到電腦前，讓他們自己勾畫自己想訂的車子。過程中，通用觀察到，似乎許多消費者將Model S視為第三輛車，而不是日常會開的車。與競爭對手相比，特斯拉在門市的視覺輔助設備上名列前茅，但在詢問潛在客戶姓名、提供試駕或討論融資方案等基本銷售工夫方面卻是最後一名。

他們還質疑特斯拉在沒有經銷商的情況下如何為不斷增長的客戶提供售後服務。除了媒體的質疑，還有幾位車主也曾遇到類似情形。為車主提供汽

車評論和銷售數據的汽車網站Edmunds.com在2013年初買了一輛Model S，針對售後服務的問題作持續的追蹤報導，包括七次沒有事先約好直接去特斯拉服務中心，和一次汽車拋錨延誤車主行程的事故。其中兩次去門市是為了車子的驅動元件，包括電機馬達和電池組 —— 報修都是天價。他們並不孤單，一位車主聲稱在車子還沒開到12,000英里前就換了五次驅動元件，車子有問題的明顯跡象是車子在加速過程中會發出嘎嘎的碾磨噪音，干擾相對安靜的開車過程。

「當我第一次坐下來寫這篇文章時，我整個人都被激怒了，因為我試圖把自己放在車主的立場上。現在不得不更換車子的發動機，而且居然要換兩次 —— 見鬼了，只要一次就夠瞧的了 —— 我發誓永遠放棄這個品牌。」Edmunds汽車網的評論員寫道：「但在和同事討論後，同事提醒我，購買特斯拉的車主不是在買基本交通工具，他們是閃亮亮新科技的早期採用者及願意進行beta測試的人。」

對於通用汽車的專案研究小組來說，隨著特斯拉劍指更寬廣的大眾市場，它似乎需要調整銷售和服務戰略。馬斯克已經告訴全世界，特斯拉第三代汽車的續航里程將達到200英里或更多，而且價錢只是目前這台的一小部分。專案小組已經聽到業界傳言特斯拉可能會在2016年將這款車推入市場。專案小組對著通用汽車的電池工程組一直嘮叨問說：特斯拉哪來的本事讓它降低成本，用35,000美元的價格賣車並賺錢？

「他們沒辦法。」通用工程師回答：「要製造一輛價值35,000美元的車，他們不會比我們更有辦法。」的確，如果要造，通用的確比特斯拉的立

足點更好、更適合嘗試。通用汽車可以拿到更好的零件價格，因為它可以全公司大量採購，還可以把其他車款的零組件再次拿來用。在過去兩年裡，密西根和首爾的團隊一直在為自己下一代的車子努力，也很高興車子能夠達到150英里的續航里程。

「如果你不能讓它跑到200英里，不要把它拿出來，因為你只是讓自己難堪。」通用汽車的副董事長史蒂夫・吉爾斯基這樣告訴他們。

那年秋天，通用汽車宣布公司正在研發一款充電後可行駛200英里且售價定為30,000美元（車商賠錢賣）的電動車。訊息很明確：底特律已經跟馬斯克賭上了。

17

攻入德州心臟
Into the Heart of Texas

　　高齡70的比爾·沃特斯（Bill Wolters）穿著西裝、打著領帶，從德州首府奧斯汀的家，長途跋涉來到特斯拉位於帕洛奧圖的總部。這位長期為汽車特許經銷商作說客的中間人想直接會會那個男人，那男人似乎一心想要推翻歷經幾代建立的售車業行規。沃特斯的目標是讓馬斯克相信現在時機到了，是時候該把他的熱門房車Model S交給特許經銷商賣了。

　　沃爾特斯親眼瞧著2011年特斯拉在休斯頓購物中心開了第一家「藝廊」，然後在奧斯汀開了第二家。那時候一直在德州遊說的馬斯克副手戴姆德·歐康內和他談到特斯拉的計畫時，沃特斯一臉不屑，只說：「祝你好運，孩子。」然而到了2013年中，特斯拉開始獲利，馬斯克也更頻繁地出現在德州，部分原因是SpaceX計畫在那裡擴廠。那年春天，馬斯克飛來德州參加參議院的聽證會，並在一年一度的西南偏南音樂節（South by Southwest festival）上發表談話。

當然，馬斯克的形象已經遠遠超過德州，成為更廣泛的文化資產。導演羅伯特・羅里格茲（Robert Rodriguez）在2013年的電影《殺千刀重出江湖》（Machete Kills）中還安排馬斯克在一場戲中短暫出現。這部電影的演出者還包括安柏・赫德（Amber Heard）。儘管馬斯克沒有與這位女演員出現在同一幕，但他透過羅里格茲試著想與她見面。馬斯克在給導演的一封電子郵件中寫道：「如果你們與安柏舉行派對或活動，我出於好奇很有興趣與她見面。」這封電子郵件後來被外洩給商業媒體。「據稱，安柏是作家喬治・歐威爾和安・蘭德的書迷……這很不尋常。」

　　然而那年夏天，馬斯克還是與在HBO《西方極樂園》（Westworld）中飾演性感機器人的女演員坦露拉・萊莉再結了一次婚。員工說，他們的關係令人擔憂，這種動盪經常會波及特斯拉。有一些則人說，他們試圖透過關注馬斯克個人生活的蛛絲馬跡來預測馬斯克的情緒，甚至追蹤萊莉的頭髮顏色，認為當她的頭髮越接近白金色時，馬斯克最開心。

　　這一切似乎都離德州汽車經銷商有一百萬里遠，但讓自己成為目光焦點，也幫助了特斯拉製造聲量。通用汽車2013年的廣告行銷費用為55億美元，只比它的研發預算少了20億。通用和其他車商是美國最大的電視廣告主，他們的特許經銷商也是如此，在當地報紙、廣播和電視台上花了大筆金錢。反觀馬斯克長期以來一直避做廣告，稱廣告又做作、又不真實。他認為，憑著特斯拉汽車的品質就可以賣掉它們。馬斯克之所以能說這種話，很大程度是因為他本身就是自媒體。就像政治家也能從新聞報導中受益一樣，馬斯克和特斯拉也從這些關注中受益。他的推特帳號可以攪動一池清水，激

起興奮。加上特斯拉的門市爭相開立，當地媒體也盡忠職守地報導新展廳。

特許經銷商再也承受不起被汽車製造商直接劃掉，不談合作。麻州和紐約州的經銷商已經提起訴訟，試圖阻止特斯拉直接銷售車子，而明尼蘇達州和北卡羅萊納州的州政府立法人員也在討論修改法律，效法上述兩州。對沃特斯來說，像特斯拉這樣的公司把成本花在開自己的直營店根本是沒有意義的，為什麼不讓經銷商來花這個成本呢？這就是通用和福特等公司在幾代前就已經利用特許模式經營店面的原因。

沃特斯在特斯拉受到歐康內的歡迎，歐康內帶他參觀總部，去看電池實驗室。最後來到一間小會議室，他被介紹給了馬斯克。「我真的很佩服你為創造新產品所付出的一切，我們希望幫你取得成功，」沃特斯想起那時他是這樣說：「我們希望以任何可能的方式與你合作，特許經營系統可以幫你達到你想做的事。」

當然，沃特斯帶著偏見來到這裡，他曾擔任德州汽車經銷商協會的主席，而且整整做了一個世代。他的職業生涯一開始就是先在德州等地的福特汽車工作，之後加入汽車經銷商協會，這個角色讓他既要和汽車製造商、也要和經銷商打交道。這是一段漫長的職涯人生，也形塑了他對家鄉德州小鎮社會結構的思考。隨著大型商店和購物中心的興起而取代了熟悉的市中心，在許多地方，汽車經銷商是當地最後剩下的企業之一。是的，客戶可能會買雪佛蘭，但他們也買到一個認識他們一家子、可以定期從那裡得到幫忙的服務。「當我還是個孩子的時候，我家在德州的路易斯維爾，我住在一個有2000人的小型農業社區，商店大街上有40家店，都是當地人擁有和經營

的。」沃特斯後來談到他的動機時說：「到今天，只剩其中一家，那就是雪佛蘭。其他商家都被一家大型商場取代，因為沒有法律防止他們倒閉。」

典型的特許汽車經銷商不只賣新車，也賣二手車，同時也為車輛提供維修服務來賺錢。根據全國汽車經銷商協會的數據，總體而言，2013年經銷商的平均稅前盈餘約為120萬美元，每家店會賣掉750輛新車和588輛二手車，店家的服務端才是獲利來源。（那一年，一輛新車平均只為經銷商帶來51美元的收入。）汽車行業與許多行業相同，經銷商規模是成功的關鍵。在以前特許經銷商大多都是家族企業，但和許多事情一樣，這種情況變得越來越少見。現在的大公司會簽下數十個甚至數百個特許經營權。就以AutoNation Inc.為例，這是一家總部位於佛羅里達州的上市汽車銷售商，在美國擁有265家特許經營權，銷售產品從雪佛蘭到BMW都有。2012年AutoNation雇用了21,000名員工；相比之下，特斯拉那年只有2,964名全職員工。它的最大股東是微軟聯合創始人比爾·蓋茲，他投資了1.77億美元。光是這家公司就銷售超過25萬輛新車，創造89億美元的收入。

雖然商業演變可能比沃特斯描述的更微妙一些，但他以堅定不移的決心提出自己的觀點，背後更有德州289個城鎮1300多家特許經銷商的支持。這些經銷商每年淨賺超過10億美元，是德州最大的工資、稅基和公民參與的來源。

「我沒有掉以輕心。」沃特斯後來回想起他與馬斯克這次的會面。「我來這裡是為了達成協議，我們可以一起合作。」

但馬斯克並不認同，他不感興趣，一點興趣也沒有。他舉出調查結果顯

示，大多數人都希望直接從汽車製造商那裡買汽車。沃特斯不同意，「去年我們的特許經銷店賣掉了280萬輛新車和二手車，沒見到買家會說：『哦，我希望我能從工廠買。』」

馬斯克不買帳，認為會議再開下去也沒有意義。「我將他媽的花10億美元來推翻美國的經銷商特許經銷法。」他宣稱。

沃特斯大吃一驚。「你不要小看，我德州2800萬人的生活和安全都託付在特許經銷商網絡。」

馬斯克只是冷眼瞧著他不說話。

「所以，這只是你個人的問題嗎？」沃特斯問道。

很少有人再與馬斯克如此直接地對話了。對他來說，沃特斯代表了他想要推翻的一切──一個迂腐老人，倚老賣老，總覺得自己有權保留過往殘留的體系，還嚷嚷著這是為了大眾福祉，但他所謂的大眾只不過是有幸繼承了印鈔機的既得利益者，認為客戶支持是理所當然。馬斯克無法抑制自己的憤怒，跳起來離開房間，砰的一聲關上門，一面走一面大喊：「把那傢伙給我趕出去！」

馬斯克後來告訴人們，沃特斯指責他不是美國人，沃特斯否認了這一點。但是，當談到該如何看待美國的未來時，這兩人處於光譜的兩端。沃特斯努力維持一個他認為對他家鄉德州諸多家庭有助益的系統，這種分層級做生意的方式，在他看來就是當今美國；而馬斯克持有的觀點是更典型的矽谷顛覆者。他看到更好的做事方式，不想被舊規則束縛。在過去的幾年裡，特斯拉一直試著繞過州政府的法律來開店。是時候改變這種做法了，是時候該

進攻了。如果無法繞過法律，就改變法律。德州將是他的第一場大戰。

　　那一年，馬斯克經常造訪德州。他批准大開金流用在特斯拉的遊說活動，先花345,000美元的高價在德州聘請八名公關說客。這比馬斯克同時間為SpaceX做的公關活動更具侵略性，後者還試圖修改德州法律，允許他們在德州南部建造一個商業太空城。

　　但這些錢與沃特斯的機構撒出的錢相比，不過小巫見大巫。德州經銷商協會雇用的公關人數幾乎是特斯拉的三倍，花了780,000美元的高價，更別提汽車經銷商在去年選舉期間膨脹到250萬美元的政治獻金。馬斯克可以感受到經銷商的影響力。在訪問州議會大廈時，一位參議員走近馬斯克。「我喜歡你在SpaceX做的事，」那個男人跟他說：「但我痛恨你在特斯拉的所作所為。」馬斯克保持鎮靜，但內心在沸騰。

　　儘管面臨挑戰，特斯拉還是能夠在眾議院和參議院中找到支持者，希望透過立法稍稍改變州法律，讓特斯拉擁有直營店。馬斯克想藉著造勢，幫助立法獲得支持。他在4月去眾議院委員會作證之前向全公司發了一封電子郵件，敦促員工聯繫他們認識的每一位德州人，請他們聚集在德州議會前：

　　以個人自由為榮的德州，擁有全國最嚴格的法律來保護大型汽車經銷商集團免受競爭，這真是太瘋狂了。如果德州人知道這有多糟糕，他們每個人都會捲起袖子出來幹架，因為他們被汽車經銷商訛詐了（我不是說經銷商都是壞人 —— 也有好的，但很多都是壞到骨子裡去的）。我們只需要在這些

傢伙還能向我們發動快攻前先將事情說出來。對於那些曾被德州經銷商整過的人來說，這就是你們報復的機會。

集結令奏效了，當地特斯拉車主將他們的Model S整整齊齊地停在國會大廈外，一群人滿滿擠在眾議院工商委員會的房間，藉以表示對馬斯克的支持，大家看著他闡述立場。馬斯克穿著深色西裝出席，經過多次產品發表會，馬斯克從來沒穿得這麼騎士風格。他以更慎重的態度談到特斯拉需要在一般購車體驗外接觸新的買家。他認為，傳統的特許經銷商與銷售電動車之間存在利益衝突，賣電動車就表示減少他們賣油車的生意。

他面對立法委員的質疑。有人質疑，一旦特斯拉的買家不再只是早期採用者，而將瞄準市場上更多的主流買家時，特斯拉最終還是會需要特許經銷網絡來辦理融資貸款和以舊換新等業務。馬斯克認為，也許有朝一日特斯拉真的會需要增加特許經銷店，但它現在想要的只是另一個選項。「我們特斯拉真正想做的是確保我們有最大的成功機會。」馬斯克說。

另外，他舉行了一場更有料的新聞發布會。「每個人都告訴我們，只要我們觸及這議題，一定會被踢屁股。好吧，我想我們很可能會被踢屁股，但我們還是會嘗試去做。」

當天委員會就將該法案排定議程，但由於2013年德州的立法會議已近尾聲，這條法案無法再邁進一步，或說死了、推不動了。特斯拉承諾到2015年再去挑戰下一次議會，但主管們都知道特斯拉面臨一場苦戰。現在在德州，有「藝廊」就夠好的了。

但隨著特斯拉第三代汽車的企畫不斷進行（它的名字現在定為Model 3），這個夠好的時間也維持不久了。特斯拉憑著Model S的成功讓業界大吃一驚，但就算如此，仍沒有達到馬斯克的目標。公司每個部分都需要改進，要擴大規模。下一個演變將是迎向大時代。馬斯克想要的就是把他的科技新創公司變成真正的汽車公司。過去不乏有人如此狂妄，但一路上留下的盡是那些公司的遺骨殘骸。

Part III

A CAR FOR EVERYBODY

為大眾而生的車

18

GIGA
GIGA

特斯拉豪華房車的企畫已經接近完成，輪到史特勞貝爾上場把充電網絡建好，他們要把充電站廣設在舊金山到太浩湖、洛杉磯到拉斯維加斯，減輕加州人上路時車子沒電的疑慮。然後他們要在美國主要州際公路上部署類似的網絡，叫做「超級充電站」。現在已到了2013年，史特勞貝爾搭乘馬斯克的私人飛機飛往洛杉磯，途中思考著他的老闆對特斯拉的下一個野心，仔細推敲了各個複雜面向。

自從特斯拉收購了弗里蒙的通用豐田舊工廠以來，馬斯克一直堅信這個工廠有能力一年再次生產50萬輛車，多年前它幾乎達到過這樣的里程碑[16]。馬斯克告訴華爾街，他認為全球對Model S的需求量為每年5萬輛，Model X SUV也有5萬輛的預期目標。這就為即將在舊工廠量產推出的Model 3留下40

---

16 作者註：根據加州一項對工廠歷史的研究，弗里蒙工廠的產量在2006年達到頂峰，約為429,000輛。

萬輛的空間——對於一家過去一整年還在掙扎著生產Model S，並且仍難以增加產量的公司來說，這數字實在令人暈眩。

　　瓶頸主要在電池。特斯拉完全依賴松下提供數千個鋰電池，這些電池包裹在一起，成為每輛汽車的一組電池組。史特勞貝爾粗略算過，在工廠產車的高峰期，特斯拉每年需要的電池供應量大約就是當時全世界的電池生產量。還有更大的問題：價格。以目前的電池價格，特斯拉無法用30,000美元的價格賣電動車。儘管史特勞貝爾和凱爾蒂竭盡全力想降低電池成本，還是無法讓特斯拉進入主流市場。這些電池成本估計為每千瓦／度時要花250美元，低於2009年的350美元／kWh。這意味著如果要打造同級房車合理並能與其他燃油引擎相比的動力，需要容量為85 kWh的電池組成1300磅電池組，這筆需求將花費21,000美元，這已經占掉Model 3預計標價的很大一部分。分析師認為，汽車製造商需要將電池成本降至每度100美元左右，才能讓電動車的製造成本降到與傳統汽車差不多。

　　史特勞貝爾在飛機上與馬斯克討論這道數學題，兩人很快確定：他們需要一家工廠做特斯拉的電池。他們想照自己方式擴大規模，這是唯一方法。但做電池工廠可能會花費數十億美元，雖然特斯拉在Model S上取得成功，但那年年初為了做Model X和Model 3才籌到的錢用到現在，現金餘額連8億美元都不到。特斯拉內部很清楚，Model X這款SUV的成本將比馬斯克向投資者承諾的要高。即使有自己的工廠，如果特斯拉計畫每年生產數十億個電池，也需要松下的幫忙，這不是容易的事。

　　此外，馬斯克的標準劇本無法完成這項工作。雖然Model S受到評論家

和時尚達人的歡迎，但糟糕的是它完全沒達成馬斯克宣稱定價5萬美元的既定目標。現在，這件事也OK；但再往前走就可能不同。他需要製造一台機器，無論這是比喻還是字面上的意義，一台機器就可以讓他的新車變成大家買得起的車。電池生產規模可以成為對抗成本的好朋友，將造車價格盡可能攤平到每一輛車。大部分電池成本仍是貴在製造，量大可能降低成本，但反過來說，量大又需要快速的銷售增長。只要調整「電池和交車」這兩個元素，就能讓特斯拉在市場上取得巨大的進步，就像是2008年和2013年再來一次。

既是挑戰，就不會等你定出精巧計畫才挑戰；前進的道路很清楚，這場鬥爭會比任何人在2013年能預測的都大，只能且戰且走。

史特勞貝爾在開發電池組技術方面發揮了關鍵的作用，有他，特斯拉的車子才能運轉，也因此讓馬斯克（以及該公司的文獻）將他視為公司的聯合創始人。當然，特斯拉的電機技術是不錯，但也要靠史特勞貝爾的能力才能說服松下與特斯拉密切合作。從一開始，這段關係就很不穩定，兩個公司拉在一起需要堅持不懈和好運，更不用說他在2006年的重要發現，他從松下電器挖到了凱爾蒂。

但特斯拉幾乎沒有在Roadster上使用過現成電池，史特勞貝爾看著Models S，他希望能調整電池的化學成分和結構，讓它們在汽車世界中更強大，應用範圍更廣。隨著特斯拉對電池的需求越來越大，大到松下必須為特斯拉投入更多資源，而馬斯克的時間表卻明顯比這家日本公司慣有的做事節

奏要快。松下才在2010年宣布投資，兩家公司還在斟酌電池協議的細節，馬斯克就對這家電池供應商產生不滿。

一如既往，問題根本在價格。2011年，兩邊在帕羅奧圖談過一次只能說是災難的會議後，夥伴關係似乎處於危機中。幾年前，馬斯克看在財務長雅胡亞的面子上，在出席介紹豐田汽車執行長的會議上打了領帶，但他開始對松下等日本公司的形式主義變得不耐煩。之後要做Model S，馬斯克一看松下開出電池的價碼就氣到抓狂了。「這太瘋狂了。」他告訴他們，氣到直接衝出會議室。當他氣到離場時，他的副手們，包括史特勞貝爾，還以為他是出來參加全員出席的公司大會，那時候數百名特斯拉員工正聚集在一起，準備聽取執行長的最新指示。但只聽到馬斯克喃喃自語，「這是一場災難，我們不做。」他轉向史特勞貝爾，叫他們自己開公司大會，然後就走了。

因此史特勞貝爾和他的團隊又增加了一項新任務：特斯拉考慮進軍電池業務。如果松下的電池要賣這麼貴，動作還這麼慢，特斯拉就要自己製造。馬斯克開始親自指揮史特勞貝爾的團隊，重新分配任務，完成建立電池工廠的任務。光用想的就令人害怕，一些新員工甚至不確定馬斯克是否認真。

「是的，我他媽的是認真的！」有一天，他在辦公桌前大吼。

但除了成本問題之外，還有製造程序的問題，松下花了數年時間開發電池製造的程序，電池材質極易揮發，需要無塵室和特殊防護裝備保護材料免受污染。但以特斯拉的程度還在思考如何用推車在舊工廠移動Model S。特斯拉團隊中有些人認為這個差事毫無希望。經過數月的努力，企畫成本不斷增加，馬斯克最後放棄了做電池這個想法。他們還沒有準備好與松下、三洋

等世界品牌正面交鋒，但他並沒有完全忘記這個念頭。

在馬斯克視線之外，凱爾蒂悄悄與松下達成雙方都能接受的協議。馬斯克的憤怒最終化為烏有。史特勞貝爾的團隊不清楚他是被協議邏輯說服了，或只是失去了興趣，又或者他的憤怒只是一種談判策略。到了2011年10月，松下宣布了一項協議，它將為特斯拉生產電池，讓特斯拉能在未來四年內生產8萬多輛車。松下保證會在2012年交付足量電池，達成當年特斯拉預定最低生產6000輛Model S的計畫。為了滿足需求，松下會把生產線從一條擴大到兩條。

這個時間表證明比特斯拉最初要求的更具野心。然而到了2013年，不管對特斯拉或是對松下，Model S 很明顯都是一支安打。這也是松下在2012年苦苦掙扎後迫切需要的勝利。大約十年前，松下在手機和平板電視上大舉押注，但受制於中國對手的低價競爭，最終在這些事業上失敗，虧損了數十億美元的。公司歷經多年痛苦重組，最後津賀一弘在2012年成為松下執行長。他放棄了電視螢幕業務，裁減數以萬計的員工。但是切割是不夠的；他知道他需要帶領公司朝向有發展性的新領域。

特斯拉在2013年要求松下為Model S提供更多電池，對津賀一弘來說正是時候。他希望把公司對汽車公司的業務轉變為公司未來的主要項目——對其他車廠來說，與特斯拉的高調合作就是進入電動車市場的名片。

津賀急於擴大關係。松下甚至要求特斯拉在後窗刻上供應商的名字，作為5000萬美元現金的交換條件。馬斯克不會聽說這件事的。津賀一弘為他的

電池部門任命了新的主管，銜命前往帕羅奧圖與特斯拉主管會面。

馬斯克認為松下來訪是來討論降價的，這是有道理的。

市場對Model S的需求很強，特斯拉新起步的裝配線現在卻變慢，那是因為電池沒有跟上腳步，而馬斯克要求的電池越來越多。馬斯克認為業務量變大就應該要有折扣；但相反地，日本來客想的卻是**提高價格**。也許這是一種談判策略，想給國內新任執行長留下深刻印象，結果卻適得其反 —— 這還是委婉的講法。馬斯克算是夠克制的了，因為他沒有對著日本來客臭罵，這是他對其他供應商做過的事，但是他策畫了報復計畫。

隔天，雖是星期六，馬斯克召集團隊到特斯拉總部，發布一項熟悉的命令：特斯拉要自己製造電池。然而，這一次與之前的嘗試不同。如果要把Model 3做成功，特斯拉就不能再完全依賴第三方，落得像松下對Model S那樣予取予求，必須嘗試他和史特勞貝爾在飛機上的計畫。

但是，就算特斯拉不想買松下的電池，並不表示他不想要他們的**錢**。就像特斯拉在2006年因為挖角凱爾蒂而獲益，它也準備從松下新高層中得到好處。松下的高階主管山田佳彥對做生意的看法比他同世代的同僚更西化，他希望能打破這家日本公司的傳統老路，以更現代的經營方法幫助松下。他曾機扭轉松下在美國的業務，並花時間與矽谷發展關係。在2011年在他快要接近退休的時候，還以60歲高齡參加馬拉松比賽；他也到美國各地度假，參觀美國革命時期的戰場。

一個轉調讓山田佳彥回到日本，取得電池部門的控制權。拿到權力，

他承接了與特斯拉的關係。2009年，山田作為美國松下業務的負責人，曾在松下首次探詢合作夥伴時拜訪過特斯拉。在此之前，凱爾蒂曾多次接待他造訪科技公司，當時這位美籍松下高層仍在管理日本松下的矽谷辦事處。因此，當馬斯克在2013年威脅要破壞談判時，山田親自出面干預，讓談判重回正軌。在那之前，松下對特斯拉的關係一直像是處理一般電池業務，照規矩來，沒有日本的主要高層參與其中，但山田認為這個合作需要更多關照。

那年秋天，特斯拉與松下宣布延長合約。為了解決特斯拉對Model 3的需求，加上松下缺乏應對新需求的能力，山田建議松下與特斯拉成立合資企業。馬斯克對這樣的安排一點也瞧不上眼 —— 基本上是一家50-50的公司，雙方都在爭奪控制權。任何為馬斯克工作過的人都知道他不喜歡權力分享。但在那個時間點，凱爾蒂和史特勞貝爾已經在醞釀一些事來減輕老闆的擔憂。

對於史特勞貝爾來說，這是個生命發生變化的季節，他在特斯拉遇到了任職人資部門的年輕女子博麗雅納，她總自稱是個書呆子，能夠和他分享他對數據的熱愛。那年夏天他們結婚了。到了2013年底，史特勞貝爾正在製作簡報，準備提案討論蓋一家大型電池工廠。這是一個大膽的計畫：分階段建造工廠，並根據需要增加產能。這工廠將耗資50億美元，光是一個廠房屋頂下涵蓋的土地就有1000萬平方英尺（比五角大廈還大），廠區需要多達1000英畝的土地，還要雇用6500名員工。

比起當今大多數車商的經營方式，這個方案可說與百年前亨利‧福特對業務的規畫有更多的共同點。團隊中有些人反對馬斯克推動的想法，並不支

持由特斯拉自己承擔電池製造，就像凱爾蒂，他擔心電池的複雜度太高了，而且這樣等於逼松下的夥伴改用與以前不同的製作方案：在史特勞貝爾的宏大計畫中，松下基本上會在特斯拉工廠內開設廠區，在一端製造電池，而特斯拉則在另一端組裝電池。這裡將是一個垂直整合的工廠，送入電池的原材料，送出做好的電池組，再直接送到弗里蒙組裝Model 3。

在美國建造電池，僅是運輸成本就可以節省30%。但如果特斯拉要降低汽車成本，製造主流的電動車，就需要砍掉更多的花費。目前在同級車款中，油車仍然比電動車便宜約1萬美元。

馬斯克把這個廠稱為史特勞貝爾的超級工廠（Gigafactory），它是在技術長越來越需要新的關注點時誕生的。馬斯克希望擴大他的高層領導團隊，他確信「製造」這件事只能由一個專人負責，而不是交由車輛和電池兩個交戰的單位共同負責。史特勞貝爾覺得可以提拔他自己團隊裡的生產主管格雷格·賴蕭（Greg Reichow），他在弗里蒙工廠負責管理電池組的生產線運作，產線被他管得風平浪靜。馬斯克同意了，下令賴蕭將與史特勞貝爾一起直接向馬斯克匯報，並為 Model S和Model X開一條新的裝配線。這讓史特勞貝爾大感意外，他的權力被削弱了。

同樣地，馬斯克一直在向蘋果的高級工程師道格·菲爾德（Doug Field）示愛，希望他能加入特斯拉。當馬斯克帶著菲爾德參觀工廠時，高階主管都感覺馬斯克考慮菲爾德的原因不僅是他具備高超的工程技術，而是他代表特斯拉在新時代裡新主管的樣子。與彼得·羅林森召募的工程師不同，他不是那種在傳統車廠待過的人，並不想在一家小型新創公司中尋求新開

始。他也不像史特勞貝爾和他的團隊那樣，剛從史丹佛畢業，希望在矽谷找個工作開始人生職涯。菲爾德是經驗豐富的企業戰士，他在蘋果手下有數千名員工，負責指標性商品Mac電腦的設計工程。聘用菲爾德將是對矽谷的一種聲明——特斯拉不但可以與大人一起玩大車，還可以直接從大人那裡挖走人才。

菲爾德是合適人選，他可以帶領特斯拉進入更專業的新時代。1987年他從普渡大學畢業就進入福特汽車，開始工程設計的職涯，之後對這家車商的文化感到沮喪而離開。他在福特被指派的工作一直是研發出與Lexus和BMW媲美的車，但過程中他意識到福特要參加比賽還需要很長時間。之後去了滑板車大廠賽格威（Segway），曾經監督過電動滑板車的設計，然後才被找進賈伯斯的蘋果公司。

史特勞貝爾看著馬斯克向菲爾德大獻殷勤，他知道菲爾德一定會進來，也一定會讓他總管Model 3的開發。史特勞貝爾一定要找新領域去發揮。那麼，也許可以從超級工廠下手，這裡能讓他建立自己的帝國。他曾經解決電動車以鋰電池作為動力的關鍵問題，如今他也可以解決電動車無法成為主流的最大問題：成本。

於是，馬斯克和史特勞貝爾攜手合作，制定了一個高風險的策略。他們想出辦法施壓供應商和當地政府，讓他們提供資金給特斯拉建新工廠。建廠計畫要求供應商為開發做出貢獻，估計松下等公司必須支付一半的價格。同時還要向各州政府申請大筆開發補助，因為無論工廠設在哪個州都將帶來數

千個高薪、高技能的工作機會。歐康內曾替公司申請到美國能源部的貸款，拿到公司救命錢，也曾帶著特斯拉與特許經銷商戰鬥。他帶著企畫案把觸角伸到各州，目地在於挑撥各方人馬在競標時抬高價碼。德州之所以有吸引力，是因為這個設廠企畫可能具有槓桿效果，讓特斯拉在推翻德州特許經銷交易保護法上獲得州議會的支持。雖然馬斯克更喜歡加州，離家比較近。

但最後，內華達的斯帕克斯市看起來更適合，它在雷諾城外有塊地。內華達似乎搶著歡迎他們，而這個地點距弗里蒙工廠僅需四小時車程。如果坐馬斯克的私人飛機，只會比從洛杉磯到矽谷稍微遠一點。

各州政府官員被請到特斯拉總部聽取匯報，但到達時發現其他州的競爭對手也在同一房間裡。他們立刻知道，要為自己的州贏得特斯拉來設廠，付出成本將會很高。

到了2014年2月下旬，為了減輕資金壓力，特斯拉向大眾公開建廠計畫，公開舉債尋求籌集16億美元。特斯拉告訴投資者，這筆錢將用於建設大型電池工廠、第三代汽車和其他公司事務。而市場立刻轉向猜想松下是否還在同一條船上。

山田回到日本後推動電動車業務，卻遇到阻力。汽車業多半不清楚大眾對電動車的真正需求在哪裡。消費者並不急著接受雪佛蘭Volt或另一款剛進入市場的Nissan Leaf。松下高層也不喜歡幫特斯拉建昂貴工廠的想法，兩家公司共享廠房，松下從來沒做過這樣的事。

為了贏過松下，史特勞貝爾必須讓山田佳彥相信特斯拉是玩真的。他有個計畫，這個計畫讓人回想起特斯拉早期是如何哄騙投資者冒險投資這家新

創公司。他們為了吸引戴姆勒和豐田對Model S產生興趣，早在Model S準備好幾年前，他們就先做了一台騾子——就是很像真車的展示車，讓觀眾了解狀況。所以，特斯拉現在也需要可以展示的東西，一個騾子**工廠**。

但原型車容易激起興奮，工廠藍圖卻無法抓到那種興奮感。特斯拉團隊開始想，那就向松下和其他供應商證明他們對設廠的重視程度好了。悄悄地，他們與斯帕克斯的地主達成協議，開始整地。他們召來全內華達州各地的剷土機和推土機，豎起巨大的探照燈，運出大量沙土。帳單金額暴增，狂飆到每天要付200萬美金。史特勞貝爾希望架一個網站，向特斯拉的潛在合作夥伴展現進度，必須有足夠的說服力暗示特斯拉正在往前衝——不管有沒有他們。

這是一場冒險的賭博。如果話傳出去，也許會讓特斯拉看起來好像不需要政府補助，不是連地點都已經選好還動工了？但馬斯克正在申請政府補助，金額為建廠成本的10%，即5億美元。為什麼內華達州的立法委員或其他州政府要批准一家已經在建的工廠申請獎勵措施？當地報紙得知風聲，大肆報導正在整地的大工程，並爆料背後廠商可能是特斯拉，但特斯拉此時卻改口，稱這裡只是正在準備的兩個地點之一，整地只是早做準備——這個藉口讓人很難接受，尤其考慮到建廠的昂貴成本和特斯拉並不充裕的財務狀況。

但細節並不重要，馬斯克和史特勞貝爾正在創造一種幻覺，一個「波坦金工廠」，只給人看的虛假樣板。在斯帕克斯的工地，史特勞貝爾堆起一塊凸起的瞭望台，站上去可以看到整片廣闊廠區。他邀請山田來訪，當兩人站

在土堆上看著工地，史特勞貝爾安排的巨型推土機和傾卸式卡車也在一旁，準備一接到提示就衝過去，創造戲劇性的效果。他想讓山田知道未來正在發生，不管有沒有他。

史特勞貝爾很興奮，預計山田也該如此。但相反地，這位松下高層很安靜，臉色蒼白。也許是看到眼前的一切，讓他胃不舒服。這個詭計的效果比史特勞貝爾想的還要好。特斯拉不僅勾住了松下，還把他們逼到牆角。

已經深信特斯拉未來願景的山田回到日本，數週後史特勞貝爾和馬斯克飛往日本與津賀會面，最後共進晚餐。在簡短閒聊之後，馬斯克切入正題：那就一起幹了喔？

津賀同意了。

晚飯後，史特勞貝爾登上馬斯克的飛機返回加州。在特斯拉迄今短暫的生命中，簽署了多次救命協議 —— 簽到了戴姆勒的電池供應商合約，幫助特斯拉維持正常商轉；簽到了豐田的廢棄工廠，讓他們能夠生產Model S。但與松下的協議是另一回事，得到的更多；松下的合夥讓他們突然向上擴大了一個量級。如果史特勞貝爾和馬斯克是對的，他們剛剛已打開瓶頸，迎來了平價電動車的新時代。

19

走向全球
Going Global

　　挪威，在這個距離加州很遠，看似不太可能的地方，特斯拉獲得了狂熱的追隨者。2012年中，奧斯陸從事IT產業的企業家賽希斯・瓦拉德拉賈（Satheesh Varadharajan）打算換掉他開的BMW X5 SUV。他正在搜尋資料，忽然看到馬斯克當年年初展示Model X影片。他對SUV很感興趣；他盡可能找資料，然後去當地一家新開的特斯拉門市，第一眼就看到Model S。特斯拉這台SUV距離量產的時間還有幾年，但他可以在幾個月內先進入Model S的車艙內。

　　「這部車裝滿了你從未見過的東西。」他回憶道。有中控大螢幕、很棒的加速，瓦拉德拉賈心動了。而且價格上還補助，在挪威政府獎勵措施下，購買特斯拉實際付出的價格是60,000美元，大約是他買他那台二手BMW的一半。其他人也注意到了，挪威的銷量飆升，成為僅次於美國的第二大市場。

更大的希望在中國。面對城市污染和道路堵塞，中國政府也在推動電動車的普及。比如在上海這樣的城市，如果開的是油車，則有行駛天數的限制，而電動車就不受限制。在中國購買電動車的買家有稅收減免，如此可降低有效成本。預計中國電動車市場的擴張會大幅推動電動車市場的整體增加。隨著BMW及賓士的中國買家激增，那些世界各地製造豪華汽車的車商已從中國獲利。所以，豪華電動車的想法是一個明確的目標——它可以讓Model 3在量產前，先維持特斯拉的成長，進而為接下來的主流車款創造更大的市場。就像特斯拉要生產上億電池也需要增強功力一樣，想提高電動車的銷量，當然要進入有上千萬上百萬買家的市場。

喬治·布蘭肯希普離開了，馬斯克將銷售和服務的業務交給傑若米·吉倫，這位畢業於密西根大學機械工程所的博士已經向馬斯克證明自己的能耐，他在彼得·羅林森離開後，扛下將Model S投入生產的任務。

這位法國人在2010年秋天來到特斯拉，有些歐洲人士對此相當意外。當時38歲的吉倫在戴姆勒公司前途大好。德國媒體曾預測，如此有實力的候選人有朝一日一定會晉升為戴姆勒能幹的執行董事。他原在商用卡車部門負責總管新一代半掛卡車的開發，戴姆勒執行長迪特·蔡澈（Dieter Zetsche）將他從卡車部門調來新成立的商業創新部擔任創始負責人。這是個備受矚目的角色，當時戴姆勒正在思考如何以先進科技改變公司未來，讓他坐這個位子是讓他組建團隊找到公司的新商機。吉倫的成就之一是推出著名的Car2Go汽車共享業務，允許用戶按小時租用Smart汽車。

根據與他一起工作的人說，吉倫的個性是雙面人。對馬斯克，吉倫畢

恭畢敬。但在工作現場面對同伴，他卻非常挑剔難搞，動不動就叫罵或威脅下屬。人力資源部收到針對他管理風格的投訴，還試圖給他指導，希望他待人處事不要那麼刻薄。馬斯克公開吹捧特斯拉的召募是依循「無混蛋政策」（no-asshole policy），但在許多人看來，只要混蛋會做事（而且最重要的是，這個混蛋對馬斯克本人來說不是混蛋），特斯拉似乎會額外考慮一些難相處的人。當然，這完全是個人感受的問題。對某人是混蛋，對另一個人可能只是說話很直。對馬斯克來說，吉倫是能解決問題的人，只有當事情發生意外了，吉倫才會打電話來煩他。吉倫對他的部下說，只有在週六可以徵詢他的意見，他只有在那個時候有時間思考，並且在午餐時間永遠不要打擾他，那是唯一屬於他自己時間。他的行事風格與他的前任布蘭肯希普形成鮮明對比，後者比較熱衷用披薩派對來獎勵門市的銷售業績，而且說話總是客客氣氣的。

吉倫的故鄉歐洲是特斯拉的下一個灘頭，但目前最受重視的市場是中國。馬斯克從2014年開始就告訴彭博社，特斯拉在中國的銷量可能在一年內追平美國的銷量。（「這不是我堅定的預測 —— 這更像是準確度不高的猜測。」）吉倫聘請蘋果公司的高階主管吳碧瑄（Veronica Wu）來開發中國市場，她曾讓蘋果在中國的影響力從幾乎是零發展到成為蘋果主要的成長引擎，讓蘋果在中國的銷售額可與美國的銷售額一較高低。而她負責的業務不像零售那麼光鮮亮麗，但重要性不亞於向消費者直接銷售，吳碧瑄負責教育和企業銷售那一塊。

在她的面試中，吉倫讓她寫下她對中國市場的看法，以便在見到馬斯克之前先與他分享。她強調特斯拉在中國缺乏品牌知名度，需要在當地做市場定位。同時她也警告，當外國公司自以為在美國行得通的東西在中國也必然行得通時，就是大問題。最後，她告訴特斯拉，最需要仔細思考的是與中國政府的關係，在中國不像在美國，政府不僅是監管的角色，中國政府可以要你特斯拉生就生，要你死就死。她告誡說，在中國，生存幾乎是達爾文式的，說到底就是公司的適應能力，而不是實力或智慧。

她上任後的頭一項任務是尋求中國政府的批准，讓特斯拉汽車進入中國，並獲得電動車補助。在上海，她發現上海市政府很歡迎特斯拉，甚至讓特斯拉在拿到國家給的電動車補助前，就先給特斯拉電動車牌照。市府官員想知道特斯拉是否有在中國設廠的計畫；如果有，他們希望特斯拉能來大上海。對當地領導人來說，做車廠有新建設、又能創造就業機會，這就是誘人的胡蘿蔔，一旦被看到城市經濟在他手中提升，人民財富增加，則升官指日可待。上海一直比中國其他地方更歡迎西方汽車製造商，但外國車商無法自己在中國當地設廠造車，必須與本土企業合作，讓出一半的經營權。就像通用汽車和福斯汽車在上海都已設立總部掌管中國業務，但他們都是與當地合作的合資企業。

然而，馬斯克拒絕以合資企業進入中國 —— 他擔心這樣會失去對品牌和技術的控制權。但不走合資企業這條路，外國車商根本無法在當地設廠，如果賣車要從海外進口，關稅高達25%。

儘管可能無法達成以更低價格銷售Model 3的夢想，但無法在當地生產

並不是特斯拉剛進入中國的最大障礙，更直接的問題是缺乏充電的基礎設施。中國的主要買家多半住在城市高樓，沒有停車位或能給車子充電的地方。所以必須在北京和上海周邊廣設超級充電站，這也造成了壓力。

儘管面臨挑戰，吳碧瑄運作才幾個月，特斯拉的業務就有了進展。4月下旬，馬斯克來到北京，慶祝在工業園區設立充電站，並且向當地客戶交付第一輛Model S。特斯拉發現，中國客戶買車的動機與加州客戶不同。在加州，消費者會買特斯拉原因除了是買一部車之外，還因為認同它的理念；但在中國，消費者購買價值12萬美元的特斯拉是炫富，他們要求奢華體驗 —— 他們期待的不是擺設陽春的陳列室，找不到在其他特許經銷店都有的花招，比如貴賓室和餐點招待。消費者對特斯拉品牌的不滿變成喧鬧的新聞大秀；一名男子因為抗議特斯拉延遲交車，找記者聚集在北京特斯拉店門外，看他用大鐵鎚敲爛他才拿到的Model S擋風玻璃。

吳碧瑄向吉倫辯稱，特斯拉需要透過合資企業來擴大中國的銷售，這與蘋果的做法非常相似，蘋果在中國也不能像在美國一樣只做直營的Apple store。但是吉倫早就知道馬斯克對特許經營的態度，這次挑戰也不是第一次了。特斯拉的建立就在於它能控制自己的銷售體系，就算此舉在進入新的主要市場時很冒險，特斯拉也不會放棄。儘管遭逢挑戰，第三季的中國銷售額仍在上升。

然而就在特斯拉似乎在中國站穩腳跟時，吳碧瑄遇到一個巨大又意想不到的問題。2014年秋天，馬斯克回到加州展現他的銷售魅力，但上網看到消息報導中國客戶開始抗議。

馬斯克從10月開始在他的推特帳戶開玩笑地說將有新消息公布，然後在一次活動中透露，特斯拉將很快推出**新**版本的Model S：一款配備雙馬達的車型，馬斯克承諾它的加速會更快，起步加速0-60km/h只需要3.2秒，簡直媲美麥拉倫F1超級跑車，更配備Autopilot自動駕駛功能，可以人工智能輔助部分駕駛，車輛的續航里程也會提高。

「這部車太瘋狂了，」馬斯克說：「這就像從航空母艦上起飛——它就是那根香蕉[17]。彷彿擁有自己私人的過山車，隨時備用。」駕駛可從觸控平板選擇要以「正常」、「運動」或「瘋狂」模式開車。特斯拉表示，客戶可以立即開始在美國訂購，預計12月先在北美交車，然後是歐洲和亞洲。

中國團隊像被人扯了後腿，已經訂了舊款Model S的客戶紛紛要求新版本，不要他們原來預訂的版本。但特斯拉的交車過程要花兩個月：車子從弗里蒙工廠出廠，船運到中國，然後通過海關，中間需要兩個月才會到達客戶手中。換句話說，吳碧瑄團隊現在有數百輛應該交出的汽車立刻作廢了，更糟糕的是，她也不清楚新車什麼時候才會到中國？新定價將是多少？她和同事趕緊聯繫帕羅奧圖，但發現美國團隊也沒有準備好答案。

長期以來，全球各地的汽車公司都必須應對車型改版的問題，因為今年最尖端的設計到了明年就過時。大多數公司都要先管理庫存，經銷商才不會手上都是舊車。購車者都知道當年這款型號什麼時候會結束銷售，而8月通

---

17 譯註：美國海軍戰鬥機學校「Top Gun」有一招著名的飛行特技「香蕉衝場」（banana pass），戰鬥機低空側傾掠過航母，香蕉隱喻戰鬥機。

常是購買新款車子的好時機。但舊車折扣違背馬斯克的銷售精神，帕羅奧圖希望保留中國訂單照樣出貨。

但吳碧瑄的團隊看到訂單以驚人的速度取消。特斯拉車子運到中國，訂單也都作廢了。與第三季度相比，第四季度的銷售額下降33%，根據一家股票研究公司的數據，截至年底，特斯拉進口到中國的車子有近50%未註冊。吉倫指責吳碧瑄是銷售下降的原因，與馬斯克和他的作秀無關，吳碧瑄隨即被趕下台。到了2015年初，特斯拉在中國的銷售進一步下跌，馬斯克發出一封電子郵件，文中明確威脅：如果經理們「沒有讓現金流走上長期且正向成長的明確道路」，就會被他解雇或降級。

瓦拉德拉賈在奧斯陸訂了Model S 整整一年後，終於在2014年中收到他的車。這位挪威 IT主管毫不後悔，驚嘆在家充電的便利性，並享受再也不用去加油站的好處。客戶體驗也與之前不同。有一次他開在歐洲公路上，車子拋錨了。他打電話給奧斯陸的服務中心，他們讓他搭機飛回家，而車子就由服務中心安排照顧。他說，服務中心甚至願意支付他的機票費用。他也從挪威其他客戶那裡聽說類似故事。2014年6月，瓦拉德拉賈成為挪威特斯拉車主俱樂部的主席，他想要建一個充電站網絡，讓特斯拉可以開更遠。

在他開特斯拉的第一年，他承認Model S還遇到其他幾個狀況。例如，車門把手不動，這很常見，而且還會出現一些嘎嘎聲。但是他覺得預約報修很容易，也無須花太多時間就可以修好。然而到了2015年，情況改變了。預約可能要排幾週時間才會輪到，然後維修也需要花幾天甚至幾週車才會好。

他回憶說，俱樂部成員還說過有更長的報修時間。

在帕羅奧圖，吉倫的團隊知道有問題。從數據顯示，在挪威修理車輛的平均時間是60天，但從網路論壇的留言看到，客戶抱怨等待時間比這要長得多。（在加州，車子進來維修到出去的時間多半是一個月。）在許多方面，挪威是特斯拉煤礦中的金絲雀。因為政府為了促進電動車銷售而有購車補貼，特斯拉的生意在那裡蓬勃發展。但挪威與美國不同，根據2014年對新車購買者的調查，美國特斯拉購買者平均擁有兩輛車，而在挪威，特斯拉是許多人的日常用車。

這就是瓦拉德拉買遇到的情形。如果特斯拉不採取行動，等到Model X正式上市而後面還有第三代車款就要落地，到那時挪威的情況只會更糟。這也正是麻州、德州及其他州的特許經銷商預測特斯拉會遇到的那種麻煩，他們仍在努力與特斯拉的直銷模式鬥爭。如果這種延誤蔓延到美國，競爭對手將輕鬆扳倒特斯拉，更不用說這狀況會在品牌起飛時嚇跑消費者。

協助管理粉絲團的加州Roadster車主邦妮‧諾曼，已經在特斯拉俱樂部上看到留言和語氣發生變化。新買家抱怨他們的車輛問題很多，並表示他們沒想到會在這麼貴的車上遇到這樣的問題。諾曼雖然堅信馬斯克將電動車帶入主流的路線，但也開始擔心在到達電動車的世界前，特斯拉需要更多幫助。

她給馬斯克的副手歐康內寫了一份備忘錄，建議特斯拉制定更強有力的教育策略。忠實鐵粉在各城市成立的特斯拉粉絲團，包括她將在沙加緬度和太浩湖成立的車友俱樂部，都是一股強大的力量。儘管特斯拉避開傳統廣

告，但它已經開始激勵買家成為實際上的品牌大使。特斯拉創立了「車主推薦計畫」，成立推薦代碼系統，車主可以把代碼傳給潛在買家，讓他們買車時使用代碼得到優惠；相對的，推薦車主也可以獲得積分，就像銷售會有佣金一樣，車主成功推薦後得到的點數可以拿來買其他特斯拉的產品，包括未來新出的車。諾曼正準備用她的推薦代碼買一輛特殊規格的Model X。

「你有一個車主團體隨時準備為你付出 —— 他們會為某項活動自己製作標章，他們會組成車隊遊行，車隊進行越野賽時，其他人會替參賽者烤肉 —— 你如何利用這種熱情和精力開始教育Model 3的消費市場，如此一來，當他們開始購買第一輛特斯拉時，就不會用疑問和不成問題的問題壓倒特斯拉？」諾曼寫道：「特斯拉車主的熱情就像一把槍，你如何用這把槍瞄準斯拉在未來必將遇到的問題？」

全球銷售和服務營運的兩股挑戰壓在吉倫身上。馬斯克在2015年開始制定野心勃勃的目標，將特斯拉的年銷量提高到55,000輛，比2014年增長74%。然而到上半年末，特斯拉的腳步再次未能趕上目標。銷售團隊正在苦苦掙扎，包括領導者。精疲力盡的吉倫離開了他的角色，對外說是休假，但最終離開了特斯拉，這是銷售部門的另一個動盪時期。

那年春天，馬斯克自己掌控銷售，董事會成員格拉西亞斯和他的合夥人瓦金斯回到特斯拉深入研究這問題。他們早期曾幫忙組建銷售團隊，當時Roadster表現不佳，之後當Model S需要更多積極推動的時候，他們又介入了一次。但是在這時候，即使格拉西亞斯和瓦金斯苦苦尋找新鮮美味的銷售點子，高級主管中也有人越來越覺得他們是否已達到Model S的需求上限。馬

斯克向他太陽城的表親尋求幫助，請太陽能板公司的頂尖銷售人才海耶斯‧巴納德（Hayes Barnard）幫忙診斷問題。

巴納德發現，部分問題在於銷售人員需要數週才能結案，這是一種組織站在自身角度考慮的延遲，主要是因為想教育客戶，避免硬推銷之後的後遺症。馬斯克想要改變這種方式，讓團隊更注意銷售賣點。巴納德從美國各地找來特斯拉表現最好的銷售人員，把他們的銷售過程錄下來，作為面向全球銷售人員培訓計畫的一部分。

馬斯克認為他需要一名高階主管幫他處理非工程上的業務，這些事情已經讓他厭煩，他早年都是把這些事交給布蘭肯希普來管的。他聯絡了Facebook的營運長雪柔‧桑德伯格（Sheryl Sandberg），希望挖角她來特斯拉擔任營運長。她拒絕了，但是推薦了她已故丈夫的朋友喬恩‧麥克尼爾（Jon McNeill）。

麥克尼爾與近幾年特斯拉找來的許多業界大咖不同，他是了解新創公司承擔何種風險的企業家。近十年前《Fast Company》雜誌曾將麥克尼爾選入年度最佳創新企業家名單，讚揚他經營汽車維修中心Sterling Collisions Centers Inc.的成就。一般而言，撞車後的車體修復基本上都非常麻煩，但是他改進了修理程序，也讓這家公司到40個不同地區拓點，年銷售額達到1.2億美元。麥克尼爾會讓特斯拉深刻了解如何利用數據改善客戶體驗。在正式上任銷售及服務總裁之前，他就到各地特斯拉門市探查，藉此更清楚銷售流程。每到各個門市他都會試駕，並留下不同的電子郵件地址。但幾週後，沒有一處銷售點與他聯繫嘗試賣車。特斯拉從很早開始就明白，試駕可以讓消

費者看到電車與傳統油車的不同。格拉西亞斯和瓦金斯基於試駕建立了銷售流程，銷售人員應該鎖定試駕後心情激動的那一刻完成交易。但是如果沒有人**嘗試**跟進銷售，顯然銷售團隊已經失去了紀律。

新上任的麥克尼爾去了挪威，在特斯拉的某個門市與瓦拉德拉賈和他的俱樂部成員會面。他告訴他們，特斯拉很快就會把事情處理好。但沒有說的是，麥克尼爾必須找到改善客戶體驗的方法，而不僅是雇用更多員工、開更多門市和服務中心，這些事情特斯拉沒有錢做，那些是Model 3出來後才該花錢做的事。所以，他的團隊開始調查Model S的數據，發現他們可以遠端識別90%的維修問題，然後去車主家中或辦公室解決80%的問題，包括更換座椅和剎車維修，基本上除了更換電池和傳動系統外都辦得到。麥克尼爾的團隊沒有花費數百萬美元建造更多的服務中心，而是將數百名技術人員組成維修車隊進行到府服務。

瓦拉德拉賈環顧奧斯陸服務中心時，他相信麥克尼爾的承諾：因為就在他們聊天時，他可以看到幾十個人正在面試工作。

20  車庫裡的野蠻人
Barbarians at the Garage

　　勞倫斯‧福西（Lawrence Fossi）坐在曼哈頓中城川普大廈14樓的辦公室，他的工作很特殊，他替紐約市人生最精釆的億萬富豪管理私人辦公室。他的老闆是史都華‧拉爾（Stewart Rahr），自從拉爾賣掉製藥公司並與妻子離婚後，這位快70歲的玩咖仍然是曼哈頓派對上的一尾活龍。《紐約郵報》詳細描述了他勾搭模特兒和攀附名人的細節。不被新聞報導的時候，拉爾養成了自己廣發電子郵件分享生活的好習慣，他會將他的冒險花絮、他和名人的照片，比如他和李奧納多‧狄卡皮歐的合照，或是拍下他與一群不同脫衣程度的美女互動，一發就是數百個收件人，包括名人、記者和其他億萬富翁。《富比士》雜誌在2013年有篇文章的副標題是：「億萬富豪史都華‧拉爾的精神錯亂、享樂主義傳奇，『玩咖之王第一名』。」

　　福西的生活就比較安靜，他是那個人背後的那個人。對福西來說這是很長一段力爭上游的過程，他有六個兄弟姊妹，是家裡第一個上大學的人。他

選擇去念休斯頓的萊斯大學，因為那裡離他在康乃狄克州的家最遠。他出生於1957年，畢業在水門案的年代，然後在康乃狄克州威爾頓的一家小型週刊社工作。那是個什麼都得做的工作，從跑地方政府新聞到報紙頭版要排版都得自己來；最重要的是，這個工作允許他寫作。一年後，他去念耶魯大學法學院，之後在休斯頓一家大型律師事務所V&E（Vinson & Elkins LLP.）找到工作。

在那裡，他一開始就把心力放在商業領域，最終在商業訴訟上積累了專業知識，也因此與拉爾搭上關係。1999年，拉爾聘請福西打官司，要告一家他投資的廢棄物處理公司，他覺得被騙了。拉爾主張，該公司的高層已經拿走了他近1200萬美元的投資金額，但全進了自己的口袋。官司贏了，拉爾一直與福西保持聯繫，有法律需求就會找他。到了拉爾要脫手他的製藥公司時，一如既往，他又找上福西。

製藥公司脫手後，拉爾要求福西管理他在紐約市的家族辦公室。福西起初猶豫不決，他不認為自己是個投資人。他沒有商業學位，而且以他的背景他會的會計作業非常有限，他的商業經驗更像是病理學家，整個職涯都在涉足公司訴訟，診斷麻煩的起因，無論這麻煩是欺詐還是瀆職。但他有勝任這份工作最關鍵的東西：拉爾的信任。

所以福西在2011年搬到紐約。也是因為他開始為拉爾服務，到了2014年，特斯拉激起福西滿滿的興趣。福西很熟這家公司，因為拉爾是特斯拉的早期粉絲，幾年前買了幾輛Roadster。但隨著福西更加關注，特斯拉的業務狀況並沒有讓他滿意。他看了前一年馬斯克放在網路上的影片，影片中特斯

拉宣布接下來的電池更換計畫。

為了應對特斯拉電動車充電時間太慢的問題，也希望這項技術能吸引主流大眾，特斯拉提出了一項計畫，讓駕駛在公路行駛時只要車池沒電了，不用等充電，只要更換電池組就可再上路。特斯拉的電池更換計畫不但從美國政府拿到貸款，並獲得加州政府鼓勵開發充電系統的獎勵補助，還可減免稅收。馬斯克的想法看來很簡單，但對於任何熟悉電動車工程運作的人來說，一點也不簡單。

那年夏天，馬斯克站在舞台上，在一大群觀眾面前做了一場重要演出。他身穿黑色T恤、牛仔褲、上面一件天鵝絨夾克，告訴大家，更換電池比普通汽車加滿油還快。他描述未來的特斯拉充電站，車主可以選擇免費充電或快速更換電池，換電池的費用可能是60到80美元。「當你來到我們特斯拉的充電站時，唯一需要做的決定是，你更喜歡更快、還是喜歡免費？」馬斯克笑著說。

為了證明這一點，一輛紅色Model S停在舞台上，上面有個巨大的銀幕，顯示一名員工正將一部奧迪開到加油站加油。此時特斯拉的主題音樂轟隆轟隆開始放，一個巨大計時器的投影出現。在Model S的下方出現一個裝置，作用是拉出電池組並更換新的電池組，儘管觀眾無法確切地看到車底發生了什麼。同時間，一名攝影師跟拍開奧迪汽車的駕駛，駕駛把油箱蓋打開，開始加油。馬斯克站在舞台一側，雙臂交叉看著。

時間過了一分鐘多一點，馬斯克插話道：「這台裝置有自動的螺帽扳手，就和我們在工廠用的螺帽扳手一樣，它們會找到螺栓位置並自動將螺栓

撐到每個螺栓需要的準確位置，因此每次更換電池組，它會按照電池規格幫你把螺栓撐緊。」

30多秒後，Model S完成電池組更換駛下舞台，台下一陣歡呼，而螢幕上的奧迪汽車還在加油。計時器倒數計時，馬斯克抬頭看著銀幕說：「是的，看起來我們還剩一點時間，」他說：「那我們再換一輛。」一輛白色Model S在狂熱歡呼和大笑聲中停下來。更多秒數過去；大約90秒後，第二輛Model S也離開了。馬斯克對著觀眾說：「我們在加油站的這輛快好了。」但秒數在銀幕上越積越多。當奧迪駕駛拿起東西收拾時，馬斯克說：「對不起，我不想讓你等這麼久，我很抱歉。」在第二輛特斯拉完成電池更換後一分鐘，人們才看著奧迪駕駛爬回車裡，把車開走。

馬斯克帶著頑皮的笑容回到舞台中央，聳了聳肩，再次得到觀眾的歡呼。他感謝他們支持，就像他經常做的那樣，他說，沒有他們，特斯拉就不會成為今天的樣子。「上面都是為了說服那些持懷疑態度的人，就是有些人需要花更多力氣說服，」他說：「所以我們真正想秀給你看的是，你可以比油車更方便……希望這能讓大家相信，終於，電動車才是未來。」

這可能一直是馬斯克的意圖，但是當福西坐在川普大廈的辦公室看到這段影片時，他的疑心越來越大。也許是因為他是之後才看到這段影片的，知道特斯拉這項驚天動地的電池更換計畫從未成功。這個計畫沒有引起車主的興趣；一些人擔心他們的電池組會被換成故障整新的電池組。每次都一樣，整個大秀似乎只為了幫助特斯拉拿到「管制積分」的資格。

然而，真正引起福西注意的是觀眾的熱情。「我感到震驚，這就像一種

宗教。」福西回憶道。他太驚訝了，驚嘆馬斯克把自己塑造成偉大的科技夢想家 —— 著陸火箭、顛覆業界、讓世界變得更乾淨。「這傢伙，他就是個草原傳教士，」福西說：「搭起復興帳篷布道會，把信徒圈在裡面[18]。」

自從特斯拉上市以來，就有人質疑馬斯克的計畫。這支股票開始吸引那些以做空為股市操作策略的特斯拉投資者，他們認為特斯拉的股票被高估，最後一定會跌到與實際相符的價格。

正常的投資者以每股100美元的價格買一家公司的股票，希望隨著時間過去價值會增加，好比漲到105美元吧，然後他就可以賣出股票，賺得5美元的利潤。做空者則相反，他們借股票來賣，先借來每股100美元的股票，並立刻賣出，押注股價會跌，假設跌到95美元吧，到時他們會買回股票，將其還給最初股票擁有者，把5美元的差價放入口袋。這是複雜的賭局，伴隨巨大的風險。一般投資人如果做多，最多虧掉的就是投下的100美元；如果做空，假設這支股票不是漲到105美元、而是漲到了1000美元呢，做空的人一定得用高價買回，這筆交易就會吃掉你900美元。理論上，損失可能無上限。

在2015年，特斯拉約有20%的股票都被做空，這支股票本身變動已經夠大了，做空更增加走勢波動。特斯拉從2013年第一季到2015年的走勢圖就像雲霄飛車一樣，通常會慢慢上升，但不時出現大幅下跌。例如，如果投資

---

18 譯註：基督教遵循布道傳統，在美國鄉間搭起大帳棚聚會，稱為帳篷復興（tent revival），有些布道者或稱為草原傳教士，會以神蹟治病號召信徒。

人在2014年初買到特斯拉股票，持有到年底，它的股價將上漲近50%，這是驚人的成長，卻是毛骨悚然的過程——年初股價下跌7.4%，1月中旬收盤低點在139.35美元。但到9月，價格反彈，翻了一倍多，9月的收盤達到高點286.05美元。然後走到年底，再次暴跌，這次下跌了22%，股價收在222.40美元。

所以這就要看做空者何時下注了，時機對了就可以從這些週期性的下跌中獲利。然而，時間過去，特斯拉股價上揚，做空被證明是失敗的提議。從特斯拉首次公開募股到2015年的這幾年裡，空頭在帳面上的損失估計將近60億美元。儘管如此，許多做空的投資人仍然相信「特斯拉數字[19]」一定會出現。同時間，事實證明，2015年又是一次令人痛心的旅程。

做空者喜歡追逐公司的事件，例如發布季度財報或發布新產品。他們看消息面下手，如果市場預測狀況不佳，就會引發拋售。但股市很多人都是向天借時間過活的，尤其是當他們看到心中的那支股票繼續飆升。一些做空者感到壓力，就會聯合起來攻擊一家公司，可能透過媒體、網路上的投資者論壇，以及推特上越來越多的放話——所有這些都是為了改變公司的消息面，突顯這家公司生意做得不好的負面形象，揭露普通投資者可能無法認識的錯誤。從本質上來講，他們試圖嚇唬投資者，壓低目標股的股價。

詹姆斯．查諾斯（James Chanos）是近幾代華爾街最傳奇的做空者之

19　譯註：科學家特斯拉將數字3、6、9視為宇宙密碼，這就是特斯拉數字，投資人預測，特斯拉股價也會變成9塊、6塊、3塊。

一，他以預測安隆（Enron Corp）崩盤一役更加名聲鞏固。2000年秋天，他在看完《華爾街日報》德州版的一篇文章後，首次注意到安隆。他從文章中看出，德州能源公司安隆利用它在長期能源交易中那些未實現的非現金收益假報獲利 —— 也就是在資產負債表上增加了大約20年內都不會看到的收入。他進一步深入分析，得出結論：安隆是一家「造假的對沖基金」，利用帳目上的能源交易而非實際上的能源分銷來產生收益。根據他的計算，安隆並不擅長做對沖，它需要越來越多的資金才能勉強過得去。他算出，安隆生產7%的年回報率，但支出超過10%。

2001年初，查諾斯在一次專為做空者開的股市說明會上公開點名安隆，希望引起大家關注。當時《財富》（Fortune）月刊的記者貝瑟妮・麥克連恩（Bethany McLean）打電話來詢問，查諾斯幫她拼湊出對安隆的報導。2001年，安隆面臨的壓力越來越大，一段安隆執行長傑佛瑞・斯基林（Jeffrey Skilling）和分析師之間的會議電話內容流出，這段對話標誌著終結的開始。有人問斯基林，為什麼安隆沒有像其他公司那樣製作資產負債表和財務報表，斯基林大罵分析師「混蛋」。八個月後，安隆申請破產。《巴倫周刊》（Barron's）將查諾斯的放空勝利描述為「如果不是過去50年，也必是這10年來市場上最大的做空召集令」。

查諾斯一路發跡的精采度不亞於福西。他是希臘裔美國人，祖、父兩代在密爾瓦基經營乾洗店，他在耶魯大學念經濟，然後在芝加哥證券商吉爾福德證券公司（Gilford Securities）找到工作。他被大家注意是因為他的研

究報告建議要做空包德溫聯合保險公司（Baldwin-United）的股票，這一建議與其他熱門分析師的既定看法抵觸，他們把這家公司看成年度熱門股。但查諾斯認為這家公司是「紙牌屋」，有過多的債務、不穩定的會計、現金流為負數，注定要倒閉。才過了一年多一點，這家公司就去申請美國《破產法》第11章的保護了，市值蒸發60億美元，他被證明是對的。《華爾街日報》等各家媒體都大讚他的大膽呼籲，他成立自己的基金公司，成功運作大賺到1990年代初，他做空當年在房地產風暴中受到影響的德州、加州和新英格蘭州等地的區域性銀行和金融機構；他還成功做空了人稱垃圾債卷之王的邁克·米爾肯（Michael Milken）的垃圾債券王國。他的基金上漲速度是當年標準普爾500指數漲幅的兩倍，價值連翻兩番，直到他的運氣在1991年股市整體衰退時結束。這些年來，他也下了一些糟糕的賭注。在90年代，他做空麥可唐納-道格拉斯公司（McDonnell-Douglas）；他也錯誤解讀美國線上（America Online）的資產負債表，認為這是一家陷入困境的公司，但它在90年代掀起網路成功的浪潮。

但是持平而論，查諾斯證明了他是真正有超凡見地、有先見之明的股市操盤手。他用古希臘語Kynikos命名自己的基金公司Kynikos Associates（音譯為尼克斯聯合基金），這個字的意思是「憤世嫉俗的犬儒」（cynics）。這家公司在2008年達到頂峰，擁有近70億美元的資產。《紐約雜誌》對他做了大篇幅的專題報導，大談他與高盛和其他公司爭吵的軼事，稱他為「災難資本家」，還有人將他比作「做空界的勒布朗·詹姆士（LeBron James）」。隨著他的名氣越來越大，僅是哪邊宣稱他對哪家公司有做空的興趣，那家公

司的股票就會翻騰不安。

以查諾斯熱忱投入的程度，或可對他在華爾街投資生態系的地位做出正確定調。他告訴記者，他「打從骨子裡相信做空扮演著即時金融監督者的角色。這是市場上為數不多的制衡工具」。

然而，到了2015年，他的公司面臨新的挑戰。公司一個大股東撤走大筆資金；查諾斯對外部投資者敞開大門。也是在那一年，查諾斯開始對馬斯克的公司公開指名。當年1月查諾斯接受CNBC的專訪，他對特斯拉提出質疑，指出特斯拉股票的估值是基於2025年的預期營收，而這家公司卻對下一季的業績都難以預測。「這個產品的核心〔電池〕是松下製造的，」他說：「〔特斯拉〕是一家製造公司，是汽車公司，但不是改變世界的公司。」

但是那年冬天，馬斯克不是這樣描繪特斯拉的未來的。2月，馬斯克與分析師進行電話訪問，為特斯拉的未來市值鋪路，他預期特斯拉的市值可達7000億美元，這個數字大約與當時蘋果的市值差不多。「我們將投下巨額資金，」他說：「理由充分，投資報酬率很高啊。」他說，特斯拉將在十年內以每年50%的速度增長，營業利潤率為10%，本益比有20倍。對大多數公司來說，這是令人難以置信的估值。但這種放話對懷疑論者來說是沒有意義的，尤其是對於一家在2013年還說自己會在這一季達到微利的公司。充其量，馬斯克的說法聽起來像是虛張聲勢。在最壞的情況下應該是一手爛牌，但他嚴重誇大。

8月，查諾斯又接受CNBC的訪問，宣布他正在做空太陽城太陽能板公司的股票。在馬斯克的企業網絡中，他將太陽城視為與特斯拉互補的產品和

服務，太陽城生產的太陽能板將為特斯拉汽車提供動力來源。不管這個願景是否合理，對公司來說更緊迫的問題是它的基本面。該公司的營業項目是為家庭或企業安裝太陽能板，業務核心是挨家挨戶進行銷售，並在20年使用期間內提供購買者補助。這個時間尺度被認為具有挑戰性，因為新技術必然會出現。查諾斯基於這些對面板的補助，將太陽城的業務視為一家次級融資公司，基本上可視為附屬於公司財產上的負債。「你基本上是從太陽城租面板，讓他們把面板放在你的房子上，然後收取租金。所以實際上，如果你裝上面板，你的房子就拿了第二次抵押貸款，因為你希望它是一種資產，但在很多情況下它會變成一種負債。」太陽城面板公司一直在燒錢，負債累累。「這是一個非常可怕的商業概念。」查諾斯說。

正如他希望的那樣，太陽城的股價當天暴跌。

如果太陽城陷入危機，馬斯克的商業帝國也會陷入困境。太陽城和特斯拉及SpaceX是綁在一起的，它們代表馬斯克心中的金字塔，而他就坐在金字塔頂端。如果金字塔有部分開始崩裂，可能整體就瓦解了。馬斯克的個人財務和他公司的財務狀況也盤根錯節。自從特斯拉上市以來，他借款越來越多，個人財務狀況越來越糟。馬斯克申請個人貸款，但用的卻是25%的特斯拉股份和29%的太陽城股份作抵押。他從高盛和摩根士丹利兩家公司總共拿了4.75億美元的信用貸款，但過去幾年為了支持特斯拉和太陽城，部分貸款都用在購買特斯拉或太陽城的股票。如果太陽城的股票暴跌，馬斯克就可能要拿出更多錢或更多股票來取悅銀行。長期以來，他一直厭惡出售任何特斯拉股票，只有在極少數情況下才會這樣做，比如在他要還SpaceX的銀行貸

款時，或是2008年為了避免特斯拉破產的時候。他作為特斯拉最大股東，才能保住他對這家汽車製造公司的強大控制權；他的股權越少，他就越容易被收購或被趕下台。十多年前，他在PayPal被趕下台；十多年後，他能夠避免像那次一樣失去對特斯拉的控制權嗎？特斯拉為了擴張要募資金，但增資成功與否，似乎與馬斯克的公眾形象越來越綁在一起。

當年秋天，太陽城股價波動，馬斯克和他的親人可能都感受到危機；風險之大已威脅到整個紙牌屋。特斯拉董事會成員金博爾‧馬斯克的財務狀況與他哥哥的不同。10月下旬，太陽城的股價從年初以來已跌到只剩一半，金博爾被銀行通知要追繳保證金，要求他存入更多錢才能彌補他持續積累的損失。「我今天看到通知時很緊張。」金博爾的財務顧問凱倫‧溫克爾曼（Karen Winkelman）寫信給金博爾，談到太陽城的股票。金博爾正處於緊要關頭，因為他想擴大投資餐廳生意，但資金不足。金博爾告訴他的顧問，他會向伊隆借錢。

然而，大哥並沒有答應。「你知道我實際上沒有現金，對吧？」他回信寫著：「我得借。」

多年來，馬斯克家族在生意上一直是綁在一起的。2006年7月，馬斯克幫他表弟林登和皮特‧里弗創立了太陽城太陽能板公司，同月特斯拉在聖莫尼卡機場推出了Roadster。他在那次活動中提到，儘管很大程度這種關係被公眾忽視，但他對特斯拉的願景是透過太陽能板和太陽能發電聯繫在一起。然後再過一個月，在馬斯克公布的特斯拉發展藍圖中，他談到了這家汽車製造商與太陽城未來的合作夥伴關係。

理論上來講，太陽能業務很簡單。在取得太陽能系統時，屋主或企業有兩個選擇。他們可以花3萬美元（這是一般的花費），把面板系統裝到房子上，然後就有資格取得隨之而來的一切聯邦稅收抵免（當時可抵裝設成本的30%）。或者屋主可以向太陽能板業者租用太陽能發電系統，但如果他們走這條路，雖然每個月付的租金會比買的少，但屋主不會獲得稅收抵免；相反地，稅收優惠將流向業者身上。

實際上，正如查諾斯在CNBC訪問所言，太陽城已經演變成複雜的金融業務，本質上是兩個連動的營業項目：一個是銷售和安裝太陽能系統的業務；另一個是賣福利的業務，因為它投資太陽能板取得稅收減免和其他優惠，它就可以靠賣這些與太陽能設備相關的福利賺錢。

投資設備需要大量現金。太陽城於2012年上市，比特斯拉晚了將近兩年，在它經營的時間裡從未實現過合併利潤。從2009年到2015年，它虧損了15 億美元，然後就賣股票、發債券、籌資金。太陽城贊同馬斯克緊縮現金的理念，他相信可以藉此逼迫主管們更有效地經營業務並找到創造性的解決方案 —— 還可避免進一步稀釋他的所有權。但事態已經發展到**太過**緊繃。隨著查諾斯等做空者在2015年開始瞄準太陽城，馬斯克只能用SpaceX幫助改善太陽城的財務狀況，他用這家公司的名義買了1.65億美元的太陽城債券，這是SpaceX唯一一次用現金投資上市公司。

當查諾斯談到太陽城的問題時，他並沒有忘記特斯拉。他有一個理論，他認為特斯拉高階主管的流動率太高，這是公司內部有麻煩的標誌。過去幾年，馬斯克已經把幾位法律總顧問全消耗完了，最後只能找幫他辦前一次離

婚的律師陶德‧馬龍（Todd Maron）來處理公司事務；財務長迪帕克‧雅胡亞於2015年底、正當Model X應該大量生產時退休；負責Autopilot自動輔助駕駛計畫的幾位主管通通悄聲離開。在查諾斯發表對太陽城評論的幾個月後，他又出現在彭博電視上。他指出，特斯拉與BMW相比，兩者在市場價值上存在巨大差異，BMW一年實際可賣出200萬輛車，而特斯拉只會說它計畫在2015年銷售55,000輛車。但是投資者把特斯拉的股價推到這麼高，讓這家電動車公司的價值變成BMW的一半。

「這是一家估價過高的汽車公司。」他談到特斯拉時說。他並警告，其他汽車製造商也在制定電動車計畫，很快就會趕上特斯拉。「他們必須成為汽車製造商，而成為汽車製造商比成為高科技寵兒要困難得多。」

回到川普大廈，勞倫斯‧福西有自己的懷疑。晚上和週末回到家，他開始把對特斯拉的想法寫成文字。財經網站Seeking Alpha接受投資人投稿，他想他可以在那裡發表文章，但要匿名。他也覺得這件事大家應該共同參與，他也來做空特斯拉。

他需要一個化名。他喜歡蒙大拿，計畫退休時去那裡養老，這樣好了，就叫「蒙大拿懷疑論者」（Montana Skeptic）吧。他選了一幅伽利略的畫作當頭像，這位天文學家被天主教會斥為異教徒，因為他以事實證明，準確地指出太陽是宇宙中心。2015年底，蒙大拿懷疑論者發表了第一篇文章，標題是：「為什麼特斯拉Model X的交車數量會遠低於伊隆‧馬斯克的預測？」然後後面跟著長達九頁的分析報告，批評馬斯克好高騖遠的生產目標和他每

次都無法達標的歷史。幾週後，蒙大拿懷疑論者又發表了另一份分析報告，警告Model 3正在走向麻煩。

21

勞工的痛
Labor Pains

　　海拔2000英尺的崎嶇山脈坐落在加州弗里蒙的特斯拉散亂延伸的裝配廠上方。在潮濕的冬季，無樹的山丘變成翠綠色，映襯著特斯拉工廠的亮白底漆和優雅灰色的TESLA字樣，一眼望去格外鮮明。理查‧歐提茲（Richard Ortiz）從這家廠的上輩子還開在這裡就在這工作了，將近20年的歲月裡，這家廠房從來沒有如此光鮮亮麗。即使以前廠房不比今日，但他從小就夢想在那家車廠工作，因為那是他父親一直未能實現的夢想，而當他上高中時，這個夢想對他來說似乎更無法成真了。

　　通用汽車公司於1962年在這個地方蓋了工廠，比歐提茲還早生了四年。在這裡設廠是底特律車商經營策略的一部分，他們會把造車地點設在接近交易熱區附近，以節省運輸成本。幾代家庭的人生與工廠提供他們的中產階級生活緊緊相繫。但到了1980年代，這樣的體系逐漸崩潰。美國車商面臨豐田等日本對手日益增強的競爭，加上長年累積的管理不善問題，美國汽車相形

之下受到影響。

通用汽車在1982年關閉了包括弗里蒙工廠在內的幾家工廠。通用汽車將這家廠評估為表現最差的工廠，因為它仗著全美汽車工人聯合會（UAW）保護，這是極有組織的工會力量，向以作風強悍著稱。當時，工人們把這家單調的綠褐色工廠叫作「戰艦」，在它最後關廠前，幾代人無止盡地抗爭鬧事，工人們利用勞工手冊上每一條規定給通用車廠的經理難看——請假、怠工，甚至不經工會同意自行發起野貓罷工（wildcat strike）。每日曠職率達到20%。工廠關閉時，通用汽車的管理系統仍累積了6000多份的勞工申訴案。

歐提茲十幾歲時就了解汽車工會的力量。學校要交心得報告時，他讀的就是工會創始人華特‧魯瑟（Walter Reuther）的傳記，他希望有一天可以成為在地汽車工會的領導人。

這個工廠在1984年找到救贖。豐田面對美國保護主義者越來越重的恐懼，試圖把工廠開在美國當地，而通用想了解傳說中豐田的製造管理系統，兩方各有所圖、因利而聚，考慮合作設工廠。但是豐田沒有信心與美國工人合作，因此大家談好一起重新開放弗里蒙工廠，召回了很多之前通用的員工。那些回來的人發現這裡的環境變得非常不一樣，工廠由通用和豐田聯合擁有，改名為NUMMI，是「新聯合汽車製造公司」（New United Motor Manufacturing Inc）的字首縮寫。這家日本汽車製造商從本國引進了數百名培訓師，以豐田的方法對加州勞動力進行再培訓，強調持續改進、尊重他人和標準化工作。這套系統期待管理者做出最適合長期的決策，而不只是解決

眼前的問題。宗旨是希望用最少的動作完成工作。裝配線以恆定速度移動，期望每個項目能在60秒之內完成。工人有權在看到問題時拉動從天花板吊下的拉繩停止生產線。精神標語是第一次就要正確完成，以避免未來可能越做越錯。

在學術上這一切都說得通。真正的挑戰在如何做到，尤其當管理者面臨每日產量必須達標的壓力時。工廠的高階經理必須遵守這些原則。1991年，當管理者覺得產量持續下滑，他們的做法是掛起布幕標語，發給優秀員工別在身上的徽章，鼓勵工人專注質量。那一年工廠因為車輛品質優越還得到知名市調評鑑機構J.D. Power著名的汽車大獎。

歐提茲在1989年進入這家工廠工作。他在工會缺乏資歷，所以先被派去塗裝區替車身上漆，沒去做之前學過的焊接工作。替車子上漆是很難的差事，他也因此看到了弗里蒙以外的世界。日本管理層堅信訓練的重要，送他去日本豐田市進修，使得他對這行專業有更廣泛的了解。他還進入UAW了解工會的運作方式，做到地區工會監事，這個位置權力很大，負責讓資方與工會簽定的約定能被遵守。他也替家人在NUMMI找到工作，買了房子，建立自己的家。他父親以這個兒子為榮，「他總是把你拿出來獻寶。」家人和朋友這樣告訴他，他知道後總是忍不住心裡一陣高興。

大概過了快20年，到了2006年，他離開工廠，因為對這個地方的人事角力感到沮喪。他在右手臂刺上妻子的肖像，兩人曾一起走過一段難熬的日子。分手後，他就去進修，想拿到汽車維修的證照。在很多方面，只能說時也運也：汽車行業在2008和2009年步入衰退期，通用汽車破產重組，也放棄

對NUMMI的參與。豐田表示，如果沒有通用汽車，工廠的財務狀況將無法支持，於是自2010年開始解散工廠。NUMMI的結束對工人來說是痛苦的，很多人跑去找工會理監事要他們為現在的困境說話。豐田當初設廠的承諾是，工人將有終生職，工廠有近5000名員工，平均任期為13.5年，平均年齡為45歲。而現在，歐提茲看著他的家人努力找新工作。

當特斯拉在2010年收購這家工廠時，它不需要數千名工人，因為它的生產規模較小，而且強調自動化。那時歐提茲對回到工廠也沒有太大興趣，因為過往種種記憶尤新。在隨後幾年，他意外摔倒撞傷了頭，導致視網膜剝離。他醒來時看不到東西，也懷疑自己是否還能再次看到。他動了手術，術後的復原過程艱辛，有段期間必須將頭部保持在固定位置數小時。但他漸漸康復，視力也恢復了。「我在手術後醒來時，發現我居然看得到，」他說：「那一刻，我遇到的所有問題，都不再是問題了。」

當他慢慢適應意外後的日子，2015年12月的某一天，他和兒子一起騎車經過工廠。「你為什麼不申請看看？」他的兒子問。那天晚上，歐提茲上網填申請表。這又是時也運也了。那時特斯拉正努力增產Model X，迫切需要工人。幾天內，歐提茲多年之後再次進入工廠。

當他進入工廠後，眼前一切都變了。雖然建築物的骨架相同，但它與之前熟悉的一切都不同 —— 在許多方面都是如此。沒有黑暗的凹槽和骯髒的牆壁，地板漆成白色，一切看起來都那麼清新明亮，窗戶也是新裝上的。在入職培訓期間，他學到特斯拉如何徹底改變汽車行業，只想做比以往更好的汽車。「這是汽車工人的夢想。」他回憶道。

歐提茲被安排在車體總裝區，他立刻就覺得像回到家一樣，工作很快就上手，也逐漸承擔越來越難的任務。薪水沒有他記憶中的那麼好。他每小時掙21美元，而他離開NUMMI時是27美元。他還感覺到，儘管有閃亮的油漆和輕鬆的對話，但工作並不像看來那麼愉快，他發現同事們總顯得憂心忡忡。

歐提茲還不知道，他進入弗里蒙的這一刻，公司正處在危險時期。圍繞Model S的所有讚美都讓特斯拉信心爆棚，覺得自己無所不能。馬斯克曾向投資者推銷他的夢想，一個在第三代汽車出現後的未來，但這個夢想在很大程度上是建立在Model S和Model X能依序生產的前提上，而目前狀況離井然有序還很遠。

早在歐提茲進入特斯拉工廠之前，麻煩的種子就已種下。正如彼得‧羅林森的團隊根本不知道何時可以不要再重做Model S的設計，可以趕快把定稿交出去，讓工廠開始建造；事實證明，Model X也同樣弄得一團亂。在Model S的情況，是因為外部壓力迫使他們非得開始生產：特斯拉快沒錢了，他們需要生產Model S創造收入。到了2014年，特斯拉發現自己處於新的位置。在好評如潮的情況下，Model S替特斯拉創造了現金，而且在2013年一度盈利。馬斯克變得自信，也許是過分自信了，他希望Model X成為一款更出色的車。工程團隊和製造團隊跑到霍爾茲豪森在霍桑的設計工作室探查情況，在那裡似乎每個新點子都可以開花結果。但很快出現了雜音，大家開始懷疑供應商或許無法生產，工廠也有製造上的限制。

馬斯克特別不喜歡聽到和時間限制有關的藉口。例如說某零件無法在設定時間做好，他會深入研究這件事。如果出狀況的只有一種，他可能是對的。為什麼這家供應商**不能**加快速度？但隨著做不到的要求越來越多，有越來越多的車取決於一堆從沒聽過的時間表，失敗的風險全疊加在一起。

Model X前面的擋風玻璃比其他汽車大得多，團隊只好四處找零件供應商，最後在南美找到一家符合要求的。

第二排座位又是一個挑戰，因為可能會承受碰撞，它們必須滿足某些負載要求。大多數汽車都將它們用螺絲固定在座椅四角的地板上，安全帶通常也鎖在車體結構的支柱上。但馬斯克對Model X的設想是能輕鬆進入第三排，所以希望第二排座位看起來就像能在定位點上游移。他不希望笨重的安全帶從上往下拉、從入口處穿到後面。最後變成全部要換成專門設計的座椅，一個自己有支柱固定在地板上的座椅。事實證明，要做到這一點比想像的要難[20]。

然而，與獵鷹門相比，以上一切挑戰都不算什麼。羅林森曾在2011年底警告過馬斯克，但這些話早就忘光了。到了2015年春天，工程團隊努力解決如何讓門像飛行中的鳥翼一樣向上打開。液壓系統經不起考驗，液體會漏在乘客身上。此時負責Model X的設計主管是斯特林·安德森（Sterling Anderson），他是麻省理工學院的研究人員，因為專精汽車的自動駕駛而受

---

20 作者註：馬斯克對座椅三番兩次不滿意，所以他命令公司自己製造座椅 —— 這是成本高昂且耗時的過程，最後可能會讓工廠走下坡路。

到注意，於2014年底接手Model X的設計，他悄悄設計出一款新的車門，不用太過複雜的機電系統，這讓馬斯克非常中意。所以Model X的設計又在最後一刻改變了。

這麼晚才變更車門設計是有風險的。因為需要對車體車身進行調整，需要重做新的模具，通常這需要九個月的時間，然後是三個月的時間調整工具，製造適合的零組件。但是他們沒有一年的時間了，應該在幾個月內開始生產才對。這一切都發生在工廠的轉變期，當時工廠團隊為了應對不斷增長的生產需求，正試圖從吉爾伯特·帕辛的創新推車系統過渡到實際的裝配線。再一次，特斯拉想在飛機起飛時製造飛機。

工廠只好用舊工具硬著頭皮走下去，在正式生產前，先照早期設計做了幾台Model X進行測試。但根本做不好，鈑件與鈑件之間有很大縫隙，看起來非常可怕。但生產團隊別無選擇，他們必須在2015年9月下旬組裝出第一批10輛SUV，然後在慶祝Model X開始生產的派對上把車交給客戶。

這些車輛被帶到後面房間拆卸，設計師和工程團隊以手工重新打造。零件必須重新製作，工人們拿著刀，手工切刻車門封條，夜以繼日趕了兩個星期，只為了準備好第一批Model X。活動當天早上，車子狀態仍然零零落落，彩排是一場災難 —— 大多車門都有問題。程式設計師在筆記電腦上狂敲，想找出為什麼車門打不開的原因。馬斯克在壓力下很鎮靜，鼓勵團隊為節目做任何需要做的事，並且向他們保證，之後這些問題一定都會真正解決。

演出當晚，馬斯克現身了，照例穿著標誌性的黑色天鵝絨夾克、牛仔

褲和閃亮的鞋子。一如既往，他開始演講，回顧特斯拉所做的一切。「重要的是我們證明任何類型的汽車都可以電動化，」他說：「我們向你展示了Roadster，你可以有一台引人注目的跑車，但它是電動車。我們向你展示了房車也可以是電動車，現在我們將向你展示SUV也可以是電動車。」然後隨著電子音樂隆隆響起，這台SUV開動了。

當車子開到大門的時候，後台的團隊全都屏息以待。這部車的關鍵功能正以前所未有的方式進行測試，如果失敗，他們所有的辛勞不但一筆勾消，也會丟了工作。

車門竟打開了。

他們又僥倖脫險了一次，但就像2012年公司慶祝Model S開始生產一樣，馬斯克承諾了一些生產數據，但公司根本無法達到那樣的數據。馬斯克告訴華爾街，特斯拉將在2015年最後三個月生產15,000至17,000輛車，也就是每週要產出1250至1400輛。

生產主管格雷格・賴蕭和他的副手喬許・恩賽因（Josh Ensign，前陸軍軍官，2014年加入特斯拉）只能想盡辦法實現這一目標。當他們朝著馬斯克的目標一直追時，工廠接連抽查出有問題的車輛，門關不上，窗戶壞了。很快，停車場就停滿了數百輛問題車，他們卻連問題的原因都不確定。

車子會發生這些問題，對歐提茲這樣的工人來說一點也不意外，就好像特斯拉重新粉刷工廠時，他們也拋棄了豐田的製造精神。歐提茲發現他的主管們沒有考慮長期影響，只是專注短期修復。與Model S一樣，特斯拉沒有對不同工作站的工作進行標準化，過程中會發生什麼全看運氣。特斯拉沒有

精心編排一套流程步驟，而是讓歐提茲在車身周圍跑來跑去放零件。之前的工廠教他工作要有效率，而現在這個工廠一點也不重視效率。有時從零件本身開始就不對勁了，例如，他招手跟主管講這裡有一箱破掉的車門零件，有時候主管叫他從裡面把好的挑出來，有時候就吩咐他照用。歐提茲說，無論好壞，他的意見並不重要。

如果發現車輛有問題，豐田會停止產線解決問題，但現在歐提茲就算看到問題也要讓車輛通過，讓這台車在裝配線末端再去處理。末端的同事可能會手工重做一個零件，或者就用碎片拼在一起強行修復。這項工作時間又長又辛苦，工人身體很快會受到影響；主管們注意到受傷率不斷攀升。

2015年，特斯拉每100名工人中有8.8人受傷，超過產業平均的6.7人。據管理人員稱，許多與重複動作有關；歐提茲注意到，只要透過適當的人體工學調整一下，就可避免背部和手臂受傷。但與豐田不同，特斯拉沒有花時間替工人想他們要如何製造Model X，花俏的第二排座椅可能是為了讓乘客不被綁在座椅上感覺彆扭局促，但他們卻要求工人以彆扭局促的角度彎身進入車艙將座椅固定在地板上。螺栓鎖不住，工人被迫用手去鎖。

儘管有這些挑戰，但還是有一種大家一起拚的感覺。特斯拉正在努力證明世界是錯的。就當這一年要結束，恩賽因發出一道指令，為了達到特斯拉的年度目標，他們接下來必須排定21天連續無休的工作計畫。馬斯克堅持要他們向世界證明他們可以做到 —— 或者至少看起來他們可以做到。

最後特斯拉的總產量比他們的目標少了大約1000輛，但總銷量落在馬斯克承諾的範圍內 —— 幾乎都靠Model S。特斯拉在2015年最後一季只生產了

507輛Model X，多數是在那年的最後幾天做好的。那時工廠領班正逼迫生產線拚老命，想在七天內達到每週生產238輛車的進度。馬斯克開始告訴投資者，他們可以在6月前每週做出1000輛，但是他的執行團隊為了讓工人們喘口氣，卻一直在扯他後腿。馬斯克擔心這一季進度太慢會嚇壞市場。他告訴主管們，特斯拉的成功是建立需求大於供給的基礎上，一旦出現其他情況，他們注定要失敗。他對工廠的耐心正在減少，但對於混亂是如何產生的並不感興趣。幾個月前做出的設計決策對裝配線產生了連鎖反應，但馬斯克想的只是——把它給我弄出來就對了，而且現在就要。

隨著2016年一天天過去，引爆他怒火的導火線似乎越來越短。他投資的太陽城正在掙扎，當季財報顯示，在太陽能業務全面低迷的情況下，太陽城現金不足。他與女演員萊莉的婚姻再次結束，他花更多時間和另一個女演員安柏・赫德在一起，她那時還是演員強尼・戴普的太太。那年春天，當戴普出國時，馬斯克造訪了這對夫婦在洛杉磯市中心的公寓大樓，根據那裡的工人說，他會在深夜抵達、清晨離開[21]。很多主管都知道馬斯克的睡眠習慣，或說他缺乏睡眠習慣。半夜傳電子郵件是常態，他似乎天生不需要太多睡眠。但助理表示，隨著他與赫德的關係逐漸升溫，馬斯克似乎在拖延已經很難排定的行程表，只為了配合她。赫德那時在澳洲拍電影《水行俠》（Aquaman），馬斯克一時衝動搭私人飛機跑去澳洲，只在地面短暫停留就返回。小報拍到他和赫德在倫敦和邁阿密的夜店幽會，他則在員工會議上解

---

21 作者註：馬斯克曾表示，他們的關係直到2016年5月赫德提出離婚後才開始，在那之前他們只是朋友。

釋旅行對他來說很重要。他周圍的人都清楚，馬斯克盡可能地去看她。

「對他來說，睡眠不足不是問題，他每晚只睡幾個小時就夠了。」一位長期助理說：「對他來說更耗精神的是旅途勞頓和適應不同時區。」

儘管特斯拉處境艱難，但它讓很多人看到電動車的可能性，消除大家對汽車製造業的既定概念，不再把傳統車商視為成功的唯一關鍵。當然，矽谷最大玩家蘋果會注意到這一點也就不足為奇了。2014年，蘋果悄悄開始行動，聘請了一批經驗豐富的老手來開發內部稱為「泰坦計畫」（Project Titan）的電動車企畫。但他們很快知道，開發電動車比當初想的要難得多。因此，當Model X被大量爆出狀況不斷、特斯拉股價因此從之前的高點回檔修正時，蘋果執行長庫克顯然看到了一個機會。

特斯拉和蘋果之間有著複雜的關係。馬斯克欽佩蘋果公司的成就，非常喜歡雇用履歷上寫著蘋果經驗的人；他的直營店明顯模仿Apple Store；他的設計靈感來自iPhone。兩家公司培養了狂熱的支持者，其中不乏看到這兩家公司有共同合作的潛力。2015年初，蘋果召開股東大會，庫克面對一群渴望聯姻的投資者。其中一位投資者對庫克說：「坦白說，我希望看到你們買下特斯拉。」隨後觀眾的笑聲和歡呼聲響起。

當蘋果在開發自家電動車時，最初跡象是庫克開始挖角特斯拉的工程師，承諾加薪60%和25萬美元的簽約獎金，這些對特斯拉來說既無奈又受傷害。馬斯克開始回擊蘋果，聲稱蘋果挖去的都是特斯拉裡能力不足的人。馬斯克在2015年告訴德國《商報》（*Handelsblatt*）：「我們總是戲稱蘋果是『特斯拉墓地』。」

因為一直有人起鬨合作，馬斯克很想聽聽庫克的想法，便安排了一次電話會議。聽過馬斯克這方版本的人說，庫克試水溫談收購，馬斯克表現出一定的興趣，但有個條件：他要當執行長。

庫克很快同意了，在蘋果收購特斯拉後，馬斯克可繼續擔任蘋果旗下特斯拉的執行長。不，據說馬斯克做了回應。他要做**蘋果**的執行長。而庫克，這位自賈伯斯去世後一直帶領蘋果成為世上估值最高上市公司的人，一聽之下，目瞪口呆。

「Fuck you。」馬斯克說庫克在掛斷電話前是這樣說的。（但蘋果拒絕對此紀錄發表評論。）[22]

無論這段描述是否準確，很難想像馬斯克是認真地想成為蘋果的執行長。相反地，這個故事體現了馬斯克想與蘋果並駕齊驅的願景。同時還有一個更直接的目的：它告訴那些希望從蘋果那裡得到救贖的高階主管別再想了，他們無論如何都得解決弗里蒙工廠的爛攤子。

即使有這麼多的紛擾，都無法讓馬斯克放棄對工廠的需求。就像2008年Roadster的救援成功也被視為馬斯克個人干預的結果，所以如今他又再次跳入這攤渾水。馬斯克在弗里蒙工廠裝配線末端地板放上一個充氣床墊，對外宣稱他都睡在工廠。

---

22 作者註：庫克在2021年接受《紐約時報》podcast訪問時說，他從未與馬斯克談過話。然而在2016年川普舉行的一次會議上，庫克被拍到坐在馬斯克旁邊，兩位高階主管一起在中國某家金融商學委員會擔任顧問。

Model X有一個非常討厭的問題，就是它的客座車窗會叫，上升下降都會發出可怕刺耳的嘰嘎聲。很多人都知道馬斯克對氣味和聲音很敏感，以致當他出現在工廠時，都要附近工作人員把工作推車上的安全警報器關掉。他也不喜歡黃色，一般在工廠黃色表示安全色，但馬斯克堅持盡可能用紅色代替[23]。一天傍晚，他召集了Model X的維修團隊精神喊話。他的演講繞過來繞過去，反反覆覆告訴同仁他理解他們的犧牲。他停下來，眼裡充滿淚水。他說，他切身體會過這帶給一個家庭多大的傷害。

正是這種情緒渲染力激勵了許多人，馬斯克並沒有要求別人比他更賣力。就連歐提茲也承認，馬斯克的出現似乎讓團隊進入高速運轉狀態。馬斯克要來看工廠時會有個明顯提示，只要看到爆米花機被移到他的辦公桌附近就知道了，而經理們似乎也更緊張了。這讓歐提茲想起以前在NUMMI的日子，那時候職業安全衛生署（OSHA）會來稽查。

儘管如此，工作還是得靠生產線上的男男女女。他們喜歡加班費，但討厭沒事先說好要加班，尤其是週末被叫去工廠，卻因為各種延誤害他們站在那裡不知道要幹嘛。

面對抗議，恩賽因向工人承諾，每個月他們都會提前收到週末休假的通知。然而問題來了，到了第一個週末該放假的時候，馬斯克希望工廠繼續運作。因為前照燈變更又出現問題，墨西哥的供應商正加緊趕工製造，每天用

---

23 作者註：馬斯克否認這一點，在他2018年5月21日的推文中表示：「特斯拉工廠真的有黃色，我們有數英里的黃色指示線和膠帶。」

飛機少量少量送來。骨牌連鎖效應是一場災難,連帶數百輛Model X無法完成。馬斯克很不高興,居然連一台無瑕疵的Model X都做不出來。

一天晚上裝配線收工時,恩賽因就和馬斯克為了要不要給工人放假激辯起來。身為工廠主管的恩賽因一直在說團隊需要休息的理由,整個論點似乎激怒了馬斯克。「我可以在我私人島嶼上和裸體超模一起喝瑪格麗塔,但我沒有,」馬斯克吼道:「我在廠裡拚命工作,所以我不想聽到工廠其他人工作有多努力這種話。」

馬斯克就這樣甩頭走了。那天稍晚,馬斯克依舊走這條路線回去,他遇到了一名工人正努力裝窗戶,窗戶發出那種刺耳的嘰嘎聲,馬斯克的怒火似乎快要爆炸了 —— 直到生產線上一名鐘點工開口。他說:「我知道如何解決這個問題。」他解釋道,如果沿著門封切開一個口子,就可以消除聲音。馬斯克叫他示範,工人如實照做。果然,聲音消失了。

結果與工人想的任何反應都不同,馬斯克對恩賽因大發雷霆:**你廠裡怎麼有人知道解決方法?**

恩賽因不想在初階工人面前讓他難看,事實上,工程師們早就試過這個方法,卻沮喪地發現幾週後聲音又回來了。何必讓這名工人難堪呢,馬斯克已經把他當成英雄。但馬斯克很生氣,如同有些員工形容的,「死腦袋」的評價迅速閃現,彷彿某個信號開關被打開了,一直對馬斯克傳送:「這個員工很糟,很糟,很糟」。馬斯克繼續說:**這完全不能接受,你的工廠有人知道解決方案,而你竟然都不知道!**

工廠團隊看著馬斯克和恩賽因的上司賴簫在會議室激烈對話,結果很

快：恩賽因被解雇了，賴蕭辭職。馬斯克發現自己將在沒有生產線負責人的情況下推出Model 3。

幾週後，馬斯克慶祝第一輛沒有瑕疵的Model X下線，它發生在凌晨3點左右。即使趕工，特斯拉也未能在季末達到每週生產1000輛的目標。儘管如此，馬斯克告訴投資者，公司有望在今年下半年生產50,000輛車，數量與特斯拉去年的全年產量一樣多。

Model X的推出可能有助提高特斯拉在華爾街的統計數據，但對購買車主來說，這台車在路上發生問題只是遲早的事，一定會被投訴。知名市調評鑑機構J.D. Power每年根據車輛基本效能作年度新車品質調查，但特斯拉成功地不讓自己被納入，其一是Model X在全國的銷售量還沒有達到可以進入J.D. Power審核的標準，此外美國加州與紐約州規定電訪車主前需要拿到汽車製造商的同意書，而特斯拉拒絕J.D. Power電訪Model X的購買者。但其他州已有夠多的車輛向J.D. Power提供數據，足可得出這部車的品質大概。結果顯示，特斯拉的Model X在新車品質調查中，品質表現不但在豪華品牌中最差，也是車界跨品牌所有新車中最差的。根據對特斯拉的具體研究，只有飛雅特（Fiat）和Smart在「新車整體出問題」一項分數比特斯拉高，但是這份研究細節當時沒有廣泛公布，因為這些數字是沒有被分析的原始數據[24]。

從風噪聲過大、車身板材錯位，到安全帶操作困難，抱怨清單寫得落落長。儘管如此，研究發現Model X也有優勢，它有很大的觸控面板、有電力

---

24 作者註：J.D. Power直到2020年才正式公開將特斯拉納入研究。

驅動的動力系統。從本質上講，特斯拉贏過競爭對手的地方是那些傳統汽車製造商不了解的領域，而在傳統汽車製造業已有幾十年經驗的地方，特斯拉做得很糟。

儘管客戶向J.D. Power報告大量問題，但特斯拉的吸引力並沒有因此受損。它在品牌興奮度上的得分高於任何競爭對手。J.D. Power在這份未公開的私人報告結尾提出警告，新車品質上的問題「可能會隨著銷售量的增加，和各類型買家的出現而披露更多」。

歐提茲理解這種脫節。他的兒子似乎將馬斯克當成偶像，覺得他是科技英雄，以致歐提茲有一天為了兒子向他老闆要了一張簽名。然而，他親眼看到特斯拉管理不善；也許除了不善外，更是危險的。他常想著不知UAW哪天會把領域伸進這工廠。

到了夏天，歐提茲要把這個想法付諸實踐。他收到了一份神祕的邀請，參加一些工會老夥伴的重聚派對。他走進去，想找底特律UAW派來的工會幹事。這些人想知道他是否想在特斯拉成立組織，這是他夢寐以求的機會。他心想，應該很容易，工人都準備好要加入了。他想回到UAW的輝煌歲月，它那時以工會之力關閉了通用的工廠。

「我想帶他們罷工 —— 這是最後手段，」他說：「我打算用老方法把每個人都帶出那棟建築罷工抗議。不爭吵、不說話、不計票。你把我們當人，我們就回去工作。你不把我們當人，我們就站在這裡。」他想也許他最後會成為UAW在弗里蒙的工會領導人。

22 接近S-E-X

Close to S-E-X

　　馬斯克最初替小型房車想名字的時候，其實是想叫它Model E，因為E就是電動electric的E，但這個字會讓他公司三台車的代號排成S-E-X。他的主管們看到這個提議後放聲大笑，不過當他們發現福特已經為商標Model E註冊後，不得不做調整。所以「E」被顛倒為「3」，這很適合第三代車，也讓馬斯克得以保留SEX的笑話。

　　蘋果不會這樣命名下一代iPhone。但道格‧菲爾德知道，他在特斯拉的日子與在前雇主那裡有很大不同。他在蘋果公司總管數千名工程師，開發出最新的Mac電腦。沒來幾天，他很快就明白，特斯拉有些事情需要改變。如果這家汽車公司想要成為主流，就不能繼續犯下做Model S和Model X相同的錯誤。公司的規模變得太大，賭注也太大，他的團隊擔不起。在大眾汽車市場上，車子若延誤可能會殺死這家公司。請他來就是讓特斯拉成長的，也是時候讓特斯拉擺脫新創公司的命運，成為一家成熟的企業了。

菲爾德在特斯拉帕羅奧圖的總部安頓下來，明顯看到公司幼稚的那一面。這可追溯到羅林森時代「汽車人」和「技術人」存在的分歧。（他們大部分都是男性。）汽車機械與製造工程師，也就是所謂的「汽車人」，由羅林森在洛杉磯召集組織，後來搬到矽谷。他們大多來自汽車製造業而且是歐洲車廠，其中幾個有英國口音。他們脫下西裝，解開釦子，不打領帶，年紀多半在四、五十歲，住在普萊森頓或核桃溪靠托尼灣附近的郊區。

　　擅長電機工程的「技術人」透過史特勞貝爾來到特斯拉。就像矽谷的新創公司，他們比汽車人年輕一個世代，通常（不可避免地）是史丹佛大學的校友。他們喜歡T恤和花俏的運動鞋，住在舊金山或帕羅奧圖。

　　兩派之間的關係極度緊張。汽車人認為，汽車工業歷經磨練好不容易才學到正確的造車方法，技術人卻缺乏對此工藝的尊重。而技術人認為汽車人缺乏先進的電機工程技術，只是依靠過去經驗當拐杖撐著。正如一位特斯拉主管對這兩派觀察到的：「沒有一派的文化軸心是一致的。」

　　事情需要改變。如果想要做出各方面都好且成本不高的車，菲爾德就必須讓兩派合作。這就牽涉到觀念的改變了。幾年前，設計Model S的工程師向馬斯克提到預算時，他會發脾氣。他要他們專注製造最好的車，成本的問題被擋下了。但現在不是，菲爾德有不同的任務。特斯拉已經證明它可以製造出最好的車，現在面臨的挑戰則是造出一款能賺錢的日常用車，一款適合所有人的汽車。這是特斯拉想從天馬行空的瘋狂點子落實到人間現實的唯一途徑。

　　在與團隊一起開Model 3的初步籌備會議時，菲爾德播放簡報要他們注

意這台車的必要事項：Model 3要達到35,000美元的售價；一次充電後的續航里程必須超過200英里；而且駕車體驗要接近Model S的客戶體驗和好感度。如果他們做到了，菲爾德告訴他們：「我們會改變世界。」

起售價35,000美元是關鍵，這是小型房車定價的甜蜜點。BMW 3系列、賓士C Class都是從這個價格開始，而豐田Camry最高規格的旗艦款大概也落在這個價格。根據美國汽車資訊網站Edmunds的數據調查，2015年美國新車的平均售價為33,532美元。當然，頂規的Model 3會賣得更高，他們也可以藉此多賺一點。

但Model 3面臨的挑戰與十年前一樣，也就是當年艾伯哈德開始想把AC動力的tzero轉換為市售車時所面對的難關：電池成本。這也是史特勞貝爾會想和松下合作設立超級工廠Gigafactory的考量。特斯拉估計，工廠設在內華達州雷諾附近，有助於將成本降低近三成。但不夠，還需要降更多。對於這個傳統上不考慮投資回報的團隊，菲爾德需要一種方法來刺激他們考慮成本。

菲爾德根據銷售數據製作了一張圖表，上面顯示汽車成本與銷售之間的關係。圖表看出，汽車成本每減少1美元，就能增加100輛年度銷售額。「這就是1美元的含義，」他告訴他們：「成本減少1美元，會增加一百個家庭買車，在路上少了一百個燃油引擎，會有一百個更安全、更快樂的人因為擁有一台Model S而感到高興。」簡而言之，他們的任務是製造一款更便宜的Model S，成本降低但能保留所有令人興奮的元素。

除了提高電池生產率外，另一種降低成本的方法是提高電池的單顆能

量，如此，使用的電池顆數就比較少。Model S 使用代號為18650的鋰電池，技術長史特勞貝爾的團隊想出一種比較大的電池（21mm×70mm），電池大、內部體積就大，就能儲存更多能量。然後工程師設法把這組電池做到和Model S電池組提供的里程數相同，但耗能卻降低25%。

為此，特斯拉需要專注提高車輛的整體效率。菲爾德要工程師在計算零件成本時必須同時考慮兩種預算，希望他們不只列出錢，還要列出這個零件在電力系統占了多少負載。例如工程師條列剎車零件的成本時，除了列出煞車系統要花多少錢外，還要列出它在加速和減速上所耗費的電能成本是多少。加在車身下方的塑料條，製造成本可能是1.75美元，安裝成本為0.25美元，但它可以改善空氣動力讓續航里程增加，換言之它省了一個電池成本中的4美元。這是一場勝利，團隊減輕重量，改善空氣動力學，將汽車的續航里程提高到335英里，遠高於最初的目標。

另一個降低成本的方法是改用鋼材車架，而不是Model S用的昂貴鋁材（不過車門仍採用鋁材）。在車子內部，他們還發現如果把車子中央的儀表板拿掉，用一塊可顯示所有行車資訊的大平板代替，會省下非常多錢。

他們還開發空調系統，不但比一般空調系統便宜得多，而且需要的零組件更少。多年來，汽車設計師一直很想把汽車儀表板上面那塊圓形或方形的冷氣出風口拿掉，換成更優雅美麗的設計，但這個夢想從沒實現。現在菲爾德團隊的工程師喬·馬達爾（Joe Mardall）做到了。馬達爾2011年加入特斯拉之前是為麥拉倫車隊工作，負責改善賽車的空氣動力學。他在2015年為Model X開發空氣過濾系統，特斯拉聲稱這套系統可以去除至少99.97%的懸

浮微粒。現在新任務要求他想出一種方法導流空氣氣流，氣流不走原來送氣的笨拙開口，卻要像由送風口導流一樣。他在原來儀表板的地方做了一個光滑不顯眼的隙縫來引導空氣，舊式的循環空調已經被放棄了。這就是特斯拉自Model S以來一直在做的事：召集一小群最聰明的工程師，讓他們想出開箱即用的點子，解決看似棘手的問題。

削減成本是另一回事。2016年春天發生在弗里蒙工廠的噩夢，凸顯了特斯拉的車不僅需要變得更實惠，還需要改進製造過程。在賴蕭離職前，菲爾德已經和他對這一點取得共識。Model X生產問題不斷的最關鍵因素，就是到最後一刻還在更改設計和電機工程。但是在車子生產前，工廠需要時間與零件供應商合作設置裝配工具，還要進行測試和調整才能開始做車。

為了讓汽車開發人員和在工廠的執行工程師彼此有共識，菲爾德把他們召集起來一起開會，但是地點不在帕羅奧圖總部和弗里蒙工廠。而是找了一個馬斯克人在洛杉磯的星期五，菲爾德悄悄帶了大約50名經理和主管到舊金山普西迪一日遊，這裡以前是軍事要塞，可以遠眺海灣。這一天，由霍爾茲豪森的設計團隊和技術專案經理首先上場，說明Model 3的設計以及他們希望客戶得到的駕車體驗。然後將Model 3與Model S及德國、日本等競爭對手進行比較，從尺寸一直比到性能規格。他們的目標是BMW 3系列、奧迪A4和賓士C Class。了解這輛車後，一行人轉而討論造車計畫。產品設計工程師帶著他們走一遍生產流程，大家想到可以利用新收購的模具工廠減少沖壓工具和壓力機迴轉所需的時間。

菲爾德用一個簡單的比喻來描述這件事：他希望他的工程師將自己視為農夫。農夫花時間耕作以期將來收成，他認為如果工程師也和農夫一樣在設計電機工程時就想到Model 3在收成時要做好的準備，團隊就能避免很多問題。從一開始，特斯拉就很難專心一次只做一件事，從Roadster和Model S的執行中可明顯看出，甚至現在他們努力將Model X從弗里蒙工廠推出時也是如此。菲爾德警告他的工程師，當Model 3推出時，他們要避免陷入類似的境地。菲爾德告訴他們，任何產品的開發過程都是如此，都是從剛開始設計產品的時候，工程師才最有機會對產品做出決定性的影響。他告訴他們，這通常也是執行長最沒注意的時候。產品越接近完成，執行長的注意力就越集中在產品上，那時候工程師幾乎沒有能力進行改變或修正路線。Model X就是活生生的例子。馬斯克在工廠生產線走動，對幾年前做的工程設計和決策感到不滿並要求改變，這時候改就很痛苦了。

馬斯克沒有和團隊一起參與這次戶外會議，但他對製造汽車的複雜性顯然有了新認識。當霍爾茲豪森在霍桑為Model 3開設計會議時，經理們注意到馬斯克的語氣發生變化，與他們幾年前在做Model X時所見不一樣。他仍然會插手管事，但他不會再提出不切實際的幻想，而是盯著採購和製造經理一直問，了解他們的決策作為。對於一些待很久、見過馬斯克老樣子的經理來說，他對Model 3的投入似乎不如對Model X的投入那麼深。當然，他在工廠的時間更多，但他也背負著家庭和其他煩心事。

他不**需要**管這麼多：他有一個很靈光的資深管理團隊。菲爾德似乎把Model 3的開發案管得很好。同時，弗里蒙的造車團隊正在制定一項很有野

心的造車計畫。他們想為Model 3安排一條新的裝配線，也在嘗試增加更多自動化設備，藉以提高質量。他們開始制定2017年底的生產計畫，目標是到2018年夏天每週生產5000輛Model 3。按照這樣的速度，每年都有一定的停機時間進行產線維護，他們預計每年生產26萬輛小型房車，這將是重要的里程碑。第二階段他們會添加更多機器人，讓裝配線更加自動化，以實現到2020年每年生產50萬輛車的目標。

他們都承認這個計畫很激進。但兩階段計畫可以解決一邊造車、一邊要自動化的複雜過程，因為自動化需要時間。而且Model 3下線，特斯拉就有獲利，這也可以為自動化提供資金。

然而，一切的關鍵都在避免Model S和Model X的錯誤：他們不能在工廠已經要開始製造車輛時才開始布置生產線。特斯拉已經重做了數千輛的Model X，都是因為裝配線還沒有準備好就趕著生產。如果一家工廠每週要重做的車子數量是汽車生產量的三倍以上，修理的工作還一樣繁重，這會給公司帶來災難性的後果。

正當菲爾德設法團結公司，有些成員也在規畫自己的路。史特勞貝爾在超級工廠的團隊一直在討論如何將電池組從斯帕克斯運到弗里蒙工廠，其中有個想法是開發由電池組驅動的電動連結卡車。當成本更具意義時，原本閒聊談起的概念逐漸成形，決定試試開發電動的半掛卡車。電機團隊變得興奮起來；史特勞貝爾悄悄授權他們開始製作原型車，看看有無可能。他們想打造一支小型的電動卡車車隊，在工廠之間穿梭。依照慣例，他叫團隊去買

一輛汽油驅動的弗萊納半掛卡車（Freightliner），研究如何改裝成用電池驅動。他指派年輕工程師丹・普利斯特里（Dan Priestley）把整輛卡車拆開，用了6個 Model S的電池組製造原型車，然後試駕，在超級充電站充電，團隊都讚嘆它的加速真是快啊。

但是才一會工夫，他們才想到一個問題。他們在沒有告訴任何人的情況下開發了一款全新產品。菲爾德的團隊在做車輛開發；史特勞貝爾的任務應該是建設電池工廠。另外，馬斯克不喜歡驚喜——除非他喜歡這個東西。但史特勞貝爾打賭，新的半掛卡車這麼棒，一切都會被原諒的。有一天，他邀請馬斯克來看看弗里蒙工廠後面放著的東西，並向他好好介紹了一番。他的團隊製造的卡車具有驚人的加速度，更像是一輛跑車，而不是笨重的半掛卡車。

馬斯克的確印象深刻。但他決定這個企畫不給史特勞貝爾做，畢竟史特勞貝爾還有一個巨大的工廠要負責。馬斯克對這台卡車有其他想法：他想把這個新車企畫當成胡蘿蔔，吸引傑若米・吉倫回鍋。吉倫因為推出Model S贏得了馬斯克的信任，但在經營銷售部門時力竭而去。

自從2015年8月離開以來，吉倫一直在做紓壓之旅。他橫跨美國進行了史詩般的露營旅行，偶爾會在遙遠不知名的所在拍個自拍照發回來給特斯拉的朋友。他們從不記得看過他這麼開心。所以當馬斯克問他有無回來的可能時，他似乎不確定，甚至不清楚還有沒有適合他的職位。Model 3的開發案已經交給菲爾德，而喬恩・麥克尼爾（Jon McNeill）負責銷售和服務，特斯拉要他回來做什麼？

馬斯克最新的企畫具有一定的吸引力。吉倫在進入特斯拉前，還在職涯早期階段就做過半掛的卡車了。有了這款新車，公司說不定就有了全新的市場？被說服後，吉倫在2016年1月返回公司做新車開發，這個企畫是特斯拉美好的靜水區。這也意味著，即使當他們搏命似地將Model X投入生產的那個冬天，特斯拉正在開發的不是一款車，而是兩款新車。這需要很強的管理能力，但如果特斯拉想要超越小眾市場，未來也需要這種靈活性。

——

　　2016年3月的一個晚上，微風徐徐，馬斯克、菲爾德、麥克尼爾和其他高階主管站在特斯拉設計工作室的舞台上，數百名客戶和支持者在那兒等著看這部馬斯克早就承諾的車：Model 3。幾天前，馬斯克在推特上宣布了這一消息，甚至讓這部在外面連影子都沒看到的車接受預訂。

　　緊接著，主管們在社群媒體上看到大眾在全國各地特斯拉門市排隊的影片。他們也一直注意一個銀幕，上面總額一直跑，是不斷進來的1000美元訂金。他們簡直不敢相信，開了一個非正式的帳戶來存放收到的訂金。還記得特斯拉首次推出Roadster時，他們希望找到100名願意付10萬美元的買家，這中間花了幾星期；Model S發布後收到3000筆訂單，那是在幾個月之內。但現在的情況與他們料想的完全不同，上萬的人正在預訂這輛車，即使他們連一眼都沒見過，然後變成數十萬人在預訂。團隊不知所措，目瞪口呆：這一切都太令人震驚了。如果把特斯拉生產Model 3的預期速度計算一下，僅是

當晚的預訂量就吞噬了最初**幾年**的生產計畫。他們從經驗中得知，現在的預訂量很多不會成為實際賣出數字，但這仍然顯示市場的強烈興趣。菲爾德感謝馬斯克的促成。

馬斯克走上舞台接受歡呼。「你做到了！」人群中有人尖叫。這一路走了這麼久，終於讓他推出Model 3。人群中看到志願品牌大使邦妮・諾曼，這些年她從Roadster車主變成Model X車主；也看到松下北美總裁山田佳彥，他一路推動松下參與內華達工廠的設置。兩人換慶的心情溢於言表。

當Model 3推出，最引人注目的並不是美學上的新鮮感。它在很多方面都與Model S相似，變小號了些，比例也沒有Model S高雅。（這在車頭看得最為明顯，車頭前端較短，使得這部車的輪廓幾乎有點像烏龜。）但對許多人來說，Model 3和Model S間的差異很不明顯。而這本身就是令人驚嘆的事：一輛起售價設定為35,000美元的車子很可能被誤認為之前那部10萬美元的車。當晚是一場顛覆，嘆為觀止。

特斯拉許多高階主管都因為與執行長的**互動**經驗而結合在一起 —— 換句話說，應對這個管理他們的人。馬斯克每週持續與高階主管會面，但只要時機不對，就可能被他狠狠怒瞪。應對馬斯克的一種方法是向他的幕僚長山姆・泰勒（Sam Teller）探問他的情緒好壞，泰勒和他一起旅行，擔任看門人的角色，處理馬斯克的一切事務。特斯拉、SpaceX、太陽城在事業體中一個個如孤島般存在，泰勒是馬斯克身邊為數不多還能關照全局的人，所以當帝國的某一部分讓馬斯克不高興時，泰勒可以通知一下。每當有高階主管

新入職，泰勒給他們的建議很簡單：問題不是真正的問題；他們很正常；馬斯克把所有時間都花在解決被搞砸的事情上。但**驚喜**是問題，馬斯克不喜歡驚喜。

史特勞貝爾看到泰勒作為溝通橋梁在會議上幫忙化解內部鬥爭的潛力，所以拉攏關鍵人物，在與馬斯克開會前先開事前會，私底下先討論彼此的分歧，面對老闆時就可採取統一戰線。這方法似乎很有效——直到馬斯克發現。不出所料，他很不高興。他下令不准開事前會，各部主管不能在他背後先協議；他想看到這些主管在他面前互相攻擊。隱含的意思是：馬斯克希望保留決策權，只有他能做決定，而不是別人決定好了送到他面前。

儘管有這樣的小插曲，在Model 3發布一星期後，馬斯克還是興高采烈地來到特斯拉總部。在他辦公室旁的玻璃會議室裡，執行團隊無不驚嘆源源湧入的訂單，數量遠超過他們最瘋狂的預期。但興奮很快就變成緊張。不出所料，馬斯克作出旁觀者肯定害怕的決定：他決定加快Model 3的生產。

他們幾個月前做了計畫，決定在2017年底開始生產，因為先要花幾個月做一條新的裝配線，還要測試工具，確定每個工作站可以每隔幾秒完成一個步驟。

如果照原來計畫進行，特斯拉現任的財務長傑森・惠勒（Jason Wheeler，他在2015年秋末接任雅胡亞的職位）預估，特斯拉2018年的收入將比2016年增加一倍以上。他預測特斯拉將在2017年第一年開始有盈利，會賺2.589億美元；到2018年，會賺近9億美元。然後到2020年，如果做到馬斯克承諾的一年之內交車50萬輛，預計特斯拉的收入會是357億美元，利潤為

21.9億美元。特斯拉靠著Model 3走在逐漸變大的路上。

　　但突然間，這計畫對馬斯克來說還不夠好。現有計畫意味著最初幾年的生產僅能供貨給預訂的客戶，等到消化完這些訂單時，出貨的車款就已經過時了。況且這些訂單還向世界證明，電動車存在巨大的潛在需求，絕對會刺激競爭對手認真看待他們剛起步的計畫。

　　還有馬斯克沒有直說的部分，但很多人認為那才是他最大的動機：公司一直在燒錢。Model X一直延遲交貨就是在吃錢。特斯拉在3月過完手頭只剩15億美元現金，如果沒有加上循環信貸額度（本質上是企業的信用卡），這一數額會低得多。幾年前特斯拉金庫中的數字也許遠遠不及它，但狀況一樣，按照目前的速度，該公司將在年底前耗盡現金。特斯拉若不是提高Model X的產量，就必須從投資者那裡募得更多資金。

　　加速生產Model 3的成本一定會增加財務壓力，因此，特斯拉每週生產5000輛車的速度越快，就越能維持業務運轉所需的現金。但加快計畫是否明智？團隊對這個想法意見分歧，Model X裝配線崩潰就是一個很好的例子。尤其是菲爾德，他反對這個想法。史特勞貝爾也很擔心，表示不確定自己能否及時讓超級工廠加快速度滿足需求。

　　馬斯克不會讓步。這不是討論。他已經打定主意了。

　　對於計畫的改變，菲爾德沒把自己的想法說出口，只是召集他的團隊說明之後的狀況。「你們現在在另一家公司工作，」他說：「一切全都變了。」

　　隨著賴蕭和恩賽因的離職，製造部門變成直接向馬斯克匯報，銷售部門

則向麥克尼爾報告。一群工廠管理者在中間沒有任何緩衝的情況下直接體驗了執行長的反覆無常。製造工程師尚恩·傑克森（Shen Jackson）提出增產的三階段計畫，從每週5000輛車增加到10,000輛、再到20,000輛。馬斯克告訴他不夠快，他要在夏天來時就開始組裝Model 3，比原定計畫提前了六個月。不僅如此，馬斯克還希望建造速度要創紀錄地更激進、更快。

製造團隊提出在不同工作站做「瓶頸管理」（bottleneck managing）[25]，問題會在緩衝區修飾改正，就能一次同時完成幾輛車。就算關鍵工作站出現問題，他們仍然可以在不完全關閉生產線的情況下讓下游工人繼續製作。非常明智的想法：但馬斯克拒絕。如果電機工程已經很完美了，就沒有必要進行這種分流。

一些經理開始反應，其中包括一位油漆部門的經理，他告訴馬斯克他的要求根本不可能。馬斯克直接開除他，叫他另覓工作。這名經理只是其中之一，如果這些人想保住飯碗，最好把疑惑吞下肚。

供應商也開始表達擔憂。松下高層對加快進度感到震驚。內華達的工廠還在加緊趕工，新廠有很多毛病沒被抓出來，看上去各處電源不斷閃爍，還需要在不習慣從事生產的他國培養新的勞動力。馬斯克根本不理會。

5月4日，他破釜沉舟。直接透過致股東的信和對分析師的電話向投資者宣布，特斯拉正在加快腳步，原本計畫在2018年到2020年每年生產50萬輛

---

25 譯註：1980年代管理學家Eliyahu Goldratt發展出「最佳化生產技術」（OPT），藉著控制生產環節中最弱的「瓶頸」（bottleneck），優化生產流程，以達到最佳生產的目的。

車，但現在已改成2020年就生產100萬輛車。

這是一個驚人的計畫。當媒體有機會提問時，CNBC長期跑汽車線的記者菲爾‧勒博要求馬斯克說得更清楚一些。「那是生產預期？還是生產目標？還是你的假設？」

馬斯克說，特斯拉將在2018年生產超過50萬輛汽車，隔年將成長約50%，到了2020年就會達到100萬輛。（「我的意思是，」馬斯克稍微收斂了一下，「這是我最好的猜測。」）

馬斯克告訴投資者，供應商已經接到指示，準備在2017年7月1日開始量產。他承認，在截止日期後可能還需要幾個月的時間才能全力生產，同時公司會處理可能出現的任何問題。「為了讓我們有信心實踐在2017年底Model 3的量產計畫，我們實際上必須將日期定在2017年中，並真正做到內部外部火力全開，才能在2017年年底真正達到量產。」馬斯克說：「所以約略猜測，我會說我們的目標是在當年下半年生產10萬到20萬輛Model 3。」

對於消費者，他則建議：現在是訂購的時候了。「你不必擔心……下訂單後要等5年才收到。如果你現在下訂單，很有可能在2018年就收到車了。」

他當眾宣布了這些。只要短短一年內，Model 3就要在工廠翻騰製造，馬上就要在街上到處開了。一言既出，駟馬難追了。

23

改變路線
Changing Course

　　2016年5月上旬一個星期六，下午4點30分剛過，俄亥俄州40歲的約書亞・布朗（Joshua Brown）開車在佛羅里達州蓋恩斯維爾（Gainesville）南邊一條雙向行駛的高速公路上，他的Model S直接撞上一輛正穿過馬路要轉彎的半掛貨櫃車。布朗並沒有減速，車子仍以每小時74英里的速度往前衝，然後從卡車下面鑽出來，車頂被削掉。車子繼續鑽入排水涵洞，穿過兩個鐵絲網，撞上一根電線桿後逆時針旋轉，然後停在一幢房子的前院。布朗當場死亡，但卡車司機沒有受傷。雖然公部門說卡車司機沒有讓路，但直接蹦出的問題是：在一條沒有任何障礙物的筆直道路上行駛，為什麼布朗沒有立即嘗試停下來，甚或放慢速度讓巨大的卡車先駛過？車輛繼續開不停的事實表示，一項已經推出、備受關注的新功能可能存在致命缺陷。

　　公部門要花好幾個月才能挖出車禍真相，但特斯拉從自動輔助駕駛Autopilot的數據資料中很快可以查明，事實上，當時布朗正在使用這套自動

輔助駕駛系統。布朗從佛羅里達州的西海岸出發，在41分鐘的行程中，大部分時間布朗都開著Autopilot，但他有使力轉了方向盤7次，總共25秒，所以系統認為車子是由駕駛在控制。但他的手並沒有握住方向盤，沒握方向盤警報器就響，從響起到他把手放回方向盤，中間時間最長相隔6分鐘。一路上，警報響了近兩分鐘，要求他重新控制方向盤。系統在撞擊前2分鐘時最後一次感應到他的車輪運動，它沒有試圖停下來。

對馬斯克來說，這場車禍發生在一個可怕的時機點。三週前推出Model 3的熱度還在燒，他想打鐵趁熱趕快籌到錢去付車子的生產費用。他也和表弟、太陽城公司的執行長林登・里弗祕密運作，想找個方法讓特斯拉把這家陷入困境的太陽能公司買下來，因為太陽城的業務長期以來一直受到質疑，不斷被股市做空者攻擊。這三件事情加起來，很可能會威脅到特斯拉能否實踐馬斯克幾年以來一直想做的Model 3。

多年來，馬斯克一直設法平衡各方需求，一邊要經營特斯拉和SpaceX，同時還兼太陽城的董事長。這並不容易，尤其是2008年特斯拉和SpaceX兩家公司都在苦苦掙扎的時候。2016年入春，他精心打造的金融紙牌屋再次陷入危機，又是熟悉的場景。特斯拉因為推出Model 3，讓公司的未來看似有無窮希望，但幾個月來費力交出Model X也讓公司財務受傷。同時間，如背景般存在的太陽城生意卻越來越糟。

2016年初，特斯拉財務長惠勒在星期六一大早被馬斯克嚇了一大跳。背景聽起來很吵，馬斯克好像正在私人飛機上，不過，他的指示聽得很清楚。馬斯克要召開特斯拉七人董事會的緊急會議。令人驚訝的是，他希望惠勒針

對特斯拉收購太陽城有什麼商業利益及未來發展收集資料。他有48小時。

惠勒不知道的是，整個週末馬斯克都和里弗一起在太浩湖商量。太陽城有麻煩了，而太陽城有麻煩，表示馬斯克的商業帝國也有麻煩了。馬斯克和他表弟已經對太陽城該如何節省現金的問題商討了一個月，最後馬斯克在2月那個早上打電話給特斯拉的財務長。截至2015年末，太陽城手頭上還有3.83億美元。為了維持營運向銀行借了循環動用信貸，但合約細則上有一項規定，要求太陽城必須每個月保有平均1.16億美元的現金餘額。如果達不到要求，將立即違約，而且會連動引發公司其他債務的違約，還必須公開宣布。

違約還可能威脅到太陽城的償債能力。而且由於太陽城的財務與特斯拉的財務是綁在一起的，太陽城違約就會使特斯拉很難申請到新的貸款，但是特斯拉為了Model X遲交和推出Model 3的成本不斷增加，一定要貸到錢。

當特斯拉在籌備Model 3時，一直擔心承擔不必要的風險，這讓惠勒承受沉重的壓力。他之前是Google的財務副總裁，幾個月前才加入特斯拉。當雅胡亞在馬斯克身邊歷經七年艱苦磨難後選擇退休，他接替了雅胡亞的位子。惠勒和他的團隊整個週末都在忙著整理報告，推算特斯拉收購太陽城可能出現的結果。

結果並不理想：除了太陽城是個賠錢貨之外，很難有別的解釋。合併公司會使特斯拉的債務幾乎翻倍，而且分心做旁業的風險很大。惠勒將他為董事會算好的數字寫成簡報資料，並把這份提案命名為「伊卡洛斯計畫」（Project Icarus）[26]。簡而言之一句話：交易會損害特斯拉股票的價值。董事

會一致認為現在時機不合適，尤其是弗里蒙工廠必須努力提高Model X產量的情況下。這個想法被擱置了。

然而到了5月，趁著Model 3發布後的轟動，特斯拉準備去華爾街籌錢。下訂客戶越來越多，這幫馬斯克找到順理成章的理由尋求更多投資：特斯拉需要為車子的增產募集資金。他的資深銀行團隊聯合幫他找投資人籌了兩倍他想要的錢，他們認為這個數額會給他們足夠的緩衝，讓他可以依照自己設定的時間表把車子做出來。但馬斯克不想增資增這麼多，因為這樣會稀釋他自己的股份。所以走另一條路：特斯拉於5月18日申請釋股，希望能籌到14億美元。

不到兩週後，在特斯拉非公開的董事會季會上，馬斯克再次提出收購太陽城的想法。這一次開會，幾名對太陽城事業感到興趣的董事會成員開始對收購案保持開放態度，授權特斯拉評估收購的可能，並請顧問提供協助。

多年來，馬斯克和一些董事會成員，像是很早就投資的格拉西亞斯，持續在討論將兩家公司整合到同一個屋簷下，尤其是特斯拉和太陽城的合作越來越密切。2015年，技術長史特勞貝爾開發了一條新的業務線，特斯拉這家汽車公司開始賣起供給家庭和商業空間使用的大型電池組。這門生意吸引了對太陽能應用有期待的客戶，可以讓他們早上吸收能量而晚上使用。

早在2006年，特斯拉就想過在營業項目中加入太陽能設備，甚至在太陽

---

26 譯註：希臘神話裡伊卡洛斯（Icarus）裝上由蠟黏成的羽毛翅膀想要飛離迷宮，但他忘記父親警告，飛得太接近太陽，結果翅膀上的蠟融化，掉落海中而死。

城公司成立之前，這個想法就曾在董事會上提出過，但當時董事會拒絕了。伊隆的弟弟，也是特斯拉董事會成員金博爾認為，那是因為當時其他董事會成員過於短視。

但是到了2015年初，特斯拉董事會參觀了當時還是建築工地的斯帕克斯超級工廠，馬斯克和史特勞貝爾正計畫與松下合作，在那裡生產數百萬個電池和電池組，將太陽能納入業務的想法變得更加重要。當董事會成員看著眼前巨大的廠址，很多人自然而然就會被這想法擊中。如果特斯拉將自己定位於電池組製造商，太陽能系統就該視為電池相關設備的一部分，兩者一起賣，如此才能控制客戶的整組需求。對格拉西亞斯這些董事會成員來說，這讓他們更清楚地知道，他們正在進入公司的新時代：電力存儲業務。

董事會授權調查這門生意的可行性，不到一個月，在6月20日那天，馬斯克召集了一次臨時董事會，這一次中午剛過大夥就在弗里蒙工廠開會了。

他們討論收購的可能性，財務長惠勒再次表達擔憂。他擔心合併之後開支更大，會讓特斯拉未來借更多的錢。根據祕書做的筆記，考慮的問題之一是股市做空者的影響，特別是查諾斯，他可能有所準備。

董事會決定，由成員之一蘿賓‧丹賀姆（Robyn Denholm）站出來面對投資者說明兩家公司合併的意義。丹賀姆才剛加入澳洲電信巨頭Telstra不久，目前擔任營運長，是澳洲電信財務長的繼任人選。她被視為是少數與太陽城公司沒有任何關係的董事會成員（格拉西亞斯也是太陽城的投資者和董事會成員）。當討論轉向特斯拉應該花多少錢合併太陽城時，馬斯克提出一個可以公開辯論的價碼。但至於是否願意談判協商，馬斯克告訴團隊，「我

不協商。」

因為利益衝突，馬斯克和格拉西亞斯一起離開會議室。最後集團以每股26.50至28.50美元的價格來結算，如此太陽城的估值高達28億美元。特斯拉迅速向太陽城的里弗送出正式信函，並在隔天紐約股市收盤後，於特斯拉的官網上登出宣言，公布收購太陽城的決議。

「特斯拉的使命一直與永續發展息息相關，」文章開頭寫著：「現在是完成這幅圖畫的時候了。特斯拉客戶駕駛乾淨的車，使用我們的電池組以更有效地利用能源，但電池仍需要充電，而最能永續獲得的能源就是：太陽。」

投資者的回應立即且明確。太陽城股票大漲15%，對這家過去12個月來股價下跌超過60%的公司來說，這是充滿希望的信號。但特斯拉股價暴跌，公司估值立刻少掉33.8億美元。

新聞一報出太陽城被收購、特斯拉摔跟頭的消息，CNBC知道該去訪問誰。財經頻道跳出「即時快訊」的醒目標題，打斷下午的新聞。吉姆·查諾斯發表聲明抨擊收購案：「厚顏無恥的特斯拉拿錢紓困太陽城，是經營公司最糟糕的可恥案例。」當然，查諾斯此話是放狗開戰。特斯拉的股價往下沉；太陽城的股價正上升。如果你像查諾斯一樣押注太陽城會倒，這可真是個壞消息。

但看壞的惡評不僅來自做空者。特斯拉的顧問公司艾維克（Evercore）開始收到分析師連串唱衰的分析報告，這些報告都是投資者用來評估市場的分析指標，但分析師一致看壞。摩根大通的分析師寫道：「（目前）缺乏細

節說明，我們很難看到品牌、客戶、管道、產品或技術的協同效應。」奧本海默的分析師總結：「我們認為這種整合雖然可能，但充滿挑戰，並且有融資風險。」話中帶刺的是摩根士丹利的分析師亞當・喬納斯（就是上次一聽到特斯拉上市就興奮地從倫敦返回美國的那位分析師）：「我們認為特斯拉最有價值的資產可能是他與出資者之間建立的信任。即使一椿被拒絕的交易案可能因投資者質疑公司治理而「留下印記」，進而改變投資者對特斯拉資本要求的股價。」

在市場衝擊中，美國國家公路交通安全管理局（NHTSA）宣布要對佛羅里達州的致命車禍展開調查。NHTSA是負責車輛安全的聯邦監管機構，擁有強制召回車輛的權力，即使代價痛苦且高昂。它向大眾公開它對特斯拉自動輔助駕駛的疑慮，引起重要媒體針對特斯拉系統大幅報導。《財富》雜誌的卡蘿・盧米斯（Carol Loomis）質疑特斯拉為什麼在事故發生11天後，只是出來釋股籌資，卻對事故原因一點解釋也沒有[27]。這個問題也引起美國證交會的擔憂，將特斯拉置於監管機構的顯微鏡下，強力監管。

當馬斯克回應媒體對自駕輔助系統Autopilot的批評時，他和董事會似乎也正值兵慌馬亂，市場對特斯拉收購太陽城一片看衰，反應之大，讓他們措手不及。特斯拉的最大股東直接對丹賀姆表達不滿，它們都是管理數十億資

---

27 作者註：報導中，馬斯克為特斯拉的舉動辯護，聲稱這個議題對「特斯拉的價值一點也不重要」，他告訴《財富》雜誌：「的確，如果有人不怕麻煩地做個算數（顯然，你沒有），他們就會知道，在全球每年超過100萬人的汽車死亡事故中，如果能夠普遍應用特斯拉的自動駕駛技術，大約就有50萬人會得救。拜託喔，在你寫一篇誤導公眾的文章前，你花個5分鐘做個算數好不好。」

產的資產管理機構，對批准交易案有極大影響。比如最大的機構投資者普徠士資產管理公司（T. Rowe Price）就對特斯拉進行公開募股非常不高興，認為決策過程只花幾週，也沒有披露收購動向。特斯拉管理投資者關係的副總裁傑夫‧艾文森（Jeff Evanson）也承受了很多後座力。

「老實說，我們討厭公開。」金博爾在給朋友的短訊中抱怨，特斯拉股價怎麼會因為一宣布太陽城收購案就跌成這樣。這就是他哥哥之前和他討論過的話題，馬斯克總哀嘆經營私人控股的SpaceX容易多了，但這也不會是最後一次播放哀歌。

擬議中的太陽城收購案不僅擾亂市場，在公司內部也有反對聲浪。特斯拉以前會冒險，但那是為了追求更大的理想。在外人看來，也許有點惺惺作態，但是對於許多待了很久的幹部來說，他們真的都是因為認同特斯拉的環保使命才堅持下去的。他們相信，他們正在努力推出一款能減少污染和改善地球的電動車。但到了2016年，這件事很難讓人相信自己手上的股票會漲價。對他們來說，工時長、犧牲個人，證明只是為了成就一個行為乖張的執行長。

感覺不一樣了。現在看來，馬斯克似乎明目張膽地為了自己的私利蠻幹。「伊隆很愛冒險，但他通常會做出非常好的商業決策。」一位長期擔任經理的員工說。「但這件事情毫無意義：你為什麼要收購**那家**公司、搞**那個**生意、做**那個**品牌？除了你想救它，沒別的事實。」

主管投資關係的艾文森向一位特斯拉董事大吐苦水，特斯拉的領導幹部

根本不喜歡這筆交易。「公司內外的情緒都很糟糕，」艾文森在一封電子郵件中說：「高階主管必須閉嘴，大家都在同一條船上啊。」

儘管馬斯克是特斯拉和太陽城的董事長，而且是最大的單一投資者，但兩家公司的企業文化差別很大。光是銷售這一環，基本做法就天差地別。馬斯克鄙視強行推銷，因而讓特斯拉的門市更像教育中心。但太陽城就是硬性推銷，不但推銷員挨家挨戶上門詢問，還用電話行銷不斷施壓潛在客戶。業務團隊如果因為這樣接到生意就有高度獎勵。特斯拉不喜歡這種讓銷售人員相互競爭的想法，所以並不像太陽城會發獎金。在公司帳目上可看出差異，惠勒的團隊計算出，太陽城在過去12個月中花了1.75億美元支付佣金，而特斯拉只有4000萬美元。

兩家公司甚至連小事都不對盤。在特斯拉，馬斯克一直拒絕在職務名稱上搞花樣，從不錄取那些他覺得只對職位有興趣、對工作沒興趣的求職者。但在太陽城，什麼亂七八糟的頭銜都有，好像只有討好巴結的頭銜才可能彌補較低的底薪。兩家公司在美國大約聘請了12,000名員工。太陽城有68名副總，平均工資為214,547美元，而特斯拉的副總有29人，平均工資為274,517美元。

特斯拉工程部門的主管對將來可能的工作分配也不高興。特斯拉能源部的工程經理邁可‧史奈德（Michael Snyder）認為太陽城工程人員的程度太差，他告訴馬斯克，在給分1到10分的範圍內，他們頂多只有2或3分。他甚至說裡面全部只有一個人他會考慮聘用。馬斯克向他保證：「我們會和很多太陽城的員工分道揚鑣。」

可以確定的是，特斯拉也在改變，與很多人在開發Model S和Model X當時加入的公司已有所不同，就像公司在2008年瀕臨破產時的狀況一樣。

為了說明這種轉變，馬斯克做的事大致與當年相同，他提出願景，就像2006年他為公司畫出藍圖，設定特斯拉將由Roadster走到Model 3的路線一樣。馬斯克在那年夏天發布了另一篇部落格宣言，對公司的未來一次說清楚，企圖扭轉華爾街對這件收購案的一致惡評。

文章標題是「偉大宏圖，第二部」，文中馬斯克非常努力地想把中間生態系的關係說得更清楚，也就是他、他的兄弟以及格拉西亞斯多年來一直在談的生態系。他寫道，他想「創造一個太陽能－屋頂－電池的美麗產品，不但能平順整合並且能運作良好，供給個人電力就像自己有發電廠，然後推廣到全世界。只需要你一次訂購，一次安裝，一個聯繫窗口，一個手機APP。」

但馬斯克並沒有解釋收購太陽城有什麼好處，只提出有關汽車製造本業的願景。在Model 3之後，他把眼光放在另一款小型的SUV上（比Model X更小，使用與Model 3相同的底盤，稱為Model Y），以及一種新型貨卡車。他為商用客戶設想了一輛半掛卡車。特斯拉不需要開發比Model 3 更便宜的車了，馬斯克寫道，因為他預計機器人出租車將取代個人擁有的自用車。他設想了一個時代，特斯拉車主可以組成機器人出租車車隊，「只需點擊特斯拉手機應用程式上的一個按鈕，就可以讓車子在你工作或度假時為你創造收入，可以抵銷甚至超過每月貸款或租賃成本。」

這就是典型的馬斯克，他描繪的願景是矽谷幾代人心中幻想的駕車未

來。但不知為什麼，由他說出口似乎就很有道理。（為了趕上這個夢，通用汽車公司在當年3月宣布收購一家名不見經傳的舊金山新創公司Cruise，希望趕緊啟動通用自己的自駕車計畫。吸引所有人注意的是放在頭條的交易價格：超過10億美元。）相對而言，馬斯克沒有說明他要花多少錢來完成他描述的未來，也沒有詳細說明時間表。他不需要，他的聲明有令人信服的歷史支持：十年前，當他說要推出全電動的房車和小型房車時，大家也覺得很牽強。但是，看看現在的特斯拉。

似乎是為了強調這一點，馬斯克動用特斯拉以前很少使用的槓桿，因為它會影響的是巨量漲勢而不是底線。馬斯克開始衝高特斯拉的利潤數字。11月，特斯拉宣布7月至9月這一季的盈利高達2200萬美元，這是自公司開張以來第二個有盈利的季度。售價較高的Model X陸續交貨也有幫助，但就像在2013年一樣，特斯拉的大量獲利是因為賣零排放管制積分給競爭對手；在加州等地，如車商沒有達到一定排放管制標準，就必須購買管制積分，否則將面臨罰款。

然後馬斯克又再次如法炮製，為了讓特斯拉與太陽城的合併更有說服力，他為投資者準備了他們需要的閃亮亮新商品。他說，太陽城將開發一種新型的太陽能板，面板**就是**屋頂，不用另外裝在屋頂上。馬斯克與仍然抱持懷疑態度的公司投資者開過會後，寫了一封信給他在太陽城的表弟彼得・里弗和史特勞貝爾：「主要投資者對太陽城的最新反應非常負面，我們需要向他們展示這種合併產品的樣品。他們就是不明白。做樣品的事需要在投票前進行。」馬斯克於10月下旬在環球影城展示了他的願景，他利用電視影

集《慾望師奶》（Desperate Housewives）的實景房子裝上太陽能板屋頂作展示，雖然沒有一個太陽能板真正起作用，但那不是重點，馬斯克承諾讓屋頂變得性感。幾週後，股東們批准了這筆交易。

馬斯克一直在努力改變人們對自動駕駛的看法。特斯拉自駕輔助系統Autopilot在2014年宣布，2015年底正式推出，當時非常轟動，進一步擦亮特斯拉作為未來車公司的招牌。馬斯克曾以它為例，展示已經有上路準備的車商該如何部署全自動駕駛車，隨著Google等公司的發展更進步，這種科技在矽谷受到越來越多的關注

特斯拉的底層技術來自一家名為Mobileye的供應商，這家公司開發了一種拍攝系統來識別道路上的物體。特斯拉的團隊則用極高妙的程式軟體突破攝像系統的界限。它可以做到讓用戶開啟一系列的功能，例如車道維持系統（Lane Keeping System，LKS）、主動車距調節巡航系統（Adaptive Cruise Control，ACC），使車輛保持在車道中央，並在一定距離內自動跟車。但就像佛羅里達撞車事件所揭示的，自駕系統並非萬無一失，它有時無法識別道路危險，這就是為什麼要一直提醒駕駛保持警惕的原因。但是這套系統的技術已經做得很好了，以致用戶常常太過輕忽。

特斯拉的自駕系統是由史特林・安德森領導開發的，他也是Model X企畫的最終負責人，為了確保駕駛一定要注意，他的團隊提出了不同的想法。他們監控駕駛施加在方向盤上的扭矩（這是一種不太可靠的測量方法），同時正在開發一種傳感器，檢測駕駛的手是否真的放在方向盤上。馬斯克最初

並不確定是否真要把系統做得那麼天衣無縫，因為這會讓駕駛有一種車子不斷在嘮叨的感覺。但在佛羅里達撞車事故發生後，馬斯克批准了一些改變，包括如果用戶一直忽視手要放在方向盤上的警告，就關閉Autopilot。此外他還想推動具有更多額外功能的新一代系統。

當開發團隊越來越接近秋天要發表的時候，安德森越來越擔心馬斯克誇大事實的習慣，據熟悉該團隊的人士表示，他們最不需要的就是讓馬斯克走出去告訴全世界，下一版的Autopilot能夠完全自動駕駛。

安德森向負責行銷的主管喬恩·麥克尼爾等人表達擔憂，他認為若把這套系統說成可以自動控制車輛，彷彿不需要人坐在方向盤後好好看路作為輔助，這個說法是不準確的。據知情人士透露，特斯拉的法律和公關部門每次要馬斯克不要亂傳消息就像打仗，打得辛苦且屢戰屢敗。在過去一年裡，他們一直強調**駕駛手握方向盤**的重要，努力確保每一個官方宣傳管道都傳達這個應用準則。但馬斯克開著車帶著電視記者出去兜風，立刻秀給大家看怎麼用Autopilot —— 雙手一放，不用握住方向盤。

到了10月，是馬斯克宣布新配件的時候了。他說這套自駕系統是標準配備，但買家可以升級到加強版的功能。同時間，他證明了安德森的擔憂很有先見之明，他立刻宣布這套設備可以做到完全自動駕駛，並聲稱到2017年底，他還會展示一輛能夠自己從洛杉磯一路開到紐約市的無人車。客戶在購買新車時可以選擇要不要買這套設備，等它做好就立刻可以安裝，但可能要注意當地監管部門是否核可。

馬斯克隨口亂說引起了工程師一陣譁然。有些工程師很生氣，認為他說

的根本不可能；有些人只是聳聳肩，馬斯克說的，也許都**有**可能啦。畢竟，他們沒想到之前的那套系統還有辦法擠出這麼多功能。這就是與馬斯克合作令人振奮的地方。他把設計推到了這麼前端，要是替其他車商開發，肯定還會遇到很多障礙，但馬斯克把這些障礙都清乾淨了。

然而，那些接近馬斯克的人並沒有把他的聲明看得這麼輕鬆。他們不僅知道他的時間表站不住腳，也清楚他很快就會找戰犯替他頂罪。他的承諾讓人覺得跨越了新的界限。在過去，他的大膽聲明也曾讓他們震驚；而現在，他真的承諾了不可能的任務。

2017年才剛開始，安德森和惠勒雙雙都要離開特斯拉。惠勒最後一次和分析師開電話會議，他對雅胡亞回鍋做財務長表示歡迎，並在話語間預示麻煩就在地平線不遠。「雅胡亞待過特斯拉，他有公司瀕臨破產且該如何全面處理的經驗，他的位置比較有利。」惠勒在馬斯克打斷他之前是這樣說的。

儘管惠勒一直很擔心，但新的一年開始，馬斯克的賭注似乎得到回報。首先，NHTSA於2017年1月結束對特斯拉Autopilot為期六個月的調查，宣布他們沒有發現「設計或性能缺陷」。政府官腔官調地表示，它已經審查了特斯拉系統中的數據，發現在安裝「自動方向盤」之後，車輛的碰撞率**下降了**近40%。馬斯克欣喜若狂；立刻在推特上強調40%的調查數據，但團隊成員驚呆了，40%的數字從那裡來的？

對Autopilot的一切關注及馬斯克對無人車的夢想，都在華爾街激起了新的熱潮。就在NHTSA公布調查結果的同一天，摩根士丹利的亞當·喬納斯

發表了研究報告，預測特斯拉股價可能上漲25%，漲到每股305美元。這是驚人的高點，如果實現，這個股價將標誌著令人難以置信的里程碑：特斯拉的價值將高於福特或通用汽車。馬斯克看到的特斯拉已不僅是車子了，為了強調這一點，他把公司的正式名稱Tesla Motors 拿掉了「Motors」（汽車）一字，就像蘋果幾年前放棄了「Computer」（電腦）一樣。

那年2月，馬斯克慶祝他的一枚火箭從佛羅里達州甘迺迪太空中心發射升空，NASA送第一批太空人上月球也是在同一地點。這次發射標誌著太空中心首次發射商用火箭。SpaceX經過多年掙扎，馬斯克對這家火箭公司的願景終於開始露出曙光，一時間引起新的關注。2015年，一枚火箭成功降落，馬斯克致力開發可重複使用的太空火箭，這次成功是關鍵的一步。接著在 2016年更進一步，火箭成功地降落在海上的接駁船上。馬斯克發表關於火星生活的談話，引起眾人的無盡想像，也能持續為SpaceX募集更多資金，SpaceX仍然是私人持有，帶給公眾的戲劇效果明顯比特斯拉要少得多。如今，他變成真人版的「鋼鐵人」東尼·史塔克。

投資者呼應了圍繞特斯拉的樂觀情緒，股票開始上漲。到了2017年春天，特斯拉達到無法想像的成就：它的市值超過福特，成為美國市值第二高的汽車製造商，僅次於通用汽車。又過了幾週，它超過通用汽車。特斯拉只賣出少量汽車，而且從未達成全年獲利，現在卻被視為比美國百年工業指標、歷史上最賺錢的車業巨頭更有價值。投資者押注馬斯克對新世紀的願景，認為他所提供的未來比通用汽車或福特提供的更有可能實現。

在公開場合，馬斯克看來春風得意；在推特上，他恣意高調地攻擊股市

做空者；在 Instagram上，女演員安柏‧赫德貼了一張她和馬斯克的照片，宣告一直以來被小報捕捉到她與馬斯克繪聲繪影的關係是真的；在澳洲某個夜間派對上，馬斯克的臉頰被親上了一個大紅唇印，只見他眉開眼笑。

趁著Model 3和知名女友炒起的熱度，馬斯克自己的公眾形象上升到了某個新水平。藉著特斯拉，他堂堂進入名流執行長的行列。2017年初，他首次進入評估名人吸引力的「品質分數」（Q score）[28]評比。

高度關注改變了他的生活。從好的方面來說，他正在和名人約會；他似乎很樂意帶赫德去辦公室讓他的高階主管留下深刻印象。有時候馬斯克在開會，赫德就坐在旁邊；赫德也會帶蛋糕來慶祝馬斯克生日。新當選的美國總統川普也來徵求馬斯克的意見，要求他加入備受矚目的諮詢委員會。（據知情人士透露，川普曾經打電話給馬斯克，向他諮詢NASA的問題，川普說：「我想讓NASA再次偉大。」）但那個冬天，因為執行長與川普互相應和的關係，特斯拉的客戶一片沸騰熱議；赫德也對馬斯克表示她很難過，她對馬斯克與共和黨總統萌生新關係感到不滿。對特斯拉的員工來說，這只是關係生變的早期跡象之一，馬斯克最近的交友關係將為他們的執行長帶來新上檔的個人悲喜劇。

馬斯克的新名氣也有不便之處，他走的每一步都會經過仔細檢查，在公眾場合很難不被陌生人追著跑。多年前他曾在矽谷到處借住睡沙發，現在

---

28 譯註：品質分數（Quality Score）是Google或社群網站評量熱度的評分系統，多以關鍵字、點擊率、觀看滿意度，確定公眾對目標物的認知程度，作為買廣告的依據。

的他則在舊金山半島的希爾斯伯勒（HIllsborough）買了一塊占地47英畝的莊園，內有一座百年歷史的豪宅De Guigne Court。這筆2300萬美元的房產交易讓他可以坐擁舊金山灣的壯麗景色，並成為舉辦派對和私人晚宴的極佳場所。

儘管投資者表現出新的熱情，但特斯拉內部仍有隱憂。弗里蒙工廠和超級工廠的進度都落後。馬斯克尋找原因，有些人就把責任推到松下頭上 —— 無論公平或不公平。幾乎從一開始，特斯拉團隊就一直加快時間表，但加快生產計畫並沒有讓事情變得更容易。就像Model S要開始生產了裝配線才開始整合，這次也一樣，Model 3都快要生產了，超級工廠仍在設計中。

因為擔心延誤帶來的後果，與馬斯克長期配合的銀行家，高盛的丹・迪斯（Dan Dees）敦促他趕緊募資，以防事情進展不順。2008年和2013年的教訓應該是顯而易見的：任何形式的延誤都可能摧毀特斯拉脆弱的金融紙牌屋，特斯拉在財務上疊床架屋，把它有限的現金都吃掉了。

與此同時，日本科技集團軟銀正在成立一個極其龐大的新風險投資基金，軟銀擁有阿里巴巴、美國電信公司Sprint的股份，執行長孫正義控制一個近千億美元的基金，企圖改寫投資矽谷的規則，挑選有能力改變世界的贏家，為他們注入上一代矽谷人在私人市場不可能獲得的現金。

高盛認為馬斯克和孫正義若能見面一談可能會有成果，所以為兩人找到了媒人：甲骨文的聯合創始人賴瑞・艾里森。艾里森住在孫正義矽谷住

家的附近，除了是鄰居外又和兩人都交好。在特斯拉創業早期，艾里森是Roadster的熱情客戶，並且悄悄累積大量的特斯拉股票。

那年3月，弗里蒙工廠二樓可以俯瞰裝配線的會議室被改裝成餐廳，找了外燴公司為一小群客人準備牛排。裡面有馬斯克、艾里森、還有財力雄厚的沙烏地阿拉伯主權財富基金的總經理亞西爾·魯馬揚（Yasir Al-Rumayyan），他也加入孫正義的陣營，很快就會進入軟銀董事會。

馬斯克、艾里森、孫正義和魯馬揚，他們共同控制著數千億美元（與其他賓客不同，馬斯克的財富在很大程度上缺乏流動性）。他們有共同野心，願意來一次豪賭：如果成功，將改變人類進程；如果失敗了，堆積成山的錢都會報銷。這群人坐在一起，桌上是美酒佳餚，他們討論了很多可能性，包括將特斯拉私有化。

就像馬斯克和弟弟金博爾曾經說的，在私人控股的SpaceX做事要容易得多。但特斯拉的規模已不能小看，要將這樣的公司私有化是一個令人生畏的想法。

大約有一年的時間，馬斯克一直悶不作聲地思考私有化的可能性。他在考慮過程中想到戴爾電腦，麥克·戴爾（Michael Dell）曾在2013年將他的同名電腦公司私有化，所以他去問過麥克·戴爾和幫他處理的律師意見。他擔心特斯拉的股價不斷上漲，以目前大約250美元的股價計算，若要私有化就必須籌到600億美元──除了公司目前的估價還要加上20%的溢價，這是收購的標準做法，目的在使交易更加順暢且避免競標。

幾杯酒後，一貫穿著麻花針織衫的孫正義開始質疑馬斯克為什麼用這

麼多公司讓自己分心，為什麼不只專注做車子就好，何必糾結太陽能，更別提還三不五時談談高速交通挖掘隧道，或者開發可以控制人腦的電腦？隱含的批評是並不太贊成馬斯克。孫正義還堅持認為馬斯克需要讓特斯拉進入印度，馬斯克對此表示同意。是的，在某些時候這是有道理的。**但目前，我們還有很多其他當務之急。**馬斯克開始懷疑孫正義的動機與軟銀到印度發展有關。

很明顯，馬斯克和孫正義無法成為情投意合的伴侶。雖然兩人互相尊重，但他們都是各據一方的霸主，擘畫自己的未來，並極力想證明懷疑者是錯誤的。軟銀的任何資金都可能有附帶條件，孫正義以親力親為聞名，馬斯克當然反對這種勢力介入。

晚宴結束，大家承諾之後再討論[29]。但目前看來，特斯拉仍將是一家上市公司。隨著股市熱度，馬斯克再次重返市場籌集更多資金（他在那年春天做到了）。與孫正義的投資相比，這些錢需要的條件更少，馬斯克的控制權也不會受到挑戰。

對特斯拉未來更緊迫的問題是賓客晚宴處下方正在成型的東西，工人們正忙著準備Model 3的組裝。正式生產定於7月1日開始，也就是幾個月後。

---

29 作者註：最後兩人還見了幾次面，其中有一次孫正義似乎還打瞌睡，顯然是因為時差。

24

伊隆的地獄
Elon's Inferno

「我不知道你現在覺得怎樣，你似乎對未來的挑戰有點灰心？」一位坐在後面的記者這樣問馬斯克。在特斯拉弗里蒙工廠的會議室，記者會已經開了25分鐘，馬斯克坐在房間前面的一張高腳椅上，面對記者，一起討論Model 3的生產狀況。幾週前，馬斯克在推特上標記Model 3開始正式生產，表示第一輛可供銷售的車將於2017年7月6日準備就緒。他推文表示，預計下個月將生產100輛Model 3，然後在9月生產超過1500輛。到了12月，特斯拉每月將可生產20,000輛Model 3。

這一切就要來臨了。今天，7月最後一個星期五，無論對員工或對忠實客戶來說都是個值得慶賀的日子。這天晚上，特斯拉將舉辦一場活動，將做好的前30輛Model 3交給客戶。這是一個里程碑，馬斯克十年前提出這個願景，而此目標就如登月。為了這一刻付出巨大的犧牲，需要勇氣，當然還有不少的運氣。

儘管具有里程碑意義，但他當天下午回答記者提問時，興致似乎並不特別高昂。他警告在場的記者，特斯拉即將進入至少六個月的「製造地獄」，因為他們正在努力解決生產線的問題，到年底才可達到每週5000輛車的生產速度。他語帶保留地說，不太確定這個狀況何時會發生，但他相信（語調沒有任何抑揚頓挫）特斯拉到明年底將達到每週10,000輛的生產量。他指出，「地球上任何地方」的洪水、龍捲風、火災或沉船都可能破壞這些計畫。

　　房間裡的大多數人都不需要提醒：特斯拉所有新車上市都歷盡艱辛。特斯拉做了大躍進，從每年生產約600輛的Roadster，到每年生產20,000輛的Model S，再到每年生產50,000輛的Model X。現在，特斯拉的目標是一年生產50萬輛Model 3。馬斯克說：「這會是很大的挑戰。」而這說法過於輕描淡寫。

　　當被問及他的心情時，馬斯克停了一下。「今晚我的精神會好一些，」他說：「抱歉，我腦袋裡有太多事了。」

　　他的員工難以置信地看著這一幕。他們在後台曾試圖趕走他的恐懼，但在這裡、在全球媒體面前，他看起來像 —— 被打敗了。腦海裡似乎有什麼東西讓他心情沉重，他卻無法集中精神改變這樣的情緒基調。相反地，他持續心神恍惚，以無人機模式悠悠晃晃地講述這一天對特斯拉來說是多麼美好的日子，「這是我們成立公司以來一直在努力的目標。」

　　數小時後，馬斯克恢復正常，在舞台上與數百名員工慶祝鑰匙交接。這次活動的合作廠商是《汽車趨勢》雜誌，對於這個一年前才對雪佛蘭新型全電動車Bolt（請不要與雪佛蘭混合動力車Volt搞混）大加讚賞的媒體，特斯

拉與它合作，讓它的車評家做首次試車。隨後描述第一印象的車評出現，內容有點裝腔作勢：「特斯拉Model 3來了，它是本世紀最重要的汽車。」車評家的試駕過程中，Model 3很多方面都能與Model S的性能和體驗媲美——正如菲爾德和他的團隊在兩年前開始設計時希望的那樣。

評論總結：「我最近花了一些時間為《汽車趨勢》長期測試雪佛蘭Bolt EV，開著它的每一英里都趨近於所謂的汽車2.0。它以經濟實惠的價格、無壓力的續航里程和愉悅的駕車感受，讓我認為那部車也許就是汽車第二時代的開始。但等等，先暫停這個想法。現在特斯拉Model 3來了，以它的性能、流線的風格、迷人的創造力，以及最重要的，超級充電站的安全網絡，我認為這部車才是真正的開始。」

這個活動就像對推特丟了一塊可供搶食的大肥肉，一時間推文大戰。幾乎四分之一的股票被做空者捆綁，押注特斯拉股價被高估。在曼哈頓管理玩咖富豪史都華·拉爾私人辦公室的勞倫斯·福西以「蒙大拿懷疑論者」的筆名發表了一篇激烈的部落格文章，強烈質疑特斯拉為什麼沒有在活動中展示新的裝配線慶祝Model 3生產。他預測這個公司會在年底籌措更多資金。

「問題的根本：我相信Model 3與Model S和Model X具有相同的基因缺陷：它注定會成為長期的燒錢機器。」

福西對裝配線的疑惑是對的。正當菲爾德的團隊匆忙完成Model 3生產線的配置時，工人們也忙著努力成立工會。在NUMMI工作了20年後再回到弗里蒙工廠的時薪工人理查·歐提茲一直穿梭在工人隊伍中，看看誰能站

出來公開支持全美汽車工人聯合會UAW。底特律總部派出幹部來幫助他，他們住在附近的旅館，在離工廠不遠處找了一間小辦公室。在白板上，他們列出有意願簽署支持工會的工人名單。名單很短：歐提茲和另一位也曾在NUMMI工作過的工人荷西·莫蘭（Jose Moran）。莫蘭話不多，是個安靜的人，每天凌晨3點25分從他在曼特卡的家出門，開車60英里來上工，如此才能找到停車位，趕得及在早上5點25分與上一班工人換班。他早在2016年夏天就聯繫過UAW，希望得到總部幫忙在特斯拉重新組織工會，UAW認為莫蘭會是這場運動的完美面孔。

2017年2月，UAW在網路媒體Medium掀起波瀾。Medium在新創圈很受歡迎，很多宣言如同新聞般會貼在那裡，此時上頭出現一篇署名荷西·莫蘭的文章，內容描述在特斯拉工廠的生活。標題為〈特斯拉是時候該傾聽了〉（Time for Tesla to Listen），隨後以750字描述工廠5000名工人所忍受的艱苦生活，包括過度強制加班和可以避免卻輕忽的勞動傷害。「由於各種工傷，我的團隊8個人中有6個人心須同時請病假。」莫蘭寫道：「我聽到同事悄悄地說他們受傷了，但他們不敢報告，因為害怕被管理層級貼上抱怨者或壞員工的標籤。」他寫道，他想讓特斯拉變得更好，他相信通過組建工會可以達成這個目標。「我們中有很多人一直在談論成立工會，並已向美國汽車工人聯合會尋求支持。」

馬斯克的反應很快，上媒體攻訐莫蘭，他告訴科技新聞網站Gizmodo，「我們的理解是，這個人是拿UAW的錢來臥底的，加入特斯拉的目的是在鼓動工人成立工會。他並不是真正為我們工作，他為UAW工作。」馬斯克

補充：「坦白說，我認為這種攻擊在道德上很惡劣。特斯拉是加州最後一家汽車公司，因為成本太高了。UAW殺死了NUMMI，拋棄了這群工人，所以他們在2010年來到我們弗里蒙工廠工作，這件事UAW一點立場都沒有。」私底下，馬斯克發給工人一封電子郵件嘲笑UAW，並承諾未來會給他們的福利，包括Model 3量產後辦一場慶祝派對、有冷凍優格，還有會在弗里蒙工廠搭起電動雲霄飛車。「它會變得好得不得了。」他加了個笑臉符號。

事實上，莫蘭確實在特斯拉工作，他和工會都否認他是UAW出錢請的。他和歐提茲都是在工作結束後才找時間發傳單給工人。

7月份慶祝的這30輛Model 3有個不幸的事實：它們並非來自弗里蒙工廠最近才推出的花俏裝配線，而是由特斯拉的工人徒手打造的。他們在靠近工廠塗裝區的地方隔出一小塊區域做原裝車，由工人手工把車身焊接在一起。因為空間太小了，工人在裝車子各部零件時都必須用滑板滾進滾出。然後車身才被轉去總裝區做最後組裝。焊接車子需要幾天，體力消耗極大，並且要連續幾週都如此工作，因為特斯拉的生產團隊還沒有準備好正式的車身組裝區。但車身組裝是組裝車子的早期程序，巨型機器人會將車架焊在一起，然後才送去上漆，然後才進行最後總裝。

工程主管菲爾德在2016年春天對馬斯克的警告已成現實。不知是幸還是不幸，特斯拉距離所有設備到位且開始正常生產還有幾個月的時間。

這讓內華達州斯帕克斯的人都鬆了一口氣，因為電池團隊也還沒有準備好。馬斯克將矛頭指向在特斯拉長期主管電池的總監庫特·凱爾蒂，他在幾

年前幫特斯拉與日本供應商建立關係。但松下對凱爾蒂並不滿意。他的工作是沒人想做的苦差事，因為特斯拉總是拖到最後一刻，超級工廠也是麻煩不斷，每當這時候就該他去聯絡松下了，松下當然對他不高興。夾在馬斯克和困境之中，凱爾蒂決定他在特斯拉的日子已經到了盡頭。他看著Model 3在7月舉辦慶祝活動，那天是他在特斯拉的最後一天，就像艾伯哈德、羅林森、布蘭肯希普和其他許多人，他已經付出了一切，是時候該離開了。

儘管馬斯克將延誤責任歸咎松下，但責任其實在特斯拉。第一次建廠並開啟一種新的生產模式，這是非常巨大的挑戰。史特勞貝爾的副手、負責主管特斯拉建廠事宜的關鍵人物凱文・卡塞克特（Kevin Kassekert）一面努力維持生產線開啟運作，同時工廠還要陸續增加新設備。到了10月，馬斯克和外界都清楚特斯拉在生產方面的艱難狀況。從特斯拉的報告上看到，第三季度僅生產了260輛Model 3，這裡面還包括為7月活動交付的30輛，特斯拉將結果歸咎在於無法定義的「生產瓶頸」。

特斯拉在聲明中表示：「我們的工廠，無論是加州車廠和內華達超級工廠，廠區各個製造系統下絕大多數的子系統都能夠以高速度運行，儘管如此，其中也有少數幾個啟動的時間比預期的要長。」

幾天後《華爾街日報》透露，特斯拉車身組裝區尚未啟動，那些車都是手工製造的。特斯拉反應激烈，「十多年來，《華爾街日報》一直用誤導性的文章無情地攻擊特斯拉，幾乎沒有例外，那些文章已經逼近或跨越了新聞誠信的界限。難道這篇文章會是個例外？幾乎不可能。」《華爾街日報》堅持報導為真，其他媒體也開始撰寫類似的報導。很快股東提起訴訟，聲稱其

中存在欺詐行為[30]。特斯拉的生產索賠引起了司法部的注意。

　　這件事從各方面看都是典型的特斯拉：馬斯克發表遠大夢想，驅策隊伍前進，不但團隊奮力完成不可能的任務，更激發投資者的興趣。唯獨這一次沒成功，馬斯克曾表示特斯拉的工廠將在當年下半年生產超過20萬輛車，而三個月後，產量還不到這個數字的1%。這個目標一開始就很天馬行空，馬斯克經常將每週生產5000輛車與全年總產量混在一起。但即使是一週內生產5000輛車的目標也不可能在10月實現，因為團隊才正急著讓車身組裝區開始運作。當馬斯克在2016年對Model X提出類似雄圖壯志卻未能達成時，那時的目標和結果間的差距並沒有那麼大，而這次的差距可供一隊電動卡車通過。

　　部分挑戰在於馬斯克正在推動越來越高的自動化。廠區裡到處都是機器人，每個機器人都需要經過設定和程式運算才能完成特定任務，如對車架上的某個點進行焊接。弗里蒙工廠空間不足，而且馬斯克相信機器人如果排得更緊密可以更快完成工作，所以要求團隊將密度視為重要的設計元素。為了回應老闆要求，他們為Model 3的車身廠區配備了大約1000台機器人，其中數百台機器人倒掛在天花板上，以便將更多機器人放進這個空間。

　　在超級工廠也是如此。但是，當車身組裝區被認為進展不力時，史特勞貝爾的團隊也陷入了混亂。因為很多地方空間局促，工程師憋到動不了，很

30　作者註：法官最後撤消了訴訟，因為馬斯克表示，他在宣布特斯拉生產目標時也做了對沖，這段前瞻性的陳述讓特斯拉受到保護。美國地方法官查爾斯・布雷耶（Charles Breyer）在2018年8月寫道，聯邦證券法不會懲罰未能實現目標的公司。

難擠進那個空間去修機器人。在某些情況下，需要手工進去裝電池組，只好去向松下借工人來幫忙。

隨著產線瓶頸增長，松下電池的貨也開始累積。有一次，一位特斯拉高階主管站在一箱又一箱準備組裝的電池之間，他估計約有一億個電池正等待裝進電池組。數億美元的庫存就這麼閒置著，吞噬著現金。

超級工廠的問題讓馬斯克勃然大怒，開始更頻繁地飛往超級工廠親自解決。他總是很快把人開除，但在以前，他會叫主管去處理而不是親自執行。現在，他可能自己在廠區碰到誰就會叫他們滾，沒有任何理由。他責怪任何人，除了他自己，即使他們試圖解釋機器人會出現故障，也是因為他的要求。

在特斯拉宣布可怕的第三季度業績的那一天，馬斯克感到不舒服，躺在黑暗的會議室地板上，一躺就是幾小時。一位高階主管被派去把他拉到椅子上向華爾街發表談話。通上電話後，他的聲音聽起來很糟糕。長期以來一直吹捧特斯拉是潛力股的摩根士丹利分析師亞當‧喬納斯問馬斯克：「現在地獄有多熱？」

「比方說第九層最差好了，」馬斯克說。「那我們之前在第九層，現在在第八層。」

有一次，可以聽到銷售主管喬恩‧麥克尼爾和他的一位高階副手試圖安撫馬斯克。他對馬斯克說：「我認為我們可以解決這個問題。」但此前麥克尼爾不斷重複一句諺語：**沒有人會在被老虎追著時想出好主意。**

也許馬斯克覺得需要鞏固團隊的向心力，有天晚上，他下令要找一些經

理在超級工廠的屋頂上辦派對。他想在屋頂上搭篝火，烤個棉花糖餅乾什麼的。基礎工程部總監卡塞克特對這個命令驚嚇到不可思議：**馬斯克想在高度易燃的電池工廠屋頂上生火？**他盡忠職守地想了一個辦法，在屋頂上鋪了一塊防火布。

那天晚上，馬斯克喝著威士忌，唱著歌。凌晨2點後，他在Instagram上發布一段短片，轉貼《滾石》雜誌11月的封面故事，專題報導他與女演員安柏‧赫德已經分手，這又嚇壞了一票懷疑他穩定性的觀察家。馬斯克對於特斯拉是公有企業一直感到不滿，有這麼多做空者都押注它會失敗。「我希望我們能讓特斯拉變成私人公司。」他說：「作為一家上市公司，實際降低了我們的效率。」

夏天快結束時，經過歐提茲與莫蘭的努力，組織工會終於得到加州議會議員的支持。夢想成為工會總幹事的工人歐提茲、組織運動的代言人莫蘭，他們的努力終於有了回報。歐提茲與其他三名特斯拉時薪工人連同UAW工會幹部於8月下旬前往加州首府沙加緬度與立法人員會面，游說他們將工會主張納入電動車退稅法案，明確指出特斯拉需要「維持公平性和負責任」，並確保工作場所的安全。作為回應，特斯拉組織了自己這邊的工人在9月去國會大廈作證，其中包括設備維護組的領班崔維斯‧普拉特（Travis Pratt）。在聽證會上，普拉特讚揚特斯拉，並告訴立法人員，他在特斯拉的年薪是13萬美元。

這段聽證會影片傳到了歐提茲那裡，他再轉傳給莫蘭，問他這些人是

誰。「讓我知道他們是誰……我想走到他們面前跟他們說，有種在沙加緬度見，馬屁精。」他發訊息給他的朋友。

莫蘭登入公司網站的員工名錄查看他們的姓名，找到普拉特，把他的照片和職位截圖，轉發給歐提茲。歐提茲把這些照片貼在他們臉書的私密社團，社團成員都是想組織工會的人。「這些人在沙加緬度說我們在特斯拉的事上說謊。上面採信他們的說法，其中之一就是他去年賺了13萬美元……這只是證明了在特斯拉有多少馬屁精，他們讓大家抨擊你為什麼要針對特斯拉，而那些真正在做事的人卻被忽略了。」

發文後不久，歐提茲才想到可能不妙，普拉特傳私訊給他向他叫陣，所以他刪除了這條貼文。「有事關起門來說，你對我有什麼不滿的……我去年認真負責，做的就是二級維護技術員，就是你那幾位同事現在在工作的地方。我祝你好運，但我知道我們這邊也有很多人。你想從點名開始，這可能不是你該採取的方法。」

普拉特把歐提茲原始發文的截圖傳給了特斯拉人力資源部——這是一份禮物。他發訊息說：「看來有人很討厭我們。」文後加了一個表情符號：一個臉紅的笑臉。這就是特斯拉需要的事端，可以對歐提茲展開調查，希望壓制住工會運動。之前特斯拉已經嘗試過了，幾個月前人力資源部主管加布里爾・托萊達諾（Gabrielle Toledano）曾與馬斯克在電子郵件中密謀，想給莫蘭和歐提茲升到安全團隊的職位，讓他們變成月薪雇員，他們就沒有資格加入工會了。現在不用了，他們說，特斯拉追蹤數位軌跡，找到莫蘭以某種方式取得公司內部資料，他違反公司政策。

9月下旬，歐提茲被找去與人力資源部一名調查員會面。歐提茲到達時穿著工會T恤，戴著工會別針。他們把臉書發文的副本放在他面前，他承認發文的是他，並說在普拉特抱怨後他就刪文了。他道歉了。

誰給了你公司名錄中的照片？歐提茲不說。調查員要求查看他的個人手機，但手機裡沒有任何線索。它是全新的，當天稍早才辦的。

歐提茲的忠誠不足以保護莫蘭，特斯拉迅速追蹤到莫蘭的數位軌跡。10月初，特斯拉對這些人提起訴訟：莫蘭受到懲戒，歐提茲則被解雇[31]。

這次事件對組織工會有戲劇化的影響。UAW辦公室白板上支持工會的工人名單很快就成一片空白。對於歐提茲來說，他成為工會領袖的夢想破滅了。他說，有位UAW的幹部想讓他搬去底特律，幫他再找份工作，但他不會去的，東灣是他的家。

2018年一開始，外人很容易忽略特斯拉在生產製造上的混亂。馬斯克正在解決他過去犯的行銷誤導。首先是電池驅動的半掛式卡車，這台由史特勞貝爾做出、由傑若米·吉倫拿下開發者身分的半掛貨車，11月向消費者展現了一場完美的露出，它一次充電可行駛500英里。然而更令人興奮的是展示的最後那一刻。在霍桑機場跑道旁，半掛車的拖車門打開，從黑暗中露出蛇形大燈，現出一輛新款Roadster，霎時全場聚焦。它是原版更強勁的升級

---

31 作者註：到了2021年，美國國家勞工關係委員會裁定，特斯拉在處理組織活動時違反勞動法，包括不當解雇歐提茲。特斯拉否認有不當行為，並已對該判決提出上訴。

版，更長、更寬、更性感 —— 同時間喇叭蹦出急促高昂的節拍，是野獸男孩（Beastie Boys）的〈破壞〉（Sabotage）。一輛真正的超級跑車從貨櫃中咻地竄出，人群以前所未有的方式回應它。

特斯拉花了數年時間開發Model 3，它卻陷入向北400英里的生產地獄。但是在這個晚上，馬斯克釋放了他作為吸睛機器的全部力量。這輛超級跑車的規格足以讓愛車者全身冒汗。它的起步加速只需1.9秒就可達0-60km/h，如果這個說法屬實，它將成為有史以來速度最快的量產車。這也帶著若有似無的提醒，如果特斯拉能夠在當前的風暴中倖存下來，他會獎勵它的忠實信徒。導播一個暗號，馬斯克宣布這台Roadster預定售價為20萬美元，特斯拉將接受5萬美元的先期訂金，預計2020年上市；而全球限量的所謂「創始人版」，預付款則為25萬美元。

馬斯克當然喜歡這種行銷方式，他強烈反對**付費**廣告概念。由於過去一年Model S的銷售放緩，銷售主管麥克尼爾提出一個近乎異端的看法，他覺得也許可以在Facebook作廣告促銷，這個想法部分因為馬斯克的厭惡而落空。但也因為特斯拉推出以租代買的活動，租車協議為期兩年，吸引可能不想（或不能）支付現金的買家。他們在2017年曾針對軟體做過一次升級，採用所謂的「極速模式」，讓某些等級的Model S可以更快，達到0-60km/h起步加速只需2.4秒。

在馬斯克的操作下，特斯拉出現另一個行銷槓桿。2018年初，SpaceX準備測試名為「獵鷹重型運載火箭」（Falcon Heavy）的巨大火箭，這是美國將太空人送上月球之後，將近50年來世上最強的火箭，製造目的是將重型

貨物送入地球繞行軌道。為了展示這種能力，馬斯克在貨艙裡放了一輛櫻桃紅的Roadster，在車上裝上照相機，以捕捉Roadster上太空的畫面。坐在駕駛座的是一件名為Starman的人形太空衣（裡面沒有人）。這是令人驚嘆的畫面，將特斯拉的車與太空旅行放進同一個話題。它暗示，特斯拉不僅僅是一家電動車公司，馬斯克為你提供未來。在特斯拉出現有史以來最糟糕的第四季度虧損後，馬斯克向分析師明確表達這種聯繫。「我希望人們認為，如果我們能夠將Roadster送到小行星帶，我們或許可以解決Model 3的生產問題。」

投資者似乎同意，保持極大耐心，並押注馬斯克可以完成另一項不可能的壯舉。這種耐心在特斯拉的股價中體現得淋漓盡致，截至2017年底，特斯拉股價全年上漲46%，公司市值達到520億美元。

馬斯克查看股價後告訴董事會，他相信股東會支持更宏偉的長期計畫。多年來，馬斯克一直避談薪水。他真正的薪酬是價值數百萬美元的股票期權，這些都與特斯拉的重要里程碑綁在一起，例如推出Model S和Model 3時都有斬獲。但現在他要談新的薪酬方案了，馬斯克要求董事會為他擬定一個薪酬方案，讓他成為有史以來薪酬最高的執行長，理論上，如果全額支付，他將成為世界上的頂級富豪之一。他想要的十年薪資方案價值超過500億美元，如果特斯拉達成每項財務目標，條件包括特斯拉的市值達到6500億美元 —— 比目前公司市值多了近6000億美元。他的野心意味著與眾人所想不一樣的特斯拉：一個年銷售**數百萬輛**車的特斯拉，它的價值比任一家汽車製造商都要高出許多倍。

這個薪資方案讓人吞不下去，尤其公司會陷入困局是因為馬斯克說要造**數十萬輛**車。據知情人士透露，基於潛在支出的規模，董事會對激勵措施存在分歧意見。但因為馬斯克在董事會有這麼多友好人士，包括馬斯克的兄弟金博爾，它最終還是成功了。該薪資方案在2018年初宣布。

這個提議讓馬斯克的一些高級主管心中怨懟，他們認為公司成長壯大了，他們也應該從中看到更大的回報。

根據一位前高層的說法，被馬斯克行為傷害的人包括史特勞貝爾，他是公司創始元老，是公認的聯合創始人。「那是導火線之一，」這位高管說。「這件事破壞了他們的關係。」

史特勞貝爾否認事情有那麼戲劇化，並指出他理解馬斯克的薪資報酬都是因為他「瘋狂的高風險」附帶的「高回報」。史特勞貝爾說：「人生總有挫折，任何關係總有起起落落，但伊隆和我一起經過很多比這件事更糟糕的爛事，沒什麼好破壞關係的。」

馬斯克的薪資結構盤根錯節，分為12批分期交付。例如，要獲得第一批169萬股股票，特斯拉需要將年收入從2017年的118億美元提高到200億美元，或者經調整後，利潤需達到15億美元。此外特斯拉市值需要上升到1000億美元，然後保持6個月的平均值連續30天。若要行使期權，他需要支付每股350.02美元。但看來看去，就是缺乏一項要求：公司要有淨利。以年度來看，這仍是特斯拉然無法達成的事，它甚至連連續兩個季度有盈利都做不到。它與其同時代的科技公司一樣，衡量標準更傾向於公司擴大和股價，而不是老式的賺錢方法。

交易的細節要求他持有股票5年。最重要的是，馬斯克得繼續在特斯拉擔任執行長或董事長。儘管他近年來曾經談到辭去執行長一職，但新的薪酬方案向他的高層幹部和投資者發出一個強有力的訊號：他不會很快放開繩子。特斯拉內部總以為有人會接任執行長，也許是麥克尼爾，或是原本管Model 3工程設計但權力已經大到去管生產製造的菲爾德。然後下一個月，麥克尼爾離開特斯拉，成為叫車代步公司Lyft的營運長。

隨著新的一年開始，馬斯克並沒有表現出想要放棄控制權的樣子。很顯然，弗里蒙才是最大的難題，而不是斯帕克斯。馬斯克的注意力再次轉移。更新版的Roadster和新出的半掛卡車再度替特斯拉的現金困境解套，儘管資金再次不足，但出於某些原因，馬斯克不願意去募資。原因之一，司法部已經開始調查特斯拉的生產聲明，想確定馬斯克是否誤導投資者。特斯拉並未披露調查結果，但只要公司想再去籌款，籌款條件之一就是必須公布結果。據知情人士透露，這只會讓特斯拉看起來更迫切需要資金。其次，馬斯克曾公開談論過募資的重要性，認為籌錢要在不需要時籌，如果需要時才去借錢，條件會更嚴苛——因此，現在籌錢，成本只會更高。

實際上，馬斯克把一切都押在讓工廠運轉起來。他說每週會生產5000輛車的期限已經超過兩次。他設定新目標：6月的最後一週。

當他們在自動化裝配線上苦苦掙扎時，幾個月前才從奧迪挖來負責品管的工程師安東・阿部海德爾（Antoin Abou-Haydar）向菲爾德和其他主管提出建議。工程團隊在組裝Model 3的設計方面做得非常好，以致在去年7月和8月，以手工做車相對輕鬆，現在用這麼複雜的自動化裝配線來做反而比較

難，也許他們應該重新開始用人工，不用機器人？

這個建議沒有繼續討論。馬斯克對他的產配線相當投入，他習慣稱之為「外星人無畏軍團」。他向投資者推銷的想法是，最終工廠將只需要幾個人，會類似提姆·瓦金斯編寫程式讓機器獨自上夜班的方式。馬斯克設想了一條三層樓的裝配線，車子零件組裝在頂層，東西組好後從上面移動到第二層的工作站，在第二層的工人就接收這些由運輸帶送到腳下的車體，再裝上零件。這似乎是無可辯駁的系統，可以節省空間和人力。但實際應用上，卻是亂七八糟。工程師無法定好時間點，工廠空間不足，環境擁擠，感覺就像在戰艦中穿梭。

然而到了春天，顯然需要**做些什麼**來打破僵局。公司在燒錢；阿部海德爾的想法變得有緊迫性。要調整，只需一秒，特斯拉在工廠內建立了第二條機器人較少的總裝配線，生產量立刻回升。馬斯克在推特上承認自己的錯誤：「將特斯拉過度自動化是個錯誤。準確地說，是我的錯。人類被低估了。」

為了實現每週5000輛車的目標，他們需要更多人工產線，但正當要為Model 3增加第三條裝配線時，工廠已經擠滿了人，不得不在外面搭個巨大帳篷把品質檢查移到帳篷下。團隊開始懷疑他們是否可以用裝配線做同樣的事情。

要增加額外的裝配線，尤其是非自動化的裝配線，需要比原計畫更多的汽車工人。在會議上，馬斯克根本忘記這些數字。他一直在談工廠有大約3萬名員工，而實際上，工廠加上外聘的約雇人員已經多達4萬多人了。（據

說馬斯克的注意力有時會在預算報告開始後神遊。）最後，不得不讓回鍋的財務長雅胡亞直接面對馬斯克溫和地跟他說，公司現在有更多人了。

馬斯克並沒有掌握到這個細節。這樣的細節才能讓他對大議題更清楚，而特斯拉的大議題是算出的成本結構根本沒有用。成本結構的規畫是特斯拉每週生產2500輛Model 3，以這樣的速度生產就可以收支平衡。但是增加的人力成本抬高了成本。那年春天雅胡亞又重新計算一次，每週產5000輛車根本達不到收支平衡。馬斯克開始凍結支出，包括暫停擴大北美服務處與門市的計畫，馬斯克想盡快裁員。

弗里蒙的失敗讓馬斯克看到可能的境地。他變得對菲爾德非常不滿。儘管菲爾德已經完成了他最初被交付的任務，將Model S令人激賞的特點帶入主流車款Model 3，但工廠卻一片混亂。也許這點可受公評，但加速生產是馬斯克自己的錯，是他不顧周遭眾人的警告。然後，馬斯克還是走回熟悉的解決方案：自己接手，剝奪了菲爾德對車輛製造的管理權。

對於菲爾德來說，這是不光彩結局的開始，他提升了特斯拉的產品開發業務，爭取了矽谷最優秀的工程人才加入，創造了一款在許多方面都**優於**Model S的車。但他不是沒有受到內部批評，一些資深員工表示，在他管理之下讓這家公司變得更像一家企業，也就是這裡變得更加政治化。儘管如此，如果馬斯克兌現承諾，願意從日常指揮大位上退下來，轉而去管產品開發，菲爾德或許比他的任何同事都更有可能成為特斯拉的下一任執行長。

那年春天，馬斯克親自掌管了工廠。據一位知情人士透露，馬斯克削減了菲爾德的權力卻也沒有少找他的麻煩，一個晚上在工廠，馬斯克就直接打

電話給這位被降職的前主管，要求報告行蹤。

另一個晚上，馬斯克召集一群工程師到會議室，他們負責讓裝配線正常運作。他衝進會議室，不斷說著他們的工作「全是狗屎」。他命令每個人在房間圍成一圈走到他面前，然後一個一個地罵：「你他媽你是誰啊，你他媽的做了什麼來修復我該死的生產線。」當他狂罵員工時，一名工程師受夠了，當著馬斯克的面直接走人。當這位年輕工程師走出去時，馬斯克開始不停尖叫。還有另一次會議，馬斯克進去開會，看到一位他越來越不滿意的經理，衝著人就說：「你怎麼還在？我以為我昨天就把你開除了！」

大約也是這個時間，馬斯克巡視工廠，卻看到生產線停止了。有人告訴他，只要有人擋路，自動安全傳感器就會停止生產線。這讓他更為光火。

當他口沫橫飛地說某條低速運行的生產線沒有危險時，他開始用自己的頭去撞裝配線上的車頭。「我不明白這會如何傷害我，」他說：「我希望汽車繼續行進。」一位高級工程師試圖插話解釋，這是為了安全設計的措施。馬斯克對他大聲尖叫：「滾出去！」

對於那些認識馬斯克很久的人來說，這些事件與他們早年就看過的相比，似乎變得更不堪。人人都知道他脾氣暴躁，受不了笨蛋，但早些年還有人覺得那些被裁掉的人也許是應得的吧。特斯拉的中心思想就是成為最好和最堅強的人。經理們會把與馬斯克互嗆的事當成戰爭故事傳頌：例如有一次他對一名工程師大發雷霆，說他會切開對方的頭骨，在他大腦標記「F」，表示失敗。

但現在，老人們說，馬斯克的怒氣已到了無法預測的地步。無論員工的

級別如何，他發起火來完全沒有要控制的意思。好像公司變大了，他已經不知道該怪誰了，只好在黑暗中大喊大叫。

無論如何，菲爾德已經達到極限。這是令人沮喪的職位：他被請來主持Model 3（以及即將推出的跨界車Model Y）的開發，接著在格雷格・賴蕭離開後，生產製造的主導權也歸他管。現在，在他被實質降職後，眼睜睜地瞧著馬斯克以一種極盡屈辱人的方式一個個解散他的團隊。當然，他遲疑該不該走，因為覺得走了就拋棄了那些留下來的人。但時間到了，他的母親去世，父親也病了，他的孩子要從大學畢業 —— 所有的人生事件他都錯過了，一切都耗在工廠上。

菲爾德跟團隊說他去休假，但很多人都清楚他已經永遠離開了。到那天特斯拉正式宣布菲爾德離職時，他退出的傷害無法漠視。在過去的24個月裡，特斯拉走了至少50位副總裁或更高級別的主管，他是其中之一（有這麼多人離開的部分原因也在於收購太陽城後，解雇了很多頭銜很長的經理）。菲爾德離職的消息引起一連串頭條新聞報導，著名汽車公司的工程主管離職當然是個新聞。但馬斯克對這些報導極度不快。

特斯拉的公關團隊拜託媒體淡化主管離職的重要性。汽車網站Jalopnik做了半開玩笑的更正：「特斯拉發言人澄清說，菲爾德**不是**特斯拉的頂級工程師，他是汽車業界的頂級工程師。就像上帝只能有一位一樣，特斯拉的頂級工程師也只能有一位，他就是馬斯克。特斯拉的第二位工程師是史特勞貝爾。」

在斯帕克斯，史特勞貝爾的團隊看到一些進展，但這是有代價的。他們達到了每週生產3000個電池組的速度，並且曾有一度每小時達到可算出每週生產5000個電池組的生產速度。但是到達那個頂峰，是否可以日復一日堅持下去，又是另一回事。在趕工中，他們浪費了很多材料；當他們急著解決問題時，自動化系統正在損壞電池。負責品管控制的主管布萊恩‧納特（Brian Nutter）寫了一份數量報告，強調特斯拉正在進行一場最新的「打地鼠」遊戲：由於電池組裝站的問題，發現電池有凹痕；還有一些因為電池與電池間黏合劑過多的問題，也被退件；一條生產線因冷卻管不足而停機；一個自動化設定錯誤，導致無法讓固化架正確地向前移動，電池模塊因此全堆在一起。

那年春天與分析師的公開電話會議上，馬斯克試圖解釋第一季可怕的業績。電話會議開始大約30分鐘後，一位華爾街分析師詢問該公司何時會達到Model 3的毛利率目標，他說，特斯拉似乎推遲了6到9個月。財務長試圖解釋，但馬斯克打斷了他，只說這將在幾個月內得到解決。「不要把它當作聯邦案件。」馬斯克尖刺地說。分析師轉向詢問特斯拉的現金需求，當他詳述問題時，馬斯克再次打斷他。「這什麼無聊愚蠢的問題，一點都不酷。」他說：「下一個。」全球投資銀行RBC Capital Markets的分析師想知道，特斯拉向更多客戶開放預訂，他們到底實際組裝多少Model 3可供販售？這樣的狀況會對特斯拉產生什麼樣的影響？馬斯克不屑回答。「抱歉，我們要去YouTube了。」馬斯克說，他指的是一位在YouTube開節目的散戶投資者，他要去和對方通電話接受提問了。「回答這麼枯燥的問題，殺了我算了。」

馬斯克的專橫並沒有受到投資者的歡迎。大約在短短20分鐘內，特斯拉股價下跌了5%以上。電話會議後大家竊竊私語，這是惡兆。有人說這次爆發讓他們想起了安隆的最後幾天。

25

破壞
Sabotage

　　2018年5月27日星期日凌晨1點24分，特斯拉技術人員馬丁・崔普（Martin Tripp）向CNN、路透社、福斯新聞網和《商業內幕》（*Business Insider*）等媒體發了一封電子郵件。「我現在在特斯拉工作，所以我要求匿名。」他在信件開始如此寫道。「我能查看日常生產、生產數量、故障／報廢成本等（包括跨部門和跨級別）。伊隆曾多次對大眾／投資者撒謊。我加入特斯拉是為了遵循它〔依照原文〕的使命宣言，但極其令人傷心的是，看到的事實卻與我們真正該做的事完全相反。」之後是崔普的想法：特斯拉仍然無法每週生產5000輛Model 3，為了加快生產速度，馬斯克採取充滿風險的捷徑。

　　這封發給《商業內幕》新聞收件箱的電子郵件很快轉到了資深財經記者莉內特・羅培茲（Linette Lopez）的手上。羅培茲是《商業內幕》的明星記者，過去一年寫了幾篇關於特斯拉的文章，但沒有一篇能穿透公司的牆直達

內幕。幾個月前,她採訪了做空者吉姆·查諾斯,詢問他對特斯拉的賭注。查諾斯稱馬斯克最厲害的地方就是推銷能力。「他總是提出下一個更好的主意,」查諾斯告訴她。「問題是,他對當前想法的執行力不足,這就是我認為最有問題的地方。最重要的是,我認為這情形越來越嚴重,馬斯克正在做連他自己都知道無法兌現的承諾。我認為這是一個更加不祥的轉變。」

羅培茲當天早上就和崔普聯絡:「我對你在這封信說的很感興趣。」當工人開始在加州弗里蒙工廠旁邊250多英里外搭起一個巨大帳篷時,她就開始深入挖掘崔普所說的超級工廠的大麻煩。特斯拉內部許多主管認為,只要達到每週5000輛車的里程碑就可以緩解壓力 —— 從做空者那裡抽走一些氧氣,讓公司財務站穩一點。本季度的最後一天,6月30日星期六就要到了,如果他們能在最後期限前先趕出一批,能把所有零件準備好,並期望把達標的障礙清除,就可以去休假了。對於那些從一開始就在特斯拉工作的人,或在Model S和Model X增產期間進入公司的人,都很熟悉全員到齊一起趕工的方法。馬斯克只是對Model 3做同樣的事情:自己定一個最後期限,逼著團隊一瘸一拐地跨越,然後轉移注意力後重新整隊,到那時也許就可以找到改進流程並降低成本的方法了。

然而,崔普與羅培茲分享的就是這種方法的醜陋成本。兩人第一次聯繫後大約一週,羅培茲在6月4日發表一篇專題報導,標題為「內部文件顯示,特斯拉正投入大量原材料和現金來製造Model 3,而生產仍是惡夢一場」。文章引用了崔普(她沒有透露姓名)的特斯拉內部文件,稱特斯拉在超級工廠產生了大量的廢物:拿來做電池組和引擎的原材料有多達40%正在報廢或需

要重做。文章稱，這已經花了特斯拉1.5億美元，儘管特斯拉強烈否認這種浪費程度。

特斯拉發表了一份聲明，希望能淡化此事。「正如我們對任何新興製造程序的預設，在Model 3增產的早期階段，我們的報廢率比較高。這是計畫中的事，且是增產期間的正常狀態。」特斯拉表示。

事實上，特斯拉一直在密切關注這個問題。它在電池生產方面處於領先地位，做的是汽車業界的新產物。其他進入電動車市場的公司同樣會面臨報廢品的問題。史特勞貝爾一直在思考這個問題要怎麼解決，若有一家新創公司以研究改善電動車電池回收方法作為營運方向，史特勞貝爾覺得就應該資助它。

幾天後，羅培茲從崔普那裡挖到另一篇新聞，稱馬斯克在超級工廠設計的新機器人並沒有完全投入使用。就在幾週前，馬斯克曾在推特上表示，這些機器人將是產量提升到每週5000輛的關鍵。

現在的狀況與2008年周鵬的洩密事件有點不同，當年周鵬說的只是特斯拉幾乎一點錢都沒有；而現在的洩密說的是特斯拉的生產配置有缺陷，加深人們對特斯拉每週5000輛產能的疑慮。這個公司內部的匿名者還會爆出什麼消息？馬斯克的團隊迫不及待想知道他是誰，他們開始找人。

崔普進入特斯拉的時間不太久，去年9月才收到錄取通知，那時超級工廠召聘新人，將員工人數擴充到6000。他是其中一員，薪資以時薪每小時28美元計算。公司紀錄顯示，在2018年初，他因為與同事相處不睦而受到譴責。他的個性有點幼稚，是那種人家打你一拳、一定要打回去的那種人。

就在特斯拉安全部門正在搜尋洩密者的時候，崔普在一封電子郵件提到馬斯克和史特勞貝爾，說明他對工廠的擔憂。「我想說，很多特斯拉員工都很擔心，」他告訴記者：「粗略估算今年剩下時間內還會有很多報廢品，廢品成本可能超過2億美元。」他補充：「讓每個人更加震驚的是，我們實際上沒有地方可以放置這些充滿輻射的報廢品。」

到了6月10日星期日凌晨3點22分，馬斯克回應，他會把廢品率降至1%以下，降低廢品率「必須成為核心目標」。但這個回應並沒有打動崔普，他認為這就是他以前聽過的空洞承諾。特斯拉的調查人員針對這篇報導引用的數據資料，調查誰有權限可以看到這些資料，以及誰最近看過這些數據，幾天內就找到了他。崔普立刻被解雇。

馬斯克並沒有從此事學到教訓。6月17日週日深夜，他向全公司發了一封電子郵件，警告所有人留意更多的叛徒。「本週末得知一名特斯拉員工對外爆料，他對我們的營運有相當廣泛和毀滅性的破壞，我感到很沮喪。」

他沒有透露崔普的名字，但他說洩密者的動機是因為沒有升職，他所做的事仍在調查中。「我們要弄清楚他是單獨行動，還是與其他人一起行動，以及他是否與任何外部組織合作，」馬斯克繼續寫道：「如你所知，有很多組織希望特斯拉死掉，其中包括華爾街的做空者，他們已經損失了數十億美元，而且還會損失更多。」

一場私下的戰鬥在馬斯克和崔普間開打，崔普愚勇有餘，但財力不足，無法對抗憤怒的億萬富翁。到了週三，特斯拉對崔普提起訴訟，指控他竊取了特斯拉1GB的數據資料並毀謗特斯拉的業務。兩人以電子郵件互槓。「別

擔心，」崔普告訴馬斯克，「你對公眾和投資者撒謊，你撒了什麼謊就會得到什麼教訓。」

「威脅我只會讓你更慘。」馬斯克回答。

「我從來沒有威脅，」崔普寫道：「我只是告訴你，什麼在等著你。」

「你應該為陷害他人而感到羞恥，你真是個可怕的人。」

「我**從來沒有**『陷害』過任何人，也沒有暗示有人和我同謀，一起製作關於你們**浪費數百萬美元**、罔顧安全問題、對投資者／**全世界**撒謊的文件。那個讓危險車子上路的人才是可怕的人！」

這些負面新聞讓馬斯克和特斯拉一向自詡的豐功偉業蒙上陰影。為了讓弗里蒙工廠有更多正面報導，特斯拉邀請記者自己親眼來工廠看看。在工廠中央，馬斯克談到他是多麼安然自若（即使讓他睡在地板上）。「我覺得事情很順利，」他說：「我認為工廠的氣氛很好，能量很好；你們去福特看看，那裡看起來就跟個太平間一樣。」

記者問他，為什麼即使團隊成員提醒他有這麼多問題，他還是把Model 3的生產計畫提得那麼高？「我的一生都被人當故事講了；還有什麼新鮮事？」他補充說，「他們還說我們發射不了火箭呢！」

公關負責人莎拉．奧布萊恩（Sarah O'Brien）陪著馬斯克受訪。這位37歲的主管曾是蘋果的公關經理，在蘋果公關部門帶領40多名員工。她替馬斯克工作了近兩年，已嘗到苦果，她筋疲力盡，在外面跑行程時還昏倒過兩次。她每天的行程表從早上5點開始，到晚上9點才結束，週末還要工作。她戴著Apple Watch因為要時時提醒她注意馬斯克的推文。

馬斯克自2014年以來使用推特的頻率越來越高，到2018年夏天，他僅在那一年就發布了1250多條訊息，平均每天6條，主題廣泛：處理客戶投訴、批評媒體、和賣空者互嗆。他在當年5月和6月變得更加健談，發布的訊息是1月的7倍。有時他會在推特上顯露黑暗的一面，就像他被問到他的生活時就會很沉鬱。「現實是偉大的高峰、可怕的低谷和無情的壓力。不要以為人們想聽最後兩個。」他如此寫道。他從來沒辦法睡飽，他一直在努力睡，求助於安眠藥來緩解。「一點紅酒、復古唱片、一些安眠藥……和魔法！」

儘管陷入黑暗，但也看到一些希望。一天，馬斯克想在推特開開那個人工智慧地獄哽的玩笑，正在到處搜尋時，發現一位藝名叫格萊姆斯（Grimes）的流行歌手已經開過類似玩笑了。格萊姆斯的真名是克萊兒·伊莉絲·布歇（Claire Elise Boucher），30歲，最近才剛嶄露頭角[32]。馬斯克主動傳訊息給她，兩人很快開始約會。

與此同時，馬斯克的放話也越來越接近實現的階段，每週5000輛車的目標可望達成。7月1日凌晨，工廠工人在不眠不休連夜工作後，開始了他們的慶祝活動。在生產線和員工增加後，完成了自動化無法做到的事情。他們在Model 3的引擎蓋上簽名，紀念那一週誕生的第5千輛車。不過，人群裡看不到馬斯克，他已經出發去里斯本參加他弟弟的婚禮了。他向全公司發出一封

---

32 譯註：2010年開始網路流傳一則有關人工智能的燒腦議題「RoKo's Basilisk」，RoKo是發文者的名字，Basilisk是傳說中的蛇王。Roko提出燒腦的思想實驗論證人工智慧的誕生，衍生到最後對人工智慧的討論可總結為：沒有幫助人工智慧誕生的人都可能會受到人工智慧的報復。馬斯克在推特上開了一個玩笑，把Roko寫成Rococo，變成洛可可的蛇王，之後發現格萊姆絲的MV已經拍過這個梗了，心有靈犀，一拍即合。

祝賀信，讚揚大家的努力，他寫道：「我想，就在剛才，我們成為了一家真正的汽車公司。」

　　但原本應該慶祝的時刻，很快變成了馬斯克和特斯拉在歷史上最醜陋的公眾奇觀。

26

推特颶風

Twitter Hurricanes

當特斯拉的工人在弗里蒙累得半死讓特斯拉的偉大產品達到量產里程碑時,馬斯克正入境葡萄牙,趕上他弟弟金博爾的婚禮,及時得到喘息的時間。幾個月來,朋友們越來越擔心他,他拒絕了邀他散心的聚會,跟朋友說他得待在工廠。他對於前女友安柏‧赫德的公開評論似乎已經超出正常人的範圍。他新生的愛苗,克萊兒‧布歇並不完全符合馬斯克的類型。

無可否認他得到的成就極其重要,但也沒有時間沉浸其中。現在,工廠的瓶頸似乎打開了,他的注意力轉到同樣緊迫的挑戰:交車給客戶。五年前Model S在工廠生產問題處理好後,卻因為交車問題幾乎毀了公司。這一次,特斯拉交付超過4750輛汽車,但目標不僅僅是收支平衡。這次不是產量達標的問題了,而是為了**賺錢**,要付錢給不斷增加的供應商。特斯拉不僅要交車,還得突破裝配廠在舊金山外各自分散的局限,它必須為公司走向全球做好準備,要與通用汽車等公司競爭,就必須提供與他們相當的銷量和規模。

馬斯克需要做的事情兩相衝突，一邊需要休息，一邊又要重新關注銷售，但他的心思被拉走了。他正處公共形象崩潰的邊緣，這不僅會損害他的聲譽，也讓特斯拉想以電動車進入主流車市場的目標受到干擾，還可能讓他失去對公司的控制權，這是他多年來一直努力避免的事。

馬斯克的愛玩推特的習慣似乎無害。他整天癡迷地查看網路社群平台，但誰不是這樣呢？他最早期的幾個公關失誤就是發生在推特上。幾個月前他開了一個愚人節玩笑暗指公司破產了，引起人心惶惶。一年多前，當特斯拉的市值超過福特時，他在推特上幸災樂禍，對已經感到壓力的賣空者又是嘲諷又是攻訐。這個仇他的推特敵人並沒有忘記；他們忙著在特斯拉新公布的好消息中挖洞。加上馬丁・崔普的洩密，馬斯克似乎在每個轉角都看到針對他的陰謀。馬斯克無憑無據，卻不知怎麼地懷疑起這些事情都是股市做空掌門人吉姆・查諾斯在背後搞的鬼。

此時，世界的另一端上演了一場大戲，馬斯克也注意到了：泰國少年足球隊「野豬」（Moo Pa）被困在積水不退的洞穴中，舉世都在關注搜救人員極力拯救他們。推特上開始有人慫恿馬斯克也插手救援。起初他表示反對，但幾天後他宣布他會讓工程師設計一艘迷你潛水艇來救孩子 —— 即使根本不清楚在泰國的救援隊是否需要這樣的幫助。反正他就在推特上記錄他為這件事做了什麼。

當時特斯拉團隊正在籌備馬斯克與中國政府高層即將到來的會面，藉以慶祝特斯拉談成在中國建廠事宜，這項交易意義重大，在中國設廠讓這家公

司有了新的定義，推動這家原本以小眾為利基的汽車公司超越小眾市場。但馬斯克並不想讓人們關注這場勝利，而是另有計畫。馬斯克在前往中國途中先在泰國暫停，然後趕往洞穴現場。他在推特上發布了照片，「剛從洞穴3號回來。如果需要，迷你潛水艇已經準備好。它由火箭零件製成，並依據少年足球隊的隊名命名為『野豬』，我把它留在這裡以備不時之需。泰國是如此美麗。」他在7月9日的推特如此寫道，即使現在的泰國正在進行一次大膽（最終也成功了）的救援行動。

馬斯克的提案已成為這次救援故事與奇觀的一部分，當球員在7月10日全員被救出時，這又變成男孩們最感動的求生故事。「好消息！他們被安全救出了。」馬斯克發送推文。「恭喜優秀的救援隊！」

馬斯克的潛艇從未使用過，負責協調救援行動的泰國當地指揮官納隆薩（Narongsak Osottanakorn）告訴記者，這艘潛艇不適合執行救援任務。那時，馬斯克在中國。他收到來自女友布歇（更為人熟知的名字是格萊姆斯）的訊息，提醒他注意這一份聲明，並警告他媒體風向已經轉了，對他的態度多半負面。馬斯克聯絡他的團隊：「我在上海才剛睡醒。發生什麼事？」團隊努力弄清楚納薩隆是誰，馬斯克的幕僚長發了一封電子郵件說：「他是該死的當地省長，不接我們的電話。」

連這一點雞毛蒜皮的小事馬斯克都不放過，他回信說：「我們全力反擊，讓這傢伙把他的評論收回去。」

感情用事只會讓情況更糟。幾天後，一位名叫弗農·昂斯沃斯（Vernon Unsworth）的英國探險家接受CNN的採訪，他因為對那裡的洞穴非常了解而

加入救援行動。CNN記者隨口問了馬斯克的潛水艇，昂斯沃斯回說那就是個公關噱頭，並表示：「它絕對沒有成功的機會」，馬斯克這個人根本「不知道洞穴通道長什麼樣子。」反正馬斯克「哪裡痛，把潛水艇貼在那裡就對了。」。

這段影片很快開始在推特上瘋傳。到了7月15日，馬斯克大發雷霆，在推特發了一連串推文大罵昂斯沃斯，其中包括一條：「抱歉了，戀童癖。你確實要求過。」一位推特網友在下面留言提醒馬斯克，說他用「戀童癖」稱呼了昂斯沃斯喔，馬斯克回應道：「拿錢跟你賭啊，這是真的。」

這件事在推特引起的風浪並不是暴風等級，而是5級颶風。特斯拉股價暴跌3.5%，公司市值蒸發20億美元。特斯拉最大投資者之一，巴美列捷福投資股份有限公司（Baillie Gifford）的詹姆斯·安德森（James Anderson）在接受採訪時表示，這事件是「令人遺憾的情況」，並表示特斯拉需要「和平與執行力」。主流新聞媒體開始聯繫特斯拉的通訊部，詢問馬斯克是否真的稱昂斯沃斯為戀童癖。該部門密切關注報導，從BBC到Gizmodo收集了大概超過兩打頭條新聞。助理寫了一份備忘錄分析情況：「媒體繼續報導E的推文，不少新聞提到這次又『爆發』了！這次爆發是在他在接受彭博社採訪，表示他會在推特上盡量不那麼好鬥後，只隔一週的再次發作。接著表示，一些投資者和分析師「認為他的評論增加他們的擔心，懷疑他對特斯拉的主要業務分心。」

路透社的一篇評論總結了特斯拉董事會面臨的兩難境地：「如果因為他的『戀童癖』推文而解雇他，可能會引發投資者的信心危機。這不像Uber執

行長崔維斯·卡拉尼克（Travis Kalanick）最終下台事件，Uber是卡拉尼克私人持有的，但對一家求資金若渴的上市公司，這次的風波可能是終點，董事們應該考慮剝奪他的董事長或執行長頭銜。」

第二天7月17日一早，年紀只有32歲的幕僚長泰勒試圖和馬斯克講道理，說是時候該道歉了。泰勒告訴他，他已經與馬斯克所有重視的人都談過了，包括董事會成員格拉西亞斯、財務長雅胡亞、總法律顧問托德·馬龍（他的前離婚律師），他們都覺得是時候該道歉了，也該脫離推特了，「這可以讓你重回正軌，不管是內在和外在。」泰勒甚至自作主張寫下一封文情並茂的道歉信，告訴他的老闆：「每個人都會更加愛和尊重你，因為你公開承認錯誤，並表現出你對員工和公司使命如此關心。」

一小時後，馬斯克做出回應。「在沉靜思索之後，我對你們的建議提案不滿意。」馬斯克覺得，在特斯拉股價下跌後立刻低頭認錯會被認為不真誠和懦弱。「我們需要停止恐慌。」馬斯克說。

但到了當天夜深，馬斯克讓步了。他發了一條推文，說：「那些是我的氣話，那是因為昂斯沃斯先生說了不是事實的話，還建議我與迷你潛水艇發生性行為之後我才說的，這部潛水艇是根據救難領隊的規格要求才做的善意行為。」

大約在同一時間，蒙大拿懷疑論者的真實身分分曝光了，投資經理勞倫斯·福西的身分開始在特斯拉支持者的推特上瘋傳，他們公布了他的個人資料。是邦妮·諾曼，這位早期買了Roadster，之後成了特斯拉股東，再漸漸變成特斯拉福音傳教士的鐵粉將她收集到的資料傳給了馬斯克和特斯拉律

師馬龍。她在一封電子郵件中指出，此事由一群匿名的特斯拉投資者成功破案：福西發了一張他在蒙大拿州家中的照片，他們抓到了這張照片的後設數據，找到了這張照片的IP位址，因此找到了福西。「當我聽到的時候，簡直笑翻了。」因此諾曼立刻寫了一封標題為「他們沒那麼聰明」的電子郵件。這也披露了福西的老闆是史都華·拉爾，就是那個中年之後以玩咖著稱的億萬富翁。

「哇，真的很有趣。」馬斯克在7月6日凌晨1點22分寫信給諾曼。馬斯克認識拉爾，「他買了一些早期生產的Model S，不知從哪裡拿到了我的私人號碼，開始跟蹤我，在我的虛擬機上留下長串醉話，然後真的〔很氣〕我不想和他一起出去玩。」

馬斯克對拉爾出手。據福西透露，馬斯克向他的老闆發了一封訊息：如果福西繼續寫特斯拉，他會告他，並且把拉爾拖進去一起告。第二天，福西宣布他的部落格將退場：「伊隆·馬斯克贏了這一輪比賽，他讓評論家閉嘴了。」

推特風暴不停吹，特斯拉的主管們低著頭努力幹。他們已經在6月底實現了一週內生產5000輛Model 3的目標，但正如馬斯克所說，重新創造是一場艱苦的戰鬥，而且是苦上加苦。延誤生產意味著特斯拉沒有辦法做到它想要的銷售；沒有銷售，生意就無法運轉。截至6月底，公司現金已降到22.4億美元。現在，特斯拉不僅需要增加銷量，還需要削減成本 —— 而且要快。

一個不尋常舉動顯示事情變得多可怕 —— 特斯拉開始要求供應商退還特斯拉已經支付給他們的部分款項。正當馬斯克與昂斯沃斯爭吵不休的同一週，特斯拉向供應商發出這個請求，希望它們能幫公司在2018年轉虧為盈。一位負責發送退款請求的經理表示，立即提供折扣或回扣是最明顯的幫助方式，「這一要求對特斯拉的持續營運至關重要。」備忘錄中寫道。

　　但它在供應商之間立即敲響了警鐘，他們對特斯拉越來越警惕。他們也不是第一次見識汽車製造商使出這個招數了，在通用汽車破產前的黑暗日子裡也是如此，他們早已習慣了。

　　特斯拉嚴重的財務狀況給馬斯克帶來壓力。有一度他反覆琢磨著要怎樣才能從蘋果那裡得到幫助，蘋果有2440億美元的戰備資金。眾所周知，這家做iPhone的公司在開發汽車上很掙扎。但幾年前，就在上一次特斯拉有困難時，馬斯克與蘋果執行長庫克嗆聲，已經把談收購的路給斷了。

　　這一次，馬斯克脫帽請罪，向庫克探求可否見個面談談交易。也許蘋果有興趣以600億美元左右的價格收購特斯拉？或者用庫克願意以早年開價的兩倍多買下？一位知情人士說，雙方陣營來來回回磋商開會時間，但很快就發現庫克這邊拖拖拉拉，似乎對見面會談不甚感興趣。蘋果反而轉個彎，請了剛完成Model 3的道格拉斯・菲爾德來開發蘋果自己的電動車。

　　8月7日，馬斯克在洛杉磯的五座豪宅其中一處醒來，看到英國《金融時報》的一篇報導，文章揭露特斯拉一直在悄悄醞釀的事。沙烏地阿拉伯主權財富基金將持有特斯拉20億美元的股份，當下成為該汽車製造商的最大股東

之一。幾分鐘後，馬斯克前往機場，搭機前往內華達州的超級工廠，途中他在推特輸入一條決定性的訊息：「正在考慮以420美元的價格將特斯拉私有化。資金已到位。」

這就是馬斯克出名的那種推文，只是打嘴砲、未經籌畫，也正因為如此，他的推特訊息是上千萬的吃瓜群眾、粉絲和批評者的必讀佳作。馬斯克並沒有為這些文字帶來的衝擊做好準備。

華爾街瞬間反應，本來就在上漲的股票一路狂飆，股價幾乎飆升到雲端。當馬斯克抵達超級工廠時幾乎飄飄然了，他問經理們是否知道420代表什麼？這是一個表示大麻文化的符號，馬斯克告訴他們，放聲大笑。

通常，一家公司在提出像馬斯克這種隨口放炮的政策前，會先向納斯達克發出警報並暫停交易。這跟禮不禮貌無關，這是證交所的規定；上市公司如果要釋放任何會讓股價大幅波動的消息，例如公司打算下市（也就是私有化），該公司至少必須在十分鐘前通知證交所，證交所就可以停止交易，讓投資者消化新的資訊。但馬斯克這一宣布讓他們措手不及 —— 特斯拉什麼也沒說，納斯達克官員瘋狂地聯繫特斯拉的窗口。

這樣做沒有任何好處。特斯拉掌管投資事務的主管也措手不及，發訊詢問馬斯克的幕僚長山姆・泰勒，「這則推文合法嗎？」各大記者也出手了，一位記者寫道：「好一條推文！（這是玩笑嗎？）」另一位直接給馬斯克發了封電子郵件：「你只是在胡鬧嗎？」

在這條推文發布大約35分鐘後，財務長雅胡亞發了一封短信給馬斯克：「伊隆，我想你已經把這件事仔細想過了，也已經把你的理由和邏輯跟員工

及潛在投資者進行了更廣泛的溝通。如果莎拉〔公關負責人〕、陶德〔法律總顧問〕和我一起為你起草一篇部落格文章或員工電子郵件，會有幫助嗎？」馬斯克說那樣會很棒。

他似乎隨心所欲地過日子，就好像這天只是另一個平常的一天。那天的亮點是他與矽谷的高層約好一起吃晚餐。在休息時間，他發送更多推文。在第一次推文後一小時，他寫道：「我現在沒有控制性投票，如果我們私有化，我也不希望任何股東擁有控制性投票。無論哪種情況，我都不會出售。」20分鐘後，他又補充：「即使我們下市了，我也希望『所有』現有的投資者都留在特斯拉，我會創立一個特殊用途基金，使任何人都可以留在特斯拉。富達投信（Fidelity）對SpaceX的投資已經做到這一點。」在第一條推文發布兩個多小時後，他詳細闡述自己的理由：「希望所有股東都留下來，特斯拉作為一家私營公司，會更加順暢且破壞性更小。終結短暫的負面宣傳。」

次日，證券交易委員會展開調查。

2017年3月，馬斯克的朋友兼投資者賴瑞・艾里森意欲撮合各方人馬，在弗里蒙工廠舉辦豐盛晚宴，也許馬斯克和軟銀孫正義並不合拍，但在晚宴之後，沙烏地阿拉伯主權財富基金的人一直與馬斯克保持聯繫。接下來，馬斯克與做空者的戰爭一直打到2018年7月，沙烏地阿拉伯人要求召開一次會議。馬斯克於7月31日星期二晚上與他們會面，那天是宣布特斯拉第二季業績的前一天，也是爆料推文在網路上傳開的前一週，會中他承諾未來攜手繼

續牟利。泰勒和雅胡亞也和馬斯克一起參加了這次短暫的會面。

事後看來，他們搭上線是可以理解的。沙烏地阿拉伯人告訴馬斯克，他們已經從公開市場上買了特斯拉將近5%的股份，離他們必須公開宣布的門檻只差一點點。正如馬斯克和該基金的常務董事亞西爾·魯馬揚一年前在晚宴上討論的，他們提出想將特斯拉私有化的前景，但馬斯克沒有就交易細節進行討論。沙烏地阿拉伯人想在他們的國家建造特斯拉工廠，這是幾個中東國家多年來一直在爭奪的獎項。根據馬斯克的說法，大約半小時後，亞西爾·魯馬揚將球留在馬斯克的球場上：讓我們知道你想如何進行私有化交易，只要條款「合理」，它就可能發生。

馬斯克對此進行了思考。週四，也就是公布第二季業績後的第二天，他看到特斯拉股價上漲16%，市值達到596億美元。他擔心，如果特斯拉的股價不斷上漲，他可能會錯過私有化的機會。股市收盤後，他向董事會送了一份備忘錄。他厭倦了特斯拉成為做空者「誹謗」的攻擊目標，不斷發送煙幕彈損害特斯拉品牌。他希望盡快將私有化的提案交給董事，並且說這項交易必須在30天期限內回覆。他提出每股420美元的價格，這是根據當天股市收盤價20%的溢價來算的，算出特斯拉的估值約為720億美元。（實際上溢價20%算出來是每股419美元，但他覺得如果他報價420美元的話，會讓他女友開心大笑。）[33]

讓事情變得更複雜的是，他在第二天晚上召開的緊急會議中告訴董事會

---

33 作者註：馬斯克後來向美國證券交易委員會承認，只為博女友一笑而制定價格，「這不是一個很好的理由」。

成員，他希望為現有投資者敞開大門。從本質上講，他覺得特斯拉將是一個私有的新公司，他歡迎那些想留下的投資者，但他想買斷那些不願意留下的人。多年來，像邦妮・諾曼這樣的小型散戶投資者一直是他最大的支持者，他想把他們留在圈子裡。

董事會有一些人持懷疑態度，但批准他就此交易案與一些較大的投資者聯繫，再回來匯報。

董事會緊急會議後的星期一，馬斯克就這筆交易致電私募股權公司銀湖合夥（Silver Lake）的伊岡・德班（Egon Durban）。銀湖合夥的投資者之一賴瑞・艾里森，在矽谷有很高的知名度。2013年，他們幫助邁克・戴爾以250億美元的槓桿收購戴爾電腦，將戴爾創立的公司私有化。德班警告馬斯克，他希望將當前所有投資人都留在公司的想法是前所未有的。他表示，若要私有化，剩餘股東的數量要低於300人，但現在特斯拉光是法人股東就有800多人。另外還有無數小散戶，他們可是會在特斯拉股東大會上興奮出現的那種人。

第二天早上，馬斯克就發出他的爆炸性推文，但德班的警告猶在他耳邊縈繞。

他採取的手段與他過去長期經營特斯拉所使用的方法並不矛盾：宣布某件事，然後弄清楚如何實現它。但這裡的問題是，作為一家上市公司的執行長和董事長，他對特斯拉所做的任何公開聲明具有更大份量。針對公司業務層面睜眼說瞎話，這是會被起訴的犯罪。他在推特上發出宣告，似乎只是隨

興所致，一些細節似乎都沒有經過深思熟慮，立即引發懷疑。一般情形，公司只有在經過通盤的審查後才會宣告此類交易，而且會附上律師完整解釋的聲明。但馬斯克已經宣告了，特斯拉只好加速組織一個團隊進行交易評估。

推特發文後一週，董事會表示將成立委員會來考慮交易。委員會由布拉德‧巴斯（Brad Buss）、蘿賓‧丹賀姆和琳達‧萊斯（Linda Johnson Rice）主持。巴斯於2009年加入特斯拉董事會，過去曾短暫擔任太陽城的財務長，而丹賀姆曾幫特斯拉完成太陽城的收購案；再加上董事會新成員琳達‧萊斯，她是芝加哥某媒體的高階主管，因為該公司抱怨在特斯拉與馬斯克有深厚交誼的董事太少，所以萊斯去年才被派來加入特斯拉。他們開始尋找律師、聘請顧問。

馬斯克試圖撲滅他點的這場火，沒想到卻煽風助燃，越燒越旺。他在部落格寫了長文，指出交易細節還遠遠未定，要等適當的時間才會水到渠成。「現在這樣做還為時過早，」馬斯克寫道：「我還在繼續與沙烏地基金方進行討論，我也在與其他一些投資者進行討論，這是我一直計畫要做的事，因為我希望特斯拉繼續擁有廣大的投資者基礎。」他試圖解釋為什麼他會傳播一個半生不熟的想法，「我能與我們最大股東進行有意義討論的唯一方法就是完全坦誠，坦蕩蕩地告訴他們我想將公司私有化的願望。」他寫道：「然而，如果只是與我們最大的投資者分享私有化的訊息，而不同時與所有投資者分享相同資訊，這是不對的。」至於他推文中寫到「資金已到位」的部分，他解釋說，他在7月底與基金方會談，對方「願意在此時為特斯拉的私有化交易提供資金」。

他總結說，「如果提出最後提案」，公司董事會會考慮；如果獲得批准，股東將有機會投票。

這篇貼文只是讓華爾街陷入更大的混亂，導致股價暴跌。謠言四起，大家都在傳馬斯克可能無法在這次的失誤中活下來了。權威媒體《紐約時報》的財經專欄作家詹姆斯・史都華（James Stewart）打聽到傑佛瑞・艾普斯汀（Jeffrey Epstein）也可能參與其中，這位坦承犯下少女性侵案的富商，正在按照馬斯克的要求編製一份特斯拉董事長候選人名單。在這個不知該信誰的關鍵時期，這是一個瘋狂的說法。史都華就此謠言聯繫了艾普斯汀，然後於8月16日來到這位富商在曼哈頓的家中採訪，富商的條件是「僅能作為幕後消息來源」，意思是艾普斯汀釋放的消息可以報導，但不能直接指名那是他說的。史都華知道艾普斯汀在規避。

報紙也就此消息聯繫了馬斯克，馬斯克聽到後勃然大怒。「艾普斯汀這個地表最爛的傢伙，居然告訴《紐約時報》他在幫我與特斯拉進行私有化！」馬斯對著媒體顧問茉莉安娜・格洛弗（Juleanna Glover）表示憤怒，格洛弗是華盛頓特區的高級公關顧問，被請來幫忙馬斯克處理媒體事務。「並以此為幌子，向《紐約時報》吐露他對我的『擔憂』，太讓人毛骨悚然，太惡毒了。」他與《紐約時報》通電話否認艾普斯汀的說法，但一旦和記者通上線，馬斯克就開始自爆了一個小時，講述了他最近幾個月推出Model 3時面臨的所有困難 —— 幾乎錯過了弟弟的婚禮，還在工廠過生日。

結果出現了一篇專題報導，標題為〈伊隆・馬斯克詳述因特斯拉動盪造成「痛苦難受」的個人損失〉。文章描述馬斯克情緒激動，在採訪中「多

次哽咽」，他談到了他服用安必恩（Ambine，中文藥名是「史蒂諾斯」〔Stilnox〕）來對抗失眠問題。據說一些董事會成員對此感到擔憂，他們認為這就是促使他深夜還在推特和網友不時聚會的原因。

　　似乎嫌這些噪音還不夠吵，馬斯克的名流形象以及他與布歇剛萌芽的關係又多加了雜音。大約在這個時候，向來以口無遮攔聞名樂壇的饒舌歌手阿澤莉亞‧班克斯（Azealia Banks）在Instagram上抱怨她和布歇的音樂合作已經泡湯了。首先，她聲稱自己窩在馬斯克洛杉磯的一處住所中待了幾日等布歇一起做音樂，文中似乎暗示馬斯克都在嗑嗨的時候發私人推文[34]。記者要求她說清楚一點，她說，馬斯克不是發了那條被罵到臭頭的推文嗎！就在那個週末，她一直住在他家，那時候他試圖挽回損失。「我看到他在廚房，夾著尾巴四處尋找投資者來擦屁股。」她說：「他壓力很大，臉都漲到通紅。」

　　馬斯克只是想讓這一切結束。「他們沒其他東西好寫嗎？」他問他的公關顧問，「一直在新聞看到自己真煩！」

　　馬斯克過去的行為的確讓人不安，但只有親密的人會看到，但他最近的失誤讓他四面受敵，他的不幸成為眾人的茶餘飯後。投資者嚇壞了，《紐約時報》發表採訪報導後的第二天，特斯拉股價暴跌近9%。華爾街分析師開始降低對特斯拉的預期，告訴投資者，他們認為股價被高估了。特斯拉的董事會處境艱難，他們是馬斯克的親密盟友，如果他們對他剛上檔的脫序演出

---

34 作者註：這是三不五時就會出現的傳聞，多年來員工一直懷疑馬斯克有使用大麻或毒品習慣。

視而不見，他們是會被追究責任的。

接下來的星期六，他們舉行電話會議。在洛杉磯，馬斯克和弟弟金博爾一直在背後運作，想利用公關力量把這件事情搞定。馬斯克傳達了一個消息，他想留住小股東的希望可能不會成功，他的銀湖顧問及高盛團隊都在努力研究如何讓這些數字發揮作用。馬斯克的主要估算是即使公司下市，變成他自己的私人公司，大股東仍會留下，堅守特斯拉。但這種想法太天真。由於監管會要求，共同基金必須被迫減持股份。他原本還以為會有三分之二的股東追隨他，但如果富達投信和普徠士信託這種擁有2000萬股的公司無法繼續持有股票，特斯拉將不得不以每股420美元的價格向他們收購。換句話說，馬斯克需要再準備80億美元才能實現他的計畫。

這不僅是找錢的問題，馬斯克還受到特斯拉內部的抵制。有人質疑明明是一家電動車公司，不是原本想讓耗費石油的油車滅絕嗎？現在卻要從一家外國大型石油供應商那裡拿錢，這是在做什麼？與此同時，沙烏地阿拉伯人對私下提議被這樣公開曝光也感到不滿；他們從未提出過正式的提案。（沙烏地阿拉伯主權財富基金負責人亞西爾・魯馬揚後來告訴美國政府律師，他沒有同意與馬斯克達成協議。）私有化的想法正在分裂他們的高層幹部，尤其是當馬斯克的行為不斷引發質疑，讓人懷疑他的穩定性和他是否適合在公司擔任核心角色。

這讓馬斯克的財務顧問開始尋找其他財力雄厚的公司來取代阿拉伯人的位置，其中包括福斯汽車。福斯集團向特斯拉提出一項高達300億美元的企畫。但新投資者既然投資了這般規模，不免希望對公司的營運方式有發言

權。這讓馬斯克又開始擔心了，畢竟，私有化不就是為了抑制外界影響嗎？馬斯克覺得這些提議的投資者實在太不夠意思了，其中包括福斯汽車。

週四，也就是馬斯克發出公司將下市的推文16天後，特斯拉董事會飛往弗里蒙工廠，與一小群顧問和律師討論他們的選擇。董事會拿出自己的提案，然後就離開會議室了。留下的董事成員，大家注意力全轉向馬斯克，他是怎麼想的？

他說，根據他收到的意見，他會撤回私人化的提案。特斯拉將繼續公開作為上市公司。「在我看來，特斯拉的價值會在未來幾個月或幾年內大幅上漲，這會使任何投資者再無可能進行私有化。」馬斯克做出決定後，在一封電子郵件中表示，「要做就是現在，不然就再也不可能了。」

特斯拉史上最不穩定的兩個星期結束了。也許馬斯克覺得只要拍拍屁股、收回推文，就可以繼續上路，但他已經讓自己陷入進退兩難的角落。現在他必須讓美國證交會調查委員會相信，當他發推文時，實際上已經拿到了這筆下市交易的資金，他沒有誤導投資者。馬斯克和其他董事會成員預計在未來幾天向調查人員宣誓作證。舊金山辦事處領導的調查委員會正加速行動。

如果換作沒那麼傲慢的公司負責人，應該會覺得愧疚吧？但即使諸事纏身，馬斯克又回到推特。本月早些時候，他在《紐約時報》採訪時情緒爆發，沒想到引發了一場關於女性創始人是否可以在工作中崩潰哭泣的辯論。他在8月28日上午8點11分發了一篇推文說：「鄭重聲明，本人在《紐約時

報》採訪時，我的聲音只是曾經稍微破音了一次，就這樣，沒有流淚。」此文引來一些訕笑，一位推特網友寫道：「伊隆，你對真相事實的執著一直很棒，但如果在說某人戀童癖時也堅守原則就好了。」馬斯克回他說：「你不覺得他沒有告我很奇怪嗎？他可是得到了免費的法律服務喔。」

但那時，昂斯沃斯的律師也在推特上，插話說：**檢查你的郵件**。

這些推文又引來另一輪的媒體熱炒，網路八卦媒體BuzzFeed當然注意到了，記者萊恩・麥克（Ryan Mac）很感興趣。麥克於8月29日開始以電子郵件聯絡馬斯克，然後郵件往返來來回回，直到有一天，馬斯克發了一封電子郵件給他，開頭就寫著「不公開」，然後建議麥克打電話給泰國那裡的人，還說「停止為強姦兒童犯辯護，你這個混蛋。」馬斯克給自己挖了一個更深的坑。「昂斯沃斯年紀很大了，你想，一個來自英格蘭的單身老白男一直跑去泰國，主要是去芭堤雅海灘，直到搬到清萊娶了當時只有12歲的童婚新娘[35]，最後還住在泰國三、四十年。人們去芭堤雅海灘只有一個原因，那裡可不是通往洞穴的地方，是要去做別的事的地方。清萊最著名的是販賣兒童。他可能只是聲稱知道如何進行洞穴潛水，但他不在洞穴潛水救援隊中，而且事實上，大多數潛水隊員都拒絕和他玩在一起。我很懷疑這有原因……」

然後他又加了一句：「我他媽的希望他告我。」

麥克從來沒有同意不公開，他遵循新聞業的悠久傳統，記者和受訪者要在交流意見**之前**，彼此約定此意見公開或不公開，但麥克沒有和馬斯克做過

---

35 作者註：事實上昂斯沃斯沒有娶童婚新娘，他長期的泰國女友和他在一起時已經40歲了。

類似的承諾。BuzzFeed於9月4日刊出了麥克的報導。

馬斯克立刻知道他惹麻煩了。已經搬到華盛頓特區的公關顧問格洛弗向馬斯克轉發了一封傑夫·內斯比特（Jeff Nesbit）的信，內斯比特是熟悉政治操作的環保人士，他願意提供幫助，信中也表達擔憂，馬斯克在推特上的胡言亂語對公司可能會有影響：「我可以保證在董事會上或多或少總有一兩個會投下不信任投票。」

馬斯克回信說，他知道這「非常糟糕」。他只打算讓BuzzFeed調查這個人，「我他媽的真是個白痴。」他總結道。

格洛弗建議再進行一次採訪，是公開的，「杜絕謠言，消除這些疑心你精神狀態有問題的懷疑論。」她想讓他再次出現在公眾面前，以一種果斷、搞笑、且心中自有定見的形象出現。馬斯克提議，去上喜劇演員喬·羅根（Joe Rogan）的Podcast節目「Joe Rogan Experience」好了。喬·羅根是脫口秀演員、終極格鬥錦標賽（UFC）的解說員和電視《誰敢來挑戰》（Fear Factor）的前節目主持人，在媒體界開闢了一處極受歡迎的角落，他採訪思想領袖、學者和名人，更喜歡採訪大多數媒體都不碰的極端異議人士，讓他們高聲暢談他們的尖銳論調。[36]

兩天後訪談就安排好了。格洛弗告訴馬斯克，羅根的採訪可能持續幾個小時。「喬不太會打斷你，所以他會讓你一直說，他很有趣，會在廣播中罵

---

36 譯註：喬·羅根的Podcast雖是Spotify最紅的節目，但爭議不斷，除了仇女、仇同、種族歧視、更散布錯誤疫苗消息，暢談極端主義。傳奇歌手尼爾·楊不齒他的言論，下最後通牒給Spotify表示有他就沒有我，Spotify就把傳奇歌手下架了。

髒話，因為聯邦通信委員會沒有針對podcast定規則。」她為馬斯克做準備。如果羅根問起證券交易委員會正在進行的調查，他就說他得問過律師才能知道該說什麼。此外她懇求，如果羅根問起昂斯沃斯，請不要回答。「拜託，拜託，拜託，如果有什麼關於泰國潛水員的話題出現，你就說，你認為你在這方面遇到太多麻煩了，不想再多說了。」格洛弗寫道。

這段訪問在YouTube直播，開始時美國西岸已經很晚了。馬斯克身穿黑色T恤，上面寫著「占領火星」，看起來精神很好。從各方面說，羅根都是採訪馬斯克的完美人選，讓他暢所欲言他的興趣，從太空旅行談到隧道挖掘。夜幕更深，羅根和馬斯克開始喝威士忌，兩人談了將近三小時，就在採訪快結束時，羅根點燃了他之前說的大麻捲菸，並詢問馬斯克以前是否吸過大麻。「我想我試過一次，」馬斯克笑著說。「因為股東，所以不能，對吧？」羅根問道。

「我的意思是，這合法嗎？」馬斯克在加州錄音室裡問。

「完全合法。」羅根回答。然後他把菸卷遞給馬斯克，馬斯克吸了一口。對話開始變得有點迷幻。羅根想知道發明家對促進社會發展的作用。如果有一百萬個尼古拉．特斯拉呢？他問。馬斯克說事情會進展得很快。是的，羅根補充道，但沒有一百萬個伊隆．馬斯克，「不過這裡卻有一個混蛋，」羅根說：「你想過這問題嗎？」

馬斯克查了一下他的手機。

「有妹子傳訊息給你？」羅根問。

沒有，馬斯克說。「我收到朋友發來短訊，他說：『你幹嘛抽大麻

啦？』」

　　隔天，《華爾街日報》的週六版頭版，堂堂刊登了一張伊隆・馬斯克在煙霧彌漫中手拿大麻菸卷的照片。而對於觀者來說，馬斯克或他經營的公司是否會走出陰霾，也一樣不清楚。[37]

36　編按：2022年4月25日，馬斯克以約440億美元的價格成功收購推特，將這家社群媒體公司納入其事業版圖。

27

巨浪
The Big Wave

　　這是怵目的形象，之後的日子媒體無處不在。但馬斯克幾乎沒有時間陷在他最近的公關災難。距離2018年第三季結束還有三週，時間在流逝。他還有23天拯救特斯拉。

　　三個月前，馬斯克爆衝似地取得驚人成就，達到一週生產5000輛Model 3的目標，但如果無法持續以同樣的速度製造車子，這個達標也沒什麼意義，更別提要把這些車子賣給客戶了。馬斯克曾許諾公司會有盈餘，在多次跳票後，他一心放在交車上。

　　到了8月，特斯拉可用的錢已到最低限度，只剩16.9 億美元，正好是公司可以持續營業的邊緣。在公司內部，馬斯克要求團隊在第三季要交出10萬輛車，相當於該公司2017年全年的銷售量。目前還不知弗里蒙工廠是否做得出來，尤其是很難在做好的車中挑出沒有缺陷的。最近的關注焦點是給車子上漆的塗裝區，塗裝區在今年初時曾被幾場大火燒毀。董事會成員格拉西亞

斯試圖找出解決方法，然後銷售團隊提高了紅色車子的價格，因為上紅色漆最麻煩。

在馬斯克的計畫中，他指望公司在9月最後幾週可以交出近60%的車。交車時間被仔細安排，好讓它們可以準時送到客戶手上，只要一交貨就可以標記「已售出」。運往東岸的車需要更長的交貨時間，所以必須排在本季早一點先做；賣到西海岸的車就等那些運往較遠市場的車子做好之後再製造。東西兩邊在季要結束前再進行協調，以便他們可以把收到的錢計入當季收入項目。這一套過程在公司內部稱為「推波」（wave），因為它就像掀起波浪一樣，一次把汽車分送給客戶。但這一次，交車的規模變得如此大、如此快，以致就如一股巨浪般威脅著要壓垮這家公司。

這種方式攸關公司的成敗──他們究竟能不能達到當季目標呢？只有在9月的最後幾天才能真正知道。

讓馬斯克更感壓力的是，美國證券交易委員會也別有居心，他們正在調查馬斯克說私有化資金已到位的聲明，所以也瞪大眼睛看著特斯拉本季的結果。當時也正值證交會的會計年度即將結束。就在馬斯克上完羅根的節目沒幾個小時，他的律師就去找了證交會，先探好潛在條件以避免訴訟。如果他們能談好條件達成和解，政府傾向在月底前就敲定結案，因為對特斯拉徵收到的任何罰款也可計入自己的年終總額。

去上羅根節目後，轉眼到了星期六，馬斯克把注意力放在交車上。他把他的行動辦公室從弗里蒙工廠搬到了兩英里外的特斯拉交車中心，每天晚上在辦公室與全美各地的經理通電話。在新創事業園區，弗里蒙交車中心就

如七年前布蘭肯希普一開始設立的任何門市一樣，但延伸的後端基本上是一條裝配線，一頭是客戶、另一頭是車輛。這裡也好，美國各地的交車中心也好，都是特斯拉當前困境的中心點。與2013年特斯拉試圖轉虧為盈時類似，造車只是問題的一半，他們必須用他們不習慣的規模交車。對於特斯拉來說，當2013年訂金沒有轉化為銷售額時，交車交到快崩潰的情形是一場驚嚇。這一次團隊早已預備好對抗這場交車地獄2.0。

然而這一次，他們面臨馬斯克自導自演的一場惡夢，因為他的選擇是一連串的不可能。喬恩・麥克尼爾在2月辭去總經理一職之前，他的團隊為了應付年底注定暴增的交車量一直在籌備著一項計畫。但這個計畫又貴、牽涉的範圍又大，需要花數億美元將交車任務整合到全球25個或30個大型的特斯拉區域中心。然而，當菲爾德和史特勞貝爾在2018年上半年努力提高產量時，馬斯克查看帳簿得出結論，特斯拉根本無法負擔銷售團隊的交車計畫。他告訴他們另想解決方案。於是麥克尼爾找來前新創企業創始人丹・金（Dan Kim）監管全球銷售，他改善了特斯拉的線上銷售流程，希望刺激更多人從網路或手機app直接下單，減少他們對門市的依賴。

特斯拉現在的品牌形象與2013年的形象已然不同。當年，它是一家新興車商，很多技術未經測試，要把Model S賣給一群心中並不確定的消費者，銷售上頗具挑戰性。然而在Model S成功後，這些擔憂在Model 3上就不明顯了。不過，客戶仍然需要一些幫助，特別是在汽車貸款或是舊車換新車方案等方面。金努力強化電話行銷中心，行銷中心的業務內勤團隊會主導把銷售案結案。特斯拉不會再犯Roadster和Model S的錯誤，不再假設訂金會自動轉

成銷售額。

2018年1月，凱爾‧杭特（Cayle Hunter）進入特斯拉工作，主管在拉斯維加斯新成立的業務內勤與交車部門，他們設址在離拉斯維加斯大道不遠的太陽城舊辦公室[38]。其他較小的團隊就安排在弗里蒙和紐約。他們的工作很明確：交車結案。目前已有50萬名消費者先付了1000美元可退還的訂金訂購Model 3，他們一一清查這50萬筆訂購人的清單。

杭特上任的前八個月裡，他成功地將部門的編制從35人增加到225人。起初，他們很輕鬆地找到住在弗里蒙工廠附近的買家，多半是很早就付訂、排隊排在很前面的買家。杭特的團隊發現，要確定他們真的會買車一點也不費力，他們問的問題不是**為什麼**要買，而是**什麼時候**可以拿到：Model 3什麼時候可以交車？他們不用推銷啊，杭特在最初幾個月裡自己這樣想著。他開始為2018年前兩個季訂出交車目標，訂出的數字令人敬畏，但這個數字逐漸減小 —— 因為越來越清楚的是，工廠無法生產足夠的車來滿足這些配額 —— 所以交車數字就變得越來越不可怕了。

然而到了夏天，事情發生變化。馬斯克有效地解開卡死弗里蒙工廠的緊箍咒，產量穩步增長。杭特部門的結案任務，從不費口舌或稍費口舌的順利交車，變成一場真正需要施展渾身解術的硬推銷。當他們打電話與訂購人確定後續時，越來越會在電話那頭發現阻力。

---

38 作者註：儘管馬斯克公開聲稱他會擴張太陽城的業務，但在太陽城於2016年被收購後，他幾乎沒有時間或資源來做太陽能相關生意。相反地，太陽能所剩業務的大部分現在都被用於幫助建造或交付 Model 3。

2016年Model 3新車發布成功，部分原因在於馬斯克說這部車的起售價為35,000美元。到了2018年8月，實際銷售價格與當初說的沒有差太多。最便宜的版本起售價為49,000美元，若要升級到豪華版，售價則為64,000美元左右。當業務部處理積壓的預購訂單時發現，很明顯，很多人會預定是因為打算買一輛**只要**35,000美元的車。對很多人來說，即使以這樣的價格買車，也已經很吃力了。

如果有人能接受漲價，此時杭特的團隊會和他們討論何不現在就擁有這輛車呢？不要再等了，要買一台35,000美元的車可能還要再等一年喔；並且從明年1月開始，7500美元聯邦稅收的購車抵免就會逐步取消，今年交車的車主還可以利用退稅方案。銷售人員努力把話題拉到買特斯拉之後的擁有成本比傳統汽車低很多，因為它不需要去加油站。這點經常奏效，但其實也不像早期那樣容易賣了。

在此期間，馬斯克告訴團隊，這時候就該利用那些願意出65,000美元高價買車的買家了。但願意出高價的人只有這麼多，到了明年初會更難，因為最熱情的客戶已經都買過車了。馬斯克表示，Model 3要是只賣35,000美元就毫無利潤可言，因為Model 3的造車成本，會讓公司每賣一部車就損失1000多美元。這就是特斯拉在第三季實現獲利的方式：將原本定位為「平價」的大眾車款包裝成有利潤更高的高級車款送入市場。

儘管銷售量有成長，但仍不清楚工廠是否能及時做出10萬輛車。就算做出來了，特斯拉也沒有那麼多空間放這些還未處理的庫存。團隊都知道即將有一場交車浪潮，便搜羅了一份4000名員工的名單，他們自願派往全國出貨

爆量的服務中心處理交車，但他們發現自己空有熱情卻無法行動，只能等批准。

在那一季初，馬斯克專注在泰國足球隊，且費心地想將特斯拉私有化，在一些高階主管看來，財務長雅胡亞似乎把準備交車需要的資源資金抓得越來越緊，這讓他們懷疑這一季真的會是特斯拉再次獲利的季嗎？還是這些「長」字輩的主管在玩某種伎倆，計畫在第四季一股氣累積銷售額。然而，馬斯克9月出現在弗里蒙交車中心，這表明交車結案是特斯拉現階段的首要任務。

但即使交車中心來了支援的幫手，每個中心也有一定數量的預購車主來現場取車。但不管如何，處理一次預約交車也要花一小時。所以，若以每天上班時間每小時都在交車、交了三個月一季來算，特斯拉在美國第三季可能會交出10萬個預定量。但問題來了，車子只會在本季的後半段才做好送到各中心，卻需要在送報告的最後一天前，把這些成千上萬的車交出完成結案。到處都停著Model 3，凡是他們能找到的地方都停著Model 3：停車場、鐵路旁的空地、購物中心。做空者開始注意到這一點，在社群媒體上發布照片，並推論，出問題的庫存車可能被隱藏起來了。

他們並沒有完全猜錯：很多車在交給客戶前都需要先修理。特斯拉在南加州瑪麗娜德雷（Marina del Rey）的重要交車中心就備感壓力，馬斯克深夜電話一通通，因為那裡的顧客已經開始在社群媒體上抱怨他們的車子出問題。馬斯克很不高興，他威脅說，如果再讓他聽到任何有關車子壞了的投訴，他就會把交車中心的人一個個開除。杭特的上司丹・金決定，在車體油

漆問題修復前他不會再送車出去，即使傑瑞米・吉倫衝著他問，他知不知道這樣做會花公司多少錢。金將工作人員部署到瑪麗娜德雷中心重做車身面板且修復掉漆，還雇了外部承包商一起幫忙做。

與工廠團隊不同，銷售與交車部門在那一年相對受到馬斯克的保護。但不再是了。馬斯克在他的行程表上排定每晚與全國各地的銷售負責人召開電話會議（主要出於他要求），但到了開會時間美國東岸已經深夜了；經理們壓力很大，而且命令往往隱含威脅 —— 如果不是隱含就是明確告訴你，只要失敗就給我走人。那年夏天，隨著馬斯克交車的進程持續加快，杭特接到一通這樣的電話。

拉斯維加斯上線了嗎？馬斯克問。他把問題丟給杭特，**你這邊今天預約來領車的有多少人？**這是杭特的重要時刻：他的團隊今天才安排了1700人在這幾天來開走他們的Model 3，這是創紀錄，他自豪地宣布了這項成就。

但馬斯克很不高興，他命令杭特第二天將交車數量提高到一倍以上，否則他就會接管。最重要的是，馬斯克說，他聽說杭特的團隊一直靠打電話的方式安排客戶預約取車，現在不准了。馬斯克說，沒有人喜歡打電話，會占用太多時間；你應該給客戶發訊息，那會更快。如果他再聽說明天有人打電話，杭特就會被解雇。

一陣恐慌襲上心頭，他的老婆孩子終於搬到拉斯維加斯和他相聚，他們剛才拆完箱子。現在馬斯克威脅要解雇他，如果他在24小時內沒有做到這項不可能做到的任務，他就要走了？銷售部門沒有數百部公務手機讓他的團隊發訊息，公司又不希望員工使用自己的個人手機。特斯拉老早已建立一套系

統追蹤員工和客戶的互動，避免中間傳訊失誤，並確保銷售端的員工真的有跟進銷售。現在逼得杭特不得不想辦法。

一夜之間，杭特和其他經理東拼西湊想出一個解決方案，使用通訊軟體，讓員工從電腦發訊息。車子買賣有大量文件需要最後確定完成簽名，他們不再帶著客人一起看了。如果馬斯克的目標只是讓人們排隊取車，這就是他們要達到的目標，只要安排時間讓客人來取貨就好。例如：**你可以在週五下午4點來取你的新車Model 3嗎？**通常杭特甚至沒有等客戶回覆訊息就將客戶排入提貨名單，如果客戶沒有辦法來，他就會跟他們說，這個季排隊取車的位置就會換人。當一輛Model 3 作為交換，客人會變得更有動力去填寫賣車所需要的個人資料。杭特的團隊告訴客戶必須在交車前48小時內完成所有手續。

交車團隊開始拿著客戶清單比賽，全美各地特斯拉交車中心都可隨機取貨。到了隔天下午6點，他們已經完成5000人的預約交車。杭特召集團隊感謝他們辛勞相挺，他強忍淚水。他並沒有告訴他們自己可能會被開除，他的團隊只知道安排大量交車非常重要。那天晚上，杭特在電話會議上向馬斯克報告結果。

「哇！」馬斯克說。

這是一個重大突破，一些高階主管將這次的成功視為本季的決定性時刻。但沒有時間慶祝，他們繼續前進到下一場火災。因為交車中心被擠爆了，馬斯克希望把Model 3直接送到客戶家。特斯拉開發了遠端完成銷售的系統，這是特斯拉受限德州等地法律規定的賣車方法。在德州等地的特許經

銷商贏得勝利，不准特斯拉的門市賣車，所以到「藝廊」參觀的顧客會被引導到電腦前登入公司網站買車，再由拉斯維加斯或其他地方的銷售人員跟進完成交易。交易附有一包需要「親筆簽名」的文件，這些文件連同快遞信封一起寄到客戶家，並指示要在兩天內附上支票寄回，然後這些車會從加州南部運到德州進行交車。隨著速度變得越來越瘋狂，杭特開始把一些還沒售出的車也運到德州，因為他賭這些車會在運貨卡車越過德州邊界前，就有買家會把支票寄到。如果時機不對，杭特必須支付車子運回來重新交車的運費。

到目前為止，只有一小部分車是這樣直接交車的。但現在馬斯克希望在第三季用這種方法交出20,000輛車。從理論上講，它可以省去配送到交車中心的費用；但若真要這麼做，就需要一大群人親自將車運給客戶，他們還沒有準備好進行20,000次的送貨到府服務。

丹·金曾力圖改善網路購買流程，詢問那些曾在亞馬遜和Uber工作過的銷售人員，因為在追蹤包裹和聘雇零工方面，這兩家公司具有專業知識。馬斯克希望用來運車的卡車是廂型貨車，金和設計長霍爾茲豪森擠在一起發想這部貨車要長成什麼樣子，結果發現製作成本太高又需要太多時間。所以金向馬斯克提議，送車司機只需將車子開到買家家中交付鑰匙，然後再打電話給Uber或Lyft，搭Uber回辦公室就好了。但是送貨上門在汽車業界不太尋常，這個提議對一些買家來說反而有疑慮。

還有其他加快交車速度的辦法。金認為，與其花一小時向每位顧客介紹特斯拉車主將擁有的全新功能，倒不如讓送車司機只花五分鐘跟客戶說詳情請看特斯拉教學影片就好。一些送車司機希望快點回去，還會在沒到客戶門

口前就先叫Uber或Lyft，這是節省時間的聰明點子 —— 除非在他還沒到車主家門前，叫來的Uber司機已經先敲了焦急等待的車主大門。

當他們衝到季末時，很明顯，特斯拉無法預測需要多少輛運貨卡車才能將越來越多的車運到交車中心。負責托運的第三方公司沒有空間讓特斯拉放車。但是主管們假設只要車子下線，他們就可以不斷增加出貨量。

在某個晚上的電話會議中，最近才被聘為客戶體驗和營運主管的凱特・皮爾森（Kate Pearson）上線說話。她有13年負責供應鏈的經驗，曾經主管過美國陸軍國民警衛隊的後勤補給，也曾擔任零售龍頭沃爾瑪的副總裁，負責電子商務的零售業務，最近才跳槽到特斯拉。她在營運方面經驗豐富，她查看數字，對馬斯克說，這是壞消息。特斯拉無法實現本季交出10萬台車的目標，依照他們的速度，只能交8萬台。

馬斯克不接受。他說一定要交車10萬輛。沒有幾天，皮爾森就被趕下台了。馬斯克在與銷售主管進行的夜間電話會議上說，趕皮爾森走不是因為她沒有拍馬屁，而是因為她「根本無法執行」。事實上，皮爾森給了一個他不想聽的答案。他想聽到：**我們會盡力而為**。主管們已經習慣不再告訴他未經修飾的真相。

還有一次，一位資深銷售經理在做了近兩年後受夠了，他說他要辭職。這個消息傳到財務長雅胡亞的耳中，他不想失去這位銷售經理，一直努力慰留他。但是馬斯克的反應卻極端相反：他憤怒。他跑去弗里蒙交車中心，向前逼近經理，居高臨下對著他大罵髒話，叫他快滾。據一位旁觀者說，馬斯克大喊：「我不希望這裡有人居然要在這麼重要的時刻放棄我。」馬斯克

一路罵一路追，跟他進了停車場。這場景醜陋不堪，卻活生生在眾人面前上演，以致到最後董事會覺得有必要進行調查，因為有人指控馬斯克對這位經理動手動腳，一直推他。

對員工施加暴力這條指控，就加到馬斯克的告訴清單裡了。當時馬斯克的律師正忙著與美國證交會談判協商，而馬斯克並沒有讓協商任務變得容易。本來雙方覺得已在9月26日下午達成初步協議，證交會還打算在第二天就會宣布調查結果。不過第二天一大早，馬斯克的律師打電話給證交會表示，馬斯克改變主意了：協議取消了，因為他擔心和解也許會影響他替SpaceX開發債務市場的能力。

美國證交會驚呆了，連忙趕到法院。股市收盤後，他們提起訴訟，正式宣布馬斯克誤導投資者，在他宣布特斯拉要下市時，資金並沒有到位。證交會的律師要求法官再一次禁止馬斯克經營上市公司，讓他一輩子從特斯拉的領導層中消失。這次告訴標誌著戲劇性的轉變，令投資者感到驚訝，當然也讓財經批評者感到高興。證交會宣布要告馬斯克後，特斯拉的股價下跌12%，做空者在帳面上就賺到了14億美元的利潤。

華爾街分析師開始思考沒有馬斯克的特斯拉，並高度懷疑交易價格可能被馬斯克抬高了。也有人想知道，如果沒有馬斯克的願景，金主是否還會如此興奮地繼續借錢給特斯拉。

然而，美國證交會這一吵，情況反而對馬斯克有利。他知道，一旦特斯拉倒閉了，美國證交會也不會多好過，兩邊受的傷一樣大；證交會對一家公司進行懲處，股東也會受傷；廣大股民受傷了，最後就傷到了美國證交會，

他們也不敢使出全力。基於這個原因，許多密切觀察家懷疑，證交會應該不會執行禁令，他們想要的只是讓馬斯克受到控制，實施新的保障措施，防止他在未來要特技。

馬斯克的律師當天花了一整晚試圖改變馬斯克拒絕和解的想法，甚至動員投資名流馬克・庫班（Mark Cuban）來勸他和解。馬克・庫班是美國職籃德州達拉斯獨行俠隊（Mavericks）的老闆，這位億萬富翁在被指控內線交易後，與美國證交會進行了長達五年的公開鬥爭。就像Showtimes影集《金融戰爭》（Billions）中演的，庫班向陷入困境的執行長提供建議，警告他如果堅持己見，他將面臨長達數年的戰鬥，只會傷痕累累。與證交會和解，才不會像法庭爭吵那樣具有破壞性。

馬斯克很矛盾。他認為他與沙烏地阿拉伯人有口頭協議，而美國證交會認為口頭說好不夠，交易需要書面協議和書面固定價格。但馬斯克覺得和中東做生意原則上都基於口頭協議，此外馬斯克相信可以用他擁有的SpaceX股份來領導特斯拉下市，現在光是SpaceX就值數十億美元了。

但到頭來，馬斯克還是識時務的，特別是他也沒什麼選擇。他的律師週五早上聯繫證交會，詢問他們是否可以重新考慮之前的交易。

現在證交會占上風，就看怎麼談了。

時間過去，第三季快結束了，特斯拉離譜的銷售目標似乎遙不可及，馬斯克在推特上發出不尋常的呼救，他要求他的忠實客戶：**請協助我們交車。**

特斯拉的長期擁有者邦妮・諾曼已經從職場退休，現在住在奧勒岡州

養老，她站出來接受挑戰。她希望看到特斯拉成功，她出現在波特蘭交車中心；鐵粉們紛紛出現在各地的特斯拉中心。他們負責的工作是教新客戶如何操作新車，並解釋有了特斯拉之後的生活，這樣可讓給薪員工騰出時間來處理繁雜的文書工作。馬斯克和新女友克萊兒‧布歇（音樂人格萊姆斯）出現在弗里蒙的交車中心一起幫忙，董事會成員格拉西亞斯也來了，弟弟金博爾出現在科羅拉多州博爾德的門市。這確實是一個全員參與的時刻，一位經理回憶說，在親朋好友簇擁下，馬斯克似乎非常開心，「這就像一場盛大的家庭活動……他喜歡這樣 —— 他喜歡別人忠心耿耿。」

此時最需要這樣的支持。從美國證交會的祭壇上逃開後，馬斯克的律師又回來和證交會談和解。他們最後同意了美國證交會的新條款：馬斯克可以繼續擔任執行長，但必須辭去特斯拉董事長，並且放棄董事長職位三年而非原來談好的兩年。馬斯克個人必須支付2000萬美元的罰款，比第一次和解談的價碼多1000萬。而特斯拉公司也必須支付2000萬美元的罰款，並同意在董事會任命兩名新董事。特斯拉還必須制定一套計畫來監控馬斯克的公開言論，未經事先批准，馬斯克不得在推特上發布重要信息。不能再出現未經律師事先查看的「資金已到位」這種訊息了。

在各方同意下，證交會在9月29日星期六宣布了這一消息，在和解宣布後的第一個交易日，整個華爾街都聽到投資者鬆了一口氣。當天特斯拉股價飆升17%，在特斯拉年度股價走勢的巨大波動中，這天出現了單日最大漲幅。（讓馬斯克高興的是，這天做空者在帳面上的損失大約有15億美元。）

特斯拉已準備好本季的最終報告，它把交車結果做成表格，結果很

接近，交車量達到83,500輛。這個紀錄超出華爾街的預期，但比內部目標100,000台低15%。（這也非常接近客戶體驗主管皮爾森的估計，但她因為直接說出這個想法而遭開除。）還有將近12,000輛車在運送給客戶的途中發生問題，錯過了第三季的最後期限。

雖然沒有達到馬斯克的目標，仍然是一項巨大成就。這也足以讓公司有獲利——一來因為交出的車中有很多是高價車款，在杭特團隊告知要漲價後，很多訂單都變成豪華配備；二來則因為財務長雅胡亞一直努力推遲供應商的付款。特斯拉的應付帳款（也就是它欠供應商和其他人的錢）比第二季增長20%，比去年同期增加50%。

事實上，特斯拉是因為供應商的支持才讓數字變漂亮的，這是大型車商多年來一直慣用的伎倆，雖是新實力的表徵，但做得一點也不漂亮。但是，當10月公司公布最終數字時，漂亮的數字對投資者來說是一場勝利：3.12億美元的利潤。這是該公司有史以來最大的一次獲利，這讓一直預測虧損的華爾街分析師無不驚訝。如此走勢一直持續到第四季，也讓特斯拉能夠在1月份報告中，出現第一個連續盈利期。馬斯克在投資者和分析師的電話會議上，對未來一年充滿信心，表示他預計將在2019年前三個月以及「未來所有季」實現小額利潤。特斯拉上市八年了，八年多走來，投資者終於看到藍天，這片天是馬斯克不斷許諾、一次又一次跟支持者說會出現的好日子。

幾個月來，馬斯克一直痴迷於Model 3的定價選項，他在網頁上微調了一些東西，就好像他在調完美的雞尾酒一樣。小型房車Model 3的買家狀況

與豪華轎車Model S的買家不同。首先是價格，依據客戶挑選的配備，Model 3的價格通常比豪華轎車低數萬美元。其次，是生活層面上問題，Model 3的車主通常依賴這輛車作為日常用車。他們買車需要融資貸款，也需要用舊車換新車。為了避免請更多的銷售人員，馬斯克指示丹·金開發更容易使用的線上配備設置器（也就是挑選客製化購買選項的工具），配置器應該設計得更接近一站式購物，一次把車子需要的東西配好買齊。

馬斯克也要丹·金建立一個送貨到府的團隊。據知情人士透露，雖然在第三季馬斯克希望的直接送車到家的交車模式沒有達標，只有不到20%的人選擇直接到府交車，但在第四季做到了。這一切的措施都是為了減少開支，馬斯克一心想讓特斯拉有盈餘，他開始大聲嚷嚷說，他想把所有直營店都關掉。

在公司內部，馬斯克警告經理們「黑暗冬天」到了，逼他們削減成本，盡可能提高產量。他告訴執行經理們，特斯拉需要更大的生產規模。他對支出如此關心的原因是銷售團隊發現訂購放緩了，2019年第一季Model 3的訂單不夠理想。這主要還拜特斯拉的成功所賜，美國聯邦政府原本補助購買全電動車的稅收抵免將從2019年1月1日開始逐步取消，抵扣額度從7500美元降至3750 美元，年中會變成1875美元，到年底會全部取消。事實上，Model 3已經很貴了，還幾乎每隔六個月就會調漲一次，但現在正是需要它更便宜的時候。

在2018年的最後三個月，杭特的拉斯維加斯銷售團隊將剩下只付訂金的客戶轉變為買家，實現了另一個創紀錄的季度交付量。但隨著時間過去，

結案越來越難，有興趣吃下高價車款的買家越來越少，越來越多的客戶堅持只要35,000美元版本的車。他的團隊都在期待年底休假，之後很多人就不來了。其中有些人是因為達成目標，但也已經到忍無可忍的盡頭了；還有很多人就被裁員了，包括杭特本人。因為馬斯克要節省成本，把Model 3帶到歐洲和中國去賣，那裡還找得到愛嘗鮮的早期購買者，願意買單Model 3的豪華版。

對特斯拉來說，這是變革的時代。特斯拉律師陶德・馬龍，就是辦馬斯克第一次離婚的律師，準備冒險創業；財務長雅胡亞再次離開；史特勞貝爾還在撐，他還沒有放棄戰鬥，但也已經筋疲力盡，需要好好休假。

作為和證交會和解條件的一部分，特斯拉董事會增加了兩名新成員，包括長期投資特斯拉的甲骨文聯合創始人賴瑞・艾里森，以及曾幫特斯拉完成太陽城收購案以及讓私有化流產的蘿賓・丹賀姆。丹賀姆將從馬斯克手中接過董事長一職，不過每個人都清楚，無論有沒有董事長的頭銜，掌權的就是馬斯克。他忍不住在推特上指出，他已經從公司網站上把自己的頭銜拿掉了。「我現在是特斯拉的隱形人，目前看來還不錯。」他接受哥倫比亞廣播公司（CBS）的新聞節目《60分鐘》的專訪，對話中他對美國證交會表露出完全的鄙視，他說沒有人定期審查他的社群媒體狀況。「明確的說，」他說，「我看不起證交會」—— 他在推特嘲笑證交會是「做空者致富委員會」。

曾有人想過，也許丹賀姆可以管管馬斯克，但這個問題很快就消失了。首先，董事會對他在交車中心對經理動手動腳的行為調查沒下文了。然後，

在2018年底，馬斯克在特斯拉設計中心展示小型SUV Model Y，他認為這款車最後會超過Model 3，此時的丹賀姆呢？可以看到她正站在前排與車迷、顧客擠在一起為馬斯克吶喊加油。後來丹賀姆被問道如何看待馬斯克使用推特的情況，她告訴記者：「在我看來，他明智地使用它。」

聯邦政府的稅收抵免就要到期，為了抵消它帶來的價格上漲，特斯拉決定把所有車輛的價格都降低。Model 3的起售價從46,000美元降到44,000美元（儘管距離35,000美元還有很長的路要走）。如果特斯拉認為此舉會安撫投資者，那就猜錯了，投資者將此舉解讀為需求放緩的跡象。對於生意做得越來越大，卻無法把成本壓下來的公司來說，這是惡兆。宣布降價的那天，股價下跌了近7%。

馬斯克在1月用一種令人放心的語氣告訴投資者，人們對這款車的興趣很高。「這款車是負擔得起的，但人們真的沒有錢買車了，這與欲望無關，只是因為他們的銀行帳戶已經沒有足夠的錢了。如果可以讓車子變得更實惠，需求量一定更加可觀。」為了進一步消除擔憂，馬斯克在推特上慶祝Model 3裝上船，首次發往歐洲。他指出，特斯拉「將在2019年生產大約50萬輛〔車〕」，幾小時後又出現了另一則推文，表示他的意思是**年化生產率**為50萬輛，但預計今年的總交付量仍然是40萬輛。

這就是在打嘴砲，毫無根據隨便亂說，這就是他與證交會達成協議避免發送的那種訊息。監管機構已經在懷疑他是否認真對待協議，尤其是當他在《60分鐘》作秀之後。在他發布最新推文的第二天，監管單位詢問特斯拉

是否有律師先看過馬斯克的宣布。毫不奇怪，答案是否定的。特斯拉團隊表示，只有在這條推文發布後，律師才幫馬斯克寫了澄清推文。馬斯克爭辯說，他認為他不需要得到預先批准，因為他只是在重複過去的陳述。證交會不買帳，到了2月底，他們要求法官以藐視約定違反協議的罪名約束他。

這齣戲還沒有結束，又開始有2018年夏天的感覺了。幾天後，馬斯克宣布，為了削減成本，特斯拉將關閉大部分的門市，好讓Model 3賣35,000美元的承諾能夠實現。所有交易幾乎都轉向網路訂購，他說，這是他長期以來一直抱持的夢想，但基於團隊反對，他們認為對初次接觸者銷售電動車有與生俱來的挑戰，這個夢想才因此被延遲。

理論上來講，這似乎是削減成本的簡單方法。而實際上，特斯拉在全球租了數百個門市，總共要付16億美元租金，大部分款項都會在未來幾年內到期，它不能只是關部分門市來省錢。房地產投資公司陶布曼中心的執行長羅伯特‧陶布曼（Robert Taubman）在幾天後的一次會議中表示，特斯拉「是一家資產負債表上會欠房東很多錢的公司」。特斯拉有八家門市屬於陶布曼的物業，包括那家在丹佛的門市。

多年來，投資者會原諒馬斯克令人頭痛的可笑行為，很大原因是特斯拉持續表現出令人印象深刻的成長（即使在此過程中，它一直在吃錢）。到了4月，投資人的忍耐幾乎達到極限，對特斯拉的幻想跌落谷底。

特斯拉報告它的銷售崩盤，與上一季相比，今年前三個月的交車量下降了31%，原因是已經很難找到美國買家，只能盡速讓Model 3進入歐洲和中國市場彌補損失。到4月中旬，特斯拉悄悄收回Model 3起售價為35,000美元

的承諾，把39,500美元列為最低價格，但聲稱**可以**提供不在價目表上35,000美元的車——但前提是客戶必須親自前往或致電門市洽詢，但門市可能會開，也可能不會開。它將在本月結束時發布最大的季虧損，且警告說，第二季也將出現虧損。但日日是好日，還會有藍天。

馬斯克只要公司再撐久一點就好，Model 3進歐洲了，會以一種熟悉的方式支援特斯拉的業績，正如特斯拉在2013年得到的首次季盈利，也是因為賣管制積分給無法達到加州汽車排放標準的對手。特斯拉在歐洲的主管也正與飛雅特克萊斯勒汽車集團悄悄協議，讓克萊斯勒買特斯拉的碳排放額度，如此，嚴重違反歐盟碳排放要求的克萊斯勒也能免於罰款。這筆交易將於2019年春天宣布，克萊斯勒購買的額度超過20億美元，分數年支付。在特斯拉最需要的時候，克萊斯勒將純利撒在特斯拉的帳上。馬斯克安慰說，還有中國，特斯拉中國廠有望在那年年底開始生產。

儘管如此，他在與分析師的電話會議上承認對許多人來說都是明顯可見的事：特斯拉需要籌集更多資金。

這家車商走得跟跟蹌蹌。短短的幾週內，它已經從賺錢變成不賺錢，還要將獲利寄予遙遠的未來。這家汽車製造商總在處理不必要的麻煩、收拾自己造成的爛攤子，而且又再次陷入快沒錢的境地。到最後，華爾街失去耐性。特斯拉股價有如自由落體，6月份跌至每股178.97美元的新低點，是年初價值的一半。做空者的賭注終於得到了回報，上半年的帳面利潤估計超過50億美元（幾乎與2016年至2018年的損失一樣多）。

就連最先看好特斯拉潛力的摩根士丹利分析師亞當．喬納斯似乎也厭倦

了馬斯克。在與投資者的私人電話會議中，喬納斯警告說，特斯拉不再是一個增值的故事，而是「信貸還不出、公司將重組」的故事。換句話說，特斯拉可能正醞釀破產。它債務激增至100億美元左右，部分原因是幾年前收購太陽城。特斯拉可以一直保持美味可口，只要它繼續成長賺錢，只要它能保持與投資者的聯繫，但現在這些都已受到質疑。他警告說，它需要籌集大量資金，或者「尋求戰略替代方案」，也就是與銀行家協商出售或合併。在那一週，特斯拉有四分之三的股票流向了做空者。它的債券價格每1美元已跌到85.75美分，意思是債務持有人擔心可能無法從陷入困境的汽車製造商那裡收回資金。

最糟糕的是，馬斯克寄望中國拯救特斯拉的計畫似乎來得太晚，因為中國的新車銷量自1990年以來於2019年首次下降，而且中美兩國間的關係變得更加冷淡。特斯拉這樣跌跌撞撞的，是否還能跑完這場馬拉松賽？是否能擊敗競爭對手和批評者？現在終點線仿若已在眼前，但特斯拉卻崩潰了？

或者正如喬納斯所說：「要依賴中國，難道有比現在更糟的時機嗎？」

28

紅色狂潮
Red Tidings

2019年1月一個寒冷的日子，馬斯克站在上海郊外一片爛泥地中。他身著西裝、外罩大衣，在大學同學任宇翔的陪同下和上海市長應勇舉行了奠基儀式。特斯拉將在這裡建立第二家裝配廠，這是這家公司首度踏出弗里蒙，初次嘗試在外地造廠做車。三人對著鏡頭微笑，拍出一張將會流傳全世界的照片。這一刻代表著中國的勝利，也是特斯拉的勝利。

然而特斯拉正在斷崖邊，它有風險，短命夭折的風險。Model 3如今上市了，上路奔馳了，不再只是一些矽谷夢想家的幻想。馬斯克在他的「不滿之夏」[39]不斷遭遇挫折，但這些挫折很多都是自找的。儘管如此，特斯拉還

---

39 譯註：作者將馬斯克的處境比做「不滿之夏」，這個典故起自英國的「不滿之冬」。1978年冬天英國工黨因政策錯誤，讓原本浮動不滿的英國更加動盪，而工黨領袖卡拉漢更傲慢認為「沒有危機」只是「不滿之冬」，為分崩離析的英國下註腳，更喻示數月後大敗之象。而卡拉漢說的「不滿之冬」原句引自莎士比亞的《理查三世》，又是一層變態暴君、迅速滅亡的隱喻。

是希望能長期獲利，只是馬斯克並沒有達成這項任務。他還未能讓Model 3成為一款能活得下來、能長大的車。為此，他需要規模，有規模才能降低成本。為了達到規模，他需要錢 —— 很多錢，這一切都讓他指向一個地方：中國。

在推特上，馬斯克承諾上海工廠的初步建設將在夏季完成，到了年底會開始生產Model 3。對於特斯拉的觀察者來說，它引發習慣性的翻白眼：又替一個看似不可能實現的目標訂了一個完全不切實際的時間表。這只是因為特斯拉在2018年惹了一堆麻煩後想重新站穩，為了刺激一股漲勢，才放出的最新消息。

但那年春天逃離這家公司的投資者並未完全理解（或者拒絕相信）特斯拉多年來在背後醞釀的大事。

一開始就是誰來領導的問題。馬斯克知道，如果他要實現他的全球野心，他需要找對幫手。必須是個他可以信任的人，一個知道他的想法並且可以在世界另一端代表他的人。馬斯克不可能動不動就飛到世界的那一頭，只為捲起袖子苦幹一晚上的工程，或在工廠廠區露營個幾天等一條裝配線整頓好。為了找到合適的人選，馬斯克回到大學時代。

馬斯克曾說過一個故事（起碼他是這樣跟高階主管說的），他說：當他還在念賓州大學，得知他的物理學不是班上第一名時很沮喪。他跑去問教授並抱怨：有誰能比他更好？答案：Robin Ren，來自上海的學生任宇翔。馬斯克去找他的學術對手比劃工夫，卻立刻知道任宇翔不僅可做全班第一名，還一直是全中國最頂尖的物理學生，以資優成績贏得當時難得來美國學習的

機會。兩個異鄉人很快成為好朋友，甚至畢業後還結伴去加州，當時馬斯克還認為自己會去史丹佛大學念書，但沒想到就去創業了。馬斯克往自己的人生道路前進，任宇翔在史丹佛大學攻讀電氣工程碩士，畢業後在雅虎開始職業生涯，然後去了戴爾電腦，最後晉升為戴爾子公司、快閃記憶儲存平台XtremeIO的技術長。他值得信賴，並且有合適的經驗。如果馬斯克代表了魯莽，任宇翔就是謹慎的那方。2015年特斯拉在中國遭遇災難性轉折後，馬斯克需要有人幫忙他重新開展中國業務，他找了任宇翔掌舵。

　　一切都在幕後進行，任宇翔與當時的銷售主管喬恩‧麥克尼爾（於2018年離職）開始著手進行特斯拉最緊迫的任務之一：獲得在中國建造裝配廠的許可。他們受到上海熱烈歡迎，上海非常希望再找一家汽車製造商加入。但中國法律規定特斯拉必須找一個當地的商業夥伴合資，但非常典型地，馬斯克不會讓步。

　　幸運的是，任宇翔承接了兩位很有經驗的經理人，讓他既能處理基礎建設，也能顧及政府溝通。一位是朱曉彤，他擁有杜克大學MBA學位，在非洲負責蓋過兩個大型基礎建設，之後受聘於特斯拉打造中國的超級充電站網絡，目前負責監管新裝配廠的設廠事宜。另一位則是負責處理政府關係的陶琳，陶琳曾是中央電視台記者，在北京政商圈很出名，是特斯拉與中國官方的疏通關鍵。據一位知情人士透露，陶琳的家世背景可直通黨部，非常了解如何在政府各權力派系間穿梭打點、借力使力。在特斯拉，她掛起一張大型組織架構圖，追蹤中央政府上層高官和重點省分的高層領導。彭博社《美國商業週刊》曾有過報導，引用一位不具名員工的談話，陶琳聲稱她可以通

過中間人向習近平主席傳話，「這在中國是天大的事」（特斯拉否認了這一說法）。然而，同事們對她的影響力無不驚訝。「葛麗絲（陶琳）做事真的都很順利，」一位同事說：「她完全摸清楚該如何與官方打交道。」也因如此，馬斯克日漸醒目的公眾形象在中國也沒有負面影響。

馬斯克在2016年的北京之行，曾與同事受困在北京擁擠的車陣中，他開始大發議論暢談解決城市交通壅塞的必要性。他提出在城市地下挖隧道的構想。這就是他出名的發想時刻：他的頭會向上抬，雙眼似乎直通雲端下載內容。他會這樣開始：「如果我們……」[40]，接下來可能是個瘋狂的突發奇想，很快就被遺忘了。或者，這想法可能演變成艱鉅的任務，會吞噬掉一些專案執行者多年的人生。正是這種無極限的想法讓他來中國做生意，也再次讓他認真討論該如何不走合資企業的路進入中國（多年來，律師團隊總告訴他這個想法是不可行的）。

然而到了2017 年，前景看來更加光明。根據參與談判和計畫的知情人士表示，那年夏末談成了允許特斯拉建廠的協議，中國人問他們是否可以很快宣布，不知秋天可否，那時正逢中美貿易關係緊張，美國總統川普會在那時訪問中國。但馬斯克表示，2017年秋天還無法前進中國。由於Model 3的生產陷入困境，特斯拉沒有錢建廠。其中一位知情人士表示，馬斯克希望在未來再宣布這一消息。

---

40 作者註：到年底，馬斯克在推特上發布了一個類似的想法，預示他要開另一家公司「無聊公司」（Boring Co．boring另一個意思是鑽孔）。他寫道：「交通堵塞讓我發瘋，我打算建造一台隧道鑽孔機，然後開始挖掘……」，然後又有一條信息：「我是真的要這麼做。」

然後事情拖到2018年，人們開始懷疑了，畢竟沒有與當地企業合作，特斯拉是否還能在中國達成建廠的野心。擔憂加劇的同時恰逢美中貿易談判，此時特斯拉終於宣布在中國設廠，這也讓中國看起來對與美國企業的合作更顯開放 —— 至少時機合宜。

最後商議條件對特斯拉來說是慷慨的 —— 在某些方面甚至比在內華達州談到的條件還要好。特斯拉同意就建廠計畫投資約20億美元，中國超級工廠將坐落在上海授權的214英畝土地上。另外，特斯拉還從有官方背景的中國銀行貸到12.6億美元的優惠貸款，除了這筆用來建造工廠的錢，中國銀行還出借3.15億美元給特斯拉支付勞動力和零部件費用。換句話說，特斯拉有機會在中國造廠，而且用的都是中國人自己的錢。

條件給得這麼好，那是因為中國需要特斯拉就像特斯拉需要中國一樣。中國非常希望開發電動車市場，要刺激車業的競爭對手，還有什麼比讓特斯拉進來更好的方法？中國汽車市場一直蓬勃發展，通用汽車在2018年有近40%的汽車銷往它的最大市場，也就是中國；福斯汽車高度依賴中國買家。而中國的汽車碳排放法規正往更嚴厲緊縮的方向走，這一事實迫使全球汽車巨頭加快速度為電動車的未來做準備。

這股熱潮勢不可擋，即便車業龍頭過去的電動車產品走得跌跌撞撞、持續衰退 —— 特別是與特斯拉的產品相比。通用汽車宣布要淘汰雪佛蘭Volt插電式混合動力車，2018年這款車在美國銷售不佳，總銷量賣不到19,000輛。通用汽車的全電動車Bolt的表現更差，儘管它有進步，但與Model 3相比就顯得遜色許多。

但是這些汽車製造商已經從錯誤中汲取教訓，他們正在加倍下注。通用汽車和福斯汽車都將重金投資在發展純電動車上，混合動力汽車及汽油動力車的開發減少，默認了特斯拉的戰略一直是正確的。福斯汽車計畫到2030年，電動車會占銷售總額的五分之二；通用汽車計畫到2023年至少會推出20款電動車型。兩家公司都爭先恐後地確保鋰電池供貨暢通。通用汽車與韓國LG化學合作，投資了23億美元在俄亥俄州建造一家大型電池工廠，規模類似特斯拉的超級工廠。福斯汽車與一家瑞典的新創公司已談好要投資10億美元，這家新創公司的創立人就是原來特斯拉在斯帕克斯建造超級工廠時的高階主管，他們也計畫在瑞典建自己的電池廠。

汽車未來的集體願景就是馬斯克對未來車業的願景，這一點越來越清楚。就算德國記者起哄慫恿，福斯汽車執行長赫伯特‧迪斯（Herbert Diess）都無法貶低他的競爭對手。「特斯拉不是只以小眾為利基的車廠，」執行長說：「我們非常尊重特斯拉，它是我們非常重視的競爭對手。」

馬斯克執著於**公平**的概念。雖然他做事從不在意別人是否覺得公平，但只要他自己覺得受到不公平待遇，沒有什麼比這件事更會讓他走上戰爭之路。他的不滿清單很長，上面有馬丁‧艾伯哈德、設計師亨利克‧費斯克、媒體，以及最近的美國證交會。他在2018年9月與證交會達成協議，目的在避免長期法庭抗爭反而對他有害，但他最近的口頭挑釁無疑是多生事端，美國證交會威脅要以藐視協議辦他。

根據那些與他在法律事務上打交道的人說，馬斯克因為在南非長大，

美國法院制度在他心中有著不一樣的位置。他似乎過於自信地認為法官會站他的角度看事情。在最近這場官司中，他抗辯說，他與美國證交會是簽了協議書，但他覺得裡面內容是允許他發布關於生產數量的推文，此外，美國憲法保護他公開發言的權力。他辯稱，美國證交會試圖壓制他的言論自由，但這些論點似乎忽略了他已經簽了協議，而協議內容正是不讓他發那種自找麻煩、令人困惑的推文。馬斯克已經練就了一身本領，可以把事情說得好像投資者會把它當成**公司既定目標**，同時又把**願景**說得模擬兩可而給自己留下迴旋餘地。

那年春天，在曼哈頓的法庭上，馬斯克對法院制度的信念得到了回報。美國聯邦法官艾莉森·內森（Alison Nathan）批評政府律師太急著用藐視的罪名辦他，暗示協議內容規範不精準。她告訴雙方「穿上他們的理性褲子」。馬斯克離開法院面對一大群記者時，無法抑制自己的喜悅，告訴記者，他「對結果非常滿意」[41]。到了月底，雙方列出一份更詳細的清單，列出到底有哪些事項是馬斯克在發推文之前必須獲得許可的，藉以解決認知分歧。更重要的是烏雲飄散了，他現在可以專注在真正的戰鬥。

如果未來越來越來站在特斯拉那一邊，那麼現在的情勢如何就還不太確

---

41 作者註：馬斯克在法庭上的好運在2019年底依然繼續，陪審團清除對他的誹謗指控，也就是在2018年，他暗示昂斯沃斯是戀童癖的這一齣難看的推特事件。昂斯沃斯法律團隊由律師林·伍德（Lin Wood）主導，他將此樁案子描述為億萬富翁利用他的權勢傷害他們的客戶，而馬斯克這邊的律師則將馬斯克的評論說成他只是在開玩笑嘲諷而已。

定。經過2019年前幾個月的艱難洗禮後，到了6月開公司股東大會，一群投資者群聚台下等著會議召開，和技術長史特勞貝爾一起站在後台的馬斯克突然卻步了。但他的卻步是可以理解的。股東大會在山景城的電腦歷史博物館舉行，正常來講這是一場熱鬧的歡慶活動，實際上就像家庭聚會。相對於福特汽車傾向以虛擬方式召開年度會議，並希望越少人關注越好，特斯拉不一樣，它會為散戶和長期擁有者安排一場派對讓他們盡情歡呼吶喊，他們從早期就開始支持特斯拉，期待特斯拉的未來。多年來，馬斯克一直利用這個場合透露未來可能推出的產品。

但這一次不同了。他即將宣布的是史特勞貝爾要離開了 —— 史特勞貝爾在特斯拉的眾多成功中發揮了關鍵作用，基本上他整個人生的成年時期都在特斯拉度過，在特斯拉找到老婆，有一對年輕的雙胞胎，但他要走了。

共事15年下來，他們的關係變得越來越緊張，尤其是特斯拉在超級工廠上運作混亂，無論啟動也好、營運也好，麻煩不斷[42]。馬斯克一如既往地苛刻，要求完美。2018年底，史特勞貝爾選擇離開工作崗位，展開必要休息，假期讓他重新思考未來。在他與特斯拉合作期間，他促進鋰電池驅動汽車的願景，讓電池驅動從危險的新奇事物變成全球車業的未來。他在內華達州削減電池成本的計畫似乎已經奏效，即使它起步混亂。據專業人士分析，

---

42 作者註：兩人都強調他們關係依然很好。「如果我能讓時光倒流，我應該按照最初的計畫和史特勞貝爾創辦特斯拉，而不是與艾伯哈德、塔本寧、萊特這些人合作。無論如何，最後剩下來的人只有史特勞貝爾和我，但那是經歷了一連串幾乎害死公司的痛苦戲劇之後，」馬斯克說：「我犯的錯誤是我愛把蛋糕全吃掉，魚與熊掌我都要。我喜歡創造產品，但我不喜歡當執行長，所以我在開發汽車的時候，讓其他人來管理公司。不幸的是，這沒有奏效。」

Model 3的電池成本已降至每度100美元以下，這是汽車業長期以來追求的神奇數字，只有達到這個數字，電動車的製造成本才能與它的雙胞胎哥哥油車的製造成本相當。他已經完成了他要做的事情。展望未來，他認為特斯拉要的東西他無法提供，特斯拉需要：汽車製造的專業知識、豐富的公司運營經驗。這家公司不再是一家新創公司了，他知道，新創公司才能激起他的熱情。對於史特勞貝爾來說，是時候該離開了。

但當他們步上台要正式宣布時，馬斯克改變計畫。他決定，今天不適合發表這樣的聲明。史特勞貝爾還要多待一會兒。

馬斯克走上舞台接受歡呼，「這是如地獄般的一年，但也有很多好事，」他說：「而且我覺得這些事情都值得再三回味。」然後話題來到Model 3在美國的銷售超過其他以油車為主的競爭大廠，而他們是如何辦到的？[43]他邀請史特勞貝爾與他一起談論超級工廠的成功，他們站在台上回答近一小時的問題。時間越來越晚，馬斯克開始想到過去。史特勞貝爾要走的事仍然祕密地放在他的腦海中。他開始談到了很多年前他第一次見到史特勞貝爾的時候，那是他與哈洛德・羅森進行決定性午餐的時候。「那次約會是一次愉快的會談。」馬斯克尷尬地說。

「我認為從那以後我們取得相當驚人的進步，」史特勞貝爾告訴他：「我們並沒有預想之後會發展成這樣。」

---

43 作者註：根據汽車網站Edmunds的數據資料，在2018年，特斯拉Model 3的銷量估計為117,000輛，而Lexus RX賣了111,000輛，這讓Model 3成為當年最暢銷的豪華車款。

「我以為我們肯定會失敗——」

「但我們必須做，」史特勞貝爾打斷他：「我的意思是，這顯然是值得做的事情，即使做成像今天這樣規模的機率很小，或者只有10%或1%，就算可能性很小，還是值得做。只要看到電動車在各地各個街道上走，就覺得真是太棒了，太不可思議了。」

馬斯克一直表現出自己有專注各種細節的能力，當他執著起來，不會願意放棄對特斯拉各層面的控制權，無論事情大小，這是他領導力的決定性特徵，而且能追溯到公司成立之初。他可能無法像在弗里蒙那樣輕鬆地睡在中國工廠的地板上，但他仍然想貼近那裡的地面。朱曉彤掌管中國工廠的建廠企畫，每天的建設都在進行中。有了他，馬斯克似乎找到了他在中國的傑若米·吉倫，一位能駕馭錘子的主管。朱曉彤咄咄逼人的管理風格出現在當地媒體報導，包括他經常在午夜之後打電話、發訊息給員工。有時怒氣沖天，只因為第二天一大早進到辦公室，拍下辦公室座位空盪盪的照片，發布到公司聊天室詢問人在哪裡。他似乎明白與馬斯克建立密切聯繫的重要性，每天發送工廠進度照片給他，並在工作高峰期間，每隔幾週就前往加州親自報告進度。朱曉彤知道如何與馬斯克打交道而避免他日復一日插手亂來，他的最終極祕訣就是：報告成果。當然，朱曉彤也有地利，因為事實上，被海洋隔開的馬斯克無法輕易插手干預。

到目前為止，情況令人鼓舞。特斯拉的新工廠似乎從之前的設廠經驗汲取到教訓，在重要地方避免了弗里蒙和斯帕克斯的錯誤。另一方面，很大程

度是菲爾德的功勞，Model 3比特斯拉之前的車子容易製造，就像Model X太過複雜，特斯拉仍然承擔不可承受的傷害。做一台相對容易組裝的車，意味著特斯拉終於知道如何管理一條生產線。

另外，新工廠不會被自動化拖累到動彈不得，部分原因是中國勞動力比美國勞動力便宜許多。從本質上講，特斯拉把他們在弗里蒙外面的那條裝備線（距離只有六千英里，還安置在適當又不複雜的屋頂下）複製到中國廠。特斯拉在地球上最昂貴的地方學會了造車，現在正在轉向以廉價勞動力聞名的國家。分析師預計特斯拉會節省大筆資金，使Model 3的利潤提高10%到15%。

中國政府樂觀其成，這表示特斯拉在中國官僚主義的車輪下會把工廠蓋得比在內華達州更快。工廠所在地在上海自貿區，屬國營單位，更能密切配合特斯拉的營建工程快速建廠。例如，一般建廠都需要交付廠區藍圖申請建築許可，特斯拉只要交部分藍圖就可；廠區需要用電，特斯拉申請供電獲准的時間是正常申請時間的一半。

蓋第一家超級工廠得到的經驗也讓團隊學到該如何設計和建造新工廠，史特勞貝爾的副手卡塞克特負責內華達州工廠的最後裝修工作，他成立一支建築專家團隊，可以部署到世界各地建工廠。從過去吸取經驗，應用在全球各地。就像Model 3是Model S在各方面的改進，他們也將工廠視為可隨代更新、一代強過一代的產品。據一位了解建廠情況的營建主管表示，中國團隊說服馬斯克不要完全複製以前的工廠，而是使用更典型的中國工廠建設，這種廠房成本更低，建設速度更快。廠房本身就是一種可擴展的產品，可因應

馬斯克的增產規畫，達到每年生產數百萬輛汽車的目標；特斯拉需要的不只是兩個裝配廠，他們還去德國找土地，想要在歐洲設廠。

然而，特斯拉要在中國組裝車輛，不只有廠房就好，還要有供應商提供零組件，其中最重要的是電池，到頭來這些零組件的廠商還是要去當地設廠，才能讓車子有資格享受稅收減免，但特斯拉的長期合作夥伴松下對進入中國猶豫不決。

特斯拉與松下的關係因為超級工廠的問題而惡化。馬斯克在2018年的古怪行為更是幫倒忙，尤其是在節目訪問現場吸大麻。一位松下主管在去辦公室的路上看到訪問直播，驚恐萬分：「我們的投資者會怎麼想？」這家日本公司的股價因為特斯拉而下跌了近50%，內部已經有人策畫不再與特斯拉進一步合作。

特斯拉曾宣告，內華達州的超級工廠將占地100多個足球場，但是廠區到了2019年還沒有達到這個規模。幫助與特斯拉與供應商維持關係的凱爾蒂已經離開，而史特勞貝爾正在離開的路上，特斯拉與合作夥伴的聯繫越來越弱。促成兩家公司合作設廠的松下高層山田佳彥已經到了強制退休的年齡，馬斯克很快聘請了他，希望能利用他的關係繼續拉住松下。但更常見的情形是，馬斯克本人直接打電話給松下執行長津賀一弘，不但要求內華達工廠的電池要降價，還要他們進中國和他一起再蓋一家工廠。說得更直白一點，就是看在松下虧損，沒什麼牌好打的情況下，加倍索求。

基於這一切，特斯拉也在準備一個沒有松下的中國工廠。接任史特勞貝爾電池主管職務的德魯‧巴格利諾（Drew Baglino）著手尋找可以替代的合

作夥伴。一開始的首選是韓國的LG化學，它們是通用電動車背後的韓國供應商。但有些人擔心再次受制於單一供應商，所以提出另一個名字：寧德時代新能源科技股份有限公司（Contemporary Amperex Technology Co），這家中國電池製造商通常稱為CATL，它從一家蘋果的零件供應廠發展成全球最大的電動車電池製造商。馬斯克一開始對這個想法感到不悅，顯然擔心這家公司供應電池的對象包括眾多競爭對手，特斯拉怎能與它合作。

就像在2010年和2013年一樣，馬斯克在週六打電話給負責電池的主管，要求開發特斯拉自己的電池。巴格利諾因此設立了一家臭鼬工廠[44]，代號取名為Roadrunner。

但同時，馬斯克仍需要中國的供應商。中國原定年底就要開始生產。他的團隊一面急著與LG達成協議，一面輕輕拉住CALT，釋放也有做成生意的可能性。到了8月，馬斯克到中國參加座談會，計畫與阿里巴巴的馬雲進行有關人工智慧的對話，在會議休息時，有人介紹寧德時代的創辦人曾毓群給他認識。兩人在私底下一拍即合，特斯拉執行長心裡認可了這位工程師同行。「羅賓（曾毓群）是有硬實力的。」馬斯克告訴他的團隊。這次會面為最終合作掃清了障礙，特斯拉的命運不再只與松下有關。

那年夏天的中國之行讓馬斯克看到了令人興奮的潛力，Model 3可以在中國當地製造、當地銷售。即使徵收高額關稅，Model 3在中國銷售額已讓

---

44 譯註：臭鼬廠原指洛克希德工廠開發祕密計畫的廠區，現在普遍用於工程界，凡是要開發目標遠大且需要保密進行的新項目，開發廠區就稱為臭鼬工廠。

特斯拉的利潤提高了不少，2019年第三季的收入增加了64%。當然這些數字中也包括特斯拉歐洲好朋友的支持。Model 3一進挪威，就像被吞噬一樣狂賣。2019年前九個月，來自挪威的收入增長了56%，交車的速度正在加快，使Model 3成為2019年挪威的最暢銷車款。更讚的是，與前一年在美國一樣，在挪威一開始賣的都是Model 3的豪華版。拓展國際市場雖然一開始有點混亂，但從夏季進入秋季，很明顯特斯拉的整體成長計畫正在奏效。

到了2019年11月特斯拉做財務報告時，看到強勁的第三季利潤，特斯拉已經達到第四次有盈利了。更重要的是，它兌現馬斯克在1月的承諾：令人難以置信，特斯拉居然已經準備好在中國開始生產車子了。一系列進展速度讓特斯拉在內華達州的努力蒙羞。社群媒體上出現了這些進展的影片：1月份才看到一片泥濘地，在貨櫃箱和鋼材之間起重機進駐；到了8月，馬斯克到中國參加會談的時候，巨型工廠的結構已然出現；到了10月，中國政府為車輛生產開啟了綠燈。

首先是試生產。特斯拉發布了工廠製造首批車輛的照片：工人戴著特斯拉的藍色帽子，穿著漂亮的新制服，努力組裝一輛在裝配線末端的藍色Model 3。經過2017年特斯拉每次都誇大Model 3的生產進度之後，人們很容易將這些照片視為炒作。儘管如此，投資者畢竟看到了，也慢慢放心了。同時間，股市做空者也有了痛苦感受。據估計，自6月以來，他們在特斯拉這支股票上損失了超過30億美元。而且痛苦還沒有結束，離痛苦的盡頭還遠著呢！

到了12月的最後幾天，特斯拉開始將中國製造的Model 3交給車主，第

一輛車交給了特斯拉的上海員工，他趁機向同廠工作的心上人求婚。最大的歡慶還在後面，股價繼續攀升，鞏固了特斯拉作為全球第三大汽車製造商的地位，價值僅次福斯和豐田 —— 這是驚人的竄升。

就在中國廠達到里程碑的幾天後，馬斯克飛往上海慶祝工廠正式開始生產。幾天之內，中國繼續以讓世界震驚的速度往前走，僅在交出首輛車後沒幾天，中國廠已經可以做出交給非員工的正式量產車。馬斯克興高采烈地站在工廠搭起的舞台上，面對數百名客戶和員工。特斯拉已經越過了終點線。它做出的車，不僅是消費者想要，也是競爭車廠夢寐以求的，現在它還擁有了生產工具且達到前所未有的規模，同時還能盈利。馬斯克正在慶祝一年前聽起來就像幻想的現實 —— 這一切應該不是幻覺吧！

想當年，2004年，當馬丁‧艾伯哈德上門找馬斯克後的每一個轉折，特斯拉的發展聽起來總像是幻覺。11年前，幾乎就在這一天，馬斯克第一次差點失去特斯拉，他將個人財產在內的一切都押在了Roadster和Model S的願景上。每一個小小的成功，都讓他有信心更進一步。

當然，特斯拉能否在遙遠的未來取得成功，這一切誰也無法保證。我們該如何定義汽車製造商？考慮到這個行業的無限可能，老牌汽車製造商面臨強大的逆風，甚至威脅到它們活了超過一世紀的生命；以汽車致富的路上，盡是競爭對手散落破敗的殘骸，誰能持續成功？這將永遠是個問號。

然而，就在這一天，特斯拉貨真價實地成為跨國電動車製造商，馬斯克名副其實地成為跨國電動車商的執行長，他站在舞台上，這一天他贏了。他做出一款主流電動車，顛覆業界，更讓他們無不羨慕。競爭對手只能拍拍身

上的灰塵，並希望能迎頭趕上。

　　喇叭放出高昂的節拍，馬斯克脫掉了他的西裝外套，臉上揚起巨大的笑容，笨拙地大步踏著 —— 這是勝利之舞。

　　片刻後，他屏住呼吸，說：「如果我們能完成這件事，接下來我們還可做什麼呢？」

後記

「對冠狀病毒恐慌很蠢。」馬斯克在3月6日發了這篇推文,同一天,蘋果公司開始鼓勵員工居家上班,眾多科技巨頭正在努力減緩新型病毒的傳播,蘋果只是其中之一。

2020年初的全球疫情大流行很可能會毀掉特斯拉的光榮時刻。就在幾週前,馬斯克還在上海舞台上慶祝Model 3在中國開始生產,如此成果,讓那些質疑他無法在一年內做到的懷疑論者一個個閉嘴。就在他成果展示會兩天後,世界衛生組織宣布,在上海西邊五百多英里的中國大城武漢發現了一種類似肺炎的神祕疾病,那時還沒有人注意到這是後來讓全球聞風喪膽的COVID-19。對於世人來說,很容易把潛藏威脅視為遠在天邊可以忽略的事 —— 甚至連理都不用理。

如果你是與馬斯克一起慶祝的特斯拉股東,更是如此。那時正是股價持續創新高的時候,馬斯克在中國得到意外勝利,更不用說在2019年底達成兩個季度的盈利,讓他重新獲得信任。更令人興奮的是,他在1月下旬宣布,原本排在2020年秋天才會開始投產的小型休旅Model Y也將提前,預計幾週後就會排上生產線。目前有兩個裝配廠在線工作,而第三個廠在德國正在興建,特斯拉表示,2020年的交車量將輕鬆超過50萬輛 —— 如果這個數字能

達成，銷售量將比2019年增加36%。特斯拉的成長傳奇又再次活了起來。

接下來幾天，股價繼續飆升，對特斯拉的估值超過千億美元，擠下福斯汽車成為全球第二大價值最高的汽車製造商，僅次於豐田。這也讓馬斯克更接近他十二大薪酬計畫中的第一項，他的薪酬計畫每一筆都是野心的實踐，最終目的是把公司市值提高到6500億美元。許多人認為這是短期不太可能達到的目標。儘管幾個季度有賺錢，但自2003年成立以來，特斯拉從未實現過全年都有獲利，然而2020年迎來新的希望。

華爾街分析師亞當・喬納斯指出：「如果特斯拉證明是可以賺錢的……我們認為，這消除了傳統汽車製造商不願『全力投入』電動車的最大障礙。」喬納斯對特斯拉長期樂觀的情緒在一年前受到考驗，但在他與福特執行長吉姆・哈克特的電話會議上，喬納斯就特斯拉的崛起向這位福特高層施壓，這是自2017年特斯拉市值超過福特以來的第二次了。「這是具有歷史意義的一天，因為現在特斯拉的市值是福特市值的5倍以上，」他說：「這對你有意義嗎？市場傳遞給福特的信息是什麼？」但哈克特的回答最後也無關緊要了；幾週後，他就要宣布退休。試想，投資者心中會把汽車的未來押在誰身上？對未來，福特、通用汽車和其他汽車製造商已遠遠落後。馬斯克已做到他想做的事：讓全世界相信所謂的「車」就該是電動的 —— 即使買家還沒有真正出手大量購買，但變革的力量似乎站在他這邊。

特斯拉就像一堆熊熊營火，每一個好消息都為它再添一根柴火。自2019年第三季意外盈利以來，後續三個月股價翻漲一倍。2020年馬斯克上海登台跳舞後的一個月，股價再翻一倍。公布第四季利潤後的幾天，股價就不斷上

漲，投資者不僅押注汽車的未來屬於電動車，他們還押注特斯拉將成為這個新世界的主導者。

也許漲得太過分了。巴克萊（Barclays）分析師布萊恩・強森（Brian Johnson）警告表示，股價表明市場認為特斯拉將是「唯一的贏家」，並補充說，這讓人想起90年代科技股的瘋漲，艾伯哈德和塔本寧和其他很多人都曾在那波走勢中崩潰。

儘管特斯拉迎來兩個強勁季度，但仍然很難擺脫一個從出生就開始糾纏的基本弱點：對現金的需求，馬斯克的野心需要燒錢。馬斯克的募資能力在必要時一次又一次地展現，他鼓動投資者唱出熱情的樂章，但問題始終都在：若音樂停止時又會如何？多少年來，汽車業界不斷興衰起落，汽車公司紛紛樓起樓塌。金融海嘯時特斯拉現金枯竭，車業大蕭條幾乎殺死了剛成立的特斯拉。馬斯克雖找到活下來的方法，但也九死一生，倖存而已。但在2020年接下來的幾週，馬斯克將面臨另一項考驗，這將決定特斯拉是真正的汽車公司，還是只是一幢紙牌屋？

2020年初，特斯拉鎖定的目標是加速推動小型休旅車Model Y的生產，這部車很大程度要歸功道格拉斯・菲爾德。儘管他身陷弗里蒙工廠的麻煩中，這位前特斯拉高層仍在2018年離開前致力把這部新車開發出來。就像特斯拉打造房車Model S和休旅車Model X一樣，Model Y也依循特斯拉一貫的造車策略，與Model 3共享工程設計。但為了避免變成和Model X一樣變成修修補補又花大錢的災難，菲爾德讓這輛小型SUV的開發過程盡量遠離馬斯

克，反正馬斯克一直把精力耗在生產地獄上。只要提到車子，馬斯克就會出現他聞名於世的詭異發想，就像在討論Model Y時，他認為Model Y不需要方向盤，因為它可以完全自動駕駛。

然而，當馬斯克回過頭想到Model Y時，菲爾德的團隊（或剩下的團隊）已經將這台車設計好綁上蝴蝶結送給馬斯克看。它確實是Model 3的升級版，延續了大約70%的零件。對於純粹主義者來說，這款車更像從Model 3脫胎換骨的斜背轎車，而不是真正的休旅車。車子可能大了10%，駕駛座高了好幾公分。但外觀看起來與Model 3不同，屁股澎得圓滾滾的，為掀背車騰出空間。不過，它的核心還是一輛特斯拉，擁有時尚的內裝、中央大平板和飛快的起步加速。

Model Y的設計也基於特斯拉走向主流的策略，目標客群是所謂跨界車的車主。雖是休旅車，但整體架構出於汽車底座而不是貨車底盤，這種變化不但讓車開起來平穩順暢，也保留了傳統SUV較高的駕駛座和寬敞的內部空間。在汽車市場中這類車型快速成長，特別在中國賣出的所有車輛中大約有五分之一都是小型休旅。馬斯克相信Model Y可以勝過Model 3。

然後自2月一開始，只一眨眼的功夫，特斯拉的光明未來似乎黯淡不少。2月5日，股價暴跌17%，名列特斯拉史上最糟糕的日子之一。中國傳來消息，特斯拉在中國製造Model 3的進度將受COVID-19的影響而延誤。特斯拉的股價會如火箭般飆漲，很大原因是受到中國業績能帶領成長的激勵，但聽到科學家警告這種新病毒不但致命且會快速傳播，人們越來越擔心這種新病毒可能會讓中國的經濟成長停滯。

投資人慢慢消化這些資訊，他們更清楚的知道，就像20年前SARS的爆發，COVID-19威脅的對象也不會僅是中國或亞洲。在特斯拉的家鄉加州，當地政府官員更是擔心，因為在特斯拉總部的所在地、聖塔克拉拉已經發現了一些病例。

到了2月13日，特斯拉出人意料地宣布將賣股籌資，預備籌20億美元，用來增強資產負債表。馬斯克是否從2007年和2008年的苦難中學到了教訓，知道未雨綢繆先募資金是件好事？

大約一個月後，川普總統為了阻止病毒傳播頒布歐洲旅行禁令，NBA也暫停賽季。幾天後，加州灣區地方政府發布「就地隔離」（shelter-in-place）命令，指示居民待在家裡自主管理，並關閉它認為「非必要」的企業。但就地隔離是個有爭議的詞彙，大部分人都在恐懼中迷失了方向：而就在那天，特斯拉才開始交出第一輛從弗里蒙工廠做出來的Model Y。

不管當地官員好說歹說，馬斯克就是不想關廠。那天深夜，他向特斯拉員工發送一封挑釁意味濃厚的電子郵件：「我本人會上班，但那只是我。」他說：「如果你出於任何原因想待在家裡，OK啊。」所以弗里蒙工廠繼續嗡嗡作響，儘管第二天當地治安官辦公室公開表示特斯拉應該停止生產。到了那個禮拜的週末，類似的停工在美國蔓延，馬斯克大發慈悲，宣布暫時停工，並向大眾保證特斯拉手頭有足夠現金可以度過難關。那時候，加州州長蓋文·紐森（Gavin Newsom）警告說，如果不採取積極行動，這個美國人口最多的州可能在八週內會有56%的人染疫。

通盤考量下，這時機對特斯拉來說應該很糟。然而，到頭來中國工廠只

是暫時下線。弗里蒙工廠雖要關到季末，但此時已利用本季大部分時間做好交車庫存，正好應對季末典型要強推交車的時候。

更妙的是，馬斯克在2018年黑暗時期做的瘋狂決定突然變得很有先見之明，即使這些作為只是偶然。特斯拉在門市關店潮的時候，曾讓銷售部門建立的送車到府活動在疫情下帶來意想不到的回報。特斯拉的全球交車量在本季增長40%，雖低於分析師的預期，但仍然比車業其他同行好很多很多。在中國，整個汽車業的銷售額在2020年第一季暴跌42%，相對而言，特斯拉的銷售額卻增長63%，如果特斯拉能讓中國工廠繼續運轉，它有望持續這個態勢。中國政府似乎急於確保工廠營運，為數百名工人安排了宿舍和交通，並拿到一萬個口罩，準備好溫度計和消毒劑，這些都讓特斯拉在延長年假後的第一個上工日順利地在上海復工。當地媒體也拍下中國廠的Model 3正在組裝的鏡頭，作為特斯拉復工的慶賀。

事實證明，馬斯克前進上海工廠的決定也很明智。這表示，如果特斯拉在未來幾個月僅有美國一地的工廠處於離線狀態，特斯拉就另外有了生命線。習慣快速行動的馬斯克立刻削減受薪工人的工資，還讓無法在家工作的員工休無薪假，並且向各店面的房東請求房租減免。

即使採取這些步驟，一直長時間關廠，對公司來說也不妙。在最近一次融資後，特斯拉在3月底手上擁有81億美元的現金。華爾街分析師喬納斯估計，如果特斯拉大部分時間都處於下線狀態，大概每月會燒掉8億美元。馬斯克希望在5月4日恢復工作，也就是加州計畫解除停工令的第二天。但隨著一天天過去，加州當局仍然擔心病毒威脅，延長了停工令。

所有這些都有助解釋為什麼儘管銷售業績亮眼，馬斯克卻一肚子怒火，對著那些讓弗里蒙工廠一直關閉的好心公務員說重話：「如果有人想留在自己家裡，那很好。他們就該被允許待在家裡，就不應該被迫離開，」馬斯克在4月底與分析師的公開電話會議上表示，「但若要說他們不准離開家，只要離開就會遭到逮捕，這就是法西斯。這不是民主，這不是自由。還給人們該死的自由。」

另一方面，他要求員工做好復工準備，無論當地政府是否批准。大約一週後，他告訴工人應該回工廠工作，即使政府繼續推行延後開工。那時候，密西根州已讓汽車工廠復工了，但因為加州很謹慎，特斯拉覺得自己可能落後美國競爭對手。5月8日，當地警方給特斯拉一封電子郵件表示：「過去一週，我收到幾起投訴，特斯拉命令員工重返工作崗位，重新開放生產線運作，你們實際上已違反了阿拉米達郡的衛生禁令。」

隔天星期六的早上，馬斯克又在推特發文和法庭展開多線戰事。他宣布他正準備起訴當地政府，在推特上大罵當地衛生官員「未經選舉且無知」。他表示：「坦白說，這是最後一根稻草，」他繼續說：「特斯拉現在會將總部及未來要營業的事項立刻遷到德州／內華達州。如果要我們完全保留弗里蒙的生產活動，那就要看〔原文如此〕特斯拉在未來受到的待遇。特斯拉是加州最後一家汽車製造商。」

工人們眼睜睜地瞧著，百感交集。為了謀生他們已經犧牲了那麼多，為了賺錢，需要去上工，但也真的擔心自己的安危，特別是這家工廠根本不把工人的健康福祉放在優先考量。一位20多歲的製造助理說：「我擔憂特斯拉

會做什麼保障我們的安全。」還有人擔心，為了滿足馬斯克的野心，復工後生產壓力會更加倍才能彌補近一個多月的生產缺口。

有些人決定是時候不幹了。公司努力增加Model 3的產量，他們腦海中浮現的卻是過去幾年來的艱苦日子。**還有什麼新的地獄等著他們？**他們不想留下來知道答案。

許多人並沒有忘記，那年年初特斯拉股價迅速飆升讓馬斯克更接近他的鉅額發薪日，為此，他需要讓特斯拉在一段時間內保持平均1000億美元的市值，如此就可解鎖169萬股股票，如果他立即套現（那時候他不會這樣做），第一階段他就會收到超過500億美元。但除非特斯拉的市值達到6500億美元，他的十年薪酬計畫將無法全部兌現。考慮到極高的估值要求，當時一些人認為，第一階段的獎金可能是馬斯克唯一可安然入袋的薪酬。

儘管如此，在他發表「法西斯主義」言論後，投資者似乎在獎勵他的蔑視，股價從2月份的低點反彈。他進一步大發議論淡化COVID-19的危險，但也直接捲入日益嚴重的政治動盪。整個國家都紛擾不安，爭論的焦點在於應該先控制疫情還是先刺激經濟，且各依黨派立場分明。川普介入戰鬥，支持馬斯克重啟經濟。

為了提高賭注，馬斯克公開要求當地官員來制止他。他在推特上宣布恢復工作，要大家跟他去工廠。他在5月11日發推文說：「我會與其他人保持聯繫。如果有人被捕，我要求被抓的只有我。」

面對巨大的壓力，政府當局退縮了。幾天內，他們引用特斯拉提出的安全協定，宣布與工廠達成復工協議。

之後，一場比賽開始了，為了彌補失去的時間要盡可能地多造車。這是特斯拉熟悉的情境 —— 又是一次攸關成敗的季度尾聲，生產線一直做到本季的最後幾天。「非常重要，我們要全力以赴，直到6月30日結束，確保取得好結果。」馬斯克告訴員工，「如果不是很重要，我就不會提出這個問題。」[45]

強推有幫助，華爾街曾預期特斯拉的銷售額將下降約25%；但相反地，特斯拉僅比去年同期下降了4.9%。在這個被新冠疫情攪得天翻地覆的世界，這樣的結果無異狂野增長。特斯拉的競爭對手在全球的跌幅要大得多。強勁的業績使馬斯克實現1.04億美元的季度利潤 —— 也是連續第四個季度實現盈利，這是特斯拉史上最長的連續獲利。（當然，賣出4.28億美元的碳排放管制積分再次在這場勝利中發揮重要作用。）

最重要的是：馬斯克宣布他已在德州奧斯汀市的郊外選址，作為特斯拉的下一個裝配廠。公司的重心要稍稍移動。

那年夏天，也就是特斯拉上市十年後，它的股票進入狂飆模式。如果馬斯克在六個月前因為兌現了在中國開工廠的承諾重新獲得信用，那麼他現在已鞏固了自己在汽車界的傳奇地位。他的業績更加令人印象深刻，因為汽車業的其他同行仍受困於工廠停工和銷售下滑，每家都走得跌跌撞撞。為特斯

---

45 作者註：馬斯克預測到2020年4月底，美國COVID-19的病例可能會降至零，但事實證明這是錯的。幾個月後，他在推特上宣布他的檢測結果為陽性。

拉股價添油加火的還包括在疫情期間關在家裡的年輕投資者，他們看好特斯拉，股價飆破1000美元；特斯拉公司的估值正式超越豐田。

曾經小小的特斯拉現在是世上最有價值的汽車製造商。

而股價還在漲。短短幾週內，特斯拉的公司市值就漲到相當於豐田和福斯汽車兩個加起來的總和。馬斯克達到了薪資支付的另一個標準：公司達到1000億美元的市值，接著另外三筆薪酬也達標了（到了2021年春季再添兩筆）。特斯拉股票超過了馬斯克幾年前喊出的7000億美元的市值里程碑，就像傳奇球星貝比・魯斯（Babe Ruth）指哪就打哪自己的全壘打一樣。它的價值在244天內從1000億美元飆升到超過8000億美元，完成了蘋果將近十年才做到的事。根據《彭博億萬富翁指數》（Bloomberg's Billionaire Index）的統計，憑著馬斯克擁有的股票，他的財富從2020年初估計的300億美元飆升至2021年初的2000億美元，超過亞馬遜創始人傑夫・貝佐斯成為全球首富。[46]

興奮（有人會說瘋狂）蔓延到其他相關企業。接下來的幾個月，好幾家新創公司上市。朝這個方向前進的有路西得汽車（Lucid Motors），公司執行長是彼得・羅林森，就是在2012年負責Model S設計工程的特斯拉主管。他在離開特斯拉後，一直在研發夠格稱為下一代豪華房車的產品。並且路西得汽車的創始人伯尼・謝也與特斯拉有關係，他就是在馬斯克放棄自創電池部門後離開的前董事會成員。

---

46 編按：據《富比士》公布2022年全球富豪榜，馬斯克擠下蟬聯4年榜首的貝佐斯，成為全球首富，身價高達約2700億美元。

電動車的繁榮也為蘋果的汽車部門增加新熱度，道格拉斯‧菲爾德在2018年離開特斯拉後重回蘋果懷抱。這位前工程主管正負責指導這家iPhone製造商祕密開發汽車。

電池專家史特勞貝爾也受到很多關注，包括亞馬遜，他成立的新創公司、紅木材料（Redwood Materials）就是亞馬遜投資的，做的是回收電池的業務，想把用在電動車上的電池廢料回收後再用到未來的車。這是史特勞貝爾在2018年春天為了控管超級工廠電池浪費時得到的想法。他從特斯拉那裡獲得的財富使他有能力落實創意。他離開公司時持有的特斯拉股票在2021年初價值超過10億美元 —— 如果他全部保留的話。

即使是馬丁‧艾伯哈德也帶著某種「曾經擁有」的感受看著特斯拉的成功。雖然他曾告訴《紐約時報》，他計畫在與馬斯克吵架後賣掉他所有持股，但艾伯哈德透露，事實上他的手上還是有一些的。

「我是世上持有特斯拉時間最長的股東。」他自豪地說。他還擁有他原始版的Roadster和那塊「特斯拉先生」的車牌。

馬斯克曾多次表示，他的錢主要用於特斯拉和SpaceX。即使這些投資的價值飆升，法庭紀錄也再次揭示他在2019年末的個人財務狀況，那時他手上的現金並不多，繼續靠與股票掛鉤的貸款來過日子。馬斯克說，到最後他會出售他的特斯拉股票拿去付殖民火星的費用，別跟他說要他做與地球有關的慈善活動，他認為，在他60多歲時才會開始做這類活動。儘管很難想像他會真正放棄對特斯拉的控制。

到了2020年年底，馬斯克與馬丁·崔普的官司達成和解。崔普是前超級工廠的員工，在2018年舉報特斯拉。這場和解進一步重燃馬斯克對司法體系的信心，特斯拉告崔普公布公司的私人數據，作為和解條件的一部分，崔普不能質疑這個說法，並將賠賞40萬美元。然而，或許更讓馬斯克滿意的是，訴訟期間不斷有消息揭露，是某位賣空者在出錢贊助崔普打官司，這引發了許多負面新聞。但這位做空者不是查諾斯，馬斯克長期以來一直認為他是陷害特斯拉的幕後黑手。而另一方面來說，這一發現也證實了馬斯克長期以來的疑心病：陰暗的力量正在找上他。

有人批評馬斯克為富不仁，明明是億萬富翁，在疫情大流行期間不顧員工危險，強迫工人重返工廠。在此聲浪中，馬斯克宣布要把所有房子都賣掉。「賣房子很大程度是個人選擇，我不會廣泛提倡。如果有人想擁有或造一幢很棒的房子，因此覺得很開心，我認為這非常酷。」馬斯克說：「但我現在只想讓我的生活盡可能簡單，所以只會保留有情感價值的東西。」在那之後，他多半住在德州南部SpaceX博卡奇卡（Boca Chica）發射站的附近，並在柏林和奧斯汀兩地往來飛行，在2020年下半年這兩地工廠計畫開建，他會不時查看這兩間工廠的建造進度。

他對特斯拉的計畫一如既往地充滿野心。他的下一輛車是名為Cybertruck的皮卡，具有馬斯克開發汽車的眾多特徵 —— 這些特徵直接吸引了他，包括反烏托邦的外觀、據說配有防鋼彈射擊和防碎裂的窗戶，而且很難工業化製造。

電池成本依然是他的最大挑戰。他承認電池製造計畫可能會延誤。與以

往一樣，他在2020年向投資者承諾，特斯拉的Roadrunner電池計畫會改進電池製造和化學技術，能夠將造車成本降低一半。

馬斯克下一個瘋狂目標是成為世上汽車銷量最大的汽車製造商。他希望到2030年，達到每年2000萬輛的銷售量 —— 大約是銷售冠軍福斯汽車在2019年銷量的兩倍。「最讓我困擾的是，我們還未能做出一部真正便宜的車款，這是我們未來造車的目標。」他說：「為了做到這一點，我們必須降低電池成本。」馬斯克仍把目標放在追求大眾真正負擔得起的電動車。現在，他的目標不是一部35,000美元的車，而是25,000美元 —— 也許有一天會達成。

對於特斯拉這家公司來說，股價飆漲的實際效果是，公司可以再次輕鬆地從投資者那裡獲得資金。特斯拉執行5：1的股票拆分，使小股東更容易購買股票，又發行了數百萬股新股，積累了194億美元，這些錢大約是它在16年間因推出Roadster、Model S和Model 3遭致虧損金額的三倍。這是一筆戰爭基金，意味著在未來幾年，馬斯克可以繼續為野心提供燃料。一切都形成良性循環：投資者相信特斯拉的成長潛力，讓特斯拉募集小錢推動公司成長，反過來又進一步激發了對公司**更多**成長的興奮。

這種邏輯仍然困擾批評馬斯克的人，尤其是當批評者指出，特斯拉不斷出現經營業務上的缺失 —— 只是利用賣碳排放的管制積分獲利、車輛品質不穩定、無視電動車最終的需求問題、不斷跳票的業績目標、自駕系統的過度誇大、客戶成長客服卻落後的挑戰。作為世界上價值最高的汽車製造商，特斯拉面對更嚴格的審視。它正在追逐汽車業的銷售王冠，而這個王冠

多年來讓很多汽車製造商鎩羽而歸。原因很多，可能敗在政府狠心下令召回車輛，可能是一次糟糕地產品上市，接著被宿敵超越。做車這行的驚覺失敗往往只是一個心跳的距離，心臟不夠強大的領導者是撐不下來的。批評者認為，泡沫一定會在某個時候破裂。

查諾斯等股市做空者承認，他們對特斯拉的下注一直很痛苦，尤其是在2020年，股市做空的帳面損失總共超過380億美元。儘管如此，他們仍覺得自己是對的，覺得自己總有一天會等到。特斯拉這支股票仍然是股市被做空最多的股票之一。「我從未見過馬斯克，從來沒有和他談過話。」查諾斯在2020年底表示，當時特斯拉股價上漲了800%。如果他們確實有交集，查諾斯說：「我會跟他說：『幹得不錯 —— 到目前為止。』」

2021年一開始，人們很容易認為特斯拉公司價值被高估了 —— 即使它拿到連續第六個季度盈利（也就是有了第一個完整的全年盈利），公司目標設定在未來一年銷售額要增長超過50%。甚至馬斯克自己在幾個月前就承認特斯拉的股價被高估。當分析師們為了證明特斯拉股價的合理性不斷勞心傷神時，長期關注的分析師喬納斯將上漲原因部分認為是「希望的力量」。

特斯拉的Roadster一直是馬斯克希望的燈塔，他覺得這部車只有10%的機會可以做出來。緊隨其後的Model S是一場賭博，證明他可以做出一輛即使不是最好、跑在路上也不會輸人的電動車。而Model 3是他信念的產物，馬斯克相信，如果有機會，人人都希望自己開的車不用油，而是使用更永續的能源。

馬斯克一直在推銷未來願景。他把所有賭注都押在「世人所願皆同」的

想法上，只要人們有機會，馬斯克的願景就是大家的願景。現在，世人也用金錢、話語和信念，告訴馬斯克：他的未來行動，他們也想參與。

作者的話

　　有個廣為流傳的傳說，馬斯克睡在工廠展現意志力撐起特斯拉。特斯拉會崛起，馬斯克的決心和毅力無疑發揮重要作用，沒有他就不會有特斯拉。但是，這家公司如何在2003年夏天，從一個不太可能的想法變成2020年全球最有價值的汽車製造商，這一切遠比一個人的意志力要複雜得多。這本書講的是特斯拉如何誕生並走到現在的故事，內容根據從過去到現在我與特斯拉內部人員的數百次訪談，有些受訪者必須匿名，部分原因是某些人簽署了保密協議，有些人則表示他們擔心馬斯克的報復。這些人的動機不一，有些人覺得遭馬斯克輕視，但更多人覺得他們的成就值得驕傲，他們希望能講述特斯拉神話的全貌。

　　雖然這本書的內容基於數以千則的公司紀錄、法庭文件和影像紀錄，但它也依賴近20年來人們對特斯拉的記憶。當然，記憶可能是錯的。書中對話和場景都是根據目擊者第一手資料再現，並盡一切努力經過第三方確認。書中很多角色都是真人實事親身參與，而我也根據一些深度報導寫了其他參與其中的人物。

　　至於馬斯克，他有很多機會評論書中的故事、事實和人物，但他沒有具體指出書中有哪裡不正確，只是簡單地說：「你在書中讀到的人多數內容都是胡說的，但不是全部。」

致謝

　　這本書是為相信我的人寫的，凡是相信我寫的報導的人，我感激他們。這本書還建立在眾多前人的工作上 —— 多年來，不斷有頑固記者報導特斯拉，更為我開闢道路。艾胥黎·范思（Ashlee Vance）寫了伊隆·馬斯克的權威傳記。其他記者還包括：Dana Hull、Lora Kolodny、Kirsten Korosec、Edward Niedermeyer、Alan Ohnsman、Susan Pulliam、Mike Ramsey和Owen Thomas，他們不遺餘力挖掘特斯拉的真相。我尤其要感謝Ramsey的建議。

　　就我個人而言，多年來有很多朋友一直關注我、也幫助我，讓我有幸為《華爾街日報》報導撰稿。如果沒有Matt Murray、Jamie Heller、Jason Dean、Scott Austin、Christina Rogers、John Stoll和《華爾街日報》其他眾人的支持，我將無法完成這本書。

　　在我職涯早期，編輯Paul Anger和Randy Essex說服我從報導愛荷華州政壇的政治記者，轉而作財經記者，在《底特律自由報》（*Detroit Free Press*）報導汽車業界。在那裡，編輯Jamie Butters教會我所有汽車業的相關知識，我才能從《底特律自由報》再到彭博新聞社。彭博社的Tom Giles、Pui-Wing Tam和Reed Stevenson向我介紹了矽谷的科技世界，加上底特律和舊金山的經歷讓我為深入了解特斯拉做好充分準備。

　　我要感謝我的經紀人Eric Lupfer的指導和支持，還要感謝Doubleday出版社的編輯Yaniv Soha的耐心和體貼，以及我的事實查核員Sean Lavery的鷹眼。我還要感謝我的長期寫作教練／編輯John Brecher，感謝他的智慧和鼓勵。我和其他作家Sarah Frier、Alex Davies和Tripp Mickle組成了一個獨特的寫作社團，因為我們都嘗試寫我們的第一本書。最後，感謝家人，要寫出這樣的書，需要家人持久的愛與支持。謝謝你，卡琳。

參考資料

序幕

- It also became: Scott Corwin, Eamonn Kelly, and Joe Vitale, "The Future of Mobility," Deloitte, September 24, 2015, https://www2.deloitte.com/us/en/insights/focus/future-of-mobility/transportation-technology.html. Kim Hill et al., "Contribution of the Automotive Industry to the Economies of All Fifty States and the United States," Center for Automotive Research (Janu- ary 2015).
- The average car: Average North America operating profit for U.S. auto- makers in 2018, according to research from Brian Johnson of Barclays.
- "Either they become": Stephen Lacey, "Tesla Motors Raises More Than $1 Billion from Debt Equity," Reuters, May 17, 2013.
- The world's largest automakers: William Boston, "Start Your Engines: The Second Wave of Luxury Electric Cars," *Wall Street Journal,* June 22, 2018, https://www.wsj.com/articles/start-your-engines-the-second-wave-of-luxury-electric-cars-1529675976.
- If Tesla had been valued: Philip van Doorn, "Tesla's Success Underscores the Tremendous Bargain of GM's shares," MarketWatch (Oct. 28, 2018), https:// www.marketwatch.com/story/teslas-success-underscores-the-tremendous-bargain-of-gms-shares-2018-10-25.

1 這次不一樣

- Lithium-ion cells: Sam Jaffe, "The Lithium Ion Inflection Point," Battery Power Online (2013), http://www.batterypoweronline.com./articles/the-lithium-ion-inflection-point/.
- Rosen Motors had: Larry Armstrong, "An Electric Car That Hardly Needs Batteries," Bloomberg News, Sept. 23, 1996, https://www.bloomberg.com/articles/1996-09-22/an-electric-car-that-hardly-needs-batteries.
- "There are not": Karen Kaplan, "Rosen Motors Folds After Engine's '50%'

Success," *Los Angeles Times,* Nov. 19, 1997.
- The result: Chris Dixon, "Lots of Zoom, with Batteries," *New York Times*, Sept. 19, 2003.
- "If you like space": Video posted by Stanford University from Entrepre- neurial Thought Leader series (Oct. 8, 2003), https://ecorner.stanford.edu/videos/career-development/.
- It didn't align: YouTube video posted by shazmosushi on July 12, 2013: https://youtu.be/afZTrfvB2AQ.

2 EV1的鬼魂

- In 2000, ahead: Michael Kozlowski, "The Tale of Rocketbook—the Very First E-Reader," Good E-Reader (Dec. 2, 2018), https://goodereader.com/blog/electronic-readers/the-tale-of-rocketbook-the-very-first-e-reader.
- "It's kind of foolish": Author interview with Martin Eberhard.
- The EV1 battery pack: Data for average sedan weight pulled from U.S. Environmental Protection Agency's Automotive Trends Data. https://www.epa.gov/automotive-trends/explore-automotive-trends-data.
- He agreed to pay $100,000: Details included in California court records reviewed by author.
- Henry Ford's wife had: Douglas Brinkley, *Wheels for the World* (New York: Viking Adult, 2003).
- An electric car that might cost: Michael Shnayerson, *The Car That Could* (New York: Random House, 1996).
- "It felt like a racecar": Ian Wright, "Useable Performance: A Driver's Reflec- tions on Driving an Electric Sportscar," business document created by Tesla Motors (Feb. 11, 2004).
- "Elon has money": Author interview.
- What about converting the sports car: Emails reviewed by author.
- They had run the numbers: Review of Tesla Motor Inc.'s "Confidential Business Plan," dated Feb. 19, 2004.
- "Convince me you know": Author interviews with people familiar with the talks.
- Musk had been kicked: Jeffrey M. O'Brien, "The PayPal Mafia," *Fortune* (Nov. 13, 2007), https://fortune.com/2007/11/13/paypal-mafia/.

3 玩火

- While the EV1 motors: Author interviews with early Tesla employees.

- He'd later learn: Author interviews with multiple former Tesla employees familiar with the matter.
- In 2004 and 2005: Damon Darlin, "Apple Recalls 1.8 Million Laptop Batteries," *New York Times* (Aug. 24, 2006), https://www.nytimes.com/2006/08/24/technology/23cnd-apple.html.
- When LG Chem realized: Author interviews with multiple former Tesla employees familiar with the matter.
- "Guys, that's like between one": Author interviews with multiple former Tesla employees.

4 一個不那麼祕密的計畫

- "He's not a man": Justine Musk, "I Was a Starter Wife," *Marie Claire* (Sept. 10, 2010), https://www.marieclaire.com/sex-love/a5380/millionaire-starter-wife/.
- He discussed his dreams: Video of CNN interview posted on YouTube by misc.video on Nov. 17, 2017, https://youtu.be/x3tlVE_QXm4.
- "I'm the alpha": Justine Musk, "I Was a Starter Wife."
- Eberhard had sought out: Author interviews.
- In the post–World War II era: Stewart Macaulay, *Law and the Balance of Power: The Automobile Manufacturers and Their Dealers* (Russell Sage Foun- dation, Dec. 1966).
- Musk pushed for selling: Author interviews with people involved in the discussions.
- "Martin was getting antagonistic": Author interview with a person involved in the due diligence.
- Musk told them they: Details of negotiations from author interviews and Musk's interview with Pando Daily posted on YouTube on July 16, 2012, https://youtu.be/NIsYT1rqW5w.

5 特斯拉先生

- "Elon is the perfect investor": Author interview and color about relationship taken from emails between the men reviewed by the author.
- "Why the fuck": Michael V. Copeland, "Tesla's Wild Ride," *Fortune* (July 21, 2008), https://fortune.com/2008/07/21/tesla-elon-musk-electric-car-motors/.
- He suggested being vague: Details taken from emails between the men reviewed by the author.
- Musk fired them: Michael V. Copeland, "Tesla's Wild Ride."
- Guests included: Sebastian Blanco, "Tesla Roadster Unveiling in Santa Monica,"

Autoblog (July 20, 2006), https://www.autoblog.com/2006/07/20/tesla-roadster-unveiling-in-santa-monica/.

- A crowd lined up: Description of event taken from video posted on YouTube by AP Archives, https://youtu.be/4OpZmDdKqt0.
- Joe Francis, creator of: Author interviews with early Tesla employees.
- It was the first sign: Anecdote comes from interviews and records, including emails between the parties reviewed by the author.
- "What I want to hear": Quotes and details taken from emails between the men, reviewed by the author.
- Musk wanted special headlights: Michael V. Copeland, "Tesla's Wild Ride."
- "I am sure you": Emails reviewed by author include the conversation and details of the presentation.
- "There are several burning": Email reviewed by the author.
- "It is the view": Email reviewed by the author.

6 黑衣男子

- Born in Detroit: Lynne Marek, "Valor Equity Takes SpaceX Approach to Investing," *Crain's Chicago Business* (May 14, 2016), https://www.chicago business.com/article/20160514/ISSUE01/305149992/valor-equity-takes-spacex-approach-to-visionary-investments.
- The firm raised $270,000, plus $130,000: Antonio Gracias, Hispanic Schol- arship Fund bio, https://www.hsf.net/stories-detail?storyId=101721718.
- "I had never seen": Author interview.
- Their relationship would contribute: Antonio Gracias, Hispanic Scholarship Fund bio.
- During Musk's first trip: Author interviews with Tesla executives at the time.
- "Many times, I have": Email exchange reviewed by author.
- "If this is true": Michael V. Copeland, "Tesla's Wild Ride," *Fortune*, July 21, 2008, https://fortune.com/2008/07/21/tesla-elon-musk-electric-car-motors.
- He calculated that the cost: Tim Watkins's declaration filed with California court on June 29, 2009.
- "Martin seems to be focused": Email reviewed by the author.
- "Lots of issues at this company": Email reviewed by the author.

7 白鯨

- "I've noticed a few things": Interviews with Tesla employees at the time.

- "we've been having": Author interviews with people at the table that day.
- "That tore it for me": Keith Naughton, "Bob Lutz: The Man Who Revived the Electric Car," *Newsweek* (Dec. 22, 2007), https://www.newsweek.com/bob-lutz-man-who-revived-electric-car-94987.
- Some Tesla managers began calling: Author interviews with people working on the project.
- Anonymous sources said: Josée Valcourt and Neal E. Boudette, "Star Engi- neer Quits Chrysler Job," *Wall Street Journal* (March 26, 2008), https://www.wsj.com/articles/SB120647538463363161.
- Donoughe was granted: Donoughe Offer Letter (June 4, 2008), filed with the SEC.
- Straubel took the car apart: Author interviews with multiple Tesla employees at the time.
- Basically, the only parts: Details of differences between the Elise and the Roadster come from a blog posting made by Darryl Siry, "Mythbusters Part 2: The Tesla Roadster Is Not a Converted Lotus Elise," Tesla.com (March 3, 2008), https://www.tesla.com/blog/mythbusters-part-2-tesla-roadster-not-converted-lotus-elise.
- Kelley sent an email: Author interview with Kelley; Poorinma Gupta and Keven Krolicki, "Special Report: Is Tesla the Future or the New Government Motors?" Reuters (June 28, 2010), https://www.reuters.com/article/us-tesla-special-reports-idINTRE65R5EI20100628.
- There they personally yanked: Author interviews with people involved in the effort.
- The Mercedes CLS large sedan: Author interviews with people who worked on the project.

8 吃玻璃

- "His father had the Encyclopaedia": Sissi Cao, "At 71, Elon Musk's Model Mom, Maye Musk, Is at Her Peak as a Style Icon," *Observer* (Jan. 7, 2020), https://observer.com/2020/01/elon-musk-mother-maye-model-dietician-interview-book-women-self-help/.
- Years later, Tesla executives: Author interviews with Tesla workers at the time.
- "Unequivocally, I will support": Kim Reynolds, "2008 Tesla Roadster First Drive," *Motor Trend* (Jan. 23, 2008), https://www.motortrend.com/cars/tesla/roadster/2008/2008-tesla-roadster/.
- "I really wanted the car": Author interview.
- "I want to be very clear": Jennifer Kho, "First Tesla Production Roadster Arrives," Green Tech Media (Feb. 1, 2008), https://www.greentechmedia.com/articles/read/

first-tesla-production-roadster-arrives-546.

- An editor from *Motor Trend*: Kim Reynolds, "2008 Tesla Roadster First Drive."
- Michael Balzary, better known: Michael Balzary, "Handing Over the Keys IV," Tesla blog (Nov. 6, 2007), https://www.tesla.com/blog/handing-over-keys-iv-michael-flea-balzary.
- Leno marveled: Description taken from video posted April 19, 2020, by Jay Leno's Garage on YouTube. https://youtu.be/jjZf9sgdDKc.
- It had been a rocky road: Author interviews with people involved in the funding plan.
- Musk complained: Author interviews with people involved with the funding plan.
- "We either do this": Author interviews with Tesla workers at the time.
- Reclaiming the narrative: Elon Musk, "Extraordinary times require focus," company blog (Oct. 15, 2008).
- "I actually talked a close friend": Owen Thomas, "Tesla Motors Has $9 Mil- lion in the Bank, May Not Deliver Cars," Valleywag (Oct. 30, 2008), https://gawker.com/5071621/tesla-motors-has-9-million-in-the-bank-may-not-deliver-cars.
- "The past month has": Owen Thomas, "The Martyr of Tesla Motors," Val- leywag (Nov. 4, 2008), https://gawker.com/5075487/the-martyr-of-tesla-motors.
- Employees had overheard: Author interviews with Tesla workers at the time.
- Tesla "was building a car": Author interviews with Tesla workers at the time.
- "Yeah, I know no one": Author interviews with Tesla workers who witnessed Musk's efforts.
- Back in LA: Anecdote told by Jason Calacanis during a podcast conducted by *Business Insider*'s Alyson Shontell (Aug. 3, 2017), https://play.acast.com/s/howididit/investorjasoncalacanis-howiwasbroke-thenrich-thenbroke-andnowhave-100million.
- There were other: Ibid.
- "Elon, looks like": Ibid.
- but, as Musk: Ashlee Vance, *Elon Musk: Tesla, SpaceX, and the Quest for a Fantastic Future* (New York: HarperCollins, 2015), 157.
- Musk suspected the delay: Ibid.
- To stoke their competitive juices: Ibid.
- Now Musk: Chuck Squatriglia, "Tesla Raises Prices to 'Guarantee Viabil- ity,' " *Wired* (Jan. 20, 2009).
- Billionaire Larry Ellison: Author interview with Tesla workers at the time.
- "It didn't seem worth": Tom Saxton's Blog (Jan. 15, 2009), https://saxton.org/tom_

saxton/2009/01/.

- "I cannot understate": transcript of filming from *Revenge of the Electric Car*, 2011.
- "I hope you like what you see": Description of event from video posted by Sival Teokal on June 30, 2015, https://youtu.be/ZV8wOQsKV8Y.

9 特種部隊

- And after months: Kate Linebaugh, "Tesla Motors to Supply Batteries for Daimler's Electric Mini Car," *Wall Street Journal* (Jan. 13, 2009), https:// www.wsj.com/ articles/SB123187253507878007.
- "I don't have the budget": This anecdote comes from author interviews with Peter Rawlinson with certain details corroborated by other interviews with Tesla workers at the time.
- They argued that Tesla: Author interviews with two people who were part of the discussions.

10 新朋友、舊敵人

- "If you were my employee": Justine Musk, "I Was a Starter Wife," *Marie Claire* (Sept. 10, 2010), https://www.marieclaire.com/sex-love/a5380/millionaire-starter-wife.
- The practical effect: Elon Musk, "Correcting the Record About My Divorce," *Business Insider* (July 8, 2010), https://www.businessinsider.com/correcting-the-record-about-my-divorce-2010-7.
- Looking for a way out: Jeffrey McCracken, John D. Stoll, and Neil King Jr., "U.S. Threatens Bankruptcy for GM, Chrysler," *Wall Street Journal* (March 31, 2009), https://www.wsj.com/articles/SB123845591244871499.
- "Early on it wasn't clear": Author interview with Yanev Suissa.
- Herbert Kohler, head of Daimler's: Author interview with people familiar with the interactions.
- But neither side wanted: Author interviews with people involved in the negotiations.
- "It became about the press release": Author interview with Suissa.
- Also, he ultimately: *Martin Eberhard v. Elon Musk,* California superior court, filed May 2009.
- "Probably the most difficult": Emails reviewed by the author.
- The backup option: Elon Musk said on Twitter (Dec. 8, 2018), https:// twitter.com/ elonmusk/status/1071613648085311488?s=20.

11 路演

- His requests for help: Leanne Star, "Alumni Profile: Deepak Ahuja," *McCor- mick Magazine* (Fall 2011), 42.
- By the middle of 2009: Author interviews with Tesla workers at the time.
- Straubel's team had equipped: Author interviews with people involved with the demonstration.
- And with that he stormed: Details of the IPO process come from author interviews with several people involved in the effort.
- "It's like Gutenberg saying": Jay Yarow, "Revealed: Tesla's IPO Roadshow," *Business Insider* (June 22, 2010), https://www.businessinsider.com/teslas-ipo-roadshow-2010-6.
- "People at this point": Description of scene taken from video posted by CNBC on June 29, 2010, https://www.cnbc.com/video/2010/06/29/tesla-goes-public.html.
- "Fuck oil": Author interviews with Tesla workers at the event.

12 就像Apple

- "Sales suck": Author interviews with Tesla workers in attendance.
- Gracias and Watkins's theory: Steven N. Kaplan, Jonathan Gol, et al., "Valor and Tesla Motors," University of Chicago case study (2017), https://faculty.chicagobooth.edu/-/media/faculty/steven-kaplan/research/valortesla.pdf.
- "Elon Musk would like": Nikki Gordon-Bloomfield, "From Gap to the Elec- tric Car: Tesla's George Blankenship," Green Car Reports (Nov. 24, 2010), https://www.greencarreports.com/news/1051880_from-gap-to-the-electric-car-teslas-george-blankenship.
- Car customers tend to be loyal: "R.L. Polk: Automakers Improve Brand Loy- alty in 2010," *Automotive News* (April 4, 2011), https://www.autonews.com/article/20110404/RETAIL/110409960/r-l-polk-automakers-improve-brand-loyalty-in-2010.
- "Is that what it should": Author interview with Blankenship.
- "No, no, no": Author interview with Tesla worker at the time.

13 每股50元

- "Culturally, we're so different": Ariel Schwartz, "The Road Ahead: A Tesla Car for the Masses?" *Fast Company* (Jan. 11, 2011), https://www.fastcompany.com/1716066/road-ahead-tesla-car-masses.
- In a two-year period: John Voelcker, "Five Questions: Peter Rawlinson, Tesla Motors

Chief Engineer," Green Car Reports (Jan. 14, 2011), https://www.greencarreports. com/news/1053555_five-questions-peter-rawlinson-tesla-motors-chief-engineer.
- "What if we hit 50 bucks": Author interview with Avalos.
- One engineer left Musk: Author interview with Tesla workers at the time.
- The plan was: John Voelcker, "Five Questions: Peter Rawlinson, Tesla Motors Chief Engineer."
- He subscribed to: Author interviews with multiple Tesla workers who worked at the company throughout the years.
- "Rapid decision-making may": Musk to author in an email conversation.
- Engineers would email requests: Author interviews with Tesla workers at the time.
- "I'm going to sell": Author interview with a passenger aboard the airplane that day.
- "This is the stupidest": Author interview with Tesla workers familiar with the episode.
- The Japanese company: Tesla press release (Nov. 3, 2010), https://ir.teslamotors. com/news-releases/news-release-details/panasonic-invests-30-million-tesla-companies-strengthen.
- One of Tesla's engineers: Author interview with people in those meetings.
- They resolved the problem: Mark Rechtin, "From an Odd Couple to a Dream Team," *Automotive News* (Aug. 13, 2012), https://www.autonews.com/article/20120813/ OEM03/308139960/from-an-odd-couple-to-a-dream-team.
- "What the fuck is this?": Author interview with person involved in the matter.
- Musk's personal experience weighed: Author interviews with Tesla employ- ees who worked on the project.
- In his rare free time: Hannah Elliott, "At Home with Elon Musk: The (Soon- to-Be) Bachelor," *Forbes* (May 26, 2012).
- "I still love her": Hannah Elliott, "Elon Musk to Divorce from Wife Talulah Riley," *Forbes* (Jan. 18, 2012).

14 超級硬漢

- "We learned that quickly": Author interview with a Tesla manager.
- Passin needed: Pui-Wing Tam, "Idle Fremont Plant Gears Up for Tesla," *Wall Street Journal* (Oct. 21, 2010), https://www.wsj.com/articles/SB100014240 527487043006 04575554662948527140.
- They knew the car: Philippe Chain and Frederic Filloux, "How Tesla Cracked the Code of Automobile Innovation," Monday Note (July 12, 2020), https://mondaynote. com/how-the-tesla-way-keeps-it-ahead-of-the-pack-358db5d52add.

- "Solve it, guys": Ibid.
- The direction came over: Mike Ramsey, "Electric-Car Pioneer Elon Musk Charges Head-On at Detroit," *Wall Street Journal* (Jan. 11, 2015), https:// www.wsj.com/ articles/electric-car-pioneer-elon-musk-charges-head-on-at-detroit-1421033527.
- "Scaling Model S production": Email reviewed by the author.
- So instead he and his team: Author interviews with Tesla workers who devel- oped the effort.
- The crew worked almost: Author interviews with Tesla workers.
- A team was created: Author interviews with Tesla workers.
- Some of Straubel's: Linette Lopez, "Leaked Tesla Emails Tell the Story of a Design Flaw . . ." *Business Insider* (June 25, 2020), https://www.businessinsider.com/tesla-leaked-emails-show-company-knew-model-s-battery-issues-2020-6.
- called him the Hangman: Author interview with Tesla manager.
- "What would have been deemed": Philippe Chain and Frederic Filloux, "How Tesla Cracked the Code of Automobile Innovation."
- "They presented a better face": Elon Musk's appearance recorded by C-Span (Sept. 29, 2011), https://www.c-span.org/video/?301817-1/future-human-space-flight.

15 一美元

- If Tesla delivered: Author interview with Tesla workers at the time.
- "I know I've asked": Author interviews with Tesla workers at the meeting.
- "The mere fact the Tesla Model S": Angus MacKenzie, "2013 Motor Trend Car of the Year: Tesla Model S," *Motor Trend* (Dec. 10, 2012), https://www.motortrend. com/news/2013-motor-trend-car-of-the-year-tesla-model-s/.
- "We're not doing this": Description of events taken from Tesla video record- ing of the event posted by the company on YouTube on Nov. 17, 2012, https://youtu.be/ qfxXmIFfV7I.
- The company was facing: Author interviews with Tesla workers at the time.
- He told an assistant: Author interview.
- "This looks promising": Author interview with Blankenship.
- Musk complained to his staff: Author interviews with Tesla workers at the time.
- While the firm: Susan Pulliam, Rob Barry, and Scott Patterson, "Insider- Trading Probe Trains Lens on Boards," *Wall Street Journal* (April 30, 2013), https://www. wsj.com/articles/SB10001424127887323798104578453260765 642292.
- The review was uncharacteristically rapturous: "Tesla Model S review," *Con- sumer Reports* (July 2013), https://www.consumerreports.org/cro/magazine/2013/07/tesla-

model-s-review/index.htm.

- Musk's relationship with Blankenship: Ashlee Vance, *Elon Musk: Tesla, SpaceX, and the Quest for a Fantastic Future* (New York: HarperCollins, 2015), 216.
- "For Tesla to succeed": Author interview with Blankenship.
- He had quietly reached: Ashlee Vance, *Elon Musk*, 217.

16 巨人歸來

- But their innovations: Author interviews with people familiar with Akerson's thinking.
- The first fire occurred: Tom Krisher and Mike Baker, "Tesla Says Car Fire Began in Battery After Crash," *Seattle Times* (Oct. 3, 2013), https://www.seattletimes.com/business/tesla-says-car-fire-began-in-battery-after-crash/.
- A second Model S: Ben Klayman and Bernie Woodall, "Tesla Reports Third Fire Involving Model S Electric Car," Reuters (Nov. 7, 2013), https://www.reuters.com/article/us-autos-tesla-fire/tesla-reports-third-fire-involving-model-s-electric-car-idUSBRE9A60U220131107.
- "I had a Tesla": Tom Junod, "George Clooney's Rules for Living," *Esquire* (Nov. 11, 2013), https://www.esquire.com/news-politics/a25952/george-clooney-interview-1213/.
- As they studied the fires: Author interviews with engineers involved in the matter.
- "That newly crowned leadership": Author interview with member of the task force.
- The 2012 Mercedes-Benz: Historical pricing data was provided to author from Edmunds, an automotive industry researcher.
- The company justified: Don Reisinger, "Tesla Kills 40 kWh Battery for Model S over 'Lack of Demand,'" CNET (April 1, 2013), https://www.cnet.com/roadshow/news/tesla-kills-40-kwh-battery-for-model-s-over-lack-of-demand/.
- Compared to competitors: Research first released on July 7, 2014, by Pied Piper Management Company LLC. Evaluations were conducted between July 2013 and June 2014, firm founder Fran O'Hagan told author in a December 2019 email.
- "When I first sat": Ronald Montoya, "Is the Third Drive Unit the Charm?," Edmunds.com (Feb. 20, 2014), https://www.edmunds.com/tesla/model-s/2013/long-term-road-test/2013-tesla-model-s-is-the-third-drive-unit-the-charm.html.
- "If you can't get this": Author interview with person familiar with the matter.

17 攻入德州心臟

- "If there is a party": Tatiana Siegel, "Elon Musk Requested to Meet Amber

Heard via Email Years Ago," *Hollywood Reporter* (Aug. 24, 2016), https://www.hollywoodreporter.com/rambling-reporter/elon-musk-requested-meet-amber-922240.

- Some said they tried: Tim Higgins, Tripp Mickle, and Rolfe Winkler, "Elon Musk Faces His Own Worst Enemy," *Wall Street Journal* (Aug. 31, 2018), https://www.wsj.com/articles/elon-musk-faces-his-own-worst-enemy-1535727324.
- Dealers in Massachusetts: Mike Ramsey and Valerie Bauerlein, "Tesla Clashes with Car Dealers," *Wall Street Journal* (June 18, 2013), https://www.wsj.com/articles/SB10001424127887324049504578541902814606098.
- To Wolters, it didn't: Author interview with Wolters.
- "I really admire what you've": Author interview with Wolters.
- "I'm going to spend": Author interview with Wolters.
- The Texas dealers association: Texans for Public Justice, "Car-Dealer Car- tel Stalled Musk's Tesla," Lobby Watch (Sept. 10, 2013), http://info.tpj.org/Lobby_Watch/pdf/AutoDealersvTesla.pdf.
- "I love what you're doing": Author interview with a person familiar with the moment.

18 GIGA

- The cells were costing: Research provided by Simon Moores of Benchmark Mineral Intelligence.
- That meant that: Csaba Csere, "Tested: 2012 Tesla Model S Takes Elec- tric Cars to a Higher Level," *Car and Driver* (Dec. 21, 2012), https://www.caranddriver.com/reviews/a15117388/2013-tesla-model-s-test-review/.
- As Straubel discussed his math: Author interview with Straubel.
- While Musk had humored: Author interviews with several Tesla workers from that period to detail the evolving relationship with Panasonic.
- To address: Author interviews with people who worked on the effort.
- Back in Japan: Author interviews with people familiar with the deliberations at Panasonic.
- He had to make it: Author interviews with people who worked on the effort.

19 走向全球

- "This thing was packed": Author interview with Varadharajan.
- Guillen had two sides: Author interviews with Tesla managers who worked with him.

- Musk began 2014 telling: Alan Ohnsman, "Musk Says China Potential Top Market for Tesla," *Bloomberg News* (Jan. 24, 2014), https://www.bloomberg.com/news/articles/2014-01-23/tesla-to-sell-model-s-sedan-in-china-from-121-000.
- It was a non-starter: Author interview with Tesla workers who worked in this area.
- Sales dropped 33 percent: China registration figures provided to author by research firm JL Warren Capital.
- Their data showed that: Author interview with Tesla workers from this period.
- Unlike in the U.S.: Survey data of U.S. customers provided to author by Alexander Edwards of research firm Strategic Vision.
- Musk turned to his cousins: Author interviews with people who worked on the matter.

20 車庫裡的野蠻人
- A 2013 article in *Forbes*: Caleb Melby, "Guns, Girls and Sex Tapes: The Unhinged, Hedonistic Saga of Billionaire Stewart Rahr, 'Number One King of All Fun,' " *Forbes* (Sept. 17, 2013), https://www.forbes.com/sites/calebmelby/2013/09/17/guns-girls-and-sex-tapes-the-saga-of-billionaire-stewart-rahr-number-one-king-of-all-fun/#3ca48b2d3f86.
- "It struck me that": Author interview with Fossi.
- An estimated loss: Research provided to author by research firm S3 Partners.
- It required more and more: Cassell Bryan-Low and Suzanne McGee, "Enron Short Seller Detected Red Flags in Regulatory Filings," *Wall Street Journal* (Nov. 5, 2001), https://www.wsj.com/articles/SB1004916006978550640.
- Chanos called the company: Jonathan R. Laing, "The Bear That Roared," *Barron's* (Jan. 28, 2002), https://www.barrons.com/articles/SB10119106941 6063240?tesla=y.
- America Online: *Ibid.*
- He had taken out personal loans: Tesla filings with the SEC.
- He'd long loathed: Susan Pulliam, Mike Ramsey, and Brody Mullins, "Elon Musk Supports His Business Empire with Unusual Financial Moves," *Wall Street Journal* (April 27, 2016), https://www.wsj.com/articles/elon-musk-supports-his-business-empire-with-unusual-financial-moves-1461781962.
- "I was nervous watching": Emails reviewed by the author.
- "You know that I don't": Detailed in a deposition Kimbal Musk gave on April 23, 2019.

21 勞工的痛

- More than six thousand work: Wellford W. Wilms, Alan J. Hardcastle, and Deone M. Zell, "Cultural Transformation at NUMMI," *Sloan Management Review* 36:1 (Oct. 15, 1994): 99.
- In 1991: *Ibid.*
- "All he does is brag": Author interview with Ortiz.
- The average tenure: Harley Shaiken, "Commitment Is a Two-Way Street," white paper prepared for the Toyota NUMMI Blue Ribbon Commission (March 3, 2010), http://dig.abclocal.go.com/kgo/PDF/NUMMI-Blue-Ribbon-Commission-Report.pdf.
- He was making $21: GM pay data from the Center of Automotive Research.
- But as the requests: Author interviews with Tesla workers involved in the projects.
- The hydraulics weren't standing: Author interviews with people who worked on the vehicle.
- Musk was cool under: Author interviews with people who worked on the vehicle.
- In 2015: Tim Higgins, "Tesla Faces Labor Discord as It Ramps Up Model 3 Production," *Wall Street Journal* (Oct. 31, 2017), https://www.wsj.com/articles/tesla-faces-labor-discord-as-it-ramps-up-model-3-production-1509442202.
- Those fancy second-row seats: *Ibid.*
- That spring while Depp: "Elon Musk Regularly Visited Amber Heard . . . ," *Deadline* (July 17, 2020), https://deadline.com/2020/07/elon-musk-amber-heard-johnny-depps-los-angeles-penthouse-1202988261/.
- Musk seemed to be: Author interviews with Tesla executives.
- He was spotted by: Lindsay Kimble, "Amber Heard and Elon Musk Party at the Same London Club Just Weeks After Hanging Out in Miami," *Peo- ple* (Aug. 3, 2016), https://people.com/movies/amber-heard-and-elon-musk-party-at-same-london-club-weeks-after-miami-sighting/.
- "Lack of sleep": Author interview with former Tesla executive.
- Among the first: Tim Higgins and Dana Hull, "Want Elon Musk to Hire You at Tesla? Work for Apple," *Bloomberg Businessweek* (Feb. 2, 2015).
- Many knew that Musk: Interviews with Tesla employees at the time, and Will Evans and Alyssa Jeong Perry, "Tesla Says Its Factory Is Safer. But It Left Injuries Off the Books," Revealnews.org (April 16, 2018), https://www.revealnews.org/article/tesla-says-its-factory-is-safer-but-it-left-injuries-off-the-books/.
- Musk found himself: Author interviews with people familiar with the matter.
- It showed that Tesla's: Author reviewed J.D. Power presentation of "Tesla: Beyond the Hype" (March 2017).

22 接近S-E-X

- "There was not a single": Author interview with a Tesla executive from that period.
- "You are now working": Charles Duhigg, "Dr. Elon & Mr. Musk: Life Inside Tesla's Production Hell," *Wired* (Dec. 13, 2018), https://www.wired.com/story/elon-musk-tesla-life-inside-gigafactory/.
- If a critical workstation: Author interviews.
- Musk told him to: Claim laid out in a federal lawsuit against Tesla filed in 2017.
- They were still struggling to: Author interview with Tesla managers from that period.

23 改變路線

- Brown died on impact: Details taken from National Highway Traffic Safety Administration report (Jan. 19, 2017), https://static.nhtsa.gov/odi/inv/2016/INCLA-PE16007-7876.PDF.
- It made no attempt: Ibid.
- He had forty-eight hours: Jason Wheeler deposition taken on June 4, 2019.
- His senior executives: Author interviews with multiple people familiar with the discussions.
- As they looked at: Antonio Gracias deposition taken April 18, 2019.
- "I don't negotiate": Courtney McBean deposition taken June 5, 2019.
- "Tesla's mission has always": Tesla blog posting on June 21, 2016, https:// www.tesla.com/blog/tesla-makes-offer-to-acquire-solarcity.
- *Fortune* magazine's Carol Loomis: Carol J. Loomis, "Elon Musk Says Auto- pilot Death 'Not Material' to Tesla Shareholders,'" *Fortune* (July 5, 2016), https://fortune.com/2016/07/05/elon-musk-tesla-autopilot-stock-sale/.
- That very question raised: Jean Eaglesham, Mike Spector, and Susan Pul- liam, "SEC Investigating Tesla for Possible Securities-Law Breach," *Wall Street Journal* (July 11, 2016), https://www.wsj.com/articles/sec-investigating-tesla-for-possible-securities-law-breach-1468268385.
- Denholm was getting an earful: Denholm deposition page in stockholder lit- igation against Tesla, taken on June 6, 2019, 154.
- "Honestly, we hate being public": Kimbal Musk deposition taken on April 23, 2019.
- "Elon was risky but": Author interview with Tesla manager.
- "Lousy sentiment outside": Brad Buss deposition taken on June 4, 2019.
- Wheeler's team calculated: Presentation presented to the Tesla board of directors, dated July 24, 2016.
- "We are going to": Elon Musk deposition taken on Aug. 24, 2019.

- "Latest feedback from major": Emails reviewed by the author.
- It wasn't foolproof: Author interviews with Tesla engineers.
- They had been monitoring: Author interviews with people familiar with Anderson's efforts.
- Tesla's legal and PR: Author interviews with several people involved with Autopilot.
- CEOs that winter: Author interviews with people around Musk.
- In March, a conference room: Author interviews with several people involved with the meeting.

24 伊隆的地獄

- The list was short: Author interviews and Tim Higgins, "Elon Musk has an Awkward Problem at Tesla: Employee Parking," *Wall Street Journal* (April 11, 2017), https://www.wsj.com/articles/elon-musk-has-an-awkward-problem-at-tesla-employee-parking-1491926275.
- "Six out of eight": Jose Moran, "Time for Tesla to Listen," Medium.com (Feb. 9, 2017), https://medium.com/@moran2017j/time-for-tesla-to-listen-ab5c6259fc88.
- They were handmade: Tim Higgins, "Behind Tesla's Production Delays: Parts of Model 3 Were Being Made by Hand," *Wall Street Journal* (Oct. 6, 2017), https://www.wsj.com/articles/behind-teslas-production-delays-parts-of-model-3-were-being-made-by-hand-1507321057.
- It was such a tight: Author interview with workers.
- Panasonic wasn't any happier: Author interviews with Panasonic and Tesla workers at the time.
- Tesla's production claims: Dana Cimilluca, Susan Pulliam, and Aruna Viswanatha, "Tesla Faces Deepening Criminal Probe over Whether It Mis- stated Production Figures," *Wall Street Journal* (Oct. 26, 2018), https:// www.wsj.com/articles/tesla-faces-deepening-criminal-probe-over-whether-it-misstated-production-figures-1540576636.
- In response, they had: Author interviews with Tesla workers.
- Battery packs needed: Lora Kolodny, "Tesla Employees Say to Expect More Model 3 Delays, Citing Inexperienced Workers, Manual Assembly of Batter- ies," CNBC.com (Jan. 25, 2018), https://www.cnbc.com/2018/01/25/tesla-employees-say-gigafactory-problems-worse-than-known.html.
- He estimated there were 100 million cells: Author interview with Tesla workers.
- On one occasion: Charles Duhigg, "Dr. Elon & Mr. Musk: Life Inside Tes- la's Production Hell," *Wired* (Dec. 13, 2018).

- Dutifully, he figured out: Author interviews with Tesla workers.
- "I wish we could": Neil Strauss, "Elon Musk: The Architect of Tomorrow," *Rolling Stone* (Nov. 15, 2017), https://www.rollingstone.com/culture/culture-features/elon-musk-the-architect-of-tomorrow-120850/.
- "Let me know who": Details taken from the findings of an administrative judge's findings on Sept. 27, 2019, in a National Labor Relations Board case against Tesla.
- The whiteboard at: Author interview with organizer.
- As sales of the Model S: Details about advertising plans came from author interviews with former Tesla executives.
- Tesla hadn't yet disclosed: Author interviews with Tesla executives at the time.
- As they struggled with: Author interview with Tesla managers at the time.
- He kept talking: Author interviews with Tesla executives at the time.
- according to an ally: Author interviews with people familiar with the matter.
- "who the fuck you are": Author interview with former Tesla engineer.
- "I don't see how": Tim Higgins, Tripp Mickle, and Rolfe Winkler, "Elon Musk Faces His Own Worst Enemy," *Wall Street Journal* (Aug. 31, 2018), https://www.wsj.com/articles/elon-musk-faces-his-own-worst-enemy-1535727324.
- But it was time: Author interview with people familiar with Field's thinking.
- An automation mistake: Email reviewed by the author.
- Musk's imperiousness didn't play: Tim Higgins, "Tesla's Elon Musk Turns Conference Call into Sparring Session," *Wall Street Journal* (May 3, 2018), https://www.wsj.com/articles/teslas-elon-musk-turns-conference-call-into-sparring-session-1525339803.

25 破壞

- "I currently work for": Emails reviewed by the author after Marty Tripp released them on Twitter.
- "He's always pitching": Video of interview posted on *Business Insider*'s web- site on Feb. 21, 2018: https://www.businessinsider.com/jim-chanos-tesla-elon-musk-truck-video-2018-2.
- He thought: Details from Martin Tripp deposition taken as part of litigation between him and Musk.
- She kept a schedule: Sarah O'Brien deposition taken on June 5, 2019.
- Since 2014, Musk's use: Susan Pulliam and Samarth Bansal, "For Tesla's Elon Musk, Twitter Is Sword Against Short Sellers," *Wall Street Journal* (Aug. 2, 2018), https://www.wsj.com/articles/for-teslas-elon-musk-twitter-is-sword-against-short-

sellers-1533216249.

- He struck up a conversation: Emily Smith and Mara Siegler, "Elon Musk Quietly Dating Musician Grimes," *New York Post* (May 7, 2018), https:// pagesix. com/2018/05/07/elon-musk-quietly-dating-musician-grimes/.

26 推特颶風

- "I just woke up": Emails reviewed by the author.
- "peace and execution": Sarah Gardner and Ed Hammond, "Tesla Needs Period of 'Peace and Execution,' Major Shareholder Says," *Bloomberg News* (July 11, 2018), https://www.bloomberg.com/news/articles/2018-07-11/tesla-ought-to-pipe-down-and-execute-major-shareholder-says.
- "We need to stop": Email exchanges reviewed by the author.
- "I just burst out": Emails reviewed by the author.
- Tesla began asking some: Tim Higgins, "Tesla Asks Suppliers for Cash Back to Help Turn a Profit," *Wall Street Journal* (July 22, 2018), https://www.wsj.com/articles/ tesla-asks-suppliers-for-cash-back-to-help-turn-a-profit-1532301091.
- Perhaps Apple: Tim Higgins, "Elon Musk Says He Once Approached Apple CEO About Buying Tesla," *Wall Street Journal* (Dec. 22, 2020), https:// www. wsj.com/articles/elon-musk-says-he-once-approached-apple-ceo-about-buying-tesla-11608671609.
- A back and forth: Author interview with a person familiar with the effort.
- "Was this text legit?" Emails detailed in court filings by the SEC.
- In 2013, they helped: Miriam Gottfried, "Dell Returns to Public Equity Markets," *Wall Street Journal* (Dec. 28, 2018), https://www.wsj.com/articles/dell-returns-to-public-equity-markets-11546011748.
- Stewart reached out: James B. Stewart, "The Day Jeffrey Epstein Told Me He Had Dirt on Powerful People," *New York Times* (Aug. 12, 2019), https:// www.nytimes. com/2019/08/12/business/jeffrey-epstein-interview.html.
- "Epstein, one of the": Email exchange reviewed by the author.
- Musk proceeded to self-implode: David Gelles, James B. Stewart, Jessica Silver-Greenberg, and Kate Kelly, "Elon Musk Details 'Excruciating' Per- sonal Toll of Tesla Turmoil," *New York Times* (Aug. 16, 2018), https://www.nytimes. com/2018/08/16/business/elon-musk-interview-tesla.html.
- "I saw him in the kitchen": Kate Taylor, "Rapper Azealia Banks Claims She Was at Elon Musk's House over the Weekend as He Was 'Scrounging for Investors,' " Business Insider (Aug. 13, 2018), https://www.businessinsider.com/ azealia-banks-

claims-to-be-at-elon-musks-house-as-he-sought-investors-2018-8.

- "Don't they have something": Email exchange reviewed by the author.
- From LA: Liz Hoffman and Tim Higgins, "Public Bravado, Private Doubts: Inside the Unraveling of Elon Musk's Tesla Buyout," *Wall Street Jour- nal* (Aug. 27, 2018), https://www.wsj.com/articles/public-bravado-private-doubts-how-elon-musks-tesla-plan-unraveled-1535326249.
- The fund's leader: Bradley Hope and Justin Scheck, *Blood and Oil: Moham- med Bin Salman's Ruthless Quest for Global Power* (New York: Hachette, 2020), 251.
- This left Musk's advisers: Kimbal Musk deposition taken on April 23, 2019.
- Musk was unhappy with: Liz Hoffman and Tim Higgins, "Public Bravado, Private Doubts: Inside the Unraveling of Elon Musk's Tesla Buyout," *Wall Street Journal* (Aug. 27, 2018), https://www.wsj.com/articles/public-bravado-private-doubts-how-elon-musks-tesla-plan-unraveled-1535326249.
- "In my opinion": Elon Musk told the author in an email on Aug. 25, 2018.
- "One or two more": Email exchange reviewed by the author.

27 巨浪

- By August, Tesla's extra cash: Tim Higgins, Marc Vartabedian, and Christina Rogers, "Some Tesla Suppliers Fret About Getting Paid," *Wall Street Jour- nal* (Aug. 20, 2018), https://www.wsj.com/articles/some-tesla-suppliers-fret-about-getting-paid-1534793592.
- Internally, Musk was pushing: Author interviews with Tesla managers at the time.
- Musk's lawyers had gone: Susan Pulliam, Dave Michaels, and Tim Higgins, "Mark Cuban Prodded Tesla's Elon Musk to Settle SEC Charges," *Wall Street Journal* (Oct. 4, 2018), https://www.wsj.com/articles/mark-cuban-prodded-teslas-elon-musk-to-settle-sec-charges-1538678655.
- Before Jon McNeill quit: Author interviews with Tesla executives who worked on the plan.
- As they made their calls: Author interviews with Tesla sales managers.
- Kim deployed crews: Author interviews with Tesla managers familiar with the situation.
- As they raced toward: Author interviews with Tesla managers involved in the effort.
- They were on pace for: Author interviews with people on the call.
- "I don't want anyone": Author interview with Tesla worker who witnessed the episode.
- It was a scene: Dana Hull and Eric Newcome, "Tesla Board Probed Allega- tion

That Elon Musk Pushed Employee," *Bloomberg News* (April 5, 2019), https://www.bloomberg.com/news/articles/2019-04-05/tesla-board-probed-allegation-that-elon-musk-pushed-employee.

- After the lawsuit was announced: Research provided to author by research firm S3 Partners.
- Musk's lawyers spent: Susan Pulliam, Dave Michaels, and Tim Higgins, "Mark Cuban Prodded Tesla's Elon Musk to Settle SEC Charges," *Wall Street Journal* (Oct. 4, 2018), https://www.wsj.com/articles/mark-cuban-prodded-teslas-elon-musk-to-settle-sec-charges-1538678655.
- He believed he had: Author interviews with people familiar with Musk's thinking.
- "It was like a big": Author interview with a Tesla manager.
- Happily for Musk: Research provided to author by research firm S3 Partners.
- The board's investigation into: Dana Hull and Eric Newcomer, "Tesla Board Probed Allegation That Elon Musk Pushed Employee."
- As he revealed the Model Y: Author observations of Denholm and event.
- "From my perspective": Angus Whitley, "Tesla's New Chairman Says Elon Musk Uses Twitter 'Wisely,' " *Bloomberg News* (March 27, 2019), https:// www.bloomberg.com/news/articles/2019-03-27/tesla-chair-defends-musk-tweets-even-as-habit-lands-him-in-court.
- Shares fell almost 7 percent: Tim Higgins, "Tesla Shares Sink on Model 3 Delivery Miss, Price Cut," *Wall Street Journal* (Jan. 2, 2019), https://www.wsj.com/articles/tesla-plans-to-trim-prices-as-fourth-quarter-deliveries-rise-11546437526.
- By the end of February: Dave Michaels and Tim Higgins, "SEC Asks Man- hattan Federal Court to Hold Elon Musk in Contempt," *Wall Street Journal* (Feb. 25, 2019), https://www.wsj.com/articles/sec-asks-manhattan-federal-court-to-hold-elon-musk-in-contempt-11551137500.
- The move to online: Tim Higgins and Adrienne Roberts, "Tesla Shifts to Online Sales Model," *Wall Street Journal* (Feb. 28, 2019), https://www.wsj.com/articles/tesla-says-it-has-started-taking-orders-for-35-000-version-of-model-3-11551392059.
- Tesla "is a company": Esther Fung, "Landlords to Tesla: You're Still on the Hook for Your Store Leases," *Wall Street Journal* (March 8, 2019), https:// www.wsj.com/articles/landlords-to-tesla-youre-still-on-the-hook-for-your-store-leases-11552059041.
- The deal: Peter Campbell, "Fiat Chrysler to Spend €1.8bn on CO2 Credits," *Financial Times* (May 3, 2019), https://www.ft.com/content/fd8d205e-6d6b-11e9-80c7-60ee53e6681d.

- Short-seller bets were finally: Research provided to author by research firm S3 Partners.
- Its debt had fallen: Sam Goldfarb, "Tesla Faces Steeper Costs to Raise Cash," *Wall Street Journal* (April 29, 2019), https://www.wsj.com/articles/tesla-faces-steeper-costs-to-raise-cash-11556535600.
- Worst of all: Trefor Moss, "Global Auto Makers Dented as China Car Sales Fall for First Time in Decades," *Wall Street Journal* (Jan. 14, 2019), https:// www.wsj.com/articles/chinese-annual-car-sales-slip-for-first-time-in-decades-11547465112.

28 紅色狂潮

- As a student at the University of Pennsylvania: Author interviews with for- mer Tesla executives.
- They were warmly received: Author interviews with Tesla managers from that period.
- *Bloomberg Businessweek*: Matthew Campbell et al., "Elon Musk Loves China, and China Loves Him Back—For Now," *Bloomberg Businessweek* (Jan. 13, 2021), https://www.bloomberg.com/news/features/2021-01-13/china-loves-elon-musk-and-tesla-tsla-how-long-will-that-last?sref=PRBlrg7S.
- He proposed an idea: Author interview with a Tesla manager familiar with the trip.
- "Traffic is driving": Elon Musk said on Twitter (Dec. 17, 2016), https:// twitter.com/elonmusk/status/810108760010043392?s=20.
- As things dragged into 2018: Bruce Einhorn, et al., "Tesla's China Dream Threatened by Standoff Over Shanghai Factory," Bloomberg News (Feb. 13, 2018), https://www.bloomberg.com/news/articles/2018-02-14/tesla-s-china-dream-threatened-by-standoff-over-shanghai-factory?sref=PRBlrg7S.
- GM would partner with: Mike Colias, "GM, LG to Spend $2.3 Billion on Venture to Make Electric-Car Batteries," *Wall Street Journal* (Dec. 5, 2019), https://www.wsj.com/articles/gm-lg-to-spend-2-3-billion-on-venture-to-make-electric-car-batteries-11575554432.
- Volkswagen had committed to: Stephen Wilmot, "Volkswagen Follows Tesla into Battery Business," *Wall Street Journal* (June 13, 2019), https://www.wsj.com/articles/volkswagen-follows-tesla-into-battery-business-11560442193.
- "Tesla is not niche": Christoph Rauwald, "Tesla Is No Niche Automaker Anymore, Volkswagen's CEO Says," *Bloomberg News* (Oct. 24, 2019), https://www.bloomberg.com/news/articles/2019-10-24/volkswagen-s-ceo-says-tesla-is-no-niche-automaker-anymore.

- While he might not: Author interviews with Tesla managers over the years.
- "was very happy with": Dave Michaels and Tim Higgins, "Judge Gives Elon Musk, SEC Two Weeks to Strike Deal on Contempt Claims," *Wall Street Journal* (April 4, 2019), https://www.wsj.com/articles/judge-asks-elon-musk-and-sec-to-hold-talks-over-contempt-claims-11554408620.
- The automaker was allowed: Wang Zhiyan, Du Chenwei, and Hu Xing- yang, "Behind 'Amazing Shanghai Speed' " (translated into English), *Jiefang Ribao* (Jan. 1, 2020), https://www.jfdaily.com/journal/2020-01-08/getArticle.htm?id=285863.
- The electric grid extended: Luan Xiaona, "The Power Supply Project of Tesla Shanghai Super Factory Will Enter the Sprint Stage Before Produc- tion" (translated into English), *The Paper* (Oct. 17, 2019), https://www.thepaper.cn/newsDetail_forward_4700380.
- "What will our": Tim Higgins and Takashi Mochizuki, "Tesla Needs Its Bat- tery Maker: A Culture Clash Threatens Their Relationship," *The Wall Street Journal* (Oct. 8, 2019), https://www.wsj.com/articles/tesla-needs-its-battery-maker-a-culture-clash-threatens-their-relationship-11570550526.
- But increasingly: Ibid.
- By August, when Musk: Description comes from video posted by Jason Yang on YouTube on Oct. 20, 2019: https://youtu.be/bI-My94Ig5k.
- They were estimated to: Research provided to author by research firm S3 Partners.

後記

- The government seemed: Chunying Zhang and Ying Tian, "How China Bent Over Backward to Help Tesla," *Bloomberg Businessweek* (March 18, 2020), https://www.bloomberg.com/news/articles/2020-03-17/how-china-bent-over-backward-to-help-tesla-when-the-virus-hit?sref=PRBlrg7S.
- Accustomed to moving: Tim Higgins, "Tesla Cuts Salaries, Furloughs Work- ers Under Coronavirus Shutdown," *Wall Street Journal* (April 8, 2020), https://www.wsj.com/articles/tesla-cuts-salaries-furloughs-workers-under-coronavirus-shutdown-11586364779.
- Tesla also began: Tim Higgins and Esther Fung, "Tesla Seeks Rent Savings Amid Coronavirus Crunch," *Wall Street Journal* (April 13, 2020), https:// www.wsj.com/articles/tesla-seeks-rent-savings-amid-coronavirus-crunch-11586823630.
- "Over the past week": Jeremy C. Owens, Claudia Assis, and Max A. Cher- ney, "Elon Musk vs. Bay Area Officials: These Emails Show What Happened Behind the Scenes in the Tesla Factory Fight," MarketWatch (May 29, 2020), https://www.

marketwatch.com/story/elon-musk-vs-bay-area-officials-these-emails-show-what-happened-behind-the-scenes-in-the-tesla-factory-fight-2020-05-29.

- "Frankly this is the final": Tim Higgins, "Tesla Files Lawsuit in Bid to Reopen Fremont Factory," *Wall Street Journal* (May 10, 2020), https://www.wsj.com/articles/elon-musk-threatens-authorities-over-mandated-tesla-factory-shutdown-11589046681.
- "I will be on the line": Rebecca Ballhaus and Tim Higgins, "Trump Calls for California to Let Tesla Factory Open," *Wall Street Journal* (May 13, 2020), https://www.wsj.com/articles/trump-calls-for-california-to-let-tesla-factory-open-11589376502.
- "It is very important": Fred Lambert, "Elon Musk Sends Cryptic Email to Tesla Employees About Going 'All Out,'" *Electrek* (June 23, 2020), https:// electrek.co/2020/06/23/elon-musk-cryptic-email-tesla-employees-all-out/.
- Musk hit his $100 billion: Sebastian Pellejero and Rebecca Elliott, "How Tesla Made It to the Winner's Circle," *The Wall Street Journal,* (Feb. 19, 2021), https://www.wsj.com/articles/how-tesla-made-it-to-the-winners-circle-11613739634.
- "This is very": Elon Musk told author in an email on May 7, 2020.
- "I've never met": Scarlet Fu, "Chanos Reduces 'Painful' Tesla Short, Tells Musk 'Job Well Done,' " Bloomberg News (Dec. 3, 2020), https://www.bloomberg.com/news/articles/2020-12-03/tesla-bear-jim-chanos-says-he-d-tell-elon-musk-job-well-done?sref=PRBlrg7S.